Jenaer Schriften zum DDR-Recht

Herausgegeben von
Adrian Schmidt-Recla, Achim Seifert und Eva Schumann

Band 4

Zara Luisa Gries

Schuldlehre in der DDR

Gesetzgebung und Strafrechtswissenschaft zwischen 1949 und 1968

BÖHLAU

Zugl. Diss. an der Friedrich-Schiller-Universität Jena 2025

Bibliografische Information der Deutschen Nationalbibliothek:
Die Deutsche Nationalbibliothek verzeichnet diese Publikation in der Deutschen Nationalbibliografie; detaillierte bibliografische Daten sind im Internet über https://dnb.de abrufbar.

Umschlaggestaltung: Michael Haderer, Wien
Satz: le-tex publishing services, Leipzig
Druck und Bindung: Elanders Waiblingen, Waiblingen
Printed in the EU

Vandenhoeck & Ruprecht Verlage | www.vandenhoeck-ruprecht-verlage.com
E-Mail: info@boehlau-verlag.com

ISBN 978-3-412-53414-1

Inhaltsverzeichnis

Abkürzungsverzeichnis

a.A.	andere Ansicht
Abb.	Abbildung
AStGB	Allgemeines Strafgesetzbuch
BArch	Bundesarchiv
BGBl.	Bundesgesetzblatt
BGH	Bundesgerichtshof
bzgl.	bezüglich
DASR	Deutsche Akademie für Staats- und Rechtswissenschaft „Walter Ulbricht“
DDR	Deutsche Demokratische Republik
d. h.	das heißt
DIR	Deutsches Institut für Rechtswissenschaft
DVA	Deutsche Verwaltungsakademie „Walter Ulbricht“
evtl.	eventuell
GBl.	Gesetzblatt
gem.	gemäß
GVG-DDR	Gerichtsverfassungsgesetz der DDR
insb.	insbesondere
i.S.	im Sinne
i. V.m.	in Verbindung mit
KG	Kreisgericht
KPdSU	Kommunistische Partei der Sowjetunion
LPG	Landwirtschaftliche Produktionsgenossenschaft
m. E.	meines Erachtens
MfS	Ministerium für Staatssicherheit
MdJ	Ministerium der Justiz
m.w.N.	mit weiteren Nachweisen
ND	Neues Deutschland
NJ	Neue Justiz
OG	Oberstes Gericht
RG	Reichsgericht
RID	Rechtswissenschaftlicher Informationsdienst
Rn.	Randnummer
RSFSR	Russländische Sozialistische Föderative Sowjetrepublik
RStGB	Reichsstrafgesetzbuch
SBZ	Sowjetische Besatzungszone

SchrVP	Schriftenreihe der Deutschen Volkspolizei
SED	Sozialistische Einheitspartei Deutschlands
SMAD	Sowjetische Militäradministration
sog.	sogenannte
StGB-DDR	Strafgesetzbuch der DDR
StGB-Kommission	Kommission zur Erarbeitung eines neuen Strafgesetzbuches
StPO-DDR	Strafprozessordnung der DDR
SuR	Staat und Recht
StVO-DDR	Straßenverkehrsordnung der DDR
Tab.	Tabelle
u. a.	unter anderem
U.d.S.S.R.	Union der Sozialistischen Sowjetrepubliken
UK	Unterkommission
VEB	Volkseigener Betrieb
VVB	Vereinigung Volkseigener Betriebe
z. B.	zum Beispiel
ZfG	Zeitschrift für Geschichtswissenschaft
ZStW	Zeitschrift für die gesamte Strafrechtswissenschaft

Danksagung

An dieser Stelle möchte ich all denen meinen herzlichen Dank aussprechen, die mich auf meinem Weg zur Fertigstellung dieser Dissertation mit Rat, Tat und Unterstützung begleitet haben.

Mein besonderer Dank gilt Prof. Dr. Adrian Schmidt-Recla. Sein großes Engagement und seine Begeisterung für das Fachgebiet haben mich früh für das Thema dieser Arbeit gewonnen. Seine kontinuierliche Unterstützung, die wertvollen fachlichen Impulse und sein offenes Ohr für Fragen und Diskussionen waren für den gesamten Entstehungsprozess von unschätzbarem Wert. Ebenso danke ich Prof. Dr. Edward Schramm für seine fachkundige Begleitung als Zweitgutachter.

Meiner Familie, insbesondere meinen Eltern, danke ich von Herzen für ihr dauerhaftes Vertrauen, ihre Geduld und den verlässlichen Rückhalt, den sie mir während dieser Zeit gegeben haben. Sie haben mir die nötige Stabilität und Freiheit ermöglicht, mich über einen langen Zeitraum intensiv dieser Arbeit widmen zu können.

Ein großer Dank geht auch an meine Freundinnen und Freunde, meinen Bruder und meinen Partner. Ihre wertvolle Unterstützung, die hilfreichen Gespräche, ihr Interesse an meiner Arbeit sowie ihre Ermutigung in allen Phasen – besonders in der Schlussphase und während der Vorbereitung auf die Verteidigung – haben mir sehr geholfen.

1. Einleitung

Mehr als dreißig Jahre nach ihrem Ende wirft die Deutsche Demokratische Republik (DDR) noch viele Fragen auf. Die Auseinandersetzung mit dem politischen und rechtlichen Erbe wird bis heute von Spannungen geprägt – zwischen Erinnerungskultur, kritischer Aufarbeitung und den Rehabilitationsinteressen der Opfer des SED-Regimes. Während das sog. politische Strafrecht schon recht gut aufgearbeitet ist[1] und wenig Raum für nostalgische Betrachtungsweisen lässt, ist das allgemeine Strafrecht – insbesondere dessen dogmatische Grundlagen – wissenschaftlich noch unzureichend untersucht.[2]

Dabei kann die geschichtliche Aufarbeitung des DDR-Strafrechts einen entscheidenden Beitrag für unser heutiges Verständnis über die Funktionsweise von Diktaturen liefern. Die DDR bietet dafür einen besonderen Anknüpfungspunkt: Gerade weil die DDR nicht mehr existiert, viele ihrer internen Verwaltungsabläufe jedoch dokumentiert geblieben sind, eröffnet die Erforschung des DDR-Rechts und der Verwaltung des SED-Staates eine einmalige Möglichkeit, die Funktionsweise von Diktaturen aus ihrem Inneren heraus zu analysieren. Von besonderem Interesse ist dabei die Frage, wie Diktaturen eigene Gesetze entwickeln — denn Recht ist stets das Ergebnis eines Entscheidungsfindungsprozesses. Die Rekonstruktion der hierbei berücksichtigten Parameter kann im besten Fall Rückschlüsse auf die Funktionsweise eines politischen Systems sowie auf dessen Entwicklungs- und Wandlungsfähigkeit zulassen.

Diese Arbeit widmet sich der Entwicklung des Strafgesetzbuches der DDR (StGB-DDR), welches 1968 in Kraft trat. Im Mittelpunkt steht dabei die Analyse der Schuldregelungen, die ein zentrales Grundproblem des Strafrechts berühren. Zum Zeitpunkt der Gründung der DDR im Jahr 1949 war die dogmatische Einordnung der Schuld als Rechtsinstitut auch in der Bundesrepublik noch nicht eindeutig ent-

---

1 Siehe exemplarisch: Süß, Politisch mißbraucht?; Keller, Die strafrechtliche Aufarbeitung von DDR-Justizunrecht; Gursky, Politische Strafjustiz der DDR; Kaiser/Mestrup, Politische Verfolgung an der Friedrich-Schiller-Universität Jena von 1945 bis 1989; Gürtler, Vergangenheit im Spiegel der Justiz; Lindenheim, Verdeckte Ermittler.

2 Es gibt zum Strafrecht lediglich ein paar wenige Überblicksarbeiten – darunter die Habilitationsschrift von *Moritz Vormbaum*, der sich mit den sozialistischen Strafgesetzen der DDR auseinandergesetzt hat (M. Vormbaum, Das Strafrecht der DDR), *Jan Schröder*, der sich mit der generellen Funktionsweise des Rechts der DDR, u. a. aber auch des Strafrechts beschäftigt hat (J. Schröder, in: JZ 2017, 731; J. Schröder, Recht als Wissenschaft) und *Christian Mahlmann*, der eine Monografie zum Verhältnis von Klassenkampftheorie und Verbrechenslehre geschrieben hat (Mahlmann, Strafrechtswissenschaft der DDR. Klassenkampftheorie und Verbrechenslehre).

schieden. Die Frage, wie die DDR-Rechtswissenschaft ihren eigenen Schuldbegriff entwickelte, ist daher von besonderer Bedeutung.

Im Fokus der Untersuchung steht daher die (in der DDR geführte) juristische Diskussion zur strafrechtlichen Schuld, die sowohl hinsichtlich ihrer Methodik als auch hinsichtlich ihres Inhalts und der beteiligten Akteure analysiert wird. Ziel ist es, auf der einen Seite die dogmatische Entwicklung der Schuldlehre nachzuzeichnen und auf der anderen Seite Einblicke in Entscheidungsfindungsprozesse innerhalb der DDR-Gesetzgebung zu gewinnen. Zu diesem Zweck wird nicht nur einschlägige DDR-Literatur, insbesondere juristische Fachzeitschriften[3] und Monografien, ausgewertet, sondern auch Archivmaterial hinzugezogen, um die Diskussion in ihren politischen und wissenschaftlichen Kontext zu stellen. Diese Quellenanalyse ermöglicht es, das Spannungsfeld zwischen politischer Steuerung und akademischer Tätigkeit in der DDR zu rekonstruieren.

Das Archivmaterial umfasst vor allem Aktenbestände des Bundesarchivs (BArch),[4] das tiefergehende Einblicke in die Arbeit des Ministeriums der Justiz (MdJ) auch in Verbindung mit Verlagen und Fachzeitschriften erlaubt. Die Sichtung der Quellen legt zwei Vermutungen nahe, die den Ausgangspunkt der weiteren Analyse bilden: *1. Die Diskussionen in den Fachzeitschriften wurden vorbereitet und gelenkt, sodass die Fachzeitschriften kein Medium der Entscheidungsfindung waren,* und *2. Die für die Entscheidungsfindung relevanten Diskussionen wurden an anderer, nichtöffentlicher Stelle geführt.*

Ein weiterer Schwerpunkt dieser Analyse ist die Frage, ob die DDR-Juristen eine eigene Schuldkonzeption entwickelten und ob diese (z. B. durch politische Ent-

3 Relevant für die Thematik der Schuld waren insbesondere die „Neue Justiz (NJ)“ und die „Staat und Recht (SuR)“.

4 Das Aktenmaterial wurde insbesondere in Bezug auf die 1957 gegründete StGB-Kommission recherchiert. Dabei wurden folgende Schlagworte verwendet: „Grundkommission“, „Kommission*“, „*Kommission“, „Allgemeiner Teil“, „StGB“, „Strafgesetzbuch“, „Schuld“, „Zurechnungsfähigkeit“. In Verbindung mit der erweiterten Suche, in der auch verwandte Akten angezeigt wurden, wurden über 180 Akten ausfindig gemacht und durchgesehen. Gefunden wurden dabei überwiegende Teile der StGB-Kommissions- und Staatsratssitzungen, die sich in Protokollen in den Akten wiederfinden. Zudem wurden auch verschiedene Gesetzesentwürfe für den Allgemeinen Teil eines Strafgesetzbuches der DDR gefunden. Angemerkt werden muss, dass bezogen auf die erste Gesetzgebungskommission 1952/1953 hauptsächlich auf die veröffentlichten Primärquellen und die Ausarbeitungen der Sekundärliteratur zurückgegriffen wurde, da diese sich schon ausführlich mit der Kommission befasst hat und die vom Ministerium der Justiz (MdJ) im Bundesarchiv (BArch) eingesehenen Akten nur vereinzelt Unterlagen zu dieser Kommission aufwiesen. Des Weiteren ist zu beachten, dass die Akten überwiegend unpaginiert sind und deshalb versucht wird, eine Zuordnung über die Beschreibung der einzelnen Dokumente in den Fußnoten zu ermöglichen. Die Zitierweise wurde dem Vorschlag des BArch entnommen.

scheidungen oder auch Rückgriffe auf Philosophen) beeinflusst worden ist.[5] Damit schließt die dritte These der Arbeit an: *3. Die DDR-Rechtswissenschaft entwickelte keine eigenen Schuldkonzeptionen.* Es liegt nahe, dass die DDR sich diesbezüglich an der Sowjetunion orientierte, deren Weltbild als Vorbild gesehen wurde.[6] So lautet die letzte These der Arbeit: *4. Die DDR-Rechtswissenschaft orientierte sich hinsichtlich der Entwicklung einer Schuldkonzeption an der Sowjetunion.*

Die Arbeit betrachtet somit den Themenkomplex aus verschiedenen Blickwinkeln. Zum einen wird die sich über die Jahre verändernde Diskussion zur strafrechtlichen Schuld und die Art und Weise, wie diese Diskussion geführt wurde, detailliert beleuchtet und in ihren Kontext eingeordnet. Zum anderen wird dargestellt, was in der DDR-Rechtswissenschaft bis 1968 inhaltlich unter strafrechtlicher Schuld verstanden wurde. Auf diese Weise können die Leser nachvollziehen, wie politische Veränderungen die Auffassung von Schuld in der DDR beeinflusst haben.

Im ersten Kapitel werden die Grundlagen zur Arbeitsweise der DDR-Rechtswissenschaft allgemein gelegt. Diese Grundlagen werden in den nachfolgenden Kapiteln immer wieder aufgegriffen und vertieft.

Die Kapitel zwei bis sieben analysieren den Schuldbegriff und die wissenschaftliche Diskussion zu diesem Thema zwischen 1949 und 1968, bis zum Inkrafttreten des StGB-DDR. Die Kapitel zwei bis sieben werfen dabei immer wieder einen Blick auf die Akteure, welche die Schulddiskussion maßgeblich prägten. Da viele der DDR-Juristen bisher weitgehend unbekannt sind, enthält der Anhang der Dissertation Kurzbiografien, die die Einordnung dieser Persönlichkeiten und deren Werdegang, insbesondere den von John Lekschas, erleichtern.

---

5 Zur Schuld im Strafrecht der Deutschen Demokratischen Republik (DDR) selbst gibt es so gut wie keine aktuelle Literatur, was die Aufarbeitung dieser Fragen noch dringlicher macht. Ein Zeitschriftenartikel, der sich vornehmlich mit der Rechtfertigung und der Schuld im sozialistischen Strafrecht der DDR beschäftigt, lässt sich in die 90er Jahre zurückdatieren (Renzikowski, in: ZStW 1994, 93). Dissertationen gibt es drei, die sich mit dem Thema auseinandersetzen: von *Wolfgang-Eckhardt v. Lingelsheim-Seibicke* (Lingelsheim-Seibicke, Der „materielle Verbrechensbegriff" und die Schuldfrage im Strafrecht der SBZ), *Barbara-Ute Blechschmid* (Blechschmid, Schuld und Verantwortung) und *Reinhard Kuhn* (Kuhn, Schuld als Entscheidung und Verantwortungslosigkeit). Sie alle haben gemeinsam, dass sie aus den 60er und 70er Jahren stammen und von Autoren der Bundesrepublik geschrieben wurden, sodass der Blickwinkel der Arbeiten eine westdeutsche Perspektive aufweisen dürfte. Ähnlich muss auch der westdeutsche Autor *F.-C. Schroeder* eingeordnet werden, der sich als Einziger wiederholt mit der Schuld auseinandergesetzt hat und eine Monografie sowie mehrere Beiträge zur Schuld der DDR verfasst hat (F.-C. Schroeder, Das Strafrecht des realen Sozialismus; F.-C. Schroeder, in: ROW 1961, 261; F.-C. Schroeder, in: Jahrbuch für Ostrecht 1973, 9; F.-C. Schroeder, in: ZStW 1979, 1065). Diese Werke liegen mittlerweile so weit zurück, dass sie selbst Gegenstand der Rechtsgeschichte sind.

6 So sollte die DDR nach dem sowjetischen Vorbild errichtet werden. Vgl. K. Schroeder, Der SED-Staat, S. 91 f. und Kirchheimer, in: Archiv des Öffentlichen Rechts 1960, 1 (S. 49).

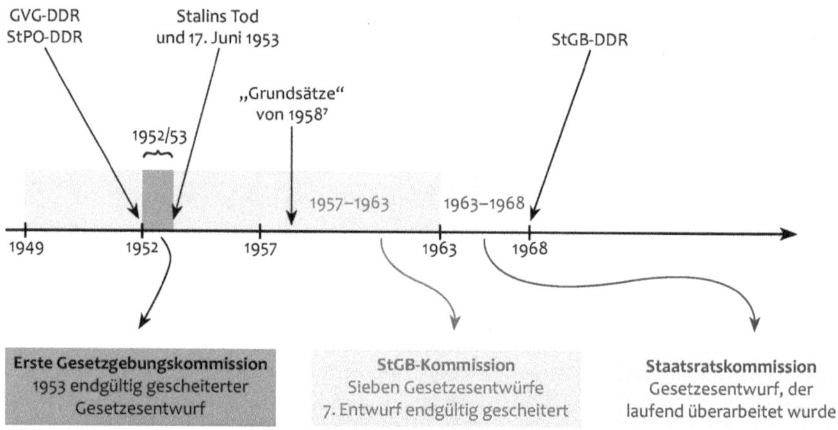

Abb. 1: Überblick über die Gesetzgebungskommissionen

[7] Bei den „Grundsätzen" handelt es sich um Richtlinien, die für die Unionsrepubliken vom Obersten Sowjet der U.d.S.S.R erlassen worden sind. Sie finden sich abgedruckt in: F.-C. Schroeder/Maurach, Die Grundsätze der Strafgesetzgebung.

Das achte Kapitel stellt die Regelungen zur Schuld, wie sie im StGB-DDR in Kraft getreten sind, dar. Eine anschließende Stellungnahme betrachtet, welche Änderungen oder Verbesserungen die neuen Regelungen im Vergleich zu den vorherigen Regelungen brachten.

Im letzten Kapitel, den Schlussbetrachtungen, wird der gesamte Entwicklungsverlauf zu den Schuldregelungen zusammengefasst und mit der Entwicklung des Schuldbegriffs kontextualisiert.

2. Terminologische und konzeptionelle Grundlagen

Zunächst sollen grundlegende Begrifflichkeiten und konzeptionelle Grundlagen für die sich anschließende Darstellung der Schulddiskussion geklärt werden. Dies betrifft zum einen den methodischen Aspekt (Thesen 1 und 2), bei welchem die Besonderheiten der rechtswissenschaftlichen Praxis in der DDR herausgearbeitet werden sollen, und den materiellen Aspekt (Thesen 3 und 4), unter welchem zunächst definiert werden muss, welche Punkte überhaupt Analysegegenstand dieser Arbeit sind und welchen Stand die Diskussion zur Schuld 1949 erreicht hatte. Dies ist notwendig, um einen Anknüpfungspunkt für die Schulddiskussion der DDR-Rechtswissenschaft zu schaffen, die auf den, Ende der 1940er Jahre noch herrschenden Streit um das Verständnis der Schuld einging.

I. Grundlagen für den Rahmen und die Methodik der Schulddiskussion

Bei den Grundlagen zur Methodik geht es um Aspekte, die den Stil und die Herangehensweise der Diskussion betreffen. Diese werden an den Anfang der Arbeit gesetzt, da sie die gesamte Diskussion betreffen und in der historischen Aufarbeitung, bis auf einzelne Stellen, nicht gesondert dargestellt werden. Trotzdem bilden sie einen wichtigen Anhaltspunkt dafür, wie rechtswissenschaftliche Diskussionen im Strafrecht der DDR geführt worden sind. Zwei dieser Besonderheiten, deren sich der Leser von wissenschaftlichen Werken aus der DDR bewusst sein sollte, sollen hier aufgezeigt werden. Dazu zählt zum einen, dass die rechtswissenschaftlichen Fachdiskussionen beplant wurden, und zum anderen, dass man sich auch in rechtswissenschaftlichen Werken von der Bundesrepublik abzugrenzen pflegte. Im Verlaufe der Hauptkapitel wird dabei immer wieder, insb. auf die Beplanung der Fachdiskussion, verwiesen werden.

1. Beplanung der Fachdiskussion in der DDR

Wissenschaft wurde in der DDR beplant.[1] Dies traf auch auf die Rechtswissenschaft in der DDR zu. Im Jahr 1952 wurden die Forschungsleitstellen der Universitäten vom Staatssekretariat angeleitet, Forschungsarbeiten zu melden.[2] Im Jahr 1953 wur-

---

1 Voigt, Staats- und rechtswissenschaftliche Forschungsplanung, S. 6 f. Siehe auch *Voigt* mit weiteren Nachweisen (m.w.N.) auf den S. 6 ff. zum Wissenschaftsverständnis der DDR.

2 Voigt, Staats- und rechtswissenschaftliche Forschungsplanung, S. 40.

de erstmals ein Jahresarbeitsplan in der Deutschen Verwaltungsakademie „Walter Ulbricht" (DVA) erstellt.[3] Ab diesem Jahr wurde die Forschungstätigkeit durch Forschungspläne beplant.[4] Das Deutsche Institut für Rechtswissenschaft (DIR), welches 1952 durch eine Anordnung des MdJ gegründet und dem MdJ angegliedert worden war,[5] war für die Erstellung der Forschungspläne verantwortlich.[6] Das DIR hatte darüber hinaus auch eine eigens eingerichtete Abteilung „Publikationen".[7] Es arbeitete in Bezug auf die Umsetzung der Forschungspläne (z. B. in der Fachzeitschrift Staat und Recht (SuR)) eng zusammen mit der DVA.[8] Die Forschungspläne erfassten verschiedene Themenbereiche und wurden in Bezug auf das Strafrecht auch überwiegend umgesetzt.[9] Dies zeigt, wie der Staat die rechtswissenschaftliche Diskussion mitorganisierte. Den Forschungsplänen wurde dabei von staatlicher Seite eine ähnlich zentrale Rolle wie den wirtschaftlichen Produktionsplänen bei-

3 Bernhardt, Die Deutsche Akademie für Staats- und Rechtswissenschaft, S. 74. Bei der DVA handelte es sich um die Vorläuferin der Deutschen Akademie für Staats- und Rechtswissenschaft „Walter Ulbricht" (DASR), welche den Kadernachwuchs ausbildete. Zur Geschichte der DVA und der DASR siehe Bernhardt, Die Deutsche Akademie für Staats- und Rechtswissenschaft.

4 1. Entwurf des Forschungs- und Arbeitsplans des Deutschen Instituts für Rechtswissenschaft (DIR) 1954/55 vom 18.6.1954, BArch DP 1/21011; Vorlage für den Forschungsplan von 1955/56, BArch DP 1/21011. In einem Dokument des DIR („Vorlage zum 1. Tagesordnungspunkt der Abteilungsleitertagung am 2. Dezember 1955" vom 29.11.1955) findet sich auf S. 2 der Hinweis, dass die „[…] Vorbereitungen für die Aufstellung des Forschungsplanes 1956/57 […] unmittelbar nach der 3. Parteikonferenz, d. h. im April 1956 aufgenommen […]" werden würden und der Forschungsplan bis Ende Juni 1956 aufzustellen sei (BArch DP 1/21011). Für das Jahr 1955/56 existierte eine Vorlage für einen Forschungsplan (BArch DP 1/21011).

5 Bernhardt, Die Deutsche Akademie für Staats- und Rechtswissenschaft, S. 21.

6 Vgl. z. B. Schreiben des DIR an das MdJ vom 4.11.1955 zum Forschungsplan der Abteilung Strafrecht 1955/1956, BArch DP 1/21011. Für das Strafrecht war die Abteilung „Strafrecht" des DIR zuständig (vgl. z. B. Schreiben des DIR an das MdJ vom 4.11.1955 zum Forschungsplan der Abteilung Strafrecht 1955/1956, BArch DP 1/21011). Zur weitergehenden Tätigkeit des DIR siehe Voigt, Staats- und rechtswissenschaftliche Forschungsplanung, S. 32 ff.

7 Das ergibt sich aus dem Protokoll der Parteiversammlung der wissenschaftlichen Mitarbeiter des Deutschen Instituts für Rechtswissenschaft ebenso wie aus einem Vermerk der Abteilung Publikationen über die Redaktionsarbeit in der Abteilung Publikationen vom 22.11.1955, BArch DP 1/21011.

8 Bernhardt, Die Deutsche Akademie für Staats- und Rechtswissenschaft, S. 75. Ab dem Jahr 1954/55 wurden Zeitschriftenartikel nicht mehr explizit von den Forschungsplänen erfasst (Mitteilungsblatt Nr. 6/1954 des Deutschen Instituts für Rechtswissenschaft vom 20.12.54, BArch DP 1/21011, S. 4 des Mitteilungsblattes).

9 Das lässt sich aus einem Vergleich zwischen den Vorschlägen für Forschungspläne und den tatsächlich veröffentlichten Arbeiten ziehen. Anders muss die Situation für das Zivilrecht beurteilt werden. Dazu Voigt, Staats- und rechtswissenschaftliche Forschungsplanung, S. 48 m.w.N.

gemessen.[10] Besonders deutlich wird dies im Mitteilungsblatt NR. 1–2/1955 des DIR vom 5.4.1955. Dort hieß es:

> Nur wenige Mitglieder [des DIR] sind sich bereits voll der Tatsache bewußt geworden, dass sie mit der Durchführung der von ihnen [...] [durch die Forschungspläne] übernommenen Arbeiten bei der Erfüllung einer zentralen staatlichen Aufgabe mitwirken.[11]

a) Inhaltliche Gestaltung der Forschungspläne

Die Forschungspläne enthielten Themen, Autoren und den Umfang, zu denen eine Publikation in Arbeit oder gewünscht war.[12] Daraufhin wurden einzelne Personen beauftragt, zu diesen Themen zu schreiben.[13] Ein solches Thema wurde z. B. so umrissen: „Schuld im Strafrecht der DDR".[14] Bei den beauftragten Arbeiten handelte es sich somit um klar abgegrenzte Themenbereiche, mit denen sich der jeweilige Autor befasste.[15] Dies könnte dazu geführt haben, dass die Rechtswissenschaftler in den ihnen zugewiesenen Bereichen blieben und es zumindest bei den Publikationen wenig Schnittpunkte für Diskussionen gab. Ob dies der Fall war, wird in den folgenden Hauptkapiteln untersucht.

b) Publizistische Tätigkeit ohne Auftrag

Die Erstellung von Publikations- und Forschungsplänen schloss die Möglichkeit, selbständig publizistisch tätig zu werden, nicht aus. Allerdings mussten sich die Autoren an der Linie der Partei orientieren.[16] Man nahm Arbeiten auf, die „[...] nach der Thematik zur Aufnahme geeignet [waren] und bei denen von der Persönlichkeit des Bearbeiters her – sofern es sich nicht um Mitglieder der Abteilung selbst handelt[e] – eine Gewähr dafür gegeben [war], dass das gestellte Thema

---

10 BArch DP 1/21011, S. 2 des Mitteilungsblattes.

11 BArch DP 1/21011, S. 2 des Mitteilungsblattes.

12 Vorschlag für den Forschungsplan von 1955/56, BArch DP 1/21011.

13 So teilte die Abteilung Strafrecht des Deutschen Instituts für Rechtswissenschaft Hilde Benjamin in einem Brief vom 4.11.55 mit, dass Genosse *Walter Orschekowski* sich bereit erklärt habe, ab Januar 1956 die populärwissenschaftliche Ausarbeitung „Das Strafrecht der DDR" zu übernehmen (BArch DP 1/21011; vgl. auch das Dokument „Übersicht über den Stand der Herausgabe von Lehr-Materialien und Übersetzungen", BArch DP 1/21011). Siehe auch Mitteilungsblatt Nr. 6/1954 des DIR vom 20.12.54, BArch DP 1/21011. Zur Biografie von *Walter Orschekowski* siehe Anhang II.8.

14 Bei der Arbeit handelt es sich um die sich in Planung befindliche Habilitationsschrift von *John Lekschas*, die sich in dem Vorschlag zum Forschungsplan auf S. 3 unter dem Punkt 9. finden lässt, BArch DP 1/21011.

15 Vgl. auch die Anlage über die Erledigung des Forschungsplans von 1954/55, BArch DP 1/21011.

16 Bernhardt, Die Deutsche Akademie für Staats- und Rechtswissenschaft, S. 76.

unter der verantwortlichen Betreuung eines Abteilungsmitgliedes zufriedenstellend bearbeitet [wurde].“[17] Von der Möglichkeit, selbständig publizistisch tätig zu werden, berichten *Uwe-Jens Heuer* und *Hans Weber*.[18] In diesen Fällen wirkte die Redaktion der jeweiligen Zeitschrift jedoch als strenge Kontrollinstanz – so z. B. im Fall *Schüsseler*[19]. Dieser hatte einen Artikel verfasst, welcher dem MdJ vorgelegt worden war,[20] und von diesem an die Redaktion SuR mit folgender Anmerkung weitergeleitet worden war:

> Da der Artikel einerseits äußerst wertvolle, aber auch unausführbare Gedanken enthält, beabsichtigen wir, zur gegebenen Zeit eine kritische Stellungnahme zu dem Artikel zu veröffentlichen.[21]

Letztlich scheiterte der Artikel jedoch an der Redaktion der SuR, die ihn aufgrund inhaltlicher Kritiken ablehnte:

> Es werden die Grenzen der Gewalt und Nichtgewalt, des Zwanges und der Überzeugung völlig verwischt. Aus dem Bemühen, der objektiven Komplexität der staatlichen Leitung der sozialistischen Umwälzung in der Kodifizierung bestimmter Normenkomplexe Rechnung zu tragen, werden Schlußfolgerungen gezogen, die praktisch undurchführbar und auch rechtspolitisch bedenklich sind.[22]

Dieser Fall zeigt, dass die veröffentlichten Artikel der Fachzeitschriften einer strengen Zensur unterlagen, sodass es vorkommen konnte, dass selbst Artikel, die vom MdJ vorgeschlagen wurden, aufgrund rechtspolitischer Bedenken abgelehnt wurden.

---

17 Diese Aussage findet sich in der Tagungseinladung von *Hilde Benjamin* zu einer Tagung der Abteilung Strafrecht (BArch DP 1/21011).

18 *Heuer* habe sein Dissertationsthema selbst ausgewählt und seinem Betreuer vorgeschlagen (Heuer, Im Streit, S. 38) und *Weber* berichtete in einem Interview für die Dissertationsschrift von *Mahlmann* von einer relativen Wissenschaftsfreiheit in den 50er und 60er Jahren (Mahlmann, Strafrechtswissenschaft der DDR. Klassenkampftheorie und Verbrechenslehre, S. 169). Zur Biografie von *Hans Weber* siehe Anhang II.11.

19 *Schüsseler* war zum Zeitpunkt der Anfrage Sekretär des Rates des Kreises Hettstedt.

20 Brief der Redaktion SuR an das MdJ vom 6.7.1960 und die Antwort der Redaktion SuR an *Schüsseler*, BArch DP 1/22971.

21 Antwort der Redaktion SuR an *Schüsseler*, BArch DP 1/22971.

22 Antwort der Redaktion SuR an *Schüsseler*, BArch DP 1/22971.

2. Abgrenzung von der Bundesrepublik Deutschland

Bei der Untersuchung der wissenschaftlichen Texte fiel auf, dass sehr viel Wert daraufgelegt wurde, sich von der Bundesrepublik abzugrenzen. Zwar liegt der Fokus dieser Arbeit auf der Behandlung von positiv-rechtlichen Ausgestaltungen zur Schuld, jedoch würde ein unvollständiges Bild entstehen, wenn die Abgrenzungsbemühungen der DDR-Rechtswissenschaft von kapitalistisch eingestellten Systemen nicht erwähnt würden. Aus diesem Grund soll hier kurz dargestellt werden, mit welchen Methoden sich die DDR-Rechtswissenschaftler in fast allen (!) ihren Schriften versuchten abzugrenzen.

Man bediente sich dabei zweier Vorgehensweisen. Eine Methode war die Abgrenzung durch ausschweifende Kritik an den Methoden der „bürgerlichen" Rechtswissenschaft.[23] Weitaus unterschwelliger war die zweite Methode. Abgrenzung funktionierte in rechtswissenschaftlichen Texten über suggestive Wortwahl. So wurden Argumente als „bürgerlich", „imperialistisch" oder „kapitalistisch" bezeichnet und dem „Ausbeuterstaat" zugerechnet oder mit Abwandlungen dieser Begrifflichkeiten gekennzeichnet.[24] Diese Methode funktionierte nur, weil man auch in der Rechtswissenschaft nicht müde wurde, das kapitalistische System der Bundesrepublik zu kritisieren und die Probleme der Bundesrepublik auch auf die Entwicklung der Rechtswissenschaft in der Bundesrepublik zurückzuführen.[25] Aus diesem Grund assoziierte der Leser schon mit den Worten „imperialistisch", „bürgerlich" oder auch „kapitalistisch" die sonst mit den Worten in Zusammenhang gebrachten Bilder des „Ausbeuterstaates". Die Verwendung eines dieser zum Teil heute eher neutral wahrgenommenen Wörter war in der DDR nicht neutral, sondern diente der Beeinflussung der Bevölkerung.

---

23 Als Beispiel kann die Abgrenzung von der finalen Handlungslehre und dem normativen Schuldverständnis angeführt werden. Siehe dazu Kapitel 2.III.

24 Dabei handelt es sich nicht um Ausnahmen, sondern um die Regel. Fast kein wissenschaftlicher Text kam ohne dieses Stilmittel aus. Aus diesem Grund wird nur auf einige Beispiele verwiesen: vgl. LEKSCHAS, Fahrlässigkeitsverbrechen, S. 1; LEKSCHAS, in: SuR 1957, 1280 (S. 1286); LEKSCHAS, in: SuR 1954, 747 (S. 481); BÜTTNER, in: SuR 1958, 706 (S. 706); LEKSCHAS/RENNEBERG, in: SuR 1958, 795 (S. 802 f.); LEKSCHAS, in: SuR 1960, 44 (S. 45 ff.); M. BENJAMIN U. A., in: SuR 1962, 1198 (S. 1205 f.); RENNEBERG, in: SuR 1963, 1595 (S. 1600 f.).

25 Exemplarisch: FRIES, in: NJ 1963, 22; LEKSCHAS, in: SuR 1957, 1280, LEKSCHAS/LOOSE/RENNEBERG, Verantwortung und Schuld, S. 10 ff. RENNEBERG, in: NJ 1952, 537 (S. 540); H. SCHMIDT/BEYER, in: NJ 1960, 310 (S. 311); PCHALEK, in: NJ 1955, 487 (S. 487); GERATS, in: NJ 1951, 58 (S. 59 f.).

II. Grundlagen für das Schuldverständnis der DDR

Zu den Grundlagen der Ausgestaltung einer Schuldkonzeption gehört zunächst die Frage, was mit der Begrifflichkeit der Schuld in dieser Arbeit gemeint ist. Darüber hinaus werden der Verbrechensaufbau[26], welcher aus systematischen Gesichtspunkten für die Stellung der Schuld interessant ist, sowie die zum Zeitpunkt der DDR-Gründung vorherrschenden Schuldbegriffe Betrachtungsgegenstand. Letztere werden jedoch nur grob und insoweit dargestellt, als sie in der Diskussion der DDR-Rechtswissenschaft aufgegriffen werden.

1. Analysegegenstand

Der Begriff der Schuld wird in unterschiedlichen Kontexten gebraucht. So wird der Begriff nicht nur in der Rechtswissenschaft, sondern z. B. auch in der Theologie oder Philosophie verwendet. Aber auch innerhalb der Strafrechtswissenschaft gibt es unterschiedliche Systematisierungsversuche der Schuld. In der Strafrechtswissenschaft können mit dem Begriff „Schuld" unterschiedliche Fragestellungen und Einteilungen verbunden sein. Häufig wird zwischen formellem und materiellem Schuldbegriff unterschieden,[27] doch auch diese Einteilung wird unterschiedlich verstanden.[28] Überwiegend wird jedoch die Auffassung vertreten, dass es beim formellen Schuldbegriff um positiv-rechtliche Fragen gehe, bei welchen nach der Gesamtheit der Merkmale für eine Zurechnung gefragt werde, während es beim materiellen Schuldbegriff darum gehe, inwiefern es gerechtfertigt sei, die Schuld auf eine bestimmte Gesinnung zu stützen,[29] d. h. welche Merkmale dem Schuldurteil aus ethischer Sicht überhaupt zugrunde gelegt werden dürften.[30] *Achenbach* unterteilt die Schuld hingegen in drei Elemente. Er unterscheidet zwischen der Schuldidee, der Strafmaß- oder Strafzumessungsschuld und der Strafbegründungsschuld.[31] Während die Schuldidee das Schuldprinzip und die Frage nach der Legitimität des

---

26 Der Begriff des Verbrechens wurde in der DDR als Synonym für Delikt gebraucht.

27 Achenbach, Strafrechtssystematische Schuldlehre, S. 2; Bröckers, Strafrechtliche Verantwortung ohne Willensfreiheit, S. 49.

28 Siehe zur unterschiedlichen Verwendung dieser Begrifflichkeiten Achenbach, Strafrechtssystematische Schuldlehre, S. 2 m.w.N.

29 Liszt, Lehrbuch des Deutschen Strafrechts, S. 157; Kohlrausch, in: Die Reform des Reichsstrafgesetzbuchs, 179–224 (S. 183 f.); Engisch, Untersuchungen über Vorsatz und Fahrlässigkeit im Strafrecht, S. 38 f. Kaufmann, Das Unrechtsbewusstsein in der Schuldlehre des Strafrechts, S. 33 f. Jeschek/Weigend, Lehrbuch des Strafrechts, S. 422; Bröckers, Strafrechtliche Verantwortung ohne Willensfreiheit, S. 49.

30 Dieses Verständnis vom materiellen Schuldbegriff umfasst z. B. auch die Fragen um die Willensfreiheit (Bröckers, Strafrechtliche Verantwortung ohne Willensfreiheit, S. 50).

31 Achenbach, Strafrechtssystematische Schuldlehre, S. 3 ff.

Schuldstrafrechts enthalte, gehe es bei der Strafmaß- bzw. Strafzumessungsschuld um die Frage nach der Höhe der Strafe (also einer Strafe, die der Schuld des Täters angemessen ist) und bei der Strafbegründungsschuld um die Frage, ob überhaupt Schuld vorliege, sodass die letzte Frage sich auch auf das strafrechtsdogmatische System beziehe.[32]

In der Arbeit wird der Konzeptionsprozess der Schuldregelungen für ein eigenes Strafgesetzbuch der DDR (StGB-DDR) betrachtet. Dabei geht es darum, herauszuarbeiten, welche Voraussetzungen in der DDR an die Zurechnung geknüpft wurden bzw. unter welchen Voraussetzungen Schuld begründet werden können sollte. Betrachtet werden Gesetzesentwürfe und Fachbeiträge, die Ausführungen zu den Voraussetzungen der Zurechenbarkeit bzw. der Schuld enthielten. Der Einteilung von *Achenbach* folgend,[33] stehen somit schuldbegründende Aspekte (Strafbegründungsschuld) im Fokus dieser Arbeit. Sofern die Dogmatik dafür Hinweise bietet, werden auch Aspekte der Schuldidee sowie der Strafmaß- bzw. Strafzumessungsschuld berücksichtigt. Für eine Einteilung nach dem materiellen und formellen Schuldbegriff bedeutet dieser Analysegegenstand, dass überwiegend der formelle Schuldbegriff betrachtet wird, d. h. welche Anforderungen für eine Zurechnung im Strafsystem der DDR vorausgesetzt wurden. An einigen Stellen werden jedoch auch Rückschlüsse vom formellen Schuldbegriff auf den materiellen Schuldbegriff gezogen.

2. Verbrechensaufbau der DDR

Der Verbrechensaufbau der DDR unterschied nach der Tradition der kausalen Handlungslehre zwischen objektiven und subjektiven Gesichtspunkten der Tat.[34] Diese wurden in der DDR-Rechtswissenschaft auch als „Elemente des Verbrechens“ bezeichnet.[35] Die DDR-Rechtswissenschaft hatte dabei keinen mehrstufigen De-

---

32 Achenbach, Strafrechtssystematische Schuldlehre, S. 3 f.

33 Allerdings wird *Achenbach* nicht so weit gefolgt, als dass er davon ausgeht, dass es sich bei den Funktionsstufen um unterschiedliche Begrifflichkeiten handle, die durch den Überbegriff der Schuld nur verschleiert würden. Näheres zur Frage, warum eine solche Begriffsspaltung der Schuld nicht sinnvoll erscheint, bei Bröckers, Strafrechtliche Verantwortung ohne Willensfreiheit, S. 51 f.

34 Tatsächlich wurde in der DDR ein finalistischer Handlungsbegriff vertreten. Den finalistischen Charakter des Handlungsbegriffs hatten zuvor auch schon *Lyon* und *Lingelsheim-Seibicke* festgestellt, wobei Letzterer den Handlungsbegriff der DDR als „dialektisch-finalen“ Handlungsbegriff bezeichnet hat. Siehe dazu Lyon, Verbrechensbegriff der DDR, S. 78 und Lingelsheim-Seibicke, Der „materielle Verbrechensbegriff“ und die Schuldfrage im Strafrecht der SBZ, S. 137; a.A. *F.-C. Schroeder*, welcher der Meinung war, dass ein finalistischer Handlungsbegriff schon aufgrund des kausalistischen Aufbaus ausscheide (F.-C. Schroeder, in: ROW 1961, 261 (S. 262)).

35 Lekschas, Zum Aufbau der Verbrechenslehre, S. 24.

likts- bzw. Verbrechensaufbau, sondern vertrat eine Lehre vom Gesamttatbestand.[36] Eine solche hatte sich zuvor in der nationalsozialistischen Zeit entwickelt und verzichtete auf eine Unterscheidung der verschiedenen Deliktsebenen.[37] Damit war die Gesamtheit aller Verbrechensmerkmale (d. h. der vier Elemente: Objekt des Verbrechens, objektive Seite des Verbrechens, Subjekt des Verbrechens und subjektive Seite des Verbrechens (Schuld)) gemeint.[38] So war die Frage nach dem Wesensgehalt der Schuld der subjektiven Seite des Verbrechens zuzuordnen, welche insb. aus Vorsatz und Fahrlässigkeit bestand. Diese Vierteilung des Verbrechens wurde aus der Sowjetrechtswissenschaft übernommen.[39] In tabellarischer Übersicht lässt sich das so verdeutlichen:

Tab. 1: Verbrechensmerkmale

Objekt des Verbrechens	Objektive Seite des Verbrechens
gesellschaftliche Beziehungen, die durch die Straftat geschädigt werden	1. Tat 2. Erfolg 3. kausaler Zusammenhang zwischen Handlung und Erfolg
Subjekt des Verbrechens	**Subjektive Seite des Verbrechens**
1. allgemeines Subjekt a) Alter (13 oder 15 Jahre) b) Zurechnungsfähigkeit 2. Sondersubjekt	1. Schuld (die psychische Einstellung der Person zu ihrer Tat und zum Erfolg) a) Vorsatz b) Fahrlässigkeit 2. Beweggrund

Das Schema wurde der Tabelle aus dem Artikel *Sootak/Pikamäe*, in: Juridica International 2002, 127 (S. 130) entnommen und bezieht sich demnach auf den Aufbau des gesamten sowjetischen Strafrechts. Es wurden lediglich Grammatikfehler verbessert. So steht in der Originalquelle „allgemeiner Subjekt“ statt „allgemeines Subjekt“ und „seiner Tat“ statt „ihrer Tat“.

3. Stand der Schuldlehre 1949

Die Schuldlehre beschäftigte Rechtswissenschaftler schon seit Bestehen des Schuldstrafrechts. Die Frage nach konkreten Schuldbegriffen im systematischen Sinne

36 Lyon, Verbrechensbegriff der DDR, S. 88.

37 Schmid, Das Verhältnis von Tatbestand und Rechtswidrigkeit, S. 51.

38 Lyon, Verbrechensbegriff der DDR, S. 88. Zu den vier Elementen, insb. Lekschas, Zum Aufbau der Verbrechenslehre, S. 24 ff.

39 Lingelsheim-Seibicke, Der „materielle Verbrechensbegriff“ und die Schuldfrage im Strafrecht der SBZ, S. 131. So galt diese Einteilung sogar bis 2002 in Estland fort. Siehe dazu Sootak/Pikamäe, in: Juridica International 2002, 127 (S. 130).

stellte jedoch eine Entwicklung der letzten Jahrzehnte des 19. Jahrhunderts dar.[40] Zuvor war diese Thematik nicht unter der Begrifflichkeit der „Schuld", sondern unter der Begrifflichkeit der „Zurechnung" behandelt worden.[41] Mit *Bindings* Werk „Die Normen und ihre Übertretung"[42] hatte sich die Schuld als eigene juristische Kategorie eingebürgert.[43] Zunächst ging man davon aus, dass die Schuld durch die Schuldformen Vorsatz und Fahrlässigkeit bestimmt werde (psychologisches Schuldverständnis).[44] Dieses Verständnis wandelte sich jedoch Ende des 19. Jahrhunderts/Anfang des 20. Jahrhunderts hin zu einem sog. normativen Schuldverständnis, welches heute noch vorherrschend in der Bundesrepublik Deutschland vertreten wird.[45]

Zwar kann festgestellt werden, dass Ende des 19. Jahrhunderts/Anfang des 20. Jahrhunderts zunehmend normative Theorien vertreten wurden, allerdings gab es auch Theorien, die sich nicht so leicht zuordnen lassen oder wieder psychologische Aspekte aufgriffen.[46] Mittlerweile existieren sowohl eine Vielzahl von Einzeltheorien zum sog. psychologischen Schuldverständnis als auch eine schillernde Vielfalt an Theorien zum normativen Begriffsverständnis. Da in der DDR-Literatur diese Theorien nicht im Detail diskutiert wurden, sondern auf die Oberbegriffe „psychologischer Schuldbegriff" und „normativer Schuldbegriff" verwiesen wurde, soll hier zunächst geklärt werden, was abstrakt unter diesen Begrifflichkeiten zu verstehen ist, um dann im Rahmen des Hauptteils der Arbeit das Begriffsverständnis der DDR einordnen zu können und zu analysieren, wie dieses inhaltlich ausgestaltet wurde.

a) Psychologisches Schuldverständnis

Zwar war schon in der traditionellen Lehre die Auffassung herrschend, dass die Schuld aus Vorsatz und Fahrlässigkeit bzw. den Vorläufern dessen bestehen sollte, der sog. psychologische Schuldbegriff wurde jedoch erst durch *Franz v. Liszt* be-

---

40 Achenbach, Strafrechtssystematische Schuldlehre, S. 19.

41 Achenbach, Strafrechtssystematische Schuldlehre, S. 20.

42 Binding, Die Normen und ihre Übertretung.

43 Achenbach, Strafrechtssystematische Schuldlehre, S. 21.

44 Liszt, Lehrbuch des Deutschen Strafrechts, S. 158; Radbruch, in: ZStW 1904, 333; Binding, Die Normen und ihre Übertretung.

45 Kindhäuser/Zimmermann, Strafrecht Allgemeiner Teil, § 21 Rn. 12; Achenbach, Strafrechtssystematische Schuldlehre, S. 56 f.

46 Darauf weist *Achenbach* zutreffend hin. Vgl. Achenbach, Strafrechtssystematische Schuldlehre, S. 56 f.

gründet.[47] Er verfolgte einen naturalistischen Ansatz[48] und erfasste Schuld als die psychische Beziehung des Täters zur Tat.[49] Ausgedrückt werden sollte damit, dass es um die innere Einstellung des Täters zur Tat gehe.[50] Diese sollte sich nach *Liszt* in den Schuldformen Vorsatz und Fahrlässigkeit erschöpfend ausdrücken.[51] Neben diesen Schuldformen sollte es keine Schuld geben können.[52] Das sog. psychologische Schuldverständnis blieb nicht ohne Widerspruch. So könne die Existenz von Schuldausschließungsgründen nicht erklärt werden; diese würden nach dem Begriffsverständnis nicht zur Schuld gehören, könnten gleichzeitig aber das Nichtvorliegen der Schuld begründen.[53] Darüber hinaus biete dieser Schuldbegriff auch keinen Ansatzpunkt, um die Legitimität von Strafe zu begründen.[54]

b) Normatives Schuldverständnis

Dem entgegen stand das sog. normative Schuldverständnis. Beim normativen Schuldverständnis ging es im Vergleich zum sog. psychologischen Schuldverständnis nicht um das Vorliegen von Vorsatz oder Fahrlässigkeit, sondern darum, ob man das Vorliegen der Tat dem Täter auch vorwerfen konnte.[55] Es ging damit um die Vornahme einer Wertung gegenüber dem Täter.[56] Da sich das sog. normative Schuldverständnis nicht ausschließlich auf die Feststellung von Vorsatz und Fahrlässigkeit beschränkte, konnten auch weitere Merkmale (z. B. Schuldausschließungsgründe) unter die Begrifflichkeit fallen.[57] Das Wertungselement wurde mit dem Begriff der *Vorwerfbarkeit* beschrieben. Dieses war in diesem Zusammenhang erstmals von *Frank* verwendet worden.[58] Den Unterschied zur sog. psychologi-

---

47 Liszt, Lehrbuch des Deutschen Strafrechts, S. 157; Achenbach, Strafrechtssystematische Schuldlehre, S. 42. So auch T. Vormbaum, Moderne Strafrechtsgeschichte, S. 141 und Stübinger, Schuld, Strafrecht und Geschichte, S. 234.

48 So auch Achenbach, Strafrechtssystematische Schuldlehre, S. 37; Otto, Grundkurs Strafrecht, S. 199 (§ 12 Rn. 10); Börchers, Schuldprinzip und Fahrlässigkeit, S. 17.

49 Liszt, Lehrbuch des Deutschen Strafrechts, S. 157.

50 Liszt, Lehrbuch des Deutschen Strafrechts, S. 157 f.

51 So schon *Liszt* 1881 in: Liszt, Das deutsche Reichsstrafrecht, S. 106.

52 Vgl. Liszt, Das deutsche Reichsstrafrecht, S. 106.

53 Frank, in: Festschrift für die Juristische Fakultät Gießen, 519–547 (S. 524).

54 Vgl. Otto, Grundkurs Strafrecht, S. 199 (§ 12 Rn. 11).

55 Frank, in: Festschrift für die Juristische Fakultät Gießen, 519–547 (S. 529).

56 Otto, Grundkurs Strafrecht, S. 199 (§ 12 Rn. 13).

57 Vgl. z. B. Mezger, Schuld und Persönlichkeit, S. 13. M. w. N. Börchers, Schuldprinzip und Fahrlässigkeit, S. 18.

58 Frank, Strafgesetzbuch für das Deutsche Reich, S. 136; Achenbach, Strafrechtssystematische Schuldlehre, S. 57.

schen Schuldlehre hatte man schon damals versucht, mit dem folgenden Satz zu verdeutlichen:

> [D]ie Schuld eines Menschen [steckt] nicht in seinem Kopf, sondern in den Köpfen anderer [...].[59]

Das bedeutet, dass ein normativer Schuldbegriff auch immer einen Ankerpunkt, also einen Ausgangspunkt benötigt, von welchem aus bewertet wird. Welche Kriterien für die Wertung herangezogen werden sollten, ist mit der Einordnung eines Schuldbegriffs als „normativ" noch nicht gesagt. Diesbezüglich gibt es unterschiedliche Ansichten, die den materiellen Gehalt des normativen Schuldbegriffs ausmachen. Erwähnt werden soll an dieser Stelle *Welzel*, welcher durch die Entwicklung seiner *finalen* Handlungslehre[60] in den 1930er und 40er Jahren prominent einen normativen Schuldbegriff vertreten hat[61] und den Verbrechensaufbau dahingehend veränderte, dass der Vorsatz als Teil des subjektiven Tatbestands verstanden wurde.[62]

III. Der normative Schuldbegriff als Abgrenzungsobjekt für eine eigene Schulddebatte

Ein wichtiger Punkt in der Debatte und in der Entwicklung eines eigenen Schuldbegriffes, war zunächst die vollständige Abgrenzung von dem in der Bundesrepublik vertretenen normativen Schuldverständnis. Diese wurde bis 1968 nach außen hin beibehalten. So schrieb *John Lekschas*[63] 1955 bezogen auf die Entwicklung in der Bundesrepublik:

> Es wurden Schuldlehren entwickelt, die dem Drang des Imperialismus nach Reaktion entgegenkamen, sich in den Dienst der imperialistischen Terrorherrschaft stellten. Stim-

---

59 MEZGER, Strafrecht, S. 126.

60 Die *finale* Handlungslehre stand mit ihrem finalen Element (der Annahme, dass eine Handlung einen Zweck beinhalte) der *kausalen* Handlungslehre gegenüber, welche nur eine kausale, durch den Willen getragene Veränderung in der Außenwelt voraussetzte. Vgl. WELZEL, in: ZStW 1939, 491 (S. 502) zur finalen Handlungslehre und *Liszt* zur kausalen Handlungslehre (LISZT, Lehrbuch des deutschen Strafrechts, 3. Auflage, S. 116).

61 WELZEL, in: ZStW 1931, 703 (S. 718 ff.); WELZEL, in: ZStW 1939, 491; WELZEL, Finale Handlungslehre, S. 23.

62 Vgl. WELZEL, in: ZStW 1939, 491 (S. 503, 505, 519, 522); WELZEL, Finale Handlungslehre, S. 6; WELZEL, Das neue Bild des Strafrechtssystems, S. 1.

63 Zur Biografie von *John Lekschas* siehe Anhang II.7.

men wurden laut, die die These vertraten, daß es weniger auf die Tat als auf den Täter und damit auf seine Gesinnung ankäme. Die Schuldlehre dieser Epoche steuerte auf die Wiedereinführung des Gesinnungsstrafrechts zu. Eine Lehre, die auf dieses Ziel zustrebte, war die sogenannte normative Schuldlehre.[64]

Konkret wurden das normative Schuldverständnis und die wissenschaftliche Arbeitstechnik der Rechtswissenschaftler in der Bundesrepublik von den DDR-Rechtswissenschaftlern stark kritisiert.[65] So sei die praktische Konsequenz des normativen Ansatzes gewesen, „daß der Richter der Aufgabe enthoben [sei], das Vorliegen einer Schuld zu beweisen“[66], denn die Frage des Vorliegens oder Nichtvorliegens der Schuld sei allein eine Entscheidung des Richters, welcher den Vorsatz einfach unterstellen könne.[67]

Besonders kritisiert wurde in diesem Zusammenhang die finale Handlungslehre,[68] welche als Ausformung des normativen Schuldverständnisses verstanden wurde.[69] Insbesondere der durch die finale Handlungslehre veränderte Deliktsaufbau, der den Vorsatz nun zum Tatbestand zählte, war den DDR-Wissenschaftlern ein Dorn im Auge. So schrieb *Renneberg*, dass die Herauslösung des Vorsatzes aus der Schuld zu einer Beurteilung der politischen Gesinnung des Bürgers führe.[70] Zudem verurteilten *Lekschas*, *Fries* und *Gerats*,[71] dass die finale Handlungslehre im Zusammenhang mit dem Naziregime stehe.[72] *Fries* problematisierte dabei insbesondere die „Umdeutung“ von strafrechtlichen Grundbegriffen.[73] Er sah in der Einbeziehung des Vorsatzes in den objektiven Tatbestand eine Methode der „Umdeutung“:

---

64 Lekschas, Die Schuld als subjektive Seite, S. 24.

65 Fries, in: NJ 1963, 22 (S. 24); vgl. Lekschas, in: NJ 1952, 351 (S. 352); Lekschas, Die Schuld als subjektive Seite, S. 24 ff. Renneberg, in: NJ 1952, 537 (S. 540); Lekschas, in: NJ 1963, 779 (S. 780); Lekschas, Lehre von der Handlung, S. 13 ff., S. 44 ff. H. Schmidt, in: NJ 1958, 630 (S. 633), Gerats, Strafrechtliche Verantwortlichkeit in der DDR, S. 57; Lekschas, Zum Aufbau der Verbrechenslehre, S. 5, 12.

66 Fries, in: NJ 1963, 22 (S. 23).

67 Lekschas, Die Schuld als subjektive Seite, S. 24 f.

68 Diese Theorie *Welzels* wurde von *Lekschas* als „unwissenschaftlich“ beschrieben. Vgl. Lekschas, Zum Aufbau der Verbrechenslehre, S. 12.

69 Lekschas, Die Schuld als subjektive Seite, S. 25.

70 Renneberg, in: NJ 1952, 537 (S. 540).

71 Zur Biografie von *Hans Gerats* siehe Anhang II.5.

72 So wurde *Welzel* von *Lekschas* z. B. als „Feind der Werktätigen und Handlanger der Faschisten“ bezeichnet. Siehe auch andere Beispiele bei Lekschas, Lehre von der Handlung, S. 15, S. 50 ff. Fries, in: NJ 1963, 22 (S. 23). *Gerats* bezeichnete die „normative Schuldtheorie“ als „Grundlage für das faschistische ‚Willensstrafrecht‘ […]“, Gerats, Strafrechtliche Verantwortlichkeit in der DDR, S. 57. Ähnliche Formulierungen auch bei Lekschas, in: SuR 1954, 747.

73 Fries, in: NJ 1963, 22 (S. 24).

> Die erste [Manipulation] ist die Anwendung der hinterhältigen Methode, die subjektive und objektive Seite des Tatbestandes in einer derartigen Weise zu vermengen, daß sie die Möglichkeit schafft, Gegner der Regierungspolitik vor Gericht zu stellen, obwohl selbst die Staatsgefährdungsbestimmungen des Blitzgesetzes eine Strafverfolgung nur bei einem Angriff auf die verfassungsmäßige Ordnung vorsehen. Das wird bewirkt durch die Übernahme der faschistischen sog. finalen Handlungslehre durch den Bundesgerichtshof und die damit vorgenommene Verwandlung des Vorsatzes in ein Element des objektiven Tatbestandes.[74]

In eine ähnliche Richtung ging auch die Kritik von *Lekschas*, welcher *Welzel* zum Vorwurf machte, dass dieser die Kausalität im Entwicklungsprozess der Handlung leugne,[75] und seine Theorie entworfen habe, um den Subjektivismus und die Willkür in der Justiz zu rechtfertigen.[76]

Der Einwand, dass *Welzel* im Zusammenhang mit dem nationalsozialistischen Regime gesehen werden müsse, ist durchaus berechtigt. So ergab auch eine Analyse der Veröffentlichungen *Welzels* durch *Stopp*, dass diese nationalsozialistische Inhalte enthielten.[77] Fraglich ist, ob diese Tendenzen auch auf die finale Handlungslehre zutreffen. Nach *Stopps* Analyse enthielt die Schrift „Studien zum System des Strafrechts“[78] „[…] keine ausdrücklichen Bekenntnisse mehr zum nationalsozialistischen Regime.“[79] Des Weiteren zeichnete sich die Idee, den Vorsatz von der Schuld loszulösen, schon viel früher ab.[80] *Paul Merkel* habe schon Mitte der 1920er Jahre vorgeschlagen, den Aufbau der Schuldlehre zu verändern.[81] *Bacigalupo* zeigte zudem anhand des Beispiels des spanischen Juristen *Thomás Vives* auf, dass die finale Handlungslehre auch vereinbar mit einer liberalen Strafrechtssystematik ist.[82] Die nationalsozialistische Ideologie färbte damit nicht auf die Theorie zur finalen Handlungslehre ab. Zudem änderte die finale Handlungslehre im Vergleich zur kausalen Handlungslehre nichts am Rechtsergebnis. Die Abtrennung des Vorsatzes

---

74 Fries, in: NJ 1963, 22 (S. 23). Mit dem „Blitzgesetz“ war wahrscheinlich das Erste Strafrechtsänderungsgesetz der Bundesrepublik v. 30.8.1951 gemeint. Dieses hatte die Regelungen zum Hochverrat neu gefasst, vgl. BGBl. I S. 739.

75 An dieser Stelle zeigt sich ein grundlegender Unterschied. Während *Welzel* davon ausging, dass der Mensch in seinen Entscheidungen frei sei, glaubte *Lekschas*, dass der Entscheidungsprozess von den Bedürfnissen des Menschen und dem Umgang mit diesen Bedürfnissen abhinge und damit Kausalitäten im Entscheidungsprozess bestünden.

76 Lekschas, Lehre von der Handlung, S. 14.

77 Stopp, Hans Welzel und der Nationalsozialismus, S. 64.

78 Welzel, in: ZStW 1939, 491.

79 Stopp, Hans Welzel und der Nationalsozialismus, S. 51.

80 Berg, Der gegenwärtige Stand der Schuldlehre, S. 64.

81 Berg, Der gegenwärtige Stand der Schuldlehre, S. 64.

82 Bacigalupo, in: Menschengerechtes Strafrecht, 61–75 (S. 72).

von der Schuld war lediglich ein Mittel, um einige Rechtsprobleme dogmatisch sauberer lösen zu können.[83]

Zwar versuchten einige DDR-Wissenschaftler vereinzelt, wie eben gezeigt, sich auch inhaltlich mit der sog. normativen Schuldlehre auseinanderzusetzen, überwiegend beschränkte man sich jedoch auf eine Abgrenzung über die Person des Urhebers. Diese stellte dabei eine Art Autoritätsargument dar. Besonders bildlich ergibt sich dies aus *Lekschas* Aussage über die finale Handlungslehre:

> Diese Theorie, deren Wesen schon allein dadurch charakterisiert wird, daß sie unter den Bedingungen des Faschismus von Anhängern des Faschismus geschaffen wurde, daß sie ein theoretisches Produkt der faschistischen Herrschaft ist, kann man als eine Spielart der „normativen" Lehren bezeichnen.[84]

IV. Zusammenfassung

Deutlich wird, dass die Abgrenzung der DDR-Rechtswissenschaft von den früheren, als „bürgerlich" erachteten Auffassungen sowie den damals aktuellen Rechtsauffassungen in der Bundesrepublik als wichtig erachtet wurde und konsequent auch durch stilistische Mittel umgesetzt wurde. Schwerpunktmäßig grenzte man sich von der durch *Welzel* begründeten finalen Handlungslehre und dem normativen Schuldverständnis ab, das Schuld als Vorwerfbarkeit auffasste.

Zwar positionierte sich die DDR-Rechtswissenschaft durch die Abgrenzung dahingehend, dass sie feststellte, was sie nicht wollte (einen normativen Schuldbegriff und eine finale Handlungslehre), dies ließ jedoch die Frage offen, wie der Schuldbegriff der DDR aussehen sollte. Einigkeit bestand jedenfalls dahingehend, dass die sozialistische Entwicklung ein „entschiedenes Brechen mit den alten Formen des Strafrechts" erforderte, da es nicht die Entwicklung des sozialistischen Bewusstseins förderte.[85]

---

83 So auch T. Vormbaum, Moderne Strafrechtsgeschichte, S. 141.

84 Lekschas, Lehre von der Handlung, S. 50.

85 M. Benjamin, Der Ausschluß der strafrechtlichen Verantwortlichkeit bei geringfügigen Handlungen, S. 29.

3. Erste Konzipierungsversuche einer eigenen Schuldlehre (1949–1957)

Anders als man vielleicht annehmen könnte, wurden mit Gründung der DDR am 7. Oktober 1949 nicht in allen Bereichen neue Gesetze erlassen. Ein solches Unterfangen war schlicht nicht umsetzbar. Der Staatsapparat hätte die Fülle an Novellen nicht umsetzen können, handelte es sich doch um einen jungen Staat, der sich selbst erst organisieren musste. Zudem musste auch erst Klarheit darüber geschaffen werden, was Inhalt dieser Gesetze sein sollte. Eine DDR-Rechtswissenschaft musste sich erst noch herausbilden. Die Einführung von neuen Gesetzen war somit vielmehr ein Prozess, der nach Kriegsende mit der Sowjetischen Militäradministration (SMAD) begann. Diese konzentrierte sich in Bezug auf das Strafrecht zunächst auf das Verfassen von ergänzenden Regelungen bzw. die Außerkraftsetzung von einzelnen weiter bestehenden Regelungen.[1] Weder in der SMAD noch in der DDR war zunächst eine Neuregelung für die Schuld in Kraft getreten.[2] Damit galt das Reichsstrafgesetzbuch (RStGB) vom 1. Januar 1872 auch nach der Gründung der DDR mit seinen Regelungen über die Schuld weiter.[3] Ausgangspunkt für die Entwicklung der Schuld waren somit die Regelungen des RStGB.

I. Juristenlehrgänge

Die Strafrechtswissenschaft stand vor mehreren Herausforderungen. Insbesondere hatte die in der Sowjetischen Besatzungszone (SBZ) durchgeführte Entnazifizierung dazu geführt, dass viele Lehrstühle unbesetzt waren.[4] Diese mussten nachbesetzt werden. Dazu bediente man sich zum einen an Praktikern als auch an jungen Juristen.[5] Bei Letzteren handelte es sich um Personen, die ihr Studium gerade abgeschlossen hatten und nun in Aspiranturen und Intensivkursen auf eine akade-

1 Dabei handelte es sich hauptsächlich um „faschistische Rechtsetzung", die so schnell wie möglich beseitigt werden sollte; vgl. M. Vormbaum, Das Strafrecht der DDR, S. 41 ff. Buchholz, in: Die Rechtsordnung der DDR, 273–339 (S. 276 f.). So z. B. durch die Gesetze Nr. 1, 11 und 55 des Alliierten Kontrollrats vom 20.9.1945, 30.1.1946 und 20.6.1947.

2 Lekschas, Die Schuld als subjektive Seite, S. 8.

3 M. Vormbaum, Das Strafrecht der DDR, S. 49.

4 Dreier u. a., Rechtswissenschaft in der DDR 1949–1971, S. 37.

5 Dreier u. a., Rechtswissenschaft in der DDR 1949–1971, S. 38.

mische Laufbahn vorbereitet werden sollten.[6] Verantwortlich dafür war die DVA[7], welche unter anderem zum Zwecke der Herausbildung von Nachwuchskadern am 12.10.1948 gegründet worden war.[8] *Dreier/Eckert/Rottleuthner* arbeiteten bzgl. dieser Kurse heraus, dass die Lehrgangsteilnehmer starke Befürworter von *Stalin* gewesen waren.[9] Dies sei so weit gegangen, dass selbst den Anleitern der Gruppen Vorwürfe wie Unwissenschaftlichkeit und mangelnde Treue zu *Stalin* gemacht worden seien.[10]

Die Juristenlehrgänge hatten zwar keinen unmittelbaren Zusammenhang zur Herausbildung einer eigenen Schuldlehre, sie bildeten jedoch die Grundlage für die weitere Entwicklung der gesamten Strafrechtswissenschaft. So hatte z. B. die spätere Einsetzung der Lehrgangsteilnehmer wenig überraschend einen Stalinisierungsschub der Strafrechtswissenschaft zur Folge.[11] Zu klären bleibt, ob dieser auch in den Entwürfen einer Schuldregelung beobachtet werden kann. Festzustellen bleibt, dass während der ersten Jahre der DDR (1949–1952) keine Veröffentlichungen zur Thematik der Schuld existieren, was damit zu erklären ist, dass es noch am Personal für eine solche Debatte mangelte.

II. „Grundkommission zur Überprüfung strafrechtlicher Gesetze"

Anstoß für die Entwicklung eigener Schuldregelungen bildete die Kommission zur „Überprüfung strafrechtlicher Gesetze". Diese kann auf einen Beschluss des Sekretariats des Zentralkomitees der SED und der SED vom 17.1.1952 zurückgeführt werden, in welchem festgelegt wurde, dass eine Kommission die Notwendigkeit einer Neukodifikation des Straf- und Strafprozessrechts prüfen sollte.[12] Die Kommission bestand aus sieben Mitgliedern: *Hilde Benjamin*[13] (Vizepräsidentin des

---

6 Dreier u. a., Rechtswissenschaft in der DDR 1949–1971, S. 38.

7 Die DVA wurde im Jahr 1952 mit der Fusion der DVA und der Hochschule für Justiz zur „Deutschen Akademie für Staats- und Rechtswissenschaft ‚Walter Ulbricht'" umbenannt. Siehe dazu Bernhardt, Die Deutsche Akademie für Staats- und Rechtswissenschaft, S. 16.

8 Bernhardt, Die Deutsche Akademie für Staats- und Rechtswissenschaft, S. 11. Fast alle der Teilnehmer wurden zu bedeutenden Figuren der DDR-Rechtswissenschaft (Dreier u. a., Rechtswissenschaft in der DDR 1949–1971, S. 38). Unter den Teilnehmern befand sich im Jahr 1951 auch *Lekschas*, welcher im Anschluss weiterempfohlen worden ist (Lorke, in: ZfG 2020, 437 (S. 441); Dreier u. a., Rechtswissenschaft in der DDR 1949–1971, S. 38).

9 Dreier u. a., Rechtswissenschaft in der DDR 1949–1971, S. 38.

10 Dreier u. a., Rechtswissenschaft in der DDR 1949–1971, S. 38.

11 Dreier u. a., Rechtswissenschaft in der DDR 1949–1971, S. 38.

12 Mollnau, in: Normdurchsetzung in osteuropäischen Nachkriegsgesellschaften (1944–1989), S. 52 f.

13 Zur Biografie von *Hilde Benjamin* siehe Anhang II.1.

Obersten Gerichts (OG)), *Ernst Melsheimer* (Generalstaatsanwalt), *Hans Nathan* (Leiter der Hauptabteilung Gesetzgebung des Justizministeriums), *Hans Ranke* (Kammergerichtspräsident Berlin), *Walter Ziegler* (Richter am OG), *Hans Gerats* (Strafrechtslehrer an der Hochschule für Justiz) und *Fritz Niethammer* (Mitarbeiter der Hauptabteilung Gesetzgebung des Justizministeriums).[14] Sie arbeiteten eng mit der Sowjetischen Kontrollkommission zusammen und analysierten die bisherigen Kodifikationen.[15] Am 13.2.1952 trat die Kommission konstituierend zusammen.[16] *H. Benjamin* hatte der Sowjetischen Kontrollkommission in regelmäßigen Abständen über den Fortgang der Arbeit zu berichten.[17] Am 17.3.1952 wurde vom Sekretariat des Zentralkomitees der SED beschlossen, eine Delegation von Juristen in die Sowjetunion zu entsenden, um sich mit den Aufgaben und Arbeitsweisen des dortigen Justizministeriums auseinanderzusetzen.[18] Dazu gehörte auch die Gesetzgebungsarbeit, die im Hinblick auf die in der DDR angestoßenen Vorarbeiten zur Erarbeitung eigener Gesetzbücher besonders verheißungsvoll erschien.[19] Die Delegation begab sich am 28.5.1952 nach Moskau und verfolgte bis zu ihrer Rückkehr am 13.6.1952 einen intensiven Arbeitsplan.[20] *Wendtker* interpretiert die Entsendung der Reisedelegation als Mittel zum Zweck, die „Übertragung zentraler Elemente des sowjetischen Justizwesens auf die DDR, zu ermöglichen."[21]

Die Kommission kam in ihrem Bericht, den sie bis zum 1.6.1952 vorzulegen hatte, zu dem Ergebnis, dass eine Anpassung bzw. Neufassung der bestehenden strafrechtlichen Regelungen nicht genügen würde. Sie empfahlen die Neukodifikation des Straf-, Strafprozessrechts und der Gerichtsverfassung.[22] Diese Einschätzung stimmte überein mit der abschließenden Stellungnahme der Reisedelegation. Diese empfahl, das sowjetische System sowohl in Bezug auf die Organisation als auch in Bezug auf die Verfahrensweise zu übernehmen.[23] Die Übernahme eines ganzen Systems würde umfangreiche Neukodifikationen voraussetzen.

---

14 Mollnau, in: Normdurchsetzung in osteuropäischen Nachkriegsgesellschaften (1944–1989), S. 53. Aber auch *Lekschas* und *Renneberg* waren schon als nicht ständige Mitglieder an der Kommissionsarbeit beteiligt gewesen. Vgl. dazu Protokoll der Sitzung der Grundkommission zur Überprüfung strafrechtlicher Gesetze vom 1. März 1952, BArch DP 1/7785, Bl. 4.

15 Mollnau, in: Normdurchsetzung in osteuropäischen Nachkriegsgesellschaften (1944–1989), S. 53.

16 Wendtker, Justiz in der SBZ/DDR 1945–1953, S. 539.

17 Wendtker, Justiz in der SBZ/DDR 1945–1953, S. 539 f.

18 Wendtker, Justiz in der SBZ/DDR 1945–1953, S. 539.

19 Wendtker, Justiz in der SBZ/DDR 1945–1953, S. 539.

20 Wendtker, Justiz in der SBZ/DDR 1945–1953, S. 541.

21 Wendtker, Justiz in der SBZ/DDR 1945–1953, S. 542.

22 Mollnau, in: Normdurchsetzung in osteuropäischen Nachkriegsgesellschaften (1944–1989), S. 53.

23 Wendtker, Justiz in der SBZ/DDR 1945–1953, S. 542.

1. Unterkommission zur Erarbeitung eines Strafgesetzbuches

Die Kommission zur Überprüfung strafrechtlicher Gesetze hatte vier Gesetze gleichzeitig überprüft (Staatsanwaltsgesetz, Gerichtsverfassungsgesetz, Strafprozessordnung, Strafgesetzbuch) und sich aus diesem Grund in vier verschiedene, den Gesetzen zugeordneten Unterkommissionen organisiert.[24] Die Unterkommission zum Strafgesetzbuch war von *Hans Gerats*[25] geleitet worden.[26] Weiterhin waren aufgrund der Wichtigkeit der Arbeit dieser Unterkommission alle ständigen Kommissionsmitglieder beteiligt worden und weitere nichtständige Mitglieder, u. a. *Lekschas* und *Renneberg*, herangezogen worden.[27] Die Unterkommission hatte im Rahmen ihrer Arbeit eine Arbeitsrichtlinie zur Ausgestaltung des RStGB verfasst.[28] In dieser wurde insbesondere der formale und objektivistische Charakter des RStGB kritisiert.[29] Man war der Ansicht, dass ein demokratisches Strafrecht eine Charakterisierung des Strafrechts und eine Darstellung der strafrechtlichen Verantwortlichkeit sowie des Systems der Strafen enthalten müsse.[30] Dazu wollte man sich am tschechoslowakischen Strafsystem orientieren, welches diese Punkte in seinem Strafgesetzbuch bereits verwirklichte.[31] Gleichzeitig enthielt diese Arbeitsrichtlinie auch schon den Vorschlag einer ersten Gliederung für einen Allgemeinen Teil eines eigenen StGB-DDR.[32] Daneben hatte die Unterkommission einen Arbeitsplan für die weitere Ausarbeitung eines Allgemeinen Teils entwickelt.[33] Mit der Arbeit zum Begriff des Verbrechens und den Grundlagen der strafrechtlichen Verantwortlichkeit, was

---

24 Vgl. Protokoll der Sitzung der Grundkommission zur Überprüfung strafrechtlicher Gesetze vom 1. März 1952, BArch DP 1/7785, Bl. 3 f.

25 Zur Biografie *Gerats* siehe Anhang.

26 Vgl. Protokoll der Sitzung der Grundkommission zur Überprüfung strafrechtlicher Gesetze vom 1. März 1952, BArch DP 1/7785, Bl. 4.

27 Vgl. Protokoll der Sitzung der Grundkommission zur Überprüfung strafrechtlicher Gesetze vom 1. März 1952“, BArch DP 1/7785, Bl. 4.

28 „Entwurf von Arbeitsrichtlinien für die Tätigkeit der Unterkommission betr. Überprüfung des StGB“ (ohne Datum), BArch DP 1/7785.

29 Siehe dazu „Entwurf von Arbeitsrichtlinien für die Tätigkeit der Unterkommission betr. Überprüfung des StGB“ (ohne Datum), BArch DP 1/7785.

30 „Entwurf von Arbeitsrichtlinien für die Tätigkeit der Unterkommission betr. Überprüfung des StGB“ (ohne Datum), BArch DP 1/7785.

31 „Entwurf von Arbeitsrichtlinien für die Tätigkeit der Unterkommission betr. Überprüfung des StGB“ (ohne Datum), BArch DP 1/7785.

32 Vgl. „Entwurf von Arbeitsrichtlinien für die Tätigkeit der Unterkommission betr. Überprüfung des StGB“ (ohne Datum), BArch DP 1/7785.

33 „Entwurf von Arbeitsrichtlinien für die Tätigkeit der Unterkommission betr. Überprüfung des StGB“ (ohne Datum), BArch DP 1/7785.

damit auch die Frage der Schuld einschloss, war der Strafrechtler *Lekschas* betraut worden.[34]

2. Beurteilung der Notwendigkeit einer Neukodifikation auf Grundlage des Verbrechensbegriffs und der Schuldregelungen des RStGB

Lekschas hatte die Aufgabe, die Regelungen des RStGB sowohl zum Verbrechensbegriff als auch zur Schuld dahingehend zu untersuchen, ob diese auch im Sozialismus widerspruchslos angewendet werden könnten oder ob es einer Neukodifikation bedurfte. Hervorzuheben ist dabei, dass ein Orientierungspunkt für diese Frage die Wortlautgrenze darstellte. *Lekschas* führte dazu aus, dass eine Neukodifikation nur notwendig sei, wenn eine sozialistische Interpretation der Gesetze mit dem Wortlaut der Gesetze in Widerspruch geraten würde und es so „[…] zu einer Vergewaltigung des Gesetzeswortlauts kommen" würde.[35] Das bedeutete, dass auch im sozialistischen Strafrecht die Notwendigkeit gesehen wurde, in Übereinstimmung mit dem Wortlaut zu handeln. Die Gefahr, dass man sich bei der Anwendung der Normen zum Verbrechensbegriff und der Schuld außerhalb der Wortlautgrenze bewegen könnte, sah *Lekschas* nicht. Das lag einzig am Fehlen solcher Bestimmungen im RStGB. Zu den Grundlagen der strafrechtlichen Verantwortlichkeit und damit auch zur Schuld führte *Lekschas* aus:

> Auch die weiteren Bestimmungen zur strafrechtlichen Verantwortlichkeit, insbesondere zu ihren Grundlagen, stehen einer demokratischen Interpretation nicht im Wege, weil sie einmal nur sehr spärlich vorhanden sind und weil sie zum anderen nur sehr allgemein, oft nur andeutungsweise berührt werden, so daß die demokratische Strafrechtswissenschaft sich hier frei und ungehindert betätigen kann.[36]

Somit kam *Lekschas* entgegen dem Gesamtbericht der Kommission zur Überprüfung strafrechtlicher Gesetze zu dem Schluss, dass eine Neukodifikation zu diesem Zeitpunkt aus der Perspektive seines Themenkomplexes nicht benötigt werde.[37] Die Umdeutung des Wesens der Schuld und des Verbrechensbegriffs zu

---

34 „Entwurf von Arbeitsrichtlinien für die Tätigkeit der Unterkommission betr. Überprüfung des StGB" (ohne Datum), BArch DP 1/7785.

35 Vorläufige Bemerkungen zum Begriff des Verbrechens in der antifaschistischen-demokratischen Ordnung (ohne Datum), BArch DP 1/7785. Die Thesen von *Lekschas* wurden durch *Gerats* am 26. März 1952 ans MdJ übersandt.

36 Vorläufige Bemerkungen zum Begriff des Verbrechens in der antifaschistischen-demokratischen Ordnung (ohne Datum), BArch DP 1/7785.

37 Vorläufige Bemerkungen zum Begriff des Verbrechens in der antifaschistisch-demokratischen Ordnung (ohne Datum), BArch DP 1/7785.

einem sozialistischen Verständnis wäre mangels gesetzlicher Festlegungen ohne Weiteres möglich gewesen. Das Beispiel verdeutlicht, dass Regelungslücken von grundsätzlichen rechtlichen Fragen (wie der Schuld) von diktatorischen Systemen für Umdeutungen genutzt werden können.

III. Erste Ansätze einer Fachdiskussion: Psychologisches oder normatives Schuldverständnis?

Zeitgleich mit den Arbeiten der Kommission zur Überprüfung strafrechtlicher Gesetze, in welcher er selbst tätig war, veröffentlichte *Lekschas*[38] 1952 einen Beitrag in der NJ, in welchem er das Wesen der Schuld herausarbeitete.[39] Dieses erblickte er in der „feindlichen Einstellung" des Täters zur Gesellschaft.[40] In einem Verbrechen sollte somit die „feindliche" Einstellung des Täters gegenüber der sozialistischen Rechtsordnung bzw. den demokratischen Verhältnissen der DDR-Gesellschaft eingeordnet werden können.[41] Betrachtet man die Begrifflichkeit der „feindlichen Einstellung" genauer, wird schnell deutlich, dass es sich um einen unbestimmten Rechtsbegriff handelte, der einen großen Interpretationsspielraum eröffnete und aus diesem Grund ausfüllungsbedürftig gewesen wäre. Eine Konkretisierung der Begrifflichkeit unterblieb jedoch durch *Lekschas* in seinem Artikel und wurde auch später nicht nachgeholt.

Der Aufsatz stieß in der Fachöffentlichkeit auf wenig Resonanz. Lediglich *Kayser*[42] äußerte sich dazu und sah in dieser Auffassung den Versuch, die stalinistische These von der aktiven Rolle des Überbaus auf den Schuldbegriff anzuwenden.[43] Unter der aktiven Rolle des Überbaus ist zu verstehen, dass der Staat bzw. die SED die Deutungshoheit für Gesetze innehatte, wichtige Rechtsinstitute selbst in die Hand nahm und diese eindeutig definierte.[44] Diese Deutung ging zurück auf das Basis-Überbau-Theorem, zu dem *Stalin* in seinen sog. Linguistikbriefen 1951 Stellung

---

38 Zuvor war er 1951 Teil des „Kollektivs der Strafrechtler" geworden, dass die Ergebnisse des Marxismus-Leninismus auf seine Forschungen zum Strafrecht anwenden sollte. Angeleitet wurde das Kollektiv von *Hilde Benjamin* und *Hans Gerats*. *John Lekschas* und *Joachim Renneberg* nahmen als Aspiranten (die Funktion der Aspiranten ist vergleichbar mit der der heutigen wissenschaftlichen Mitarbeiter) teil. Dieses war 1951 auf den Befehl des Staatssekretariats für Hochschulwesen gegründet worden. Siehe dazu Lekschas, Zum Aufbau der Verbrechenslehre, S. 3.

39 Lekschas, in: NJ 1952, 351 (S. 352 f.).

40 Lekschas, in: NJ 1952, 351 (S. 352 f.).

41 Lekschas, Zum Aufbau der Verbrechenslehre, S. 352.

42 Bei *Alfred Kayser* handelte es sich um einen bisher unbekannten Autor, der in der weiteren Diskussion nicht mehr in Erscheinung trat.

43 Kayser, in: NJ 1952, 446 (S. 447).

44 Orschekowski, Das Verbrechensobjekt im Strafrecht der DDR, S. 19.

bezogen hatte und das auf jede Gesellschaft Anwendung finden konnte. So verstand *Stalin* unter der *Basis* die ökonomische Struktur einer Gesellschaft, während der *Überbau* „[…] die politischen, juristischen, religiösen, künstlerischen, philosophischen Anschauungen der Gesellschaft […]" und ihre entsprechenden politischen, juristischen und anderen Institutionen umfassen sollte.[45] Der Überbau werde dabei durch die Basis geschaffen und variiere je nach Gesellschaftsform der Basis.[46] Der Versuch *Lekschas'*, die Schuld für eine gesetzliche Regelung zu definieren, stellte somit auch einen Versuch dar, die aktive Rolle des Überbaus zu erfüllen. Dies sei *Lekschas* nach *Kaysers* Auffassung nicht umfänglich gelungen. Seiner Ansicht nach erfordere die aktive Rolle des Überbaus eine klare und eindeutige Formulierung der Schuld.[47] Dies sei *Lekschas* mit Schaffung des Merkmals der „feindlichen Einstellung" nicht gelungen, da sie weder Vorsatz noch Fahrlässigkeit zugeordnet werden könne.[48] Damit handele es sich bei der „feindlichen Einstellung" nicht um einen Teil der subjektiven Seite des Verbrechens (Schuld), sondern um ein außerhalb der Schuld liegendes Motiv.[49]

Kaysers Ausführungen lassen darauf schließen, dass er einem psychologischen Verständnis von Schuld folgte, da Schuld seiner Ansicht nach nur die zwei Komponenten Vorsatz und Fahrlässigkeit enthalten konnte. Schuld selbst habe seiner Auffassung nach keine weiteren Tatbestandsmerkmale.[50] Er sah in *Lekschas'* Vorstoß die Konstruktion einer zweiten Schuld, denn die „feindliche Einstellung" sei weder Teil des Vorsatzes noch Teil der Fahrlässigkeit. Er lehnte sie mit Verweis darauf, dass das deutsche Recht keine solche Konstruktion kenne, ab.[51] *Kayser* sah das psychologische Schuldverständnis durch die Charakterisierung der Schuld in einer allgemeinen Schulddefinition als „feindliche Einstellung" folglich als verletzt an. Damit deckte *Kayser* einen Widerspruch in *Lekschas'* Argumentation auf, welcher sich selbst auch dahingehend geäußert hatte, dass es neben Vorsatz und Fahrlässigkeit keine Schuld geben solle.[52]

Betrachtet man die Formulierung genauer, drängt sich nicht nur ein Aufbauwiderspruch zum psychologischen Schuldverständnis auf, sondern auch ein Widerspruch zum psychologischen Schuldverständnis überhaupt. Die „feindliche Einstellung", welche im Verhältnis zur sozialistischen Gesellschaft verstanden wurde,

---

45 Stalin, Der Marxismus und die Fragen der Sprachwissenschaft, S. 5.
46 Siehe dazu Stalin, Der Marxismus und die Fragen der Sprachwissenschaft, S. 5 f.
47 Kayser, in: NJ 1952, 446 (S. 447).
48 Kayser, in: NJ 1952, 446 (S. 447).
49 Kayser, in: NJ 1952, 446 (S. 447).
50 Kayser, in: NJ 1952, 446 (S. 447).
51 Kayser, in: NJ 1952, 446 (S. 447 f.).
52 Lekschas, Zum Aufbau der Verbrechenslehre, S. 352 f.

begründete durch ihren subjektiven Wertungsaspekt gerade einen Anknüpfungspunkt, um dem Täter sein Verhalten *vorwerfen* zu können. Sie muss deshalb einem normativen Schuldverständnis zugeordnet werden.[53]

Dies entsprach auch der Entwicklung in der Sowjetunion, in welcher beginnend mit den 40er-Jahren zunehmend ein normativer Schuldbegriff vertreten wurde.[54] Die Frage um den Schuldbegriff in der Sowjetunion war in den 50er Jahren noch nicht geklärt und 1952/53 wurde der Diskurs besonders intensiv geführt:[55] Es standen sich Vertreter eines psychologischen, eines bewertenden und eines komplexen Schuldbegriffs gegenüber.[56] Der bewertende Schuldbegriff wurde über die gesellschaftliche Missbilligung des Täters von Politik und sozialistischer Moral definiert,[57] wurde jedoch schon in den 50er Jahren nicht mehr vertreten,[58] da gegen sie zuvor der Vorwurf erhoben worden war, dass es sich im Prinzip um eine Übernahme der westlichen Schuldtheorie handle.[59] Der komplexe Schuldbegriff erfasste eine psychische Einstellung, welche von der sozialistischen Gesellschaft negiert und verurteilt werde.[60] Wie die Bewertungstheorie auch, handelte es sich nach unserem heutigen Verständnis bei dem komplexen Schuldbegriff um eine Spielart der normativen Schuldbegriffe. Die überwiegende Ansicht der Sowjetrechtswissenschaftler schloss sich diesem Schuldverständnis an.[61] *F.-C. Schroeder* wies jedoch darauf hin, dass dieser komplexe Schuldbegriff offiziell nicht anerkannt worden war und somit

---

53 Zu diesem Schluss gelangten auch *Lingelsheim-Seibicke* in den 60er Jahren und *Kuhn* in den 70er Jahren. Vgl. Lingelsheim-Seibicke, Der „materielle Verbrechensbegriff" und die Schuldfrage im Strafrecht der SBZ, S. 129 f. und Kuhn, Schuld als Entscheidung und Verantwortungslosigkeit, S. 14. Zu beachten ist, dass der Titel der Dissertation von *Lingelsheim-Seibicke* heute missverständlich ist, denn er bezieht sich eben nicht auf die sowjetische Besatzungszone, sondern auf die DDR. *Lingelsheim-Seibicke* behandelte die Diskussion um den Schuldbegriff bis in die 60er Jahre. Grund für die heute irreführende Bezeichnung seines Werkes ist, dass es sich bei *Lingelsheim-Seibicke* um einen Autor der Bundesrepublik handelte und die Bundesrepublik die DDR als souveränen Staat rückblickend erst mit dem Grundlagenvertrag von 1972 anerkannte (vgl. Ress, Die Rechtslage Deutschlands nach dem Grundlagenvertrag vom 21. Dezember 1972, S. 2). Bis zu diesem Zeitpunkt war es nicht unüblich, dass die DDR von Autoren der Bundesrepublik als Sowjetische Besatzungszone (SBZ) bezeichnet wurde.

54 Lingelsheim-Seibicke, Der „materielle Verbrechensbegriff" und die Schuldfrage im Strafrecht der SBZ, S. 90, 108.

55 Borchers, Die Schuld im sowjetischen Strafrecht, S. 21.

56 Borchers, Die Schuld im sowjetischen Strafrecht, S. 18 ff.

57 Borchers, Die Schuld im sowjetischen Strafrecht, S. 19.

58 Borchers, Die Schuld im sowjetischen Strafrecht, S. 21.

59 Borchers, Die Schuld im sowjetischen Strafrecht, S. 20.

60 Borchers, Die Schuld im sowjetischen Strafrecht, S. 20.

61 Borchers, Die Schuld im sowjetischen Strafrecht, S. 22.

auch keinen Eingang in die sowjetischen Strafrechtslehrbücher gefunden hatte,[62] wenngleich er in der Literatur vertreten worden war.

Nun hätte *Lekschas* mit dem Bekenntnis zu einem normativen Schuldverständnis der Kritik *Kaysers* entgehen können, denn in diesem Fall wäre er nicht zur Einhaltung der äußeren Form der Schuld als Vorsatz und Fahrlässigkeit gezwungen gewesen. Ein solches Eingeständnis war jedoch wahrscheinlich aus politisch-ideologischen Gründen nicht umsetzbar.

Stattdessen versuchte *Lekschas*, die psychologische Hülle des Schuldverständnisses zu wahren und den vertretenen normativen Schuldbegriff mit der Form des psychologischen Schuldverständnisses zu vereinbaren.[63] Er vertrat somit einen komplexen Schuldbegriff.[64] Dem folgten auch weitere Rechtswissenschaftler in der DDR. So hielt *Renneberg*[65], welcher auch Teil der Gesetzgebungskommission gewesen war, eine allgemeine Definition der Schuld, welche die „psychischen" Merkmale der Schuld erfasse, für legitim.[66] Er versuchte zudem, den von *Kayser* aufgezeigten Widerspruch mit der Annahme zu entkräften, dass dem Vorsatz und der Fahrlässigkeit eine feindliche Willensrichtung des Täters zugrunde liege und es aus diesem Grund denknotwendig richtig sei, das Merkmal der „feindlichen Einstellung" auch für einen allgemeinen Schuldbegriff anzunehmen.[67] Kurioserweise hielt *Renneberg* gerade den wertenden Aspekt der Formulierung (feindliche Einstellung zur Gesellschaft) für ein wesentliches Unterscheidungsmerkmal gegenüber der „imperialistischen" Schuldlehre,[68] da durch diese der Klassencharakter der Schuld zum Ausdruck komme.[69] *Lekschas* und *Renneberg* versuchten durch die Annahme des komplexen Schuldbegriffes offenbar, nach außen hin einem psychologischen Schuldverständnis zu entsprechen, um sich ideologisch gegenüber der Bundesrepublik abzugrenzen, obwohl der formulierte Schuldbegriff einem normativen Schuldverständnis zugeordnet werden muss.

---

62 F.-C. Schroeder, Das Strafrecht des realen Sozialismus, S. 59.

63 So auch *Lingelsheim-Seibicke* und *Kuhn*, welche dies schon in den 60er und 70er Jahren herausarbeiteten. Siehe dazu Lingelsheim-Seibicke, Der „materielle Verbrechensbegriff" und die Schuldfrage im Strafrecht der SBZ, S. 129 f. Kuhn, Schuld als Entscheidung und Verantwortungslosigkeit, S. 14.

64 Zur gleichen Interpretation kommt auch Lingelsheim-Seibicke, Der „materielle Verbrechensbegriff" und die Schuldfrage im Strafrecht der SBZ, S. 134 ff.

65 Zum Zeitpunkt der Veröffentlichung seines Artikels 1952 war *Renneberg* am Institut für Strafrecht der Universität Leipzig tätig, Renneberg, in: NJ 1952, 537. Zur Biografie *Rennebergs* siehe Anhang II.9.

66 Renneberg, in: NJ 1952, 537 (S. 540).

67 Renneberg, in: NJ 1952, 537 (S. 539).

68 Renneberg, in: NJ 1952, 537 (S. 540).

69 Renneberg, in: NJ 1952, 537 (S. 539).

IV. Entwurf eines Allgemeinen Strafgesetzbuchs (AStGB) durch die Regierungskommission

Als unmittelbare Reaktion auf die von der Kommission zur „Überprüfung strafrechtlicher Gesetze" empfohlene Neukodifikation wurde am 12.6.1952 vom Ministerrat beschlossen, eine Regierungskommission[70] einzusetzen, die neben anderen Gesetzen auch ein neues Strafgesetzbuch ausarbeiten sollte.[71] Unmittelbar darauf folgte die zweite Parteikonferenz der SED. Mit dieser wurde die gesamte Politik des Politbüros und des Zentralkomitees der SED auf den Ausbau des Sozialismus ausgerichtet.[72] Hauptinstrument für die Umsetzung dieses Aufbaus sollte die Staatsmacht sein, welche die Gesetze durchsetzen und die staatlichen Organe anleiten sollte. Dazu wurde unter anderem eine Verwaltungsreform für notwendig gehalten.[73] Darüber hinaus musste es Gesetze geben, um die staatlichen Organe anleiten zu können.[74] Es stellte sich somit die Frage nach der Notwendigkeit einer eigenen Strafrechtskodifikation, um dieser Aufgabe gerecht zu werden. *Walter Ulbricht* forderte die DDR-Juristen in seiner Rede ausdrücklich dazu auf, ein neues Strafgesetzbuch zu schaffen,[75] was Grundsatzfragen zum Strafrecht und somit auch Fragen zur strafrechtlichen Schuld aktuell werden ließ. Die Regierungskommission nahm ihre Arbeit auf und konnte auf die Arbeiten der Grundkommission zur

---

70 Zu dieser Regierungskommission konnten im Bundesarchiv keine Akten gefunden werden, sodass die Beschreibung der Arbeitsweise und Organisation dieser nur sehr kurz ausfällt.

71 MOLLNAU, in: Normdurchsetzung in osteuropäischen Nachkriegsgesellschaften (1944–1989), S. 54; M. VORMBAUM, Das Strafrecht der DDR, S. 155. Vgl. auch „Entwurf" (ohne Datum), BArch DP 1/7907. An der Ausarbeitung des Entwurfs waren neben den Kommissionsmitgliedern auch Personen beteiligt, die nicht Mitglieder der Kommission waren. Darunter *Heinrich Toeplitz* (Staatssekretär im Justizministerium) und die Strafrechtsdozenten *John Lekschas* und *Joachim Renneberg* (MOLLNAU, in: Normdurchsetzung in osteuropäischen Nachkriegsgesellschaften (1944–1989), S. 56).

72 So hieß es im Beschluss der II. Parteikonferenz: „Die politischen und ökonomischen Bedingungen sowie das Bewußtsein der Arbeiterklasse und der Mehrheit der Werktätigen sind so weit entwickelt, daß der Aufbau des Sozialismus zur grundlegenden Aufgabe in der Deutschen Demokratischen Republik geworden ist." II. Parteikonferenz der SED vom 9.–12.7.1952, S. 7 f.

73 II. Parteikonferenz der SED vom 9.–12.7.1952, S. 8. Zur Forderung und Durchführung der Verwaltungsreform siehe die Rede von GROTEWOHL, Für einen starken Staat der Werktätigen unserer Republik, S. 14 ff.

74 *Ulbricht* äußerte in seinem Referat auf der II. Parteikonferenz: „Die Deutsche Demokratische Republik hat die Möglichkeit des ungehinderten Aufbaus der nationalen Verteidigung. *Die Machtorgane unseres Staates wie Polizei, Justiz, Staatssicherheit dienen den Interessen der Arbeiter, der Bauern und der gesamten werktätigen Bevölkerung.* In all diesen staatlichen Organen haben die Angehörigen der Arbeiterklasse entscheidende Funktionen in ihren Händen." (ULBRICHT, Die gegenwärtige Lage und die neuen Aufgaben der SED, S. 19).

75 ULBRICHT, Die gegenwärtige Lage und die neuen Aufgaben der SED, S. 55.

Überprüfung strafrechtlicher Gesetze zurückgreifen.[76] 1952/1953[77] hatte sie einen Entwurf ausgearbeitet, welcher dem Politbüro vorgelegt wurde.[78]

1. Scheitern des Gesetzesentwurfs

Die Ausarbeitung des Strafgesetzbuches nahm mehr Zeit in Anspruch als das Gerichtsverfassungsgesetz der DDR (GVG-DDR) und die Strafprozessordnung der DDR (StPO-DDR).[79] Die Abschlussberatung fand am 10.11.1952 statt.[80] Nach Einarbeitung der von der Sowjetischen Kontrollkommission vorgetragenen Kritik wurde am 18.3.1953 der dritte Entwurf fertiggestellt und dem Zentralkomitee der SED zugeleitet.[81] Das Politbüro stimmte dem Entwurf nur prinzipiell zu.[82] Weiterhin kam es von Seiten der Sowjetischen Kontrollkommission im Mai zu weiterer Kritik: So wurde die Unbestimmtheit einiger Straftatbestände gerügt und das Strafmaß für fast durchgängig zu hoch erachtet.[83] Ergebnis dieser Kritik war, dass die Veröffentlichung und die Vorlage an die Volkskammer zurückgestellt wurden,[84] sodass der Entwurf letztlich nie umgesetzt worden ist. *Wendtker* führt dies im weitesten Sinne auf den Tod *Stalins* am 5.3.1952 und die darauf folgende Abkehr von rigoroser Strafverfolgung zurück.[85] Der Kurs in der Sowjetunion hatte sich geändert: Der sog. Neue Kurs war eingeschlagen worden.[86] Weiterhin vermu-

---

76 Vgl. Mollnau, in: Normdurchsetzung in osteuropäischen Nachkriegsgesellschaften (1944–1989), S. 54.

77 Grundlage für die Ausführungen zum Entwurf des Allgemeinen Strafgesetzbuches (AStGB) waren ein Entwurf von 1952, der sich in den Akten des Bundesarchivs findet (siehe „Allgemeines Strafgesetzbuch der Deutschen Demokratischen Republik", BArch DP 1/20413) sowie der von *Mollnau* veröffentlichte Entwurf von 1953 (Mollnau, in: Normdurchsetzung in osteuropäischen Nachkriegsgesellschaften (1944–1989), S. 56 ff). Die beiden Entwürfe sind trotz der unterschiedlichen Datierung bezogen auf die Schuldregelungen im Wortlaut gleich. Dem Leser wird aufgrund der besseren Zugänglichkeit deshalb empfohlen, die abgedruckte Version bei *Mollnau* zu nutzen.

78 Mollnau, in: Normdurchsetzung in osteuropäischen Nachkriegsgesellschaften (1944–1989), S. 55.

79 Vgl. Wendtker, Justiz in der SBZ/DDR 1945–1953, S. 553.

80 Wendtker, Justiz in der SBZ/DDR 1945–1953, S. 553.

81 Wendtker, Justiz in der SBZ/DDR 1945–1953, S. 553.

82 Mollnau, in: Normdurchsetzung in osteuropäischen Nachkriegsgesellschaften (1944–1989), S. 55; M. Vormbaum, Das Strafrecht der DDR, S. 155.

83 Wendtker, Justiz in der SBZ/DDR 1945–1953, S. 554.

84 BArch DP 1/7907. Unterlagen zu den Arbeiten dieser Kommission wurden nicht gefunden. Es kann demnach nicht nachvollzogen werden, wie die Kommission intern gearbeitet hat.

85 Wendtker, Justiz in der SBZ/DDR 1945–1953, S. 555.

86 Wendtker, Justiz in der SBZ/DDR 1945–1953, S. 555 f.

tet *Wendtker*, dass ein strafschärfendes Strafgesetzbuch auch der massenweisen Abwanderung aus der DDR zu dieser Zeit nicht förderlich entgegengewirkt hätte.[87]

Ein weiterer Grund, der mit dem Phänomen der Massenabwanderung in Verbindung gestanden haben dürfte, jedoch bisher nicht ausdrücklich im Fokus stand, dürfte der Aufstand des 17. Juni 1953 gewesen sein. Im Zuge dessen kam es zu Massenprotesten und Streiks in der DDR, welche gewaltsam durch die Sowjetarmee und die Polizeikräfte der DDR niedergeschlagen wurden.[88] Auslöser für die Massenproteste war der rücksichtslose Ausbau des Sozialismus gewesen, welcher aufgrund der Verschlechterung der Lebenslage der Bürger zu Unzufriedenheit geführt hatte.[89] Die Proteste trafen die DDR-Staatsführung unerwartet[90] und waren vom Ministerium für Staatssicherheit (MfS) nicht vorhergesehen worden.[91] Zudem handelte es sich um die erste Massenerhebung im sowjetischen Herrschaftsbereich.[92] Das Eingreifen der Sowjetarmee zeigt, dass die Situation außerhalb der Kontrolle der DDR-Einsatzkräfte gewesen sein dürfte.[93] Für die nicht zu unterschätzende Bedeutung der Proteste des 17. Juni 1953 spricht darüber hinaus, dass nicht nur eine Zäsur in den Gesetzgebungsbestrebungen eines StGB-DDR eingetreten war, sondern dass diese sich z. B. auch auf die Ausarbeitung des Zivilgesetzbuches bezog. Auch die Arbeiten an einem eigenen Zivilgesetzbuch kamen ab 1953 für einige Jahre zum Erliegen.[94]

2. Schuldverständnis im AStGB

Der AStGB-Entwurf ging nicht gänzlich verloren, obwohl er zunächst weder in Kraft getreten war noch öffentliche Wahrnehmung erfahren hatte. Dies änderte sich 1955 mit dem Erscheinen des Werks „Die Schuld als subjektive Seite der

---

87 WENDTKER, Justiz in der SBZ/DDR 1945–1953, S. 555. So auch *M. Vormbaum*, der noch zusätzlich betont, dass nie ein Abbruch der Arbeiten durch die Kontrollkommission gefordert worden sei (M. VORMBAUM, Das Strafrecht der DDR, S. 165).

88 FRICKE, in: 17. Juni 1953. Arbeiteraufstand in der DDR, 5–22 (S. 14).

89 FLINDER, Die Entstehungsgeschichte des Zivilgesetzbuches der DDR, S. 46; FRICKE, in: 17. Juni 1953. Arbeiteraufstand in der DDR, 5–22 (S. 6). Zu näheren Ausführungen m.w.N. siehe auch DIEDRICH, Waffen gegen das Volk.

90 FRICKE, in: 17. Juni 1953. Arbeiteraufstand in der DDR, 5–22 (S. 18).

91 EISENFELD/KOWALCZUK/NEUBERT, Die verdrängte Revolution, S. 30.

92 KLEẞMANN/STÖVER, in: 1953 – Krisenjahr des Kalten Krieges in Europa, 9–28 (S. 20); EISENFELD/KOWALCZUK/NEUBERT, Die verdrängte Revolution, S. 41.

93 So auch die Interpretation von *F.-C. Schroeder* und *Hagen*. Letzterer stützt diese Aussage auf eine Einschätzung aus dem Quellenmaterial der DDR-Staatsführung. Siehe dazu F.-C. SCHROEDER, Das Strafrecht des realen Sozialismus, S. 29 und HAGEN, DDR – Juni ’53, S. 122.

94 FLINDER, Die Entstehungsgeschichte des Zivilgesetzbuches der DDR, S. 46.

verbrecherischen Handlung“ von *Lekschas*.[95] In diesem behandelte *Lekschas* das Rechtsinstitut der Schuld. Die Ausführungen von *Lekschas*, welche u. a. konkrete Vorschläge zu den Regelungen der Schuld enthielten, stimmten weitestgehend mit den Regelungen des Entwurfs von 1952/53 überein. Möglicherweise sollte die Monografie die u. a. von *Lekschas* ausgearbeiteten Fragen zur Schuld zum AStGB sichern. Aufgrund dieser Annahme werden im Folgenden die Regelungen des AStGB zur Schuld und die sich aus der Veröffentlichung von *Lekschas* entwickelnde Diskussion zusammen dargestellt.

a) Schuldprinzip (§ 2 Abs. 1 AStGB)

Bemerkenswert ist zunächst, dass die DDR sich dem Schuldprinzip überhaupt verschrieben hatte und dieses entsprechend unter der Überschrift „Begriff des Verbrechens“ in § 2 Abs. 1 AStGB regelte.[96] Einige Länder der Sowjetunion hatten auf die Schuld als Strafbarkeitsvoraussetzung lange Zeit verzichtet. So wurde das Schuldprinzip z. B. in Russland erst 1960 nach fast 40 Jahren wieder in das russische Strafgesetzbuch aufgenommen.[97] Trotzdem hatte sich die DDR-Rechtswissenschaft von Anfang an zum Schuldprinzip bekannt.[98]

---

95 Lekschas, Die Schuld als subjektive Seite. Dieses Werk war laut *H. Benjamin* bereits für das Fernstudium der ersten Volksrichterlehrgänge verwendet worden (H. Benjamin, in: Beiträge zur Rechtswissenschaft und -praxis der DDR, 1 (S. 2)).

96 Gem. § 2 Abs. 1 AStGB begeht *„[e]in Verbrechen […], wer durch sein Handeln die Deutsche Demokratische Republik, den sozialistischen Aufbau, die Interessen des werktätigen Volkes sowie des einzelnen Bürgers schuldhaft gefährdet und zugleich ein Strafgesetz verletzt.“* (BArch DP 1/20413). Die Terminologie des Verbrechens bezeichnete anders als heute nur das Vorliegen einer Straftat. Vergehen kannte man in der Theorie des DDR-Strafrechts zu Beginn nicht (Diskussion zum Referat von Prof. Renneberg am 19. Februar 1957, BArch DP 1/22953). Dieses Begriffsverständnis war aus der Strafrechtswissenschaft der Sowjetunion übernommen worden (Tsekhanovich, Von der Willenstheorie zum Eventualvorsatz, S. 213). Da sich das alleinige Abstellen auf „Verbrechen“ nicht mit dem Begriffsverständnis der Bevölkerung vereinbaren ließ, wurde der Vergehensbegriff am 19.2.1958 wieder eingeführt (Diskussion zum Referat von Prof. Renneberg am 19. Februar 1957, BArch DP 1/22953). Wird in den Entwürfen also z. B. vom „Verbrechensaufbau“ gesprochen, ist dies vergleichbar mit der heutigen Terminologie vom Deliktsaufbau.

97 Vgl. dazu Tsekhanovich, Von der Willenstheorie zum Eventualvorsatz, S. 242.

98 Vgl. Lekschas, Zum Aufbau der Verbrechenslehre, S. 352.

b) Allgemeiner Schuldbegriff (§ 4 AStGB)

§ 4 AStGB sollte das Wesen der Schuld erfassen und regeln:

> *§ 4 Begriff der Schuld*
> *Die Schuld ist die den Verbrecher zur Begehung seines Verbrechens bestimmende, der strafrechtlich geschützten sozialistischen Ordnung gefährliche und moralisch-gesellschaftlich verwerfliche Einstellung gegenüber der Deutschen Demokratischen Republik, dem sozialistischen Aufbau, den Interessen des werktätigen Volkes und des einzelnen Bürgers. Die Formen der Schuld sind Vorsatz und Fahrlässigkeit.*[99]

Diese Definition folgte, wie schon der Definitionsversuch der Schuld als „feindliche" Einstellung, durch das Element der psychischen Einstellung (Vorsatz oder Fahrlässigkeit)[100], welche von der Gesellschaft negiert (moralisch-gesellschaftliche Verwerflichkeit) werde, einem komplexen Begriffsverständnis von Schuld. Darüber hinaus integrierte die Definition die Merkmale des sog. *materiellen Verbrechensbegriffs* (Strafbarkeit, Strafrechtswidrigkeit, moralisch-politische Verwerflichkeit und Gesellschaftsgefährlichkeit).[101]

aa) Exkurs: Materieller Verbrechensbegriff

An dieser Stelle bietet sich ein Exkurs zum sog. materiellen Verbrechensbegriff der DDR an. Bevor auf den Verbrechensbegriff der DDR eingegangen werden kann, bedarf es jedoch einer kurzen Begriffsdefinition von materiellen Verbrechensbegriffen[102] überhaupt: Im Gegensatz zu formellen Verbrechensbegriffen versuchen materielle Verbrechensbegriffe, das Wesen des Verbrechens aus ihrer strafrechtlichen Bestimmung zu lösen.[103] Während nach formellen Verbrechensbegriffen dasjenige Verhalten ein Verbrechen ist, das sich gegen eine strafrechtlich vordefinierte Bestimmung richtet,[104] geht es bei materiellen Verbrechensbegriffen um

---

99 „Allgemeines Strafgesetzbuch der Deutschen Demokratischen Republik", BArch DP 1/20413. Auch auffindbar bei MOLLNAU, in: Normdurchsetzung in osteuropäischen Nachkriegsgesellschaften (1944–1989), S. 59 f. Zur Ähnlichkeit der Schulddefinition von *Lekschas* vgl. LEKSCHAS, Die Schuld als subjektive Seite, S. 8.

100 Vgl. dazu LEKSCHAS, Die Schuld als subjektive Seite, S. 8. Neben diesen beiden *Schuldformen* solle es keine Schuld geben (LEKSCHAS, Die Schuld als subjektive Seite, S. 20).

101 Die Merkmale Strafbarkeit und Strafrechtswidrigkeit lassen sich bei genauerer Betrachtung aus dem Merkmal der „strafrechtlich geschützten sozialistischen Ordnung" herauslesen.

102 Zu weiteren Unterscheidungen von Verbrechensbegriffen siehe KUNZ/SINGELNSTEIN, Kriminologie, S. 10 (§ 1, Rn. 29 f.)

103 KUNZ/SINGELNSTEIN, Kriminologie, S. 11 (§ 1, Rn. 30).

104 WRAGE, Grenzen der Strafgewalt, S. 6.

die Frage nach sachlichen Kriterien des Strafens.[105] So steht es auch um den sog. materiellen Verbrechensbegriff der DDR. Die Begrifflichkeit wurde durch *Lyon*, eine westdeutsche Autorin, geprägt, die 1960 eine wissenschaftliche Arbeit zum Verbrechensbegriff der DDR verfasste.[106]

(1) Entstehung des materiellen Delikts in der Sowjetunion

Der sog. materielle Verbrechensbegriff der DDR stellte ein Verbrechensverständnis dar, welches in der DDR-Rechtswissenschaft von der sowjetischen Rechtswissenschaft übernommen worden war.[107] Die Existenzberechtigung des sog. materiellen Verbrechensbegriffs ergab sich dabei historisch aus der Entstehung des sog. materiellen Delikts in der Sowjetunion.[108] Das sog. materielle Delikt stammte aus der Zeit nach der bolschewistischen Revolution (Oktoberrevolution) 1917 und überließ es Volksrichtern, festzustellen, was Verbrechen sein sollte und was nicht.[109] Es hatte strafbegründenden Charakter, war aber tatbestandsgelöst und somit nur *materielles Delikt*.[110] Das bedeutete, dass auch Handlungen bestraft werden konnten, die nicht gesetzlich mit Strafe bedroht waren. In dieser Hinsicht unterschied es sich von formellen Verbrechensbegriffen, welche grundsätzlich eine strafrechtlich vordefinierte Bestimmung voraussetzen.[111]

Als Grund für die Entstehung des materiellen Delikts müssen die historischen Begebenheiten gesehen werden. Mit der Revolution im Oktober 1917 brach die Verwaltung der russischen Übergangsregierung vollständig zusammen.[112] Weiterhin zeichnete sich das bolschewistische Regime dadurch aus, dass es die überkommenen Strukturen zerstörte[113] und die alte russische Rechtsordnung von 1864 außer

105 Roxin/Greco, Strafrecht Allgemeiner Teil, S. 21, Rn. 1.

106 Lyon, Verbrechensbegriff der DDR. Bezogen auf die Sowjetunion war das Verbrechensverständnis schon von anderen Autoren als materielles Verbrechensverständnis bezeichnet worden. Siehe z. B. Marckwald, Der Verbrechensbegriff im russischen Strafrecht.

107 M. Benjamin, Der Ausschluß der strafrechtlichen Verantwortlichkeit bei geringfügigen Handlungen, S. 38. So auch *Weber* bei Mahlmann, Strafrechtswissenschaft der DDR. Klassenkampftheorie und Verbrechenslehre, S. 167. Vgl. dazu „Thesen über die rechtsvergleichende Darstellung über den Begriff des Verbrechens" vom 22.3.1958, BArch DP 1/22953.

108 Lyon beschreibt dabei sehr strukturiert, wie sich das Verständnis in der Sowjetunion von einem materiellen Delikt, zu einem materiellen Verbrechensbegriff gewandelt hatte. Lyon, Verbrechensbegriff der DDR, S. 8.

109 Lyon, Verbrechensbegriff der DDR, S. 10.

110 Lyon, Verbrechensbegriff der DDR, S. 11.

111 Wrage, Grenzen der Strafgewalt, S. 6.

112 Hildermeier, Die Russische Revolution 1905–1921, S. 245.

113 Hildermeier, Die Russische Revolution 1905–1921, S. 248.

Kraft setzte.[114] Bis zur Gründung der Sowjetunion am 31. Dezember 1922[115] entstand ein rechtliches Vakuum, das geprägt war vom russischen Bürgerkrieg.[116] Eine strafrechtliche Legalordnung gab es in dieser Zeit nicht mehr.[117] Trotzdem musste das Regime seine Autorität wahren und eine Ordnung herstellen. Dazu wurden sog. Revolutionstribunale errichtet, welche sich jedoch stark in ihrer Zusammensetzung und Art der Rechtsprechung unterschieden.[118] Ohne eine strafrechtliche Legalordnung konnten die sog. Revolutionstribunale nur an vorrechtliche Vorstellungen von dem, was strafwürdig sein sollte, anknüpfen. Das sog. materielle Delikt war somit die einzige Möglichkeit, eine Art Gesetzlichkeit zu etablieren, mit der sich Strafe rechtfertigen und durchsetzen ließ.

(2) Entstehung des sog. materiellen Verbrechensbegriffs aus dem sog. materiellen Delikt in der Sowjetunion

Mit dem russischen StGB von 1922 wurde das materielle Delikt durch die Schaffung von Tatbeständen zunächst aufgegeben.[119] Dies änderte sich partiell mit dem russischen StGB von 1926. In diesem fand sich in § 1 eine Verbrechensdefinition, welche sozialgefährliche Handlungen als Verbrechen einordnete.[120] Diese Definition setzte keine Tatbestandsgebundenheit voraus. *Lyon* sah darin zutreffend eine teilweise Rückkehr zum sog. materiellen Delikt.[121] Die teilweise Rückkehr zum sog. materiellen Delikt durch das russische StGB von 1926 war jedoch von harter Kritik begleitet, sodass sich das sog. materielle Delikt allmählich zu einer in der Literatur als „materieller Verbrechensbegriff" bezeichneten Begrifflichkeit entwickeln konnte.[122] Dieser zeichnete sich dadurch aus, dass er zwar tatbestandsbezogen war, d. h. ein Verbrechen konnte nur vorliegen, wenn ein gesetzlich normierter Tatbestand erfüllt worden war, gleichzeitig kam es aber auch auf die Gesellschaftsgefährlichkeit

---

114 Penter, in: Oktoberrevolution 1917, 85–103 (S. 88). Diese Entwicklung wird auch deutlich bei dem russischen Autor *Issajew*, welcher in seinem Lehrbuch zur Geschichte des Staats und des Rechts Russlands davon ausgeht, dass das Dekret über den Frieden und das Dekret über den Boden als erste rechtliche Akte und somit als grundlegende Konstitutionsgesetze den Sowjetstaat neu geschaffen hätten. Siehe Issajew, Istorija gossudarstwa i prawa Rossii, S. 188 f. Zu beachten ist dabei, dass die russische Rechtsgeschichte noch immer ohne Quellennachweise auskommt.

115 Aust, Die Russische Revolution, S. 148.

116 Vgl. Penter, in: Oktoberrevolution 1917, 85–103 (S. 87); Aust, Die Russische Revolution, S. 156 f.

117 Eine strafrechtliche Legalordnung wurde mit Gründung der Sowjetunion eingeführt: StGB der Russischen Sozialistischen Föderativen Sowjetrepublik (RSFSR) von 1922.

118 Penter, in: Oktoberrevolution 1917, 85–103 (S. 88).

119 Lyon, Verbrechensbegriff der DDR, S. 13 f.

120 Siehe die Norm und die Anmerkung bei Marckwald, Der Verbrechensbegriff im russischen Strafrecht, S. 3.

121 Lyon, Verbrechensbegriff der DDR, S. 15.

122 Lyon, Verbrechensbegriff der DDR, S. 17.

der Handlung an.[123] Diese stellte den materiellen Gehalt des Verbrechensbegriffs dar.[124] Der so entstandene sog. materielle Verbrechensbegriff wurde von der DDR rezipiert.[125]

(3) Materieller Verbrechensbegriff in der DDR: Anwendung von Art. 6 des StGB-RSFSR als Generalklausel

Eine gesetzliche Normierung des sog. materiellen Verbrechensbegriffs wurde in Art. 6 StGB[126] der RSFSR 1926 gesehen.[127] Dieser wurde Anfang/Mitte der 50er Jahre in der Rechtspraxis der DDR als Generalklausel zugunsten des Täters angewendet.[128] D.h. sofern die Handlung nicht gesellschaftsgefährlich gewesen war, konnte auch kein Verbrechen vorgelegen haben. Die Gesellschaftsgefährlichkeit war somit zusätzliche Prüfungsvoraussetzung geworden.

(4) Wissenschaftliche Ausformulierung des Verbrechensbegriffs in der DDR

Nachdem der sog. materielle Verbrechensbegriff schon im Sinne des Art. 6 des russischen StGB angewandt worden war, formulierte die Wissenschaft eine eigene Definition. So hatte *Lekschas* 1952 definiert:

> Genau formuliert ist das Verbrechen für eine für die antifaschistisch-demokratische Ordnung gefährliche, strafbare, strafrechtswidrige Handlung, für die der Handelnde verantwortlich ist.[129]

Mit der Anlehnung der oben dargestellten Schulddefinition an den sog. materiellen Verbrechensbegriff begründete die Auffassung zur Schuld einen Gleichlauf zum materiellen Verbrechensbegriff. Aus dem Strafrechtssystem der DDR heraus, in dem es

---

123 Vgl. die Begriffsdefinition des Verbrechens weiter unten. Diese setzte die Strafbarkeit als auch die Gesellschaftsgefährlichkeit voraus.

124 Lekschas, Zum Aufbau der Verbrechenslehre, S. 13 f.

125 Lyon, Verbrechensbegriff der DDR, S. 28.

126 *„Als gemeingefährlich gilt jede Handlung oder Unterlassung, die sich gegen das Sowjetsystem richtet oder die Rechtsordnung verletzt, die vom Regime der Arbeiter und Bauern für die Zeit des Übergangs zur kommunistischen Gesellschaftsordnung errichtet ist"* (Strafgesetzbuch der RSFSR von 1926, BArch DP 1/7020). Anm.: In der Übersetzung wurden Paragrafen statt Art. dargestellt.

127 Lyon, Verbrechensbegriff der DDR, S. 15. Die Einordnung des Art. 6 RSFSR war jedoch nicht unumstritten. So war *Gerats* der Meinung, dass es sich bei Art. 6 und der dazugehörigen Anmerkung um eine Norm zum Ausschluss strafrechtlicher Verantwortlichkeit handle. Vgl. dazu „Aus der Diskussion" zur Aussprache über Verbrechen und Strafe am 4. Dezember 1957 im MdJ, BArch DP 1/22953.

128 Maurach, in: Osteuropa 1959, 1 (S. 5); Lyon, Verbrechensbegriff der DDR, S. 35.

129 Lekschas, in: NJ 1952, 351 (S. 9).

keine Deliktsstufen gab und sich die Strafbarkeitsvoraussetzungen des sog. materiellen Verbrechensbegriffs dialektisch bedingten, muss festgestellt werden, dass es sich bei der Aufnahme der Verbrechensmerkmale um eine Klarstellung handelte. Die Schuld war nur eine Ausprägung des sog. materiellen Verbrechensbegriffs.[130] Die Schuld bzw. subjektive Seite der verbrecherischen Handlung verkörpere die innere, verbrecherische Einstellung eines Täters.[131] Fehlte es an der Schuld, fehlte es an der Gesellschaftsgefährlichkeit.[132] Die Schuld war somit notwendige Bedingung des Verbrechens.[133] Dass das Wesen der Schuld gesellschaftsgefährlich sei, sollte durch die Definition der Schuld als moralisch-verwerfliche Einstellung unterstrichen werden.[134]

bb) Merkmal der verwerflichen Einstellung

Wie schon in *Lekschas'* Beitrag 1952 wurde die Schuld im Entwurf des AStGB durch die Einstellung des Täters charakterisiert. Allerdings war die „feindliche Einstellung" durch das Merkmal der „verwerflichen Einstellung" abgelöst worden. Auch hier handelt es sich, wie schon bei der „feindlichen Einstellung" um einen unbestimmten Rechtsbegriff, der viel Raum für Interpretationen zuließ. Die Ablösung des Merkmals der Feindlichkeit durch die Verwerflichkeit vergrößerte den Anwendungsbereich der Norm, da der Täter nun nicht mehr „feindlich" gesinnt sein musste, sondern das Gericht seine Einstellung nur noch als „verwerflich" einstufen musste.

Ausgangspunkt für die Wertung des § 4 AStGB sollte die gesellschaftliche Moral sein. Schuld war somit ein Phänomen, das immer nur im Verhältnis zur Gesellschaft auftreten konnte. Aus heutiger Perspektive würde die Bestimmung der Verwerflichkeit über die gesellschaftliche Moral zu Schwierigkeiten führen, denn es gibt in einer pluralistischen Gesellschaft vielfältige Ausprägungen von Moralvorstellungen. Bezogen auf die DDR waren mit Moral jedoch nicht die Moralvorstellungen eines Einzelnen oder die in der Gesellschaft tatsächlich vorherrschenden Moralvorstellungen gemeint,[135] sondern die „sozialistische Moral". Das gibt zwar einen

---

130 Lekschas, Zum Aufbau der Verbrechenslehre, S. 18.

131 Lekschas, Die Schuld als subjektive Seite, S. 6, 8.

132 Lekschas, Die Schuld als subjektive Seite, S. 14.

133 Vgl. Lekschas, Die Schuld als subjektive Seite, S. 7, 14.

134 Mollnau, in: Normdurchsetzung in osteuropäischen Nachkriegsgesellschaften (1944–1989), S. 144.

135 Dass es an dieser Stelle Diskrepanzen gab, zeigt sich an diversen Fällen, insb. an Fällen zu Volkseigentumsdelikten. Bei diesen zeigt sich, dass viele Bürger es nicht moralisch verwerflich fanden, selbstbestimmt an Gemeinschaftsgütern teilzuhaben bzw. sich aus Sicht der Strafverfolgungsbehörden der DDR in Form von Diebstählen, Veruntreuung etc. an gesellschaftlichem Eigentum vergingen. So z. B. bei den Buntmetallfällen in Brandenburg (Hoeniger, in: NJ 1950, 204), Kaffeediebstählen (LATh – HStA Weimar, Bezirksgericht Erfurt, 6-51-4414, Nr. 228) oder Holzdiebstäh-

Anhaltspunkt für die Auslegung dieses Merkmals, es hätte dennoch großen Spielraum zugelassen, da die Moral der sozialistischen Gesellschaft nie aktiv definiert worden ist und sich schlagartig durch einen Kurswechsel der Regierung ändern konnte,[136] da diese die Deutungshoheit der sozialistischen Moral beanspruchte.[137] Dieser Punkt rückt in den Vordergrund, wenn berücksichtigt wird, dass in der DDR ein zentralistisches Justizsystem ausgebaut worden war, in welchem das OG die Befugnis der Kassation hatte.[138] Wie das Merkmal nun ausgelegt worden wäre (wäre es tatsächlich innerhalb eines Gesetzes in Kraft getreten), hätte demnach vermutlich stark von der Zeit und den politischen Gegebenheiten abgehangen.

cc) *Diskussion um Formulierungsfragen*

Zum Regelungsvorschlag des Wesens der Schuld nahm der Student *M. Benjamin*[139], der Sohn von *H. Benjamin* (Justizministerin der DDR),[140] Stellung. Er sah die Formulierung des Schuldbegriffs von *Lekschas* durchaus kritisch. Nach *M. Benjamin* würde nach dieser Formulierung nicht die verbrecherische Handlung, sondern die verbrecherische Einstellung bestraft.[141] Dem Wortlaut nach führe der Gleichlauf

---

len aus dem Staatswald (LATh – HStA Weimar, Bezirksstaatsanwaltschaft Erfurt, 6–51–4104.3, Nr. 538). Dies sah man in der DDR als großes Problem an und reagierte dahingehend darauf, den Bürgern ein entsprechendes Rechtsbewusstsein anerziehen zu wollen. Siehe Erkkilä/Gries, in: Law and History Review 2025, 1 (S. 3 f.) m.w.N. Zum Rechtsbewusstsein auch Dettenborn/Mollnau, Rechtsbewußtsein und Rechtserziehung, und Bauer/Svensson, in: NJ 1976, 204. Strafrechtlich wurde mit dem Erlass des Volkseigentumsschutzgesetzes reagiert, welches am 2. Oktober 1952 mit seiner Verkündung in Kraft trat und drakonische Strafen androhte (GBl.-DDR 1952, S. 982).

136 Der Mangel an einer Begriffsbestimmung stellte ein fachübergreifendes Problem dar. Ein vager Anhaltspunkt zu der Frage, was unter „sozialistischer Moral" verstanden werden sollte, kann im Jahr 1958 ausgemacht werden. In diesem formulierte *Ulbricht* in seiner Rede zum V. Parteitag der Sozialistische Einheitspartei Deutschlands (SED) die zehn Gebote sozialistischer Moral (Ulbricht, in: Für den Sieg der sozialistischen Revolution auf dem Gebiet der Ideologie und der Kultur, 3–42 (S. 15 f.)). Diese blieben, um eine einheitliche Auslegung des Begriffs gewährleisten zu können, jedoch zu unbestimmt.

137 Folgendes Zitat zeigt, welche Rolle sich die SED in Bezug auf Recht und Rechtswissenschaft zugestand. So formulierte *Ulbricht* bei seiner Rede auf der Babelsberger Konferenz 1958: „In Wahrheit schaffen aber die Beschlüsse der Partei die Grundlage für die Staats- und Rechtswissenschaft. Sie ergeben eine lückenlose Kette unserer ganzen gesellschaftlichen Entwicklung, die das Fundament ist, auf dem allein die Entwicklung unserer Staatsmacht und damit unseres Staats und Rechts erarbeitet werden kann." (Ulbricht, Die Staatslehre des Marxismus-Leninismus, S. 39).

138 Siehe §§ 301–316 StPO-DDR vom 2. Oktober 1952.

139 Zum Zeitpunkt seiner Stellungnahme studierte *M. Benjamin* an der Shdanow-Universität in Leningrad (M. Benjamin, in: NJ 1956, 16 (S. 16)). Zur weiteren Biografie siehe Anhang II.2.

140 Zur Biografie siehe Anhang II.1.

141 M. Benjamin, in: NJ 1955, 488 (S. 489).

des Schuldbegriffs mit dem sog. materiellen Verbrechensbegriff dazu, dass die Einstellung genauso definiert werde wie die Handlung. Damit ließe sich nicht mehr klar unterscheiden, ob der Anknüpfungspunkt für die Schuld nun die Handlung oder die Einstellung sein solle.[142] *M. Benjamin* implizierte damit deutlich, dass diese Formulierung als eine Art Gesinnungsstrafrecht verstanden werden könne, welches zuvor von *Lekschas* selbst abgelehnt worden war,[143] und hielt die Formulierung von *Lekschas* aus diesem Grund für äußerst unglücklich gewählt.[144]

Es blieb jedoch bei dieser oberflächlichen Kritik. *M. Benjamin* stellte die „Einstellung" als Schuldmerkmal nicht grundsätzlich in Frage, sondern schien lediglich eine Klarstellung der Terminologie zu fordern.[145] Letztlich bot *M. Benjamin* ein Jahr später eine eigene Schulddefinition an,[146] welche sich jedoch nicht durchsetzen konnte, da von anderer Seite die Implementierung der Verbrechensmerkmale in den Schuldbegriff als notwendiger Ausdruck des Klassenkampfes betrachtet wurde.[147] Die Banalität der Diskussion zeigt sich in *Lekschas'* Erwiderung auf die Kritik *M. Benjamins*. Er verteidigte die Schulddefinition und begründete die Aufnahme der Verbrechensmerkmale so:

> So läßt sich die Schuld nach den Grundsätzen der Logik z. B. nicht als Vorsatz und Fahrlässigkeit definieren, denn hier handelt es sich nur um zwei Erscheinungsformen der Schuld. Eine solche „Definition" wäre das Gleiche, als wenn man „Baum" als Laubbäume und Nadelbäume „definieren" würde.[148]

Stattdessen war die Einstellung für die Definition des Wesens der Schuld gewählt worden, um die psychischen Merkmale (Vorsatz und Fahrlässigkeit) zusammenzufassen.[149] Die Auseinandersetzung zeigt, dass nicht die großen, möglicherweise auch kontroversen Fragen der Schuld diskutiert wurden, sondern Formulierungsfragen im Vordergrund standen.

---

142 M. Benjamin, in: NJ 1955, 488 (S. 488).

143 Die Ablehnung des Gesinnungsstrafrechts hatte *Lekschas* in einer Rezension zum Ausdruck gebracht (Lekschas/Renneberg, in: NJ 1953, 129 (S. 130 f.)).

144 M. Benjamin, in: NJ 1955, 488 (S. 489).

145 M. Benjamin, in: NJ 1955, 488 (S. 488 f.).

146 *M. Benjamin* formulierte die Schuld wie folgt: „Die Schuld ist eine psychische Einstellung des Verbrechers zu seinem verbrecherischen Verhalten und dessen Folgen" (M. Benjamin, in: NJ 1956, 16 (S. 16)).

147 Hennig, in: NJ 1956, 178 (S. 178 f.).

148 Lekschas, in: NJ 1955, 687 (S. 689).

149 Lekschas, in: NJ 1955, 687 (S. 689).

Tatsächlich stellt sich die Frage nach der Bedeutung der Gesinnung m. E. bezogen auf das Gesamtkonzept der „Einstellung" und nicht nur als Formulierungsfrage, wie es in der DDR vormals diskutiert worden ist. Zwar sollte, nicht wie von *M. Benjamin* gerügt, nur die Einstellung schon zu einer Strafe führen können, sondern es musste durchaus noch eine tatbestandliche Handlung hinzukommen. Dadurch, dass die „verwerfliche Einstellung" ein zentrales Merkmal der Schuld darstellen sollte und nicht von vornherein feststellbar gewesen wäre, wann eine Einstellung verwerflich war, wäre es für das Vorliegen oder Nichtvorliegen der Schuld maßgeblich darauf angekommen, welcher Maßstab an die Verwerflichkeit angesetzt worden wäre. Es ist zudem aus der Formulierung der Norm nicht erkennbar, dass der Begriff der Einstellung lediglich die Schuldformen Vorsatz und Fahrlässigkeit zusammenfassen sollte. Dies wird auch durch das oben angeführte Beispiel gestützt, welches darauf hindeutet, dass von der Einstellung eben mehr als nur Vorsatz und Fahrlässigkeit erfasst sein sollte. Damit wäre die Begrifflichkeit einer weiten Auslegung offen gewesen und es kann aufgrund der Unbestimmtheit, die eine Sanktionierung von bestimmten, ausgewählten Einstellungen nicht geschlossen hätte, von einer starken Betonung der subjektiven Momente gesprochen werden.

dd) Aushöhlung sowjetischer Kategorien

Neben der Formulierung des Wesens der Schuld kritisierte *M. Benjamin* die Widersprüchlichkeit des von *Lekschas* vertretenen Schuldverständnisses mit dem in der Sowjetunion und auch von *Lekschas* noch 1952 vertretenen Verbrechensaufbau.[150] *M. Benjamin* lehnte die Gleichsetzung der Schuld mit der subjektiven Seite der verbrecherischen Handlung, welche *Lekschas* in seiner Veröffentlichung der Schuldregelungen des AStGB angenommen hatte, ab.[151] *Lekschas* hatte ausgeführt, dass die allgemeinen psychischen Prozesse, die einen Menschen zum Handeln bestimmten, wie Motiv, Zielsetzung, Planung und Willensbildung, als Teil der Einstellung im Rahmen der Schuld festzustellen seien.[152] Diese gehörten nach *M. Benjamins* Auffassung jedoch zur sowjetischen Kategorie der subjektiven Seite der Handlung, welche nicht nur aus der Schuld in Form von Vorsatz und Fahrlässigkeit, sondern auch aus Motiv, Absicht und Gemütszustand, bestehe.[153] *M. Benjamin* führte dazu aus, dass die subjektive Seite einer Tat aus „[...] einer Reihe von Elementen, die untereinander in engem Zusammenhang [stünden, bestehe]; hiervon [sei] das wichtigste die Schuld, die deshalb auch bei der Feststellung eines beliebigen

150 M. Benjamin, in: NJ 1955, 488 (S. 489). Zum Verbrechensaufbau siehe Kapitel 2.II.2.

151 M. Benjamin, in: NJ 1955, 488 (S. 489). Zu den Ausführungen siehe Lekschas, Die Schuld als subjektive Seite, S. 20.

152 Lekschas, Die Schuld als subjektive Seite, S. 20.

153 M. Benjamin, in: NJ 1955, 488 (S. 488).

Tatbestandes ermittelt sein [müsse].“[154] Um seine Argumentation zu stützen, bezog *M. Benjamin* sich auf § 213 RStGB, welcher eine Milderungsmöglichkeit bei Totschlag aufgrund des Gemütszustands des Täters vorsah.[155] Daraus schloss er, dass es sich beim Gemütszustand eben um eine eigene Kategorie der subjektiven Seite handle und nicht um einen Teil der Schuld. Dieser Argumentationsgang verwundert. *M. Benjamin* argumentierte für eine sowjetische Kategorie anhand des „bürgerlichen“ RStGB, welches historisch nie an das sowjetische Recht angeknüpft hatte und dementsprechend noch nicht in dieser Richtung gedeutet worden war.

Faktisch wäre mit der Unterscheidung von der subjektiven Seite der verbrecherischen Handlung und der Schuld jedoch wenig gewonnen gewesen, außer in der Tradition des sowjetischen Rechts zu bleiben. Dadurch hätte sich die als Schuld bezeichnete Konstruktion zwar nur auf die psychischen Formen (Vorsatz und Fahrlässigkeit) beschränkt, sodass die Anwendung eines psychologischen Schuldbegriffs hätte behauptet werden können, die subjektive Seite der verbrecherischen Handlung hätte jedoch die vormalige Funktion der Schuld übernommen, sodass sich die Problemstellung nur auf die Ebene der subjektiven Seite der verbrecherischen Handlung verlagert hätte. Letztlich hätte die subjektive Seite der verbrecherischen Handlung eine ähnliche Funktion übernommen wie der Schuldbegriff normativer Schuldlehren, die neben psychischen Merkmalen auch weitere Schuldmerkmale umfassen konnten.[156] Möglicherweise versuchte *M. Benjamin*, den von *Lekschas* vertretenen komplexen Schuldbegriff von seinen normativen Elementen zu befreien und durch die Aufspaltung und Verlagerung von Wertungsmomenten auf die subjektive Seite der verbrecherischen Handlung einen psychologischen Schuldbegriff zu fingieren. Dabei hätte es sich jedoch nur um eine Verschiebung und nicht um eine Lösung des Problems gehandelt.

Lekschas hielt an seiner klaren Einteilung von Schuld in Vorsatz und Fahrlässigkeit fest und vertrat weiterhin den Standpunkt, dass die subjektive Seite des Verbrechens mit der Schuld gleichzusetzen sei.[157] Er argumentierte, dass das Motiv eben nicht selbständig neben dem Vorsatz stehe. Es sei vielmehr Teil des Vorsatzes und würde dessen Inhalt bestimmen.[158]

Beachtenswert ist, dass *Lekschas* durch sein Schuldverständnis das aus dem sowjetischen Recht übernommene Merkmal der subjektiven Seite der verbrecheri-

---

154 M. Benjamin, in: NJ 1956, 16 (S. 16).

155 M. Benjamin, in: NJ 1955, 488 (S. 488).

156 Siehe Kapitel 2.II.3.b).

157 „Insofern scheint es mir vom Standpunkt des Marxismus unangebracht zu sein, von Schuld und subjektiver Seite zu sprechen. Die subjektive Seite des Verbrechens kann nur die Schuld sein.“ (Lekschas, in: NJ 1955, 687 (S. 689)).

158 Lekschas, in: NJ 1955, 687 (S. 687 f.).

schen Handlung[159] mit einem traditionell deutschen Merkmal (Schuld) ersetzte bzw. ersteres für obsolet erklärte. Letztlich konnte sich *M. Benjamin* mit seiner Kritik nicht durchsetzen. Die subjektive Seite der verbrecherischen Handlung wurde mit der Schuld gleichgesetzt und verlor somit ihre eigenständige Bedeutung.

c) Vorsatz (§ 5 AStGB)

§ 4 S. 2 des Entwurfs regelte, welche Formen der Schuld es geben sollte und legte Vorsatz und Fahrlässigkeit als Schuldformen fest. Diese waren dann in den §§ 5, 6 des Entwurfs ausgestaltet.

§ 5 des Entwurfs regelte die „vorsätzliche Schuld".[160] Dass die Formulierung nicht nur „Vorsatz", sondern „vorsätzliche Schuld" lautete, verdeutlichte, dass es sich beim Vorsatz nur um eine Schuldform handeln sollte.

Vorsätzlich handelte demnach,

> *1. wer erkennt, dass sein Handeln die objektiven Verbrechensmerkmale verwirklichen wird und ihre Verwirklichung will, oder*
> *2. wer erkennt, dass sein Handeln die objektiven Verbrechensmerkmale verwirklichen kann und trotzdem von seinem Handeln nicht absehen will.*[161]

Nr. 1 regelte *dolus directus*, während Nr. 2 *dolus eventualis* regelte. Neben den Vorsatzarten bedurfte es für manche Delikte eines qualitativ bestimmten Vorsatzes. Dieser musste einen bestimmten Inhalt haben.[162] Dazu kannte das Gesetz die Absicht, bei der eine bestimmte Zielrichtung des Vorsatzes vorliegen musste.[163] Wann der Täter mit Absicht handeln musste, sollte das Gesetz bestimmen.[164] Daneben gab es auch Fälle, in denen die Motive des Täters relevant würden.[165]

---

159 Vgl. JIANG, Strafrecht und Empirie, S. 7.

160 Allgemeines Strafgesetzbuch der Deutschen Demokratischen Republik, BArch DP 1/20413; vgl. MOLLNAU, in: Normdurchsetzung in osteuropäischen Nachkriegsgesellschaften (1944–1989), S. 60.

161 Im Originaldokument steht statt „absehen" „abstehen". Da davon ausgegangen wird, dass es sich um einen Rechtschreibfehler handelt, wurde es in dem Zitat für die bessere Lesbarkeit korrigiert (vgl. das Allgemeine Strafgesetzbuch der Deutschen Demokratischen Republik, BArch DP 1/20413; vgl. auch MOLLNAU, in: Normdurchsetzung in osteuropäischen Nachkriegsgesellschaften (1944–1989), S. 60).

162 LEKSCHAS, Die Schuld als subjektive Seite, S. 43 f.

163 LEKSCHAS, Die Schuld als subjektive Seite, S. 43.

164 Vgl. LEKSCHAS, Die Schuld als subjektive Seite, S. 18.

165 So z. B. beim Mord, LEKSCHAS, Die Schuld als subjektive Seite, S. 44.

aa) Dolus directus

Bei Nr. 1, dem *dolus directus,*[166] musste der Täter zum einen wissen, dass er die objektiven Verbrechensmerkmale verwirklichen wird und zum anderen musste er diese Verwirklichung auch wollen.[167] Voraussetzung für das Vorliegen des unbedingten Vorsatzes waren somit sowohl ein Wissens- als auch ein Wollenselement, wobei der Fokus auf dem Wollenselement lag.[168]

bb) Dolus eventualis

Während bei Nr. 1 ein stärkerer Fokus auf das Wollenselement gesetzt wurde, indem nicht nur Wissen um den Erfolg, sondern auch der Wille des Erfolges gefordert wurde, genügte es für Nr. 2, dass der Täter trotz des Wissens um die Möglichkeit des Erfolgseintrittes nicht von seinem Handeln absah. Nr. 2 erinnert seiner Formulierung nach sehr stark an die im Rahmen des Eventualvorsatzes vertretene sog. Möglichkeitstheorie.[169] Nach dieser genügte es für das Vorliegen des Eventualvorsatzes, dass der Täter den Erfolg als möglich voraussah, trotzdem jedoch nicht von seinem Handeln absah.[170] Der Vorsatz konnte nach der sog. Möglichkeitstheorie somit allein bei Vorliegen eines intellektuellen Moments bejaht werden. Ein voluntatives Moment war dem Wortlaut nach nicht erforderlich. Die Formulierung „von seinem Handeln nicht absehen will“ zeigt jedoch, dass anders als bei der sog. Möglichkeitstheorie ein voluntatives Element durchaus gefordert war und eine Zuordnung zur sog. Möglichkeitstheorie deshalb ausscheidet.

(1) „Wollen“ der Nebenfolgen

Dies wird noch deutlicher, wenn man die Veröffentlichung von *Lekschas* ergänzend heranzieht.[171] So sprach *Lekschas* beim bedingten Vorsatz im Vergleich zum

---

166 Die Terminologie des *dolus directus* wurde als bürgerliche, falsche Terminologie aufgefasst. In der DDR unterschied man zwischen dem „unbedingten“ und dem „bedingtem“ Vorsatz, auch wenn damit das Gleiche gemeint war (vgl. dazu LEKSCHAS, Die Schuld als subjektive Seite, S. 41).

167 Die von *Lekschas* veröffentlichte Version zum *dolus directus* ist identisch mit der Formulierung aus dem Entwurf von 1952/53 (vgl. LEKSCHAS, Die Schuld als subjektive Seite, S. 30).

168 Vgl. LEKSCHAS, Die Schuld als subjektive Seite, S. 30 f., 42.

169 Vgl. z. B. WESSELS/BEULKE/SATZGER, Strafrecht Allgemeiner Teil, § 2 Rn. 334.

170 Vgl. LEKSCHAS, Die Schuld als subjektive Seite, S. 42.

171 Der bedingte Vorsatz sollte nach *Lekschas* zwar vorliegen, „[…] wenn der Verbrecher voraussah, daß er mit seinem Tun oder Unterlassen ein bestimmtes Verbrechen, dessen Herbeiführung er nicht für erforderlich hielt, verwirklichen konnte, aber trotz dieser Voraussicht nicht von seinem Verhalten absehen wollte.“ (LEKSCHAS, Die Schuld als subjektive Seite, S. 41). Inhaltlich ähnelte sie damit sehr dem § 5 Nr. 2 AStGB, nur die Formulierung war leicht abgewandelt. So stellte *Lekschas* auf die Vorhersehbarkeit ab, während beim Entwurf des AStGB auf die Erkennbarkeit abgestellt wurde. Dabei handelte es sich jedoch nur um einen begrifflichen Unterschied.

unbedingten Vorsatz z. B. von einer „unterschiedlichen Ausgestaltung des Willens“, was zeigt, dass *Lekschas* auch beim bedingten Vorsatz ein Willenselement für notwendig erachtete. Mit der „unterschiedlichen Ausgestaltung des Willens“ war eine unterschiedliche Zielsetzung gemeint.[172] *Lekschas* führte zum bedingten Vorsatz in Abgrenzung zum unbedingten Vorsatz aus, dass beim bedingten Vorsatz die Verwirklichung des Verbrechens nicht unbedingt Ziel der Handlung gewesen sein müsse.[173] Diese werde jedoch häufig als Nebenfolge des Verhaltens des Täters mitverwirklicht; Voraussetzung sei jedoch, dass der Täter ein Bewusstsein für die Nebenfolgen habe.[174]

(2) Gleichgültigkeit bzgl. Nebenfolgen

M. Benjamin war hingegen der Meinung, dass man nicht davon ausgehen könne, dass der Täter die Nebenfolgen auch verwirklichen wollte. Er ging vielmehr von einer Gleichgültigkeit aus, die für den bedingten Vorsatz genügen sollte.[175] *Lekschas* hingegen sah in *Benjamins* Ausführungen zur Gleichgültigkeit eine Adaption der bürgerlichen Theorie des „Inkaufnehmens“.[176] Für *Lekschas* gab es diese Gleichgültigkeit in der Praxis nicht. Handle der Täter trotz besseren Wissens und verwirkliche dadurch eine Nebenfolge, so habe der Täter die Verwirklichung auch gewollt.[177] Als Beispiel führte er folgenden Fall an:

> Ein Westberliner Schieber will ein Auto, das er mit Schieberware beladen hat, illegal nach Westberlin schaffen. Auf der Autobahn sieht er einen Kontrollposten der Volkspolizei, der ihn anhalten und seine Papiere sowie die Ladung des Autos prüfen will. Um der drohenden Entdeckung und den strafrechtlichen Folgen zu entgehen, gibt der Schieber „Vollgas“ und versucht, den Kontrollposten zu durchbrechen. Er weiß, daß er dabei den Volkspolizisten überfahren kann. Das ist zwar nicht Hauptziel seiner Tätigkeit, denn er möchte nicht unbedingt zum Mörder werden. Vor die Wahl gestellt, zu halten oder den Volkspolizisten möglicherweise zu überfahren, wenn dieser nicht rechtzeitig zur Seite springen sollte,

---

172 Lekschas, Die Schuld als subjektive Seite, S. 41 f.

173 Lekschas, Die Schuld als subjektive Seite, S. 42.

174 Lekschas, Die Schuld als subjektive Seite, S. 42.

175 M. Benjamin, in: NJ 1955, 488 (S. 489).

176 Lekschas, in: NJ 1955, 687 (S. 690). An dieser Stelle wird darauf hingewiesen, dass sich *Lekschas* auf die in der Bundesrepublik von der Rechtsprechung vertretene sog. Billigungstheorie bezog. Diese war 1953 nach der Rechtsprechung des Reichsgerichts (RG) noch als ein tatsächliches Billigen des Täters i.S. eines Einwilligens in den Erfolg verstanden worden (vgl. dazu RG, Urteil v. 20. Dez. 1937 (2 D 590/37) RGSt, 36–48 (S. 43 f.)). Diese Rechtsprechung änderte sich erst 1955 mit dem viel beachteten sog. Lederriemenfall, in welchem der Bundesgerichtshof (BGH) entschied, dass dem Täter der Erfolgseintritt nicht erwünscht sein müsse (BGH, Urteil v. 22. Apr. 1955 (5 Str 35/55) BGHSt 7, 363–371 (S. 363)).

177 Lekschas, in: NJ 1955, 687 (S. 691).

> entscheidet sich der Verbrecher durchzufahren, selbst wenn er den Volkspolizisten dabei tödlich verletzen sollte. Kann man bei einer solchen Sachlage davon sprechen, daß dem Verbrecher das verbrecherische Resultat seines Handelns „gleichgültig" war, daß er den möglichen Tod des Volkspolizisten „nicht gewollt habe" ? M. E. kann man das nicht, ohne dabei den gesamten – im höchsten Maße gefährlichen – Inhalt einer solchen Einstellung zu verzerren.[178]

Tatsächlich ging es bei dieser Diskussion jedoch nur um die Terminologie. Auch bei der Annahme des Kriteriums der Gleichgültigkeit hätte man einen bedingten Vorsatz angenommen. Die Begrifflichkeit der Gleichgültigkeit schied wahrscheinlich aufgrund einer zu starken Ähnlichkeit zu der in der Bundesrepublik vertretenen sog. Inkaufnahme- bzw. Billigungstheorie aus, da man sich scheinbar nicht dem Vorwurf aussetzen wollte, die Theorien des „Klassenfeindes" anzuwenden.

cc) Rezeption der „bürgerlichen" Lehren?

Der Aufbau der Vorsatzlehre und der Fakt, dass diese wie die „bürgerliche" Lehre von einem Wissens- und Wollenselement für den Vorsatz ausging, könnten zu dem verfrühten Schluss verleiten, dass sich die DDR-Rechtswissenschaftler an den „bürgerlichen" Lehren orientiert hätten. Zu beachten ist jedoch, dass die Kombination von intellektuellen und voluntativen Momenten in der Vorsatzdefinition auch in der Sowjetwissenschaft nicht ungewöhnlich war. So enthielten die Vorsatzdefinitionen des Art. 11 des StGB der RSFSR von 1922 und des Art. 10 des StGB der RSFSR von 1926 beide Elemente sowie die Differenzierung zwischen *dolus directus* und *dolus eventualis*.[179] Dies lag unter anderem daran, dass sich die russische Strafrechtswissenschaft im 19. Jahrhundert an der in Westeuropa vertretenen Willenstheorie zum Vorsatz orientiert hatte.[180] Weiterhin hatte *Walter Ulbricht* mit der II. Parteikonferenz 1952 vorgegeben, dass alle Fachlehren nun unmittelbar aus dem Marxismus-Leninismus gezogen werden sollten.[181] Dies hätte für eine Rezeption der sowjetischen Lehren bzw. Definitionsansätze sprechen können. *Lingelsheim-Seibicke* hat diesbezüglich jedoch herausgearbeitet, dass dies zwar durchaus die Intention gewesen sei, die Verwendung des Wortes „Rezeption" für diesen Prozess jedoch ungünstig gewählt sei.[182] Dies liege daran, dass die

---

178 Lekschas, in: NJ 1955, 687 (S. 691).

179 Lingelsheim-Seibicke, Der „materielle Verbrechensbegriff" und die Schuldfrage im Strafrecht der SBZ, S. 69.

180 Siehe dazu Tsekhanovich, Von der Willenstheorie zum Eventualvorsatz, S. 99.

181 Lingelsheim-Seibicke, Der „materielle Verbrechensbegriff" und die Schuldfrage im Strafrecht der SBZ, S. 127.

182 Lingelsheim-Seibicke, Der „materielle Verbrechensbegriff" und die Schuldfrage im Strafrecht der SBZ, S. 128.

Strafrechtswissenschaftler der DDR in den Anfangsjahren sprachlich nur unzureichende Russischkenntnisse besessen hätten und somit auf spärliche Übersetzungen aus zweiter oder dritter Hand zurückgreifen mussten.[183] Eine Rezeption der sowjetischen Lehre konnte daher nur oberflächlich und unvollständig erfolgen. Aus diesem Grund muss die Vorsatzdefinition auch in diesem Lichte gesehen werden.

dd) Zusammenfassung

Die Vorsatzdefinition sollte sich von den „bürgerlichen" Lehren, insbesondere denen der Bundesrepublik, abgrenzen. Trotzdem baute die Vorsatzdefinition der DDR-Rechtswissenschaft wie in den meisten westeuropäischen Konzeptionen auf einem intellektuellen und einem voluntativen Moment auf. Dies ist jedoch nicht auf eine direkte Rezeption der westeuropäischen Lehren zurückzuführen, sondern auf einen Rezeptionsversuch der sowjetischen Lehren. Dies gelang aufgrund mangelnder Sprachkenntnisse zum Teil jedoch nur unzureichend, fiel bzgl. des Vorsatzes aber nicht ins Gewicht, da auch von Teilen der sowjetischen Strafrechtswissenschaft auf ursprünglich westeuropäische Rechtskonzepte zurückgegriffen worden war.

d) Fahrlässigkeit (§ 6 AStGB)

Die Fahrlässigkeit war in § 6 geregelt worden. Auch die Überschrift des § 6, „fahrlässige Schuld", enthielt die Klarstellung, dass es sich bei der Fahrlässigkeit um ein Schuldmerkmal handelte.[184] Die Fahrlässigkeit wurde wie folgt definiert:

> (1) *Fahrlässig handelt,*
> 1. *wer erkennt, dass sein Handeln die objektiven Verbrechensmerkmale verwirklichen könnte, sich aber leichtfertig darauf verlässt, dass dies nicht geschehen werde, oder*
> 2. *wer nicht erkennt, dass sein Handeln die objektiven Verbrechensmerkmale verwirklichen könnte, obwohl er dies mit Rücksicht auf seine gesellschaftlichen Pflichten, die Umstände seines Handelns und seiner Persönlichkeit nach hätte erkennen müssen.*
>
> (2) *Eine fahrlässig begangene Handlung wird nur bestraft, wenn das Gesetz es ausdrücklich bestimmt.*[185]

Abs. 1 Nr. 1 regelte dabei die bewusste Fahrlässigkeit, während Abs. 1 Nr. 2 die unbewusste Fahrlässigkeit umfasste. Weiterhin machte *Lekschas* in seiner Mono-

---

183 Lingelsheim-Seibicke, Der „materielle Verbrechensbegriff" und die Schuldfrage im Strafrecht der SBZ, S. 127 f.

184 Vgl. Allgemeines Strafgesetzbuch der Deutschen Demokratischen Republik, BArch DP 1/20413; Mollnau, in: Normdurchsetzung in osteuropäischen Nachkriegsgesellschaften (1944–1989), S. 60.

185 Allgemeines Strafgesetzbuch der Deutschen Demokratischen Republik, BArch DP 1/20413; Mollnau, in: Normdurchsetzung in osteuropäischen Nachkriegsgesellschaften (1944–1989), S. 60.

grafie deutlich, dass die Schwere der Schuld nicht zwingend von der Schuldform abhängen solle. Das bedeutete, dass auch fahrlässig begangene Delikte genauso schwer wiegen konnten wie vorsätzlich begangene Delikte.[186]

aa) Bewusste Fahrlässigkeit

Die bewusste Fahrlässigkeit knüpfte an den Gedanken an, dass der Täter daran glaubte, dass alles gut gehen werde. Dieser Gedanke findet sich sowohl in der „bürgerlichen" Lehre als auch in der sowjetischen Lehre wieder.[187] Vom Wortlaut her erinnert die Formulierung stark an § 10 b des Strafgesetzbuches der RSFSR, nach welchem Personen „fahrlässig gehandelt haben, d. h. die Folgen ihrer Handlungen nicht vorausgesehen haben, obwohl sie sie hätten voraussehen müssen, oder leichtfertig gehofft haben, solche Folgen abwenden zu können."[188] Anders als der mit bedingtem Vorsatz handelnde Täter rechnete der bewusst fahrlässig handelnde Täter leichtfertig damit, dass Umstände eintreten würden, die zur Verhinderung des Erfolges führen würden.[189] Dazu führte *Lekschas* folgendes Beispiel an:

> So nimmt B. [...] an, daß er die Arbeitsschutzbestimmung, deren genauen Wortlaut er nicht mehr behalten hat, dem Sinne nach schon richtig befolgen wird, denn er rechnet damit, daß ihn sein Gedächtnis nicht völlig im Stich gelassen hat.[190]

bb) Unbewusste Fahrlässigkeit

Bei der unbewussten Fahrlässigkeit sah der Täter nach *Lekschas'* Überzeugung schon gar nicht voraus, dass sein Verhalten zu einem Verbrechen führen könnte.[191] Zur Verdeutlichung wurde folgendes Beispiel angeführt:

> So denkt A., der mit einer brennenden Zigarette in eine Scheune geht, gar nicht daran, daß er dadurch die Scheune in Brand setzen kann (§ 309 StGB). Einige Funken fallen von der Zigarette ins Stroh und verursachen einen Brand. Die ganze in der Scheune gelagerte Ernte verbrennt. A. hat ebenfalls nicht daran gedacht, daß er gleichzeitig damit Erzeugnisse entgegen dem ordnungsmäßigen Wirtschaftsablauf vernichtet hat. (§ 1 Abs. 1 Ziff. 3 in Verbindung mit § 1 Abs. 2 WStVO.)[192]

---

186 Lekschas, Die Schuld als subjektive Seite, S. 53.

187 Vgl. Borchers, Die Schuld im sowjetischen Strafrecht, S. 27 f. und RG, Urteil v. 5. Jan. 1922 (648/21) RGSt 56, 343–351 (S. 349).

188 Siehe § 10 b) des Strafgesetzbuchs der RSFSR, BArch DP 1/7020. Diese Formulierung enthielt sowohl die bewusste als auch die unbewusste Fahrlässigkeit.

189 Lekschas, Die Schuld als subjektive Seite, S. 47.

190 Lekschas, Die Schuld als subjektive Seite, S. 47 f.

191 Lekschas, Die Schuld als subjektive Seite, S. 51.

192 Lekschas, Die Schuld als subjektive Seite, S. 51.

Bei der unbewussten Fahrlässigkeit wurde auf das Vorhersehenmüssen und nicht auf das Vorhersehenkönnen abgestellt. Es ging somit nicht darum, ob es dem Täter subjektiv möglich gewesen wäre, den tatbestandlichen Erfolg vorherzusehen, sondern nur darum, ob es objektiv möglich gewesen wäre, den Erfolg vorherzusehen. Dies stellte auch eine Parallele zum Strafrecht der RSFSR dar.[193] In der Sowjetunion änderte sich dies in den 50er Jahren; man stellte ab diesem Zeitpunkt auch auf das Vorhersehenkönnen ab.[194] Da es sich vorliegend um eine Darstellung der Regelungen des AStGB handelt, welches aus dem Jahr 1952/53 stammte, hatte diese Entwicklung noch keinen Niederschlag in der Regelung zur unbewussten Fahrlässigkeit gefunden.

e) Zurechnungsfähigkeit

Die Rolle der Unzurechnungs- bzw. Zurechnungsfähigkeit war ambivalent. Nach der Lehre des Gesamttatbestands wäre sie kein ausdrücklicher Bestandteil der Schuld gewesen.[195] Allerdings ordnete *Lekschas* 1955 in seiner Arbeit, die den AStGB-Entwurf vorstellte, die Zurechnungsfähigkeit als Schuldvoraussetzung ein: Ohne Zurechnungsfähigkeit sollte es keine Schuld geben.[196] Dass die Zurechnungsfähigkeit trotzdem nicht als Bestandteil der Schuld verstanden wurde, zeigte sich neben der Aussage, dass nur Vorsatz und Fahrlässigkeit Bestandteile der Schuld seien,[197] auch in der systematischen Einordnung der Unzurechnungsfähigkeit im AStGB-Entwurf noch vor der allgemeinen Schulddefinition. Da es zur Zurechnungsfähigkeit zunächst keine eigenen Definitionsversuche[198] gab und sie bis 1959 auch nicht als Bestandteil der Schuld gesehen wurde, wird an dieser Stelle auf die Ausführungen in Kapitel 5 verwiesen.

---

193 Vgl. § 10 RSFSR. Siehe dazu auch Borchers, Die Schuld im sowjetischen Strafrecht, S. 29.

194 Siehe dazu Borchers, Die Schuld im sowjetischen Strafrecht, S. 29.

195 Siehe Kapitel 2.II.2.

196 Lekschas, Die Schuld als subjektive Seite, S. 21. Auf diesen Widerspruch hatte schon *Lyon* hingewiesen (Lyon, Verbrechensbegriff der DDR, S. 91).

197 Siehe Kapitel 3.IV.2.b)dd).

198 Auch der AStGB-Entwurf hatte die Voraussetzungen des RStGB übernommen. § 3 Abs. 1 definierte die Unzurechnungsfähigkeit wie folgt: *„Ein Verbrechen liegt nicht vor, wenn der Handelnde infolge zeitweiliger oder dauernder geistiger Störungen oder geistiger Schwäche zur Zeit seines Handelns unfähig war, die gesellschaftliche Bedeutung dieses Handelns zu erkennen oder seinen Willen danach zu bestimmen (Unzurechnungsfähigkeit).“* Siehe Allgemeines Strafgesetzbuch der Deutschen Demokratischen Republik, BArch DP 1/20413; vgl. auch Mollnau, in: Normdurchsetzung in osteuropäischen Nachkriegsgesellschaften (1944–1989), S. 59.

f) Zusammenfassung

Die Diskussion zu den Regelungen des AStGB beschränkte sich auf einige Kernpunkte. So war die Definition des Wesens der Schuld ein Themenschwerpunkt, bei dem unterschiedliche Vorstellungen, was Schuld sein sollte, aufeinandertrafen. So argumentierte *Lekschas* aus der Perspektive eines komplexen Schuldbegriffs, während *M. Benjamin* versuchte, den Schuldbegriff auf seine psychologischen Elemente zu reduzieren, indem er das Problem auf die sowjetische Komponente der subjektiven Seite der Handlung erhob. Der Vorschlag von *M. Benjamin* konnte sich nicht durchsetzen. Es blieb die von *Lekschas* gesetzte Vorstellung, dass Schuld (Vorsatz und Fahrlässigkeit) sich in einer „verwerflichen Einstellung" zeige und mit der „subjektiven Seite der verbrecherischen Handlung" gleichgesetzt werden könne. Damit hatte *Lekschas* eine sowjetische Kategorie mit einem traditionell deutschen Begriffsverständnis gefüllt und der sowjetischen Kategorie ihres eigenen Inhalts beraubt.

Die Kodifikationsversuche von Vorsatz und Fahrlässigkeit hatten inhaltlich keinen Neuerungswert, da sie sich nicht wesentlich von den sowjetischen und westdeutschen Definitionen unterschieden. Das AStGB hatte diesbezüglich keine eigenen Rechtsprinzipien bzw. -institute enthalten. Die einzige Neuerung kann aus Perspektive der deutschen Rechtstradition des RStGB in der Schaffung der Legaldefinitionen von Vorsatz und Fahrlässigkeit gesehen werden. Diese waren im RStGB nie festgehalten worden.[199] Aus sowjetischer Sicht stellte die Schaffung von Legaldefinitionen keine Neuerung dar. Das Strafgesetzbuch der RSFSR von 1926 hatte schon Legaldefinitionen zu Vorsatz und Fahrlässigkeit enthalten.[200]

199 Zwar enthielt das RStGB Regelungen zu Vorsatz, Fahrlässigkeit und zur Schuldfähigkeit (vgl. z. B. §§ 40, 51, 58, 59 RStGB), die Bedeutung dieser Begrifflichkeiten waren jedoch nicht erfasst worden, sodass sich diese durch die wissenschaftlichen Lehren bestimmte (Zeitler, Strafe ohne Schuld, S. 31). Vereinzelt hatte es schon vor der Gründung der DDR auf deutschem Gebiet Bestrebungen zur Schaffung von Legaldefinitionen gegeben. Diese waren jedoch nicht zur Umsetzung gelangt. In einem amtlichen Entwurf zu einem deutschen Strafgesetzbuch von 1919 waren schon Begriffsdefinitionen für Vorsatz und Fahrlässigkeit vorgesehen gewesen. Diese waren jedoch schon nicht mehr im amtlichen Entwurf von 1925 enthalten gewesen. Die Definitionen des Entwurfs von 1919 waren stark kritisiert worden und man hatte Kritik dieser Art, unabhängig vom Inhalt der Definition, befürchtet. Aus diesem Grund hielt man es für den gangbareren Weg, sich nicht gesetzlich zu dieser Frage zu äußern und die Diskussionen der Wissenschaft zu überlassen. Aber auch diese Entscheidung war nicht unumstritten. Siehe dazu Berg, Der gegenwärtige Stand der Schuldlehre, S. 79 ff.

200 Vgl. § 10 Strafgesetzbuch der RSFSR, BArch DP 1/7020.

V. Fazit

In den Jahren 1949 bis 1957 ging es schwerpunktmäßig um die Frage, wie die Schuld positiv definiert werden könne und welche Aspekte der Schuld zugeordnet werden konnten. Im Fokus stand die Definition des Wesens der Schuld. Anders als bei den Vorsatz- oder Fahrlässigkeitsdefinitionen hatte es in den früheren („bürgerlichen" sowie sowjetischen) Lehren keine eindeutige Definition zum Wesen der Schuld gegeben. Diese musste in der DDR-Rechtswissenschaft vollständig neu entwickelt werden.

Die Einstellung wurde zum zentralen Merkmal der Schulddefinition. Sie wurde zunächst als „feindlich" und mit Abschluss des ersten Kodifikationsversuchs (1952/53) als „verwerflich" charakterisiert. Die „verwerfliche Einstellung" wurde nicht näher definiert und blieb demnach begrifflich unbestimmt. Damit hätte zumindest die Gefahr uneinheitlicher oder willkürlicher Rechtsanwendung bestanden. Insgesamt entsprach die Auffassung zur Schuld einem (normativ-)komplexen Schuldbegriff, der an die Gesellschaft als Bezugsobjekt anknüpfte, sodass die Schuld des Täters immer im Bezug zur Gesellschaft betrachtet werden musste. Die Einführung des Merkmals der „verwerflichen Einstellung" war begleitet durch die Verwendung der Verbrechensmerkmale in der Schulddefinition, welche die Gesellschaftsgefährlichkeit schuldhafter Handlungen betonen sollte. Vorsatz und Fahrlässigkeit orientierten sich hingegen an den schon bekannten Rechtskonzepten. Lediglich die Normierung stellte eine Neuerung für das deutsche Recht dar.

Die Verbrechensmerkmale fanden sich sowohl im Entwurf des AStGB als auch in den von *Lekschas* 1955 vertretenen Prämissen wieder. Aufgrund der inhaltlichen Ähnlichkeit und des Faktums, dass *Lekschas* als nichtständiges Mitglied Teil der Kommissionsarbeiten gewesen war, kann vermutet werden, dass *Lekschas* die Regelungen des AStGB-Entwurfs in der Fachöffentlichkeit vertreten hat, um sie überhaupt zur Diskussion zu bringen bzw. Anerkennung für seine Arbeit zu erhalten.

Die Schulddiskussion selbst kann anhand der Werke des Strafrechtlers *John Lekschas* nachvollzogen werden. Dieser lieferte den überwiegenden Anteil der rar gesäten Diskussionsbeiträge zur Schuld und war darüber hinaus am Gesetzgebungsprozess des AStGB beteiligt. Auffällig sind zudem die Diskussionspartner, die in ihrer Anzahl spärlich sowie recht unbekannt waren und zum Zeitpunkt der Veröffentlichungen nicht an staatliche Institutionen angebunden waren.[201] Neben *M. Benjamin* und *Renneberg* traten *Henning* und *Kayser* auf, welche beide nicht über einen einzigen Beitrag hinaus an der Diskussion teilgenommen haben. Zu den

---

201 Dies änderte sich für *M. Benjamin* später (siehe die Kurzbiografie zu *M. Benjamin* im Anhang II.2.). Zum Zeitpunkt der Diskussion war er jedoch noch ein einfacher Student.

konzeptionellen Grundfragen muss deshalb gesagt werden, dass die vorgefundene Auseinandersetzung mit dem Thema nur im Ansatz als Diskussion bezeichnet werden kann, die sich recht schnell verlaufen hatte. Insgesamt muss die Auffassung der Abteilung Staatliche Verwaltung geteilt werden, die 1955 festhielt:

> Zum Meinungsstreit ist nicht viel zu sagen, weil nicht viel vorhanden ist. So weit es teilweise sogar gute Ansätze des wissenschaftlichen Meinungsstreits gibt, spielt er sich hinter den geschlossenen Türen der Institute ab und dringt nicht nach außen.
> Der Stand des wissenschaftlichen Meinungsstreits und Publikationen wird gegenwärtig noch immer dadurch charakterisiert, daß die große Mehrzahl der jungen Wissenschaftler ihre Meinung nicht öffentlich darlegt, sondern die publizistische Tätigkeit auf einen kleinen Kreis von Wissenschaftlern beschränkt ist.[202]

---

202 Dreier u. a., Rechtswissenschaft in der DDR 1949–1971, S. 86.

4. Gründung der StGB-Kommission und Ausarbeitung eines StGB-Entwurfs (1957–1959)

Mit dem Jahr 1957 endete die Zurückhaltung der Regierung gegenüber den Gesetzgebungsbestrebungen im Strafrecht. Am 16. Juli 1957 beschloss das Politbüro, dass ein Entwurf für ein Strafgesetzbuch durch eine Kommission vorzubereiten sei.[1] Das Politbüro schlug dafür vor, an den Entwurf von 1952/53 anzuknüpfen. Das Politbüro hielt trotz der Zurückstellung des Entwurfs fest, dass dieser insgesamt eine Grundlage für weitere Arbeiten an einem StGB-DDR-Entwurf darstellen könne.[2] Aufgabe des neuen StGB sollte es dabei sein, eine Handlungsanleitung anzubieten und die Funktion des Strafrechts in allgemein verständlicher, instruktiver Weise darzulegen.[3] Dazu sollte die Abstraktheit, der Formalismus und der Positivismus der „bürgerlichen" Gesetzgebungspraxis überwunden werden.[4] Zu diesem Zweck wurde *Hilde Benjamin* „[…] zur Fortsetzung der Ausarbeitung eines Strafgesetzbuches [beauftragt,] eine Kommission von Wissenschaftlern und Praktikern zu bilden […]".[5] Die zur Erarbeitung des Strafgesetzbuches gegründete Gesetzgebungskommission, welche offiziell den Namen „Kommission zur Ausarbeitung eines Strafgesetzbuches"[6] trug, wird im Folgenden als StGB-Kommission bezeichnet, um dem Leser die Unterscheidung zwischen verschiedenen Gesetzgebungskommissionen zu vereinfachen.

I. Grundkommission

Die StGB-Kommission wurde vom Justizministerium unter *Hilde Benjamin* geleitet.[7] Sie bestand aus einer sog. Grundkommission und verschiedenen Unterkommissionen.[8] Die Grundkommission koordinierte dabei die Arbeit der Unterkommissionen und befasste sich insb. mit Fragen des Allgemeinen Teils des neuen StGB-

1 Vgl. S. 2 des Dokuments „Vorlage für das Sekretariat" vom 17.8.1957, BArch DP 1/7907 und Entwurf eines Beschlusses des Politbüros (ohne Datum), BArch DP 1/7907.

2 Entwurf eines Beschlusses des Politbüros (ohne Datum), BArch DP 1/7907.

3 Beyer, in: Der Schöffe 1960, 317 (S. 318).

4 Beyer, in: Der Schöffe 1960, 317 (S. 318).

5 Entwurf eines Beschlusses des Politbüros (ohne Datum), BArch DP 1/7907.

6 Vgl. Schreiben vom 4.9.1957 mit dem Betreff „Kommission zur Ausarbeitung eines Strafgesetzbuches", BArch DP 1/7907.

7 H. Schmidt, in: NJ 1958, 630 (S. 631).

8 Siehe S. 2 des Dokuments „Vorlage für das Sekretariat" vom 17.8.1957, BArch DP 1/7907.

DDR.[9] Für die Frage der Schuld, welche als allgemeine Regelung dem Allgemeinen Teil zuzuordnen ist, war somit die Arbeit der Grundkommission von Bedeutung. Mitglieder der Grundkommission waren sowohl Praktiker als auch Wissenschaftler.[10] Sie bestand im Kern aus 13 Personen. Die Kommissionsmitglieder wurden dabei so ausgewählt, dass jede wissenschaftliche Institution durch ihren führenden Strafrechtler vertreten war.[11] Namentlich wurden die Institutionen durch *Hilde Benjamin* (Justizministerin), *Heinrich Toeplitz* (Staatssekretär), *Ernst Melsheimer* (Oberste Staatsanwaltschaft), *Hais* (Oberste Staatsanwaltschaft), *Kurt Schumann* (Präsident des Obersten Gerichts), *Walter Ziegler* (Vizepräsident des Obersten Gerichts), Prof. *Joachim Renneberg* (Leiter der Abteilung Strafrecht des Deutsches Institut für Rechtswissenschaft (DIR)), Prof. *Hans Gerats* (Direktor des Instituts für Strafrecht der Humboldt-Universität Berlin), Prof. *John Lekschas* (Direktor des Instituts für Strafrecht der Martin-Luther-Universität Halle), Prof. *Gerhard Pchalek* (Direktor des Instituts für Strafrecht der Friedrich-Schiller-Universität Jena), *Walter Orschekowski* (Direktor des Instituts für Strafrecht der Karl-Marx-Universität Leipzig), *Hans Hinderer* (Direktor des Instituts für Strafrecht der Deutschen Akademie für Staats- und Rechtswissenschaft „Walter Ulbricht“ (DASR)) und *Hans Ranke* (Stellvertreter des Ministers der Justiz und Leiter der Abteilung Prozessrecht im Deutschen Institut für Rechtswissenschaft) vertreten.[12] Dieser enge Kreis bestand nur aus Juristen und bildete die politisch verantwortliche Grundkommission.[13]

II. Erster Entwurf

Die Erarbeitung des ersten Entwurfs kann in verschiedene Etappen gegliedert werden. Von Oktober 1957 bis zum V. Parteitag (10.–16.6.1958) sollte der Allgemeine Teil des StGB-DDR diskutiert und vorbereitet werden (1. Etappe).[14] Vom V. Parteitag bis zum Sommer 1959 sollte der Besondere Teil ausgearbeitet werden (2.

---

9 Siehe den Plan für die Kodifizierung des StGB vom 12.8.1958, BArch DP 1/22953.

10 H. Schmidt, in: NJ 1958, 630 (S. 631).

11 Siehe S. 2 des Dokuments „Vorlage für das Sekretariat“ vom 17.8.1957, BArch DP 1/7907.

12 Siehe Dokument vom 4.9.1957 mit dem Betreff „Kommission zur Ausarbeitung eines Strafgesetzbuches“, BArch DP 1/7907. Anm.: Das Dokument enthielt nur die Nachnamen der Kommissionsmitglieder; die Vornamen wurden nachrecherchiert. Bei *Hais* konnte ein Vorname nicht ermittelt werden.

13 Siehe S. 2 des Dokuments „Vorlage für das Sekretariat“ vom 17.8.1957, BArch DP 1/7907.

14 Siehe zum Zeitplan und der Kritik der Kommission für Staats- und Rechtsfragen beim Zentralkomitee der SED auch die Vorlage für das Kollegium des Ministeriums der Justiz „Stand der Arbeiten am StGB“ vom 25.2.1960, BArch DP 1/22967.

Etappe).[15] Die dritte Etappe sollte sich durch eine Auseinandersetzung mit der Kritik der Kommission für Staats- und Rechtsfragen beim Zentralkomitee der SED auszeichnen.[16] Schwerpunkt sollte dabei „ein die Theorie und Praxis umfassendes Ringen um die Überwindung bürgerlicher Positionen im Strafrecht" sein.[17]

1. Erste Etappe (Oktober 1957–Juli 1958)

Im folgenden Teil sollen Ereignisse und Diskussionsschwerpunkte, die in die erste Etappe fielen, dargestellt werden. Die erste Etappe umfasste, wie schon beschrieben, die Zeit vom Oktober 1957 bis zum V. Parteitag (10.–16.7.1958).[18] Sie diente den Vorarbeiten des ersten Entwurfs. In dieser ersten Phase wurde das Projekt langfristig geplant und war noch auf die Arbeit der Grundkommission beschränkt.[19] Diese befasste sich mit der Behandlung von ersten Grundfragen,[20] die sich schwerpunktmäßig im Bereich der Fahrlässigkeitsstrafbarkeit ansiedeln ließen.

a) Beginn der Erarbeitung eigener Standpunkte

Zunächst wurden jedoch schon bestehende Rechtsinstitute hinterfragt. Es wurde bei den grundlegenden Fragen angefangen und auch die Übernahme von geltenden Rechtsgrundsätzen musste begründet werden. Das zeigte sich anhand einer Aussprache im MdJ am 4. Dezember 1957.[21] Diese hatte ein Referat von *Lekschas* zur Grundlage, welches sich mit den allgemeinen Problemen des Verbrechens befasste.[22] Zur Schuld äußerte sich *Lekschas* wie folgt:

> Was die Schuldform des Verbrechens anbelangt, so bin ich der Meinung, dass die grundsätzliche Schuldform immer der Vorsatz ist. […] Der Grund dafür, dass die grundsätzliche

---

15 Siehe die Vorlage für das Kollegium des Ministeriums der Justiz „Stand der Arbeiten am StGB" vom 25.2.1960, BArch DP 1/22967 oder auch H. Schmidt/Beyer, in: NJ 1960, 310 (S. 310).

16 H. Schmidt/Beyer, in: NJ 1960, 310 (S. 310).

17 H. Schmidt/Beyer, in: NJ 1960, 310 (S. 310).

18 In dieser Zeit fanden die ersten acht Sitzungen der Grundkommission statt, siehe die Vorlage für das Kollegium des Ministeriums der Justiz „Stand der Arbeiten am StGB" vom 25.2.1960, BArch DP 1/22967.

19 Siehe die Vorlage für das Kollegium des Ministeriums der Justiz „Stand der Arbeiten am StGB" vom 25.2.1960, BArch DP 1/22967.

20 Siehe die „Vorlage für das Kollegium des Ministeriums der Justiz „Stand der Arbeiten am StGB" vom 25.2.1960, BArch DP 1/22967.

21 Aussprache über Verbrechen und Strafe am 4. Dezember 1957 im Ministerium der Justiz, BArch DP 1/22953.

22 Aussprache über Verbrechen und Strafe am 4. Dezember 1957 im Ministerium der Justiz, BArch DP 1/22953.

> Schuldform nur der Vorsatz sein kann, liegt m. E. darin, dass Verbrechen nur solche Handlungen sein können, die einen bewussten und gewollten Kampf gegen unsere sozialistische Ordnung bzw. gegen die grundlegenden sozialistischen Verhältnisse darstellen. Es darf die Handlung, die wir als Verbrechen ansehen, nicht nur objektiv ein Ausdruck antisozialistischer Tendenzen sein, sondern muss es auch subjektiv sein. Der Täter muss sich dabei des Widerspruchs zu unseren neuen, sozialistischen Verhältnissen auch in irgend einer Form bewusst sein. Er muss diese neuen, sozialistischen Beziehungen negieren.[23]

Lekschas brachte damit die politische Ebene der Schuld zum Ausdruck. Schuld war nunmehr eine antisozialistische Tendenz, die sich subjektiv im Inneren des Täters äußere. Inwiefern eine solche subjektive Tendenz mit den Anfang der 50er Jahre verwendeten Einstellungsbegriffen übereinstimmte, blieb an dieser Stelle noch offen. Angedeutet wird jedoch bereits, dass Schuld eine Form des Bewusstseins, im Widerspruch zur Rechtsordnung zu handeln, voraussetzen sollte.

b) Erwägungen zur Fahrlässigkeitsstrafbarkeit

1958 erschien die von *Lekschas* verfasste Schrift „Über die Strafwürdigkeit von Fahrlässigkeitsverbrechen“ im Staatsverlag der DDR.[24] Die Arbeit stellte dabei wahrscheinlich das Ergebnis eines Arbeitsauftrags durch das Leitungskollektiv der Abteilung Strafrecht des DIR dar. Dieses hatte in seinem „Aktionsprogramm“ vom 26.8.1958 Publikationsaufträge erteilt.[25] *Lekschas* war darin zum Thema der Schuld „mit Schwerpunkt Überwindung der psychologischen Schuldauffassung – ideologischer Inhalt der Schuld – Fahrlässigkeit – Grenzen der Schuld und des Verbrechens“ beauftragt worden.[26] In seiner Schrift beschäftigte sich *Lekschas* mit der bisherigen Auffassung zum Fahrlässigkeitsbegriff und der Frage, warum Fahrlässigkeit überhaupt strafbar sein sollte. Der sozialistische Fahrlässigkeitsbegriff steckte noch in den „Kinderschuhen“.[27]

Seine Überlegungen zu dieser Thematik adressierten primär vier Punkte: 1. Kritik am bisherigen Fahrlässigkeitsbegriff, 2. Annahme, dass auch die Fahrlässigkeitsstrafbarkeit auf einer antisozialistischen Einstellung beruhe, 3. Bewusstsein der Pflichtwidrigkeit als Voraussetzung der Fahrlässigkeitsstrafbarkeit und 4. rechtliche Anforderungen an eine Rechtspflichtverletzung. Die mittleren beiden Punkte gin-

---

23 Aussprache über Verbrechen und Strafe am 4. Dezember 1957 im Ministerium der Justiz, BArch DP 1/22953.

24 Lekschas, Fahrlässigkeitsverbrechen.

25 Siehe BArch DP 1/2376, Bl. 153 ff.

26 BArch DP 1/2376, B. 155.

27 Lekschas, Fahrlässigkeitsverbrechen, S. 32.

gen dabei von einem philosophischen Anknüpfungspunkt, der Theorie von *Paul Johann Anselm von Feuerbach* aus.

aa) Kritik an der bisherigen Fahrlässigkeitsdefinition

Einleitend wies *Lekschas* darauf hin, dass die Fahrlässigkeit nicht schon immer als strafwürdig erachtet worden war.[28] Er kritisierte das bisherige Strafrechtssystem in der Hinsicht, dass es eine Ausdehnung der Fahrlässigkeitsstrafbarkeit zugelassen habe[29] und gab zu, dass auch das sozialistische System der DDR bisher daran angeknüpft habe.[30] Konkret wendete er sich gegen die Definition der unbewussten Fahrlässigkeit aus dem Lehrbuch des Strafrechts der DDR von 1957, welches die unbewusste Fahrlässigkeit wie folgt definierte:

> *Unbewusst fahrlässig* handelt, wer das verbrecherische Resultat seiner Handlung nicht voraussieht und sich infolgedessen zum Handeln entschließt, obwohl er aufgrund seiner rechtlichen Pflichten, der Umstände seines Handelns und seiner Person verpflichtet und in der Lage ist, dieses vorauszusehen und zu vermeiden.[31]

Nach dieser handelte ein Täter fahrlässig, auch wenn er die Folgen seiner Tat nicht vorhersehe. Die Merkmale der Vorhersehbarkeit[32]und der Vermeidbarkeit bildeten den Anknüpfungspunkt für die Strafbarkeit nach der Definition des ersten Lehrbuchs der DDR. Ähnliche Definitionen wurden sowohl in „bürgerlichen" als auch in sowjetischen Fahrlässigkeitskonzeptionen vertreten.[33] Letztlich knüpfte *Lekschas'* Kritik daran an, dass die unbewusste Fahrlässigkeit überhaupt strafbar sein sollte, wo der Täter doch gar kein Bewusstsein für seinen Grenzübertritt habe.[34]

bb) Rezeption zentraler Gedanken Feuerbachs in die Straftheorie der DDR?

Für seine eigene Fahrlässigkeitskonzeption griff *Lekschas* die *Feuerbach'sche* Theorie an zwei Stellen auf. Zum einen argumentierte er, dass es *Feuerbach* bei seiner Schuldkonzeption auch auf die Einstellung als zentrales Wesensmerkmal der Schuld

---

28 Lekschas, Fahrlässigkeitsverbrechen, S. 9.

29 Lekschas, Fahrlässigkeitsverbrechen, S. 21.

30 Lekschas, Fahrlässigkeitsverbrechen, S. 26 f.

31 Buchholz u. a., Lehrbuch des Strafrechts der DDR, S. 391.

32 Im sowjetischen Recht war es anfangs nur auf ein Vorhersehenmüssen angekommen und subjektive Momente waren nicht berücksichtigt worden. Dies hatte sich jedoch später gewandelt, sodass Mitte der 50er Jahre auch auf das Vorhersehenkönnen abgestellt wurde. Siehe dazu Borchers, Die Schuld im sowjetischen Strafrecht, S. 29.

33 Vgl. z. B. Mezger, Strafrecht, S. 182; Borchers, Die Schuld im sowjetischen Strafrecht, S. 29.

34 Vgl. Lekschas, Fahrlässigkeitsverbrechen, S. 17 f.

angekommen sei[35] und zum anderen griff er den Gedanken *Feuerbachs* auf, dass Strafe die Kenntnis der Rechtswidrigkeit erfordere.[36] Bevor näher darauf eingegangen werden kann, wie *Lekschas* diese beiden Punkte argumentierte, soll zunächst kurz die Theorie *Feuerbachs* dargestellt werden.

(1) Feuerbachs *Theorie vom psychologischen Zwang*

Feuerbach ging bei seiner Schuldkonzeption von seiner sog. Theorie des psychologischen Zwangs aus. Demnach wirke das Strafgesetz psychologisch.[37] Das bedeutete, dass die Strafandrohung als Gegenmotiv zum Verbrechensbegehren des Täters wirke.[38] Nach dieser sollte der Zweck der Strafe sein, ein Gegenmotiv zum Verbrechensbegehren des Täters zu setzen.[39] Damit sah er das Wirksamwerden des Gegenmotivs als Voraussetzung für Strafe an.[40] Das Gegenmotiv konnte jedoch nur unter bestimmten Voraussetzungen wirksam werden: *1.* bei *Bewusstsein* und *Kenntnis* des Strafgesetzes, *2. Erkenntnis*, dass das konkrete Handeln im vorliegenden Fall das *Strafgesetz verletzt, 3.* die Bestimmung des Begehrungsvermögens zu der *Übertretung*, als Grund ihrer Existenz.[41] Diese Erwägungen bezog *Feuerbach* auch auf seine Betrachtungen von *dolus* und *culpa*.

(2) Feuerbachs *Verständnis von* dolus *und* culpa

Zur Zeit von *Feuerbach* war zwischen den Schuldformen *dolus* (Vorsatz) und *culpa* (Fahrlässigkeit) unterschieden worden.[42] Beim Vorsatz *(dolus)* unterschied die Literatur zwischen dem direkten *(dolus directus)* und dem indirekten Vorsatz *(dolus indirectus)*.[43] Der *dolus indirectus* bereitete dabei besondere Probleme, denn in der Literatur herrschte keine Einigkeit darüber, was unter dem *dolus indirectus* zu verstehen sei.[44] Aus diesem Grund war der *dolus indirectus* in der Strafrechtswissenschaft des 18. und 19. Jahrhunderts scharf kritisiert worden.[45] Auch *Feuerbach*

---

35 Lekschas, Fahrlässigkeitsverbrechen, S. 13.

36 Lekschas, Fahrlässigkeitsverbrechen, S. 45.

37 Feuerbach, Revision der Grundsätze und Grundbegriffe des positiven peinlichen Rechts, S. 43.

38 Feuerbach, Revision der Grundsätze und Grundbegriffe des positiven peinlichen Rechts, S. 43 f.

39 Feuerbach, Lehrbuch des Peinlichen Rechts, S. 15 f.

40 Feuerbach, Revision der Grundsätze und Grundbegriffe des positiven peinlichen Rechts, S. 44.

41 Feuerbach, Revision der Grundsätze und Grundbegriffe des positiven peinlichen Rechts, S. 43 ff.

42 Tsekhanovich, Von der Willenstheorie zum Eventualvorsatz, S. 69.

43 Feuerbach, in: Bibliothek für die peinliche Rechtswissenschaft und Gesetzkunde. Theil 2, 193–243 (S. 230).

44 Dies hat *Tsekhanovich* zutreffend herausgearbeitet. Siehe Tsekhanovich, Von der Willenstheorie zum Eventualvorsatz, S. 64 f.

45 Tsekhanovich, Von der Willenstheorie zum Eventualvorsatz, S. 51, 55 f.

kritisierte die Unbestimmtheit des *dolus indirectus*[46] und entwickelte eine eigene Theorie.

Feuerbach unterschied zwar zwischen den beiden Schuldformen *dolus* (Vorsatz) und *culpa* (Fahrlässigkeit),[47] diese differenzierte er jedoch noch weiter. *Dolus* und *culpa* sollten sich nach *Feuerbach* in den Gesetzen, die übertreten worden sein mussten, unterscheiden.[48] *Feuerbach* löste aus dem vorherrschenden Begriff des indirekten Vorsatzes *(dolus indirectus)* eine durch Vorsatz bestimmte Fahrlässigkeit *(culpa dolo determinata)*[49] heraus, die er zur *culpa* zählte.[50]

Tab. 2: Einteilung der Dolusarten nach der Feuerbach'schen Lehre

Einteilung nach der um 1800 vorherrschenden Lehre	*dolus directus*	*dolus indirectus*	*culpa*
Feuerbach'sche Lehre	*dolus determinatus*	***dolus indeterminatus***	*culpa* und ***culpa dolo determinata***

Der *dolus indeterminatus* (unbestimmte Vorsatz) sollte sich vom *dolus determinatus* (bestimmter Vorsatz) in der Hinsicht unterscheiden, als dass der Täter ein ausschließliches Ziel verwirklichen wolle und alle Rechtsverletzungen, die zur Erreichung dieses Ziels notwendig waren, mit in die Absicht aufgenommen habe.[51] So z. B. eine Mutter, die ihr Kind hasse und es deshalb misshandle. Die Misshandlungen hätten insgesamt nicht nur zu Körperverletzungen, sondern auch zum Tod des Kindes geführt. Beides sei von der Absicht der Mutter erfasst, da es ihr nur darum ginge, ihren Hass auszulassen.[52] Eine besondere Rolle spielten bei *Feuerbach* die voluntativen Elemente.[53] Beim *dolus indeterminatus* sollte es auf die Gleichgültigkeit des Täters ankommen; ob dieser die Zwischenziele bzw. andere Rechtsverletzungen verwirklichte, müsse ihm gleichgültig gewesen sein.[54] Der Täter willige quasi in die

---

46 *Feuerbach* hielt den Begriff der *culpa* für zu eng gefasst, um den *dolus indirectus* zu erfassen und den Begriff des *dolus* für zu unbestimmt, um diesen präzise abzubilden. FEUERBACH, in: Bibliothek für die peinliche Rechtswissenschaft und Gesetzkunde. Theil 2, 193–243 (S. 239).

47 FEUERBACH, Lehrbuch des Peinlichen Rechts, § 65 f. FEUERBACH, in: Bibliothek für die peinliche Rechtswissenschaft und Gesetzkunde. Theil 2, 193–243 (S. 196 ff.).

48 TSEKHANOVICH, Von der Willenstheorie zum Eventualvorsatz, S. 62.

49 Zur *culpa dolo determinata* FEUERBACH, in: Bibliothek für die peinliche Rechtswissenschaft und Gesetzkunde. Theil 2, 193–243 (S. 239, 243); FEUERBACH, Lehrbuch des Peinlichen Rechts, S. 52.

50 GRÜNHUT, Anselm v. Feuerbach und das Problem der strafrechtlichen Zurechnung, S. 102 f.

51 FEUERBACH, in: Bibliothek für die peinliche Rechtswissenschaft und Gesetzkunde. Theil 2, 193–243 (S. 233).

52 FEUERBACH, Kritik des kleinschrodischen Entwurfs zu einem peinlichen Gesetzbuche, S. 41 f.

53 TSEKHANOVICH, Von der Willenstheorie zum Eventualvorsatz, S. 72.

54 FEUERBACH, Kritik des kleinschrodischen Entwurfs zu einem peinlichen Gesetzbuche, S. 41.

Rechtsverletzung ein, weil diese seinem Zweck diene.[55] Damit ähnelte der *dolus indeterminatus* nach *Feuerbach* sehr dem heutigen *dolus eventualis*.[56]

Das voluntative Kriterium nutzte *Feuerbach* auch zur Abgrenzung zwischen *dolus indeterminatus* und *culpa dolo determinata*.[57] Bei der *culpa dolo determinata* ging es darum, dass der Täter die Rechtsverletzung als Zweck wolle, er sei somit in *dolo*.[58] Gleichzeitig werde jedoch ein anderer gesetzwidriger Erfolg gegen den Willen des Täters verwirklicht, in dieser Hinsicht befinde sich der Täter in *culpa*.[59] Beim *dolus indeterminatus* wolle der Täter dem Opfer Schaden zufügen, während die verwirklichte Rechtsverletzung bei der *culpa dolo determinata* eben nicht intendiert sei.[60] Aufgrund der Betonung der voluntativen Elemente, bei denen es für das Vorliegen von Verantwortung maßgeblich darauf ankommt, dass eine Verbindlichkeit bewusst übertreten wurde, kann *Feuerbach* als Vertreter einer „Willenstheorie" eingeordnet werden.[61]

(3) Die Einstellung als zentrales Merkmal für die Fahrlässigkeit

Lekschas sah in der Schuld eine subjektive antisozialistische Tendenz des Täters, die im Widerspruch zur sozialistischen Ordnung stehe. Dies hatte er schon bei der Aussprache im Dezember 1957 deutlich gemacht.[62] Bezogen auf die Fahrlässigkeitsstrafbarkeit hatte er schon damals festgestellt, dass die Fahrlässigkeit, anders als der Vorsatz, bisher nicht als eine bewusste Negierung der sozialistischen Beziehungen gesehen wurde. Es komme nun darauf an, „[…] gesetzlich festzulegen, dass die Strafwürdigkeit einer Handlung von der subjektiven Seite her wesentlich in einer bewussten Negierung der Rechtspflichten [liege]."[63] In seiner Schrift von 1958 charakterisierte *Lekschas* die Fahrlässigkeit nun erstmals als „verbrecherische" Einstellung.[64] Die Annahme, dass sich der Täter durch seine „verbrecherische Einstellung" subjektiv in Widerspruch zur Gesellschaft begebe, stützte *Lekschas* dabei u. a. auf die Theorie *Feuerbachs*. Diese nutzte er als rechtshistorischen Anknüpfungspunkt.

---

55 Feuerbach, in: Bibliothek für die peinliche Rechtswissenschaft und Gesetzkunde. Theil 2, 193–243 (S. 233).

56 So auch Tsekhanovich, Von der Willenstheorie zum Eventualvorsatz, S. 74.

57 Tsekhanovich, Von der Willenstheorie zum Eventualvorsatz, S. 72.

58 Feuerbach, Lehrbuch des Peinlichen Rechts, S. 52.

59 Feuerbach, Lehrbuch des Peinlichen Rechts, S. 52.

60 Vgl. Feuerbach, Lehrbuch des Peinlichen Rechts, S. 51 f.

61 So auch schon Tsekhanovich, Von der Willenstheorie zum Eventualvorsatz, S. 73.

62 Aussprache über Verbrechen und Strafe am 4. Dezember 1957 im Ministerium der Justiz, BArch DP 1/22953.

63 Aussprache über Verbrechen und Strafe am 4. Dezember 1957 im Ministerium der Justiz, BArch DP 1/22953.

64 Lekschas, Fahrlässigkeitsverbrechen, S. 45.

Ausgangspunkt für diese Überlegung war *Feuerbachs* Konzept der Gesetzwidrigkeit des Willens;[65] konkret die *culpa dolo determinata*, die das Bewusstsein der Rechtswidrigkeit voraussetzte.[66] *Lekschas* griff diesen Grundgedanken *Feuerbachs* für seine eigene Theorie auf und kam zu folgender Schlussfolgerung: Bei der unbewussten Fahrlässigkeit könne der Täter selbst durch Fleiß die Übertretung nicht verhindern, weil er gar nicht wisse, dass er eine bestimmte Pflicht verletze und nicht wissen könne, dass er diese Pflicht verletze.[67] Aus diesem Grund sollte ihn auch keine Schuld treffen. Nur eine bewusste Pflichtverletzung, d. h. eine vorsätzliche Pflichtverletzung sollte eine Fahrlässigkeitsstrafbarkeit begründen können.[68] *Lekschas* verglich dies mit der Struktur von erfolgsqualifizierten Delikten, da er auch eine Vorsatz-/Fahrlässigkeitskombination konstruiert habe.[69] Der Pflichtenverstoß müsse dabei vorsätzlich erfolgen, während die Folge auch fahrlässig eintreten könne. Unbewusste Pflichtverletzungen sollten somit straflos bleiben.[70] *Lekschas* hatte damit eine abgewandelte Form von *Feuerbachs culpa dolo determinata* übernommen. Die Umsetzung dessen hätte zu einer Einschränkung der Fahrlässigkeitsstrafbarkeit geführt, da Fahrlässigkeitsdelikte, die aufgrund einer unbewussten Pflichtverletzung verwirklicht worden wären, straflos geblieben wären.

Das bedeutete jedoch nicht, dass auch *Feuerbach* zu diesem Ergebnis gekommen wäre. *Feuerbach* kam nicht zu dem Ergebnis, dass unbewusste Pflichtverletzungen bei der Fahrlässigkeit straflos sein sollten. Er knüpfte die Strafbarkeit der *culpa* daran an, dass der Täter seiner Pflicht, sich die „Gesetze der Vernunft immer gegenwärtig zu erhalten" aufgrund einer Nichtachtung der Moralität übertreten hatte.[71] Er nahm an, dass der Täter „[...] alle Handlungen zu thun oder zu unterlassen [habe], aus welchen, nach Gesetzen der Natur, eine Rechtsverletzung entstehen [könne]."[72]

Lekschas kritisierte *Feuerbach* dafür, dass er die Konsequenz (der Straflosigkeit von unbewussten Pflichtverletzungen) nicht gezogen hatte. Seiner Ansicht nach hätte *Feuerbach* nur solche Handlungen als Verbrechen anerkennen dürfen, die auf eine *culpa dolo determinata* zurückzuführen waren.[73] Das hätte jedoch zu einer Einschränkung der Fahrlässigkeitsstrafbarkeit geführt. Um diese Konsequenz zu umgehen, habe *Feuerbach* eine allgemeine Rechtspflicht des Bürgers etabliert,

---

65 Vgl. § 88 in Feuerbach, Lehrbuch des gemeinen in Deutschland gültigen peinlichen Rechts, S. 87.

66 Siehe vorherigen Abschnitt.

67 Lekschas, Fahrlässigkeitsverbrechen, S. 11.

68 Vgl. Lekschas, Fahrlässigkeitsverbrechen, S. 44.

69 Vgl. Lekschas, Fahrlässigkeitsverbrechen, S. 47.

70 Vgl. Lekschas, Fahrlässigkeitsverbrechen, S. 47.

71 Feuerbach, Revision der Grundsätze und Grundbegriffe des positiven peinlichen Rechts, S. 52.

72 Feuerbach, Lehrbuch des Peinlichen Rechts, S. 47.

73 Lekschas, Fahrlässigkeitsverbrechen, S. 17.

die diesen verpflichte, sich in allen Lebenslagen sorgfältig zu verhalten und Schaden aufgrund von Unachtsamkeit gegenüber anderen Bürgern zu vermeiden.[74] Diese Rechtspflicht sei auch jedem Bürger bekannt, sodass er daher auch über ein Bewusstsein der Rechtswidrigkeit verfüge, wenn er dagegen verstieß.[75] So habe *Feuerbach* seine eigene Theorie, welche die Verletzung einer Verbindlichkeit voraussetze, außer Kraft gesetzt und die Fahrlässigkeitsstrafbarkeit ausgeweitet.[76] *Lekschas* hielt seine Konzeption im Ergebnis für die konsequente Durchführung von *Feuerbachs* Theorie der Gesetzwidrigkeit des Willens.[77]

Mit der Rezeption der *culpa dolo determinata* von *Feuerbach* muss auch das Konzept von *Lekschas* einer reinen Willenstheorie bzw. (-schuld) zugeordnet werden, das sowohl für Vorsatz als auch für Fahrlässigkeit eine bewusste Rechtsverletzung voraussetzte. Darüber hinaus interpretierte *Lekschas* die Anforderung an die Bewusstheit der Gesetzesübertretung so, dass für *Feuerbach* auch die „Einstellung“ des Täters ein zentrales Merkmal der Schuld gewesen sei. Er habe eine „antibürgerliche“ Einstellung als Anknüpfungspunkt für die Schuld vorausgesetzt.[78] Diese Annahme könnte zur Begründung seiner eigenen These, dass die Fahrlässigkeit eine „verbrecherische“ bzw. antisozialistische Einstellung voraussetze, gedient haben. Diese Interpretation geht weit über das hinaus, wie *Feuerbach* bis dahin verstanden wurde, da dieser Strafe aus seinem Zweckgedanken heraus denke und eine Vermischung von Recht und Moral strikt abgelehnt habe.[79]

(a) Fallbeispiel

Hinter *Lekschas* Überzeugung, dass unbewusste Pflichtverletzungen nicht strafwürdig seien, stand der Gedanke, dass der Täter die Tat nicht aus einer antisozialistischen Einstellung begangen haben konnte, wenn ihm die Pflichtverletzung schon gar nicht bewusst war. Dies versuchte er anhand eines Beispiels zu demonstrieren:

> Ein Kraftfahrer fuhr bei windigem Wetter und Schneefall mit seinem PKW in mäßiger Geschwindigkeit eine etwas ansteigende Straße hinauf. Ihm entgegen kam auf der falschen Straßenseite ein Radfahrer. Der Kraftfahrer gab auf 100 m Entfernung die ersten Warnsignale. Der Radfahrer reagierte nicht, sondern fuhr mit abgewandtem Gesicht weiter. Als der Radfahrer auf etwa 12 m herangekommen war und die ständig gegebenen Warnsignale immer noch nicht beachtete, versuchte der Kraftfahrer, ihm mit seinem

74 Lekschas, Fahrlässigkeitsverbrechen, S. 17.
75 Lekschas, Fahrlässigkeitsverbrechen, S. 17.
76 Lekschas, Fahrlässigkeitsverbrechen, S. 17.
77 Vgl. Lekschas, Fahrlässigkeitsverbrechen, S. 17, S. 45.
78 Lekschas, Fahrlässigkeitsverbrechen, S. 13.
79 Grünhut, Anselm v. Feuerbach und das Problem der strafrechtlichen Zurechnung, S. 83, 85, 88.

> PKW zur Straßenmitte hin auszuweichen. Im selben Augenblick mußte aber auch der Radfahrer den PKW bemerkt haben, denn er versuchte jetzt ebenfalls, nach der Straßenmitte hin auszuweichen. Es kam zu einem Zusammenstoß, bei dem der Radfahrer einen Schädelbasisbruch erlitt. [...] Er verstarb im Krankenhaus.[80]

Der Kraftfahrer war wegen fahrlässiger Tötung verurteilt worden.[81] Anders als das Gericht betonte *Lekschas* mit Nachdruck:

> Daß er hier etwas tat, was gerade zum Unfall führte, weil die Situation sich unerwartet (durch anderes Reagieren des Radfahrers) veränderte, ist doch kein Verbrechen wider das Leben. War die Haltung des Kraftfahrers gegenüber unseren Verhältnissen zum Schutze des Lebens feindlich oder war sie nicht im Gegenteil menschlich verständlich?[82]

Für den Kraftfahrer habe es keine Möglichkeit gegeben, die Reaktion des Radfahrers vorherzusehen. Sein Verhalten könne somit nicht auf eine antisozialistische Einstellung zurückgeführt werden, welche für *Lekschas* zwingend eine Voraussetzung für die Strafwürdigkeit darstellte. Aus diesem Grund kam *Lekschas* in seiner Argumentation zu dem Ergebnis, dass die Handlung des Fahrers nicht strafbar sein sollte. Diese könne im Ergebnis auf keine Einstellung zurückgeführt werden.[83]

(b) Kritische Bemerkung zum Fall

Zunächst scheint dieses Beispiel schlüssig. Versucht man es jedoch genauer aufzuschlüsseln, bemerkt man Unstimmigkeiten. Die ganze Argumentation von *Lekschas* war darauf ausgerichtet, die Strafwürdigkeit von unbewussten Pflichtverletzungen zu widerlegen. Auch das Beispiel wurde in diesem Kontext angeführt.

Nun bereitet die Interpretation des von *Lekschas* angeführten Falles Schwierigkeiten. Es ist z. B. nicht eindeutig, ob der Kraftfahrer im Fall seine Sorgfaltspflicht bewusst oder unbewusst verletzt hat, wobei *Lekschas* offensichtlich selbst davon ausging, dass es sich um eine unbewusste Pflichtverletzung gehandelt habe.

Zum anderen bereitete auch die Einordnung der Vorhersehbarkeit nach den verschiedenen Theorien Schwierigkeiten. Das Gericht habe zur Prüfung des Falles, so führt es *Lekschas* aus, den Maßstab der „bürgerlichen" Lehre angewendet, nach welcher es auf ein Vorhersehenmüssen und Vorhersehenkönnen des Erfolges an-

---

80 LEKSCHAS, Fahrlässigkeitsverbrechen, S. 36. Diesem Sachverhalt lagen zwei Fälle zugrunde, die *Lekschas* in Fn. 57 auf den S. 40 f. zusammenfasste. Ein Hinweis auf den Ort der Veröffentlichung bzw. seiner Quelle unterblieb.

81 LEKSCHAS, Fahrlässigkeitsverbrechen, S. 37 f.

82 LEKSCHAS, Fahrlässigkeitsverbrechen, S. 38.

83 LEKSCHAS, Fahrlässigkeitsverbrechen, S. 38.

komme.[84] Dabei stelle man zunächst nicht auf den Täter selbst, sondern auf einen Durchschnittsbürger ab, was laut *Lekschas* dazu führe, dass die Entscheidung, ob eine fahrlässige Handlung angenommen werde, sehr vom Ermessen der Gerichte abhänge.[85] Dies zeige sich besonders bei schweren Folgen der Tat (schwere Körperverletzungen oder Tod), bei welchen die Gerichte dazu neigen würden, eine Fahrlässigkeit auch bei unbewussten Pflichtverletzungen anzunehmen und dadurch die Fahrlässigkeit auszudehnen.[86]

Hervorzuheben ist, dass *Lekschas* den Sachverhalt des Falls so beschrieb, dass es dem Leser so vorkommt, als hätte der Kraftfahrer die Reaktion des Radfahrers nicht vorhersehen können, was aus diesem Grund die Entscheidung des Gerichts ungerecht erscheinen lässt. Dies nutzte er, um seine Kritik der Strafwürdigkeit von unbewussten Pflichtverletzungen anzuführen. Dabei gerät in den Hintergrund, dass nach dieser Fallbeschreibung auch das Vorhersehenmüssen und Vorhersehenkönnen bei Anwendung der „bürgerlichen" Lehre, also des Maßstabs eines Durchschnittsbürgers, schon in Frage hätte stehen können. *Lekschas* stützte seine Argumentation somit auf einen nicht in allen Aspekten überzeugenden Fall. Die Entscheidung des Gerichts bot somit nur vermeintlich ein Argument gegen die „bürgerliche" Lehre. Die Kritik, dass das Bestehen der Fahrlässigkeit bei Anwendung der „bürgerlichen" Lehre sehr im Ermessen des Gerichts gelegen hätte, weil die Fahrlässigkeitsdefinition sehr weit gefasst wäre, lässt sich durchaus besser nachvollziehen.

(4) Gründe für die Rezeption von Feuerbachs Theorie

Dass *Lekschas* an *Feuerbach* anknüpfte, mag zunächst überraschen. Der Rückgriff auf *Feuerbach* in der DDR-Literatur war jedoch keine Seltenheit. Die Gründe dafür sind bisher noch unklar. Ein Anknüpfungspunkt könnte im Ursprung sowjetischen Rechts gelegen haben. So hat die *Feuerbach'sche* Theorie die russische Gesetzgebung in der ersten Hälfte des 19. Jahrhunderts beeinflusst.[87] Allerdings war der *dolus indeterminatus* im Sinne von *Feuerbach* für den Entwurf des russischen Kriminalkodexes abgelehnt worden[88] und die Sowjetunion knüpfte gerade nicht an das Recht des Zarenreiches an. Dieses sollte mit der Revolution 1917 gerade beseitigt

---

84 Lekschas, Fahrlässigkeitsverbrechen, S. 44.

85 Lekschas, Fahrlässigkeitsverbrechen, S. 38 f.

86 Lekschas, Fahrlässigkeitsverbrechen, S. 39. Diese Annahme versuchte *Lekschas* durch angefügte Beispiele zu belegen, die sich jedoch nur zum Teil nachvollziehen lassen, da nicht alle mit dem entsprechenden Nachweis gekennzeichnet wurden.

87 Tsekhanovich, Von der Willenstheorie zum Eventualvorsatz, S. 97. Ausführlich zur Rezeption *Feuerbachs* im Russischen Reich Tsekhanovich, Von der Willenstheorie zum Eventualvorsatz, S. 98 ff.

88 Tsekhanovich, Von der Willenstheorie zum Eventualvorsatz, S. 100.

werden.[89] Zwar hatte *Feuerbach* die sowjetische Rechtswissenschaft mittelbar beeinflusst, indem russische und später sowjetische Rechtswissenschaftler partiell Rechtsgedanken seiner Theorie aufgriffen,[90] er wurde jedoch nicht direkt als Bezugspunkt in der sowjetischen Literatur herangezogen. Letzteres spricht gegen die Interpretation, dass *Feuerbach* in der DDR rezipiert worden ist, weil dies in der Sowjetunion typisch gewesen wäre.

Eine andere Interpretationsmöglichkeit ist, dass man an eine deutsche Geschichte, eine deutsche Identität anknüpfen wollte und somit einen Startpunkt suchte, den man für die Anknüpfung an sozialistische Rechtsgedanken nutzen konnte. *Gerats* hatte 1952 schon deutlich gemacht, dass man an dem Zeitpunkt historisch ansetzen wolle, an dem die Entwicklung fehlgelaufen sei. Er hatte geäußert, dass die Aufgabe der DDR-Rechtswissenschaft darin bestehe, den gemeinsamen Ursprung der „imperialistischen Theorien“ aufzudecken „[…] und die Axt an die Wurzel dieses weitverzweigten Baumes zu legen, der unsere Tradition verdunkelt und uns das Licht für die Zukunft rauben will.“[91] *Feuerbach* schien dafür einen geeigneten Anknüpfungspunkt zu bieten. Möglicherweise wurde an die Interpretation *Liszts* angeknüpft, welcher in seinem Marburger Programm festgestellt hatte, dass *Feuerbach* den Maßstab der Strafe nach der objektiven und subjektiven Gefährlichkeit des Verbrechens bestimme.[92] An die Gefährlichkeit konnte die DDR-Rechtswissenschaft mit ihrem materiellen Verbrechensbegriff anknüpfen.

cc) *Rechtspflichtverletzung*

Als weiteren Punkt führte *Lekschas* aus, dass nur der Verstoß gegen schon bestehende Rechtspflichten eine Fahrlässigkeitsstrafbarkeit auslösen können sollte.[93] Die Rechtspflichten sollten dabei keine allgemeinen, unbestimmten Sorgfaltspflichten sein, sondern konkrete Rechtspflichten.[94] Eine konkrete Rechtspflicht könne sich laut *Lekschas* aus dem Strafgesetz oder aber auch aus anderen Rechtsverhältnissen ergeben.[95] Letztere sollten nur aus der Stellung des Täters innerhalb bestimmter politischer, volkswirtschaftlicher, beruflicher, familiärer oder sonstiger Rechtsverhältnisse entstehen.[96] Voraussetzung sei jedoch, dass diese zumindest gesetzlich

---

89 Siehe Kapitel 3.IV.2.b)aa)(1).

90 Vgl. Tsekhanovich, Von der Willenstheorie zum Eventualvorsatz, S. 272 ff.

91 Gerats, Strafrechtliche Verantwortlichkeit in der DDR, S. 55.

92 Liszt, in: Moderne deutsche Rechtsdenker, 211 (S. 20).

93 Lekschas, Fahrlässigkeitsverbrechen, S. 35.

94 Lekschas, Fahrlässigkeitsverbrechen, S. 49.

95 Lekschas, Fahrlässigkeitsverbrechen, S. 49.

96 Lekschas, Fahrlässigkeitsverbrechen, S. 49.

normiert seien.[97] Als Ausnahme wollte *Lekschas* noch eine Pflicht aus Ingerenz zulassen.[98]

Die Bestimmung der Rechtspflichten als konkrete, gesetzlich normierte Pflichten wurde von der StGB-Kommission kontrovers diskutiert.[99] Ein Kritikpunkt, welcher u. a. in einem Artikel von *H. Schmidt* angeführt wurde, zeigte sich besonders bildhaft anhand eines Beispiels. Dabei handelte es sich um ein Beispiel, bei welchem *H. Schmidt* das Verhalten des Täters zwar als fahrlässiges Verhalten erachtete, dieses aber – mangels normierten Rechtsverhältnisses – nach *Lekschas'* Verständnis nicht als solches subsumiert werden könne:

> So bestehen z. B. keine normativen Regelungen über das unter Berücksichtigung aller Umstände richtige Heizen der verschiedenen Ofenarten. Bildet sich aber durch unsachgemäßes Heizen Kohlenoxyd und tritt dadurch der Tod eines Menschen ein, so wird normalerweise infolge Verletzung primitivster, allgemein bekannter Vorsichtsmaßnahmen fahrlässiges Handeln vorliegen.[100]

Daraus, dass dieses Beispiel nicht vom Rechtspflichtverletzungsbegriff erfasst war, schloss *H. Schmidt*, dass der von *Lekschas* angebotene Fahrlässigkeitsbegriff noch nicht voll ausgereift sei.[101] Insgesamt vertrat die StGB-Kommission im Gegensatz zu *Lekschas* die Auffassung, dass es sich nicht ausschließlich um normierte Rechtspflichten handeln müsse, sondern dass diese sich aus jedem Rechtsverhältnis ergeben könnten.[102]

dd) Zusammenfassung

Lekschas nutzte *Feuerbachs* Konstruktion der *culpa dolo determinata* als historischen Anknüpfungspunkt für seine Theorie der strafrechtlichen Verantwortlichkeit, welche auf der „Einstellung" als Zentralbegriff der Schuld aufbaute. Anders als bei *Feuerbach* beschränkte sich die Fahrlässigkeit bei *Lekschas* auf die Fälle der *culpa dolo determinata*. *Lekschas* erhoffte sich, dadurch die Strafbarkeit der Fahrlässigkeit einschränken zu können, welche im historischen Rückblick als zu ausufernd betrachtet worden war. Er vertrat ausgehend von *Feuerbach* in seinem Konzept zur Schuld eine reine Willenstheorie. Diese stützte das Anfang der 50er Jahre vertretene Verständnis von Schuld als „Einstellung", welches dahingehend konkretisiert worden war, dass es sich bei der „Einstellung" um eine Negation der

97 LEKSCHAS, Fahrlässigkeitsverbrechen, S. 35, 49 f.
98 LEKSCHAS, Fahrlässigkeitsverbrechen, S. 50.
99 H. SCHMIDT, in: NJ 1958, 630 (S. 633).
100 H. SCHMIDT, in: NJ 1958, 630 (S. 633).
101 H. SCHMIDT, in: NJ 1958, 630 (S. 633).
102 H. SCHMIDT, in: NJ 1958, 630 (S. 633).

gesellschaftlichen Verhältnisse handeln sollte. Eine Einschränkung der Strafbarkeit sollte darüber hinaus auch mit der Definition der Rechtspflichten als konkrete normierte Rechtspflichten erreicht werden. Diese wurde jedoch von der Mehrheit der Kommissionsmitglieder abgelehnt.

c) Babelsberger Konferenz am 2. und 3. April 1958

Dem 35. Plenum des Zentralkomitees der SED folgend,[103] fand am 2. und 3. April 1958 eine staats- und rechtstheoretische Konferenz der SED statt.[104] Die sog. Babelsberger Konferenz wurde von *Eckert* als SED-Parteikonferenz bezeichnet, da diese in ihrer Struktur und Vorbereitung solchen geglichen habe.[105] Die Konferenz sollte die Diskrepanzen zwischen der bisherigen Strafrechtswissenschaft und den Erfordernissen der Praxis aufdecken.[106]

Der Babelsberger Konferenz folgte eine Tagung der Abteilung Strafrecht des DIR am 27.6.1958.[107] Die Tagung sollte die Ergebnisse der Babelsberger Konferenz auswerten.[108] Gegenstand der Tagung war die kritische Überprüfung der Arbeit der Strafrechtswissenschaft.[109] Während dieser Tagung kritisierte *H. Benjamin*, dass die Wiederaufnahme der Arbeiten am Strafgesetzbuch den Rückstand der theoretischen Vorarbeiten der einzelnen Strafrechtsinstitute augenscheinlich hätte werden lassen.[110] Für die weitere Konzipierung des strafrechtlichen Systems sollte vom Klassenkampf ausgegangen werden, sodass „sozialistisch-ideologische" Gesichtspunkte die „bürgerlichen" ablösen können sollten.[111] Die Integrierung des Klassenkampfes in das Strafrechtssystem sei bis zu diesem Zeitpunkt nur unzureichend gelungen. *Hartmann* verwies diesbezüglich beispielhaft auf die theoretische Neufundierung des Schuldprinzips, welches „[...] nach den von ihm gemachten Erfahrungen in der Rechtsprechung vielfach seines gesellschaftlichen Gehalts entkleidet [...]" worden sei.[112] Mit dieser Neuausrichtung der Strafrechtswissenschaft wurden die Weichen für eine Politisierung bzw. Ideologisierung des Strafrechts gesetzt.

---

103 Eckert, in: Der Staat 1994, 59 (S. 59).
104 Büttner, in: SuR 1958, 706 (S. 706).
105 Eckert, in: Der Staat 1994, 59 (S. 61 f.).
106 Büttner, in: SuR 1958, 706 (S. 706).
107 Hartmann, in: SuR 1958, 945 (S. 945).
108 Hartmann, in: SuR 1958, 945 (S. 945).
109 Hartmann, in: SuR 1958, 945 (S. 945).
110 Hartmann, in: SuR 1958, 945 (S. 949).
111 Vgl. Hartmann, in: SuR 1958, 945 (950).
112 Hartmann, in: SuR 1958, 945 (S. 950).

Die Babelsberger Konferenz beeinflusste nicht nur die Strafrechtswissenschaft, sondern die gesamte DDR-Rechtswissenschaft.[113] *Mollnau* ordnete die Konferenz sogar als „Fundament" einer „Fehlentwicklung" ein, die letztlich den Staatstod der DDR mitverursacht habe.[114] *Eckert* hingegen relativierte dieses Bild und beschrieb die Babelsberger Konferenz vordergründig als Instrument zur Disziplinierung der DDR-Rechtswissenschaftler. Er sah jedoch mit ihr das Ende des Rechts als Gegenstand eigenständiger wissenschaftlicher Tätigkeit.[115]

2. Zweite Etappe (Juli 1958 bis Sommer 1959)

In der zweiten Etappe vom V. Parteitag bis zum Sommer 1959[116] wurden als Folge der Auswertungen des V. Parteitages durch den Ministerratsbeschluss vom 19. Dezember 1959 die Arbeiten beschleunigt und ein Zeitplan für die Fertigstellung und das Inkrafttreten des neuen StGB festgelegt.[117] Der Beschluss war auch mit einer Kritik an der Grundkommission einhergegangen und stellte sicher, dass die Kommission sich an Beschlüssen der Partei bzw. Regierung orientierte:

> Die Kritik der Parteikommission war Veranlassung, daß die Grundkommission ihr bisheriges Arbeitsergebnis und ihre Arbeitsweise einer prinzipiellen kritischen Einschätzung unterzog, die im Ergebnis folgenden Inhalt hatte: Die systematische Auswertung der Beschlüsse von Partei und Regierung bildet die Grundlage für die prinzipielle Behandlung der Probleme, wobei die Diskussion mit dem Ziel zu führen ist, aus diesen Beschlüssen Schlußfolgerungen für die Gesetzgebung zu ziehen.[118]

An diesem Beispiel zeigt sich deutlich, dass die Rechtswissenschaft der DDR nicht aus sich heraus das Recht verändern und diskutieren sollte, sondern zielgerichtet als Instrument genutzt wurde, um die Anforderungen der Partei umzusetzen.

---

113 Zur Einordnung der Babelsberger Konferenz siehe m.w.N. Eckert, in: Der Staat 1994, 59; Mollnau, in: Rechts- und Sozialphilosophie, 236–247; Seiffert, in: Die Babelsberger Konferenz vom 2./3. April 1958, 187– 190.

114 Mollnau, in: Rechts- und Sozialphilosophie, 236–247 (S. 238).

115 Eckert, in: Der Staat 1994, 59 (S. 74).

116 In dieser Zeit fanden die 9.–20. Sitzung der Grundkommission statt. Siehe die Vorlage für das Kollegium des Ministeriums der Justiz „Stand der Arbeiten am StGB" vom 25.2.1960, BArch DP 1/22967.

117 Siehe die Vorlage für das Kollegium des Ministeriums der Justiz „Stand der Arbeiten am StGB" vom 25.2.1960, BArch DP 1/22967.

118 H. Schmidt/Beyer, in: NJ 1960, 310 (S. 311).

a) Anpassung des Zeit- und Arbeitsplans

Der Zeitplan, welcher zuvor noch eine Fertigstellung des StGB-DDR bis Juli 1959 vorgesehen hatte, war nicht einhaltbar gewesen.[119] Daraufhin wurde ein neuer Zeitplan aufgestellt, welcher ein Inkrafttreten des StGB-DDR nun für den 1. Januar 1961 vorsah.[120] Zur Beschleunigung der Arbeiten wurden für den Besonderen Teil des StGB Unterkommissionen[121] gebildet, während der Allgemeine Teil in die Zuständigkeit der Grundkommission fiel.[122] Darüber hinaus war festgelegt worden, dass die Grundkommission vierteljährlich einen Popularisierungs- und Diskussionsplan aufstellen[123] und nach außen hin auch „massenpolitisch" arbeiten solle.[124] Dabei sollten die Grundprobleme des sozialistischen Strafrechts diskutiert werden, nicht aber Formulierungen.[125] Zur Umsetzung dessen wurde 1958 ein neuer „Propagandaplan" für das StGB für den Zeitraum zwischen September und Dezember 1958 aufgestellt.[126] Dieser sah die Thematisierung der Fragen der Zurechnungsfähigkeit und der Schuld (insb. Fahrlässigkeit) in der Fachpresse vor.[127]

119 H. Schmidt, in: NJ 1958, 630 (S. 634). Vgl. den Plan für die Kodifizierung des StGB vom 12.8.1958, BArch DP 1/22953.

120 Siehe den Plan für die Kodifizierung des StGB vom 12.8.1958, BArch DP 1/22953.

121 Diese Unterkommissionen sollten möglichst durch ein Grundkommissionsmitglied geleitet werden. Siehe den Plan für die Kodifizierung des StGB vom 12.8.1958, BArch DP 1/22953; Entwurf der Richtlinie für die Zusammensetzung und Arbeitsweise der Unterkommissionen, BArch DP 1/22939.

122 Siehe den Plan für die Kodifizierung des StGB vom 12.8.1958, BArch DP 1/22953 und Vorlage für das Kollegium des Ministeriums der Justiz „Stand der Arbeiten am StGB" vom 25.2.1960, BArch DP 1/22967; H. Schmidt/Beyer, in: NJ 1960, 310 (S. 310). Die Bildung der Unterkommissionen wurde in der 9. Grundkommissionssitzung am 20.08.1958 beschlossen. Vgl. Protokoll über die 9. Sitzung der StGB-Kommission am 20. August 1958, BArch DP 1/2376.

123 Siehe den Plan für die Kodifizierung des StGB vom 12.8.1958, BArch DP 1/22953.

124 Siehe das Dokument der Hauptabteilung Gesetzgebung „Zur Arbeit der Unterkommissionen" vom 8.10.1958, BArch DP 1/22937.

125 Siehe das Dokument der Hauptabteilung Gesetzgebung „Zur Arbeit der Unterkommissionen" vom 8.10.1958, BArch DP 1/22937.

126 Siehe Propagandaplan vom 19.8.1958, BArch DP 1/22953.

127 Siehe Propagandaplan vom 19.8.1958, BArch DP 1/22953.

b) Regelungen des ersten Entwurfs

Das Ergebnis der zweiten Etappe war die Fertigstellung des ersten Entwurfs[128] eines StGB.[129] Kurz zuvor (am 12. Dezember 1958) waren die „Grundsätze der strafrechtlichen Gesetzgebung der U.d.S.S.R. und der Sowjetrepubliken" vom Obersten Sowjet der U.d.S.S.R.[130] verabschiedet worden.[131] Diese sollten als Grundlage für die Strafkodexe der Unionsrepubliken dienen.[132] Mit diesem Dekret wurde die Schuld zum Zentralbegriff des sowjetischen Strafrechts erklärt.[133] Dies stellte eine grundsätzliche Rechtsänderung für einige Sowjetstaaten dar. So hatte in Russland die Schuld fast 40 Jahre keine Rolle im Strafrecht gespielt und wurde erst mit den Grundsätzen wiederbelebt.[134] Die Entwicklung des russischen Strafrechts stand im Gegensatz zur Entwicklung in der DDR, in der man sich von Anfang an zum Schuldprinzip bekannt hatte.[135] Mit der Veröffentlichung der *Grundsätze* liegt die Vermutung nahe, dass sich die Gesetzesentwürfe der DDR (ebenso wie die der Unionsrepubliken) an diesen orientiert haben könnten. So wurden die Regelungen zur Schuld aus den *Grundsätzen* von 1958 fast wörtlich ins russische StGB von 1960 übernommen.[136] Im Folgenden soll nun der Frage nachgegangen werden,

---

128 Im Archivmaterial findet sich kein Entwurf, der ausdrücklich als erster Entwurf bezeichnet wird. Allerdings findet sich dort ein Entwurf mit der Bezeichnung „Entwurf des Allgemeinen Teils des Strafgesetzbuches der Deutschen Demokratischen Republik". Dass dieser keine Nummerierung enthält, spricht i.V.m. mit der zeitlichen Einordnung und dem Vergleich des überarbeiteten ersten Entwurfs dafür, dass es sich um eine Abfassung des ersten Entwurfs handelt. Auf dem Dokument hatte man das Datum „13.7.59" handschriftlich hinzugefügt, was zeitlich zur Entwicklung des ersten Entwurfs passen würde (BArch DP 1/23020, BArch DP 1/7908). Daneben enthält auch der überarbeitete erste Entwurf den Hinweis, dass die Schuldregelung des ersten Entwurfs sich in § 3 befunden habe (BArch DP 1/22937). Dies trifft auf den gefundenen Entwurf zu. Aus diesem Grund ist davon auszugehen, dass es sich bei dem gefundenen Dokument um eine Abfassung des ersten Entwurfs handelt.

129 Siehe die Vorlage für das Kollegium des Ministeriums der Justiz „Stand der Arbeiten am StGB" vom 25.2.1960, BArch DP 1/22967.

130 Der Oberste Sowjet war das höchste Legislativorgan der Sowjetunion.

131 Tsekhanovich, Von der Willenstheorie zum Eventualvorsatz, S. 238. Ein Entwurf der Grundsätze findet sich in deutscher Übersetzung, veröffentlicht in: RID, 1958. Eine Übersetzung der tatsächlich in Kraft getretenen Grundsätze ließ noch zwei Jahre auf sich warten. Diese wurde veröffentlicht in: F.-C. Schroeder/Maurach, Die Grundsätze der Strafgesetzgebung.

132 Tsekhanovich, Von der Willenstheorie zum Eventualvorsatz, S. 238.

133 Vgl. Art. 3 der Grundsätze, abgedruckt in: F.-C. Schroeder/Maurach, Die Grundsätze der Strafgesetzgebung, S. 17 oder Tsekhanovich, Von der Willenstheorie zum Eventualvorsatz, S. 242.

134 Siehe dazu Tsekhanovich, Von der Willenstheorie zum Eventualvorsatz, S. 242 f.

135 Vgl. Kapitel 2.III.

136 Vgl. Tsekhanovich, Von der Willenstheorie zum Eventualvorsatz, S. 243 f., 245, 248.

inwieweit die *Grundsätze* die Gesetzesentwürfe zur Schuld in der DDR beeinflusst haben. Dazu sollen die Textentwürfe mit den *Grundsätzen* verglichen werden.

aa) Schuldprinzip und strafrechtlicher Verbrechensbegriff (§ 2)

Der erste Entwurf regelte das Schuldprinzip, wie zuvor beschlossen worden war, schon in der Definition des Verbrechens (§ 2), welche nun als „Begriff der Straftat" bezeichnet wurde.[137] So lautete § 2:

> *Eine Straftat – Verbrechen oder Vergehen*[138] *– begeht, wer durch sein Handeln die Deutsche Demokratische Republik, den sozialistischen Aufbau, die Interessen des werktätigen Volkes sowie des einzelnen Bürgers schuldhaft gefährdet und zugleich ein Strafgesetz verletzt.*[139]

Die Schuldhaftigkeit der Tat war als Verbrechensvoraussetzung ausdrücklich festgehalten worden. Dies war auch in den Grundsätzen vorgesehen. Art. 3 der Grundsätze lautete:

> *Die Grundlagen der strafrechtlichen Verantwortlichkeit*
> *Der strafrechtlichen Verantwortlichkeit und Bestrafung unterliegt nur eine Person, die der Begehung des Verbrechens schuldig ist, d. h. vorsätzlich oder fahrlässig eine im Strafgesetz vorgesehene sozial gefährliche Handlung begangen hat.*
> *Eine Kriminalstrafe wird nur durch Gerichtsurteil belegt.*[140]

Während Art. 3 der *Grundsätze* schon die Schuldformen festlegte, verzichtete § 2 des ersten Entwurfs auf die Erwähnung dieser. An dieser Stelle wurden anders als beim russischen Strafgesetzbuch die Grundsätze nicht wörtlich in den Entwurf übernommen.[141] Die Aufnahme des Schuldprinzips in den Verbrechensbegriff

---

137 Entwurf des Allgemeinen Teils des Strafgesetzbuches der Deutschen Demokratischen Republik, BArch DP 1/23020.

138 Die Einführung des Vergehensbegriffs wurde am 19.2.1958 beschlossen. Grund für die Differenzierung war das divergierende Begriffsverständnis des Wortes „Verbrechen" zwischen Bevölkerung und Strafrechtswissenschaftlern. Diese Divergenz sollte mit Einführung des Vergehensbegriffs beseitigt werden (siehe dazu die Diskussion zum Referat von Prof. Renneberg am 19. Februar 1957, BArch DP 1/22953). Anm.: Zu beachten ist, dass es sich bei dem im Dokument angegebenen Datum um einen Druckfehler handelt. Die Diskussion zum Referat fand am 19.2.1958 statt. Die Kommission war am 19.2.1957 noch gar nicht gegründet gewesen. Für das Jahr 1958 spricht, dass das Referat von *Renneberg* auf den 19.2.1958 datiert war. Zudem finden sich in unmittelbarer Nähe des Dokuments Verweise auf das Jahr 1958.

139 Entwurf des Allgemeinen Teils des Strafgesetzbuches der Deutschen Demokratischen Republik, BArch DP 1/23020.

140 F.-C. Schroeder/Maurach, Die Grundsätze der Strafgesetzgebung, S. 17.

141 Tsekhanovich, Von der Willenstheorie zum Eventualvorsatz, S. 243 f.

war vielmehr auf eine Anfang 1958 geführte Diskussion zurückzuführen.[142] Ein Argument für die Aufnahme des Schuldprinzips in die Definition war gewesen, dass eine deutliche Herausarbeitung des Schuldprinzips westdeutscher Kritik zuvorkommen würde, die zuvor behauptet habe, die DDR-Rechtswissenschaft würde das Schuldprinzip durch den sog. materiellen Verbrechensbegriff liquidieren.[143]

bb) Schuldregelung (§ 3)

Die differenzierte Ausgestaltung der Schuldregelungen selbst fand sich in § 3.[144] Dabei gab es zwei Vorschläge, die zur Diskussion gestellt werden sollten.[145] Beim ersten Vorschlag handelte es sich um *Lekschas'* Formulierungsvorschlag, während es sich bei dem zweiten Vorschlag um die Formulierung des redaktionell überarbeiteten AStGB-Entwurfs von 1952/53 handelte.[146] Beide Vorschläge resultierten daraus, dass die bisherige „klassische" Definition keine Bestimmung des „ideologischen" Inhalts der Schuld ermöglicht hatte.[147]

(1) Erster Vorschlag

Der erste Vorschlag orientierte sich dabei an den von *Lekschas* in dem Werk „Die Strafwürdigkeit von Fahrlässigkeitsverbrechen"[148] geäußerten Ansichten.[149] Im Jahr 1959 folgte die Arbeit „Zur Neuregelung der Schuld im Allgemeinen Teil eines zukünftigen sozialistischen Strafgesetzbuches der Deutschen Demokratischen Republik".[150] Aufgrund der inhaltlichen Übereinstimmungen mit dem ersten Vorschlag kann vermutet werden, dass die Arbeit dazu diente, den Vorschlag in der

---

142 Diskussion zum Referat von Prof. Renneberg am 19. Februar 1957, BArch DP 1/22953. Vermutlich hat die Diskussion im Rahmen einer StGB-Kommissionssitzung stattgefunden. Darauf deutet zumindest eine Verfügung vom 14.2.1958 hin, nach der die Mitglieder zur Kommissionssitzung am 19.2.1958 geladen werden sollten (siehe Verfügung vom 14.2.1958, BArch DP 1/22953).

143 Diskussion zum Referat von Prof. *Renneberg* am 19. Februar 1957, BArch DP 1/22953.

144 Entwurf des Allgemeinen Teils des Strafgesetzbuches der Deutschen Demokratischen Republik, BArch DP 1/23020.

145 In einer Vorbemerkung heißt es dazu: „Für die Bestimmung über die Schuld unterbreitet die Kommission zwei Vorschläge zur öffentlichen Diskussion." (BArch DP 1/23020). *H. Benjamin* hatte vorgeschlagen, diese beiden Vorschläge zur Diskussion zu stellen. Siehe Protokoll über die 13. Sitzung der Kommission zur Ausarbeitung eines StGB am 19./20.12.1958, BArch DP 1/7908.

146 Vgl. Protokoll über die 13. Sitzung der Kommission zur Ausarbeitung eines StGB am 19./20.12.1958, BArch DP 1/7908. Die „objektiven Verbrechensmerkmale" waren entfernt worden.

147 Protokoll über die 13. Sitzung der Kommission zur Ausarbeitung eines StGB am 19./20.12.1958, BArch DP 1/7908.

148 Lekschas, Fahrlässigkeitsverbrechen.

149 Dies ergibt sich neben einem Vergleich der Regelungen auch aus dem Entwurf der Begründung des ersten Entwurfs (Entwurf der Begründung des Allgemeinen Teils des Strafgesetzbuches, BArch DP 1/22967).

150 Lekschas, Zur Neuregelung der Schuld.

Fachöffentlichkeit darzustellen und zu erörtern.[151] Der Vorschlag von *Lekschas* lautete wie folgt:

> (1) *Schuldhaft handelt, wer seine schädliche Einstellung zur sozialistischen Ordnung oder zu einzelnen ihrer gesellschaftlichen Verhältnisse dadurch betätigt, daß er*
> 1. *die im gesetzlichen Tatbestand bezeichneten Umstände und Folgen seiner Tat bewußt und gewollt verwirklicht (Vorsatz) oder*
> 2. *seinen Rechtspflichten bewußt zuwiderhandelt oder diese mißachtet und dadurch ungewollt die im gesetzlichen Tatbestand bezeichneten Umstände und Folgen einer Straftat herbeiführt, die er bei Erfüllung seiner Rechtspflichten hätte vermeiden können (Fahrlässigkeit).*
>
> *Fahrlässiges Handeln ist nur strafbar, wenn es im Gesetz ausdrücklich bestimmt ist. [...]*[152]

Der Vorschlag enthielt keine eigenständige Regelung zum Wesen der Schuld, sondern fasste diese mit den Bestimmungen der Schuldformen Vorsatz und Fahrlässigkeit zusammen. Die nochmalige ausführliche Regelung des Schuldprinzips in einer eigenen Regelung hatte *Lekschas* auch deshalb nicht für notwendig gehalten, da das Schuldprinzip schon in die Verbrechensdefinition aufgenommen worden war.[153] Zudem sei die Schuld auch in anderen Strafgesetzbüchern nicht positiv geregelt worden, sodass man davon ausgehen könne, dass es dafür auch keine Notwendigkeit gebe und ein solches Unterfangen somit keinen Mehrwert biete.[154]

Die noch im AStGB-Entwurf vertretene „verwerfliche Einstellung" war nun der „schädlichen Einstellung" gewichen. Diese sollte den „ideologischen" Widerspruch zur Gesellschaft ausdrücken, in den sich der Täter durch seine Tat begeben hatte.[155] Sanktioniert werden sollte demnach eine antisozialistische Einstellung, welche sich durch die Tat ausgedrückt habe.[156] Trotz der Formulierung der Norm, nach der die „schädliche Einstellung" schon durch eine vorsätzliche oder fahrlässige Handlung erfüllt sein konnte, was für einen deklaratorischen Charakter des Merkmals sprechen könnte, erfüllte diese eine bedeutende Funktion. Dies ergibt sich aus *Lekschas'* Erklärung, dass im Leben keine Trennung zwischen der Schuld und ihren Formen bestehe, denn die Schuld sei nichts anderes als der „ideologische"

---

151 Der Beitrag wurde wahrscheinlich im Rahmen der Kommissionsarbeit ausgearbeitet, denn in den Akten des MdJ findet sich das Dokument „Entwurf zur Neuregelung der Fragen der Schuld im künftigen StGB" (ohne Datum), BArch DP 1/7909.

152 Entwurf des Allgemeinen Teils des Strafgesetzbuches der Deutschen Demokratischen Republik, BArch DP 1/23020. Siehe auch Lekschas, Zur Neuregelung der Schuld, S. 24.

153 Diskussion zum Referat von Prof. *Renneberg* am 19. Februar 1957, BArch DP 1/22953.

154 Diskussion zum Referat von Prof. *Renneberg* am 19. Februar 1957, BArch DP 1/22953.

155 Lekschas, Zur Neuregelung der Schuld, S. 23.

156 Lekschas, Zur Neuregelung der Schuld, S. 23.

Inhalt ihrer Formen.[157] Die Einstellung wirkte sich maßgeblich auf die inhaltliche Gestaltung der Schuldformen aus.[158] Gleichzeitig erfüllte die Charakterisierung der Schuld über die „schädliche Einstellung“ einen weiteren Zweck. Eine reine Beschreibung der Schuldformen hätte zu einer inhaltsgleichen Definition geführt, wie sie in der Bundesrepublik verwendet würde und sollte vermieden werden.[159] Eine Abgrenzung hielt man nur über die Darstellung des Wesens der Schuld, d. h. über die „schädliche Einstellung“ für möglich.[160] Zwar hatte man das Wesen der Schuld nicht in einer eigenständigen Norm geregelt, doch ganz auf sie verzichten wollte man aus Abgrenzungsgesichtspunkten nicht. Die Aufnahme des Wesens der Schuld sollte weiterhin die Erziehung des Rechtsbrechers ermöglichen.[161] Dies zeigte sich insbesondere bei der Fahrlässigkeitsregelung. Eine Anlehnung oder Ähnlichkeit dieses Gesetzesvorschlags zu den *Grundsätzen* von 1958 ist nicht ersichtlich. Sowohl vom Aufbau her als auch sprachlich wichen die beiden Regelungsvorschläge stark voneinander ab.[162]

(a) Vorsatz § 3 Abs. 1 Nr. 1

Die Regelungen zum Vorsatz hatte *Lekschas* im Vergleich zum Entwurf von 1952/53 komprimiert. Er hatte die allgemeineren, aber dafür durch die Lehre ausfüllungsbedürftigen Begriffe „bewußt“ und „gewollt“ gewählt. Angeknüpft wurde damit an die typischen Begrifflichkeiten der „bürgerlichen“, aber auch der sowjetischen Lehre.[163] Beim Vorsatz trete die „schädliche Einstellung“ als offener Widerspruch zur Gesellschaft zutage.[164] *Weber* erklärte in der Schriftenreihe der Deutschen Volkspolizei (SchrVP) dazu:

> So liegt dem Mord oder der vorsätzlichen Körperverletzung eine negative Einstellung zum Leben und zur Gesundheit anderer Menschen zugrunde. Vorsätzliche Brandstiftungen

157 Lekschas, Zur Neuregelung der Schuld, S. 24.

158 Dies lässt sich insbesondere anhand der Fahrlässigkeitsregelung erkennen.

159 Vgl. Protokoll über die 5. Sitzung der Kommission zur Ausarbeitung eines StGB am 19. März 1958, BArch DP 1/2376, Bl. 79r.

160 Vgl. Protokoll über die 5. Sitzung der Kommission zur Ausarbeitung eines StGB am 19. März 1958, BArch DP 1/2376, Bl. 79r.

161 Vgl. Protokoll über die 5. Sitzung der Kommission zur Ausarbeitung eines StGB am 19. März 1958, BArch DP 1/2376, Bl. 80.

162 Vgl. Art. 8 und Art. 9 der *Grundsätze* in F.-C. Schroeder/Maurach, Die Grundsätze der Strafgesetzgebung, S. 39.

163 Vgl. *Tsekhanovich*, welcher den Einfluss von *Feuerbach* auf das russische Strafgesetzbuch untersuchte. Tsekhanovich, Von der Willenstheorie zum Eventualvorsatz und das StGB der RSFSR von 1926, BArch DP 1/7020.

164 Lekschas, Zur Neuregelung der Schuld, S. 30.

drücken einen hohen Grad von Mißachtung gegenüber der allgemeinen Sicherheit und fremdem Eigentum aus.[165]

Die gewählte Vorsatzdefinition klammerte die *Kenntnis* der Gesellschaftsgefährlichkeit bzw. der Rechtswidrigkeit aus.[166] Das bedeutete, die Kenntnis von Gesellschaftsgefährlichkeit bzw. Rechtswidrigkeit war keine Voraussetzung für das Vorliegen eines Vorsatzes.[167] In der Sowjetunion habe man zwar auch das Merkmal des Bewusstseins der Gesellschaftsgefährlichkeit und der Rechtswidrigkeit aufgegeben, forderte dafür jedoch die *Möglichkeit des Vorliegens* des Bewusstseins der Gesellschaftsgefährlichkeit.[168] Nach dieser Auffassung sollte Gesellschaftsgefährlichkeit nicht vorliegen, wenn der Täter diese nicht voraussehen konnte.[169]

Lekschas hielt diesen Weg jedoch nicht für gangbar. Käme es auf das Bewusstsein der Gesellschaftsgefährlichkeit an, führe dies faktisch zur Anerkennung des Verbotsirrtums.[170] Denn tatsächlich irre sich der Täter, der kein Bewusstsein über die Gesellschaftsgefährlichkeit habe, über diesen Umstand. *Lekschas* interpretierte den Verbotsirrtum so, dass dieser es dem Täter ermögliche, entschuldigt zu handeln, wenn er aufgrund seiner Moralvorstellungen einem Irrtum unterlegen hatte, was erlaubt und was verboten war bzw. was gesellschaftskonform und was gesellschaftsgefährlich war. Diese abweichenden Moralvorstellungen sollten in der sozialistischen Gesellschaft aber gerade nicht gebilligt bzw. entschuldigt werden.[171] Es wurde hart daran gearbeitet, die Menschen zu sozialistischen Persönlichkeiten zu erziehen und z. B. „bürgerliche" Moralvorstellungen abzubauen.[172] Das Strafrecht sollte dazu als Instrument dienen und dem nicht entgegenwirken.[173] Die Annahme der Möglichkeit des Vorliegens des Bewusstseins der Gesellschaftsgefährlichkeit, wie sie in der Sowjetunion gehandhabt wurde, hätte hingegen nach

---

165 Weber, in: SchrVP 1959, 1181 (S. 1183).

166 Die Kenntnis der Gesellschaftsgefährlichkeit war nichts anderes als die Kenntnis der materiellen Rechtswidrigkeit. Weiterführend dazu Lyon, Verbrechensbegriff der DDR, S. 33.

167 Lekschas, Zur Neuregelung der Schuld, S. 27.

168 Vgl. Protokoll über die 5. Sitzung der Kommission zur Ausarbeitung eines StGB am 19. März 1958, BArch DP 1/2376, Bl. 79r. Vgl. auch Lingelsheim-Seibicke, Der „materielle Verbrechensbegriff" und die Schuldfrage im Strafrecht der SBZ, S. 85 ff., 100.

169 Vgl. Protokoll über die 5. Sitzung der Kommission zur Ausarbeitung eines StGB am 19. März 1958, BArch DP 1/2376, Bl. 79r.

170 Vgl. Protokoll über die 5. Sitzung der Kommission zur Ausarbeitung eines StGB am 19. März 1958, BArch DP 1/2376, Bl. 79r.

171 *Lekschas* betrachtete den Verbotsirrtum als Mittel zur Rechtfertigung „ethisch [...] abzulehnender Rechts- und Moralvorstellungen" (vgl. Protokoll über die 5. Sitzung der Kommission zur Ausarbeitung eines StGB am März 1958, BArch DP 1/2376, Bl. 79r).

172 Lekschas, Zur Neuregelung der Schuld, S. 16.

173 Lekschas, Zur Neuregelung der Schuld, S. 5 f.

Lekschas die Annahme einer Fiktion (die Unterstellung dieses Bewusstseins) bedeutet, was er für unvereinbar mit dem Strafrecht hielt. Seiner Ansicht nach konnte es nur um das tatsächlich vorhandene Bewusstsein gehen.[174] Aus diesen Gründen lehnte *Lekschas* sowohl die Voraussetzung des Bewusstseins der Rechts- bzw. Gesellschaftswidrigkeit als auch die Möglichkeit des Vorliegens des Bewusstseins der Gesellschaftswidrigkeit ab. Das bedeutete, es genügte die Kenntnis des Täters, um die möglichen Folgen.

Mit der Annahme, dass der Vorsatz nicht die Kenntnis der Rechtswidrigkeit bzw. Gesellschaftsgefährlichkeit erfordere, wendete sich *Lekschas* von seiner 1958 erarbeiteten Konzeption zur Fahrlässigkeit ab. Damit einher ging auch die vorübergehende Aufgabe der Konstruktion der Schuld als reine Willensschuld, denn das Prinzip Willensschuld hätte vorsätzliche Gesetzesübertretungen und damit auch das Bewusstsein der Rechtswidrigkeit vorausgesetzt.

(b) Fahrlässigkeit § 3 Abs. 1 Nr. 2

Die Aufgabe der Schuld als reine Willensschuld lag möglicherweise den veränderten Vorstellungen zur Fahrlässigkeitsstrafbarkeit zugrunde. Die Fahrlässigkeitsstrafbarkeit sollte nicht mehr nur durch eine bewusste Rechtspflichtverletzung begründet werden können, sondern auch durch eine Verletzung von Rechtspflichten aufgrund von Gleichgültigkeit gegenüber den Pflichten als Folge einer schädlichen Einstellung gegenüber dem sozialistischen Staat.[175] Damit wurden bestimmte unbewusste Pflichtverletzungen als strafwürdig erachtet. Die Strafbarkeit von unbewussten Pflichtverletzungen über das Prinzip der Willensschuld zu erklären, welche gerade eine vorsätzliche Übertretung voraussetzte, hatte in der Vergangenheit zu Begründungsschwierigkeiten geführt. *Feuerbach* hatte versucht, dieses Dilemma über die Installation einer allgemeinen Unterlassungspflicht zu lösen, die jedoch aufgrund ihrer psychologischen Unmöglichkeit abgelehnt worden war.[176] Einen Vorsatz zur geistigen Blindheit gebe es nicht.[177] *Lekschas* hatte die allgemeine Unterlassungspflicht zuvor noch als Ursache für die Ausweitung der Fahrlässigkeitsstrafbarkeit kritisiert,[178] sodass ein Anknüpfen daran inkonsequent erschienen wäre. Als Konsequenz konnte nicht an der Vorstellung einer reinen Willensschuld festgehalten werden, was zu einer Relativierung der in „Über die Strafwürdigkeit von Fahrlässigkeitsverbrechen" getätigten Auffassung *Lekschas'* (nach welcher unbewusste Pflichtverletzungen straflos bleiben sollten) führte. War in dieser Konzeption noch

---

174 Vgl. Protokoll über die 5. Sitzung der Kommission zur Ausarbeitung eines StGB am 19. März 1958, BArch DP 1/2376, Bl. 79r.

175 Lekschas, Zur Neuregelung der Schuld, S. 32 f.

176 Exner, Das Wesen der Fahrlässigkeit, S. 76.

177 Exner, Das Wesen der Fahrlässigkeit, S. 76 f.

178 Kapitel 4.II.1.b)bb)(3).

das Handeln in Kenntnis der Rechts- bzw. Pflichtwidrigkeit Abgrenzungskriterium zwischen Strafbarkeit und Straflosigkeit gewesen, sollte sich diese nun strikt am Merkmal der „schädlichen Einstellung" orientieren.[179] Die Anknüpfung der Strafe an die „schädliche Einstellung" sollte dann im Ergebnis eine „ideologische Wandlung" beim Täter hervorrufen. Strafe sei notwendig zur „Veränderung des Bewußtseins des Täters und der Erziehung anderer in der Einstellung zu ihren Rechtspflichten labiler Bürger."[180] Die unbewussten Pflichtverletzungen wurden durch das Merkmal „missachtet" charakterisiert. Dieses umfasste auch Fälle der Schlamperei und Unaufmerksamkeiten, ohne dass bewusst eine Pflicht verletzt worden sein musste.[181] *Weber* führte hierzu ein Beispiel an:

> Das ist z. B. der Fall, wenn ein Motorradfahrer durch Fahren mit überhöhter Geschwindigkeit einen Unfall verursachte, weil er noch pünktlich zu seiner Arbeitsstelle kommen wollte. Auf den ersten Blick hat es hier den Anschein, als sei die Straftat aus einer sozialistischen Einstellung zur Arbeit heraus begangen worden. In Wirklichkeit ist dem jedoch nicht so; denn das Bestreben, um jeden Preis pünktlich zur Arbeit zu kommen, drückt ein rücksichtsloses und egoistisches Verhalten gegenüber den anderen Teilnehmern am Straßenverkehr aus. Es liegt damit ein Widerspruch auch im Bewußtsein des Täters selbst vor, wobei nicht die positive (sozialistische), sondern die negative (antisozialistische) Einstellung ursächlich für die Straftat war.[182]

(c) Zwischenergebnis

Im Ergebnis hatte *Lekschas* durch seinen Regelungsvorschlag zur Schuld große Teile seines Grundkonzepts von 1958 aufgegeben. Die Handlung in Kenntnis der Rechtswidrigkeit bzw. Gesellschaftsgefährlichkeit war keine Strafbarkeitsvoraussetzung mehr und wirkte sich insbesondere auf die Fahrlässigkeit in ihrer ausschließlichen Anwendung der *culpa dolo determinata* aus. Der Tatbestand hätte auch unbewusste Pflichtverletzungen mit Strafe bedroht, wodurch die Fahrlässigkeitsstrafbarkeit im Vergleich zu dem Konzept von 1958 auf einen größeren Bereich ausgeweitet worden wäre. Die Ausrichtung der Schuld am Merkmal der „schädlichen Einstellung" ermöglichte es dennoch, zumindest theoretisch, von Strafe abzusehen, sofern die Tat nicht mit einer schädlichen Einstellung begangen worden war. In einem solchen Fall hätte es wahrscheinlich jedoch schon an der erforderlichen Gesellschaftsgefährlichkeit gemangelt. Mit diesem Argument entkräftete *Lekschas* Befürchtungen, dass

---

179 Lekschas, Zur Neuregelung der Schuld, S. 33.
180 Lekschas, Zur Neuregelung der Schuld, S. 33.
181 Vgl. Lekschas, Zur Neuregelung der Schuld, S. 33.
182 Weber, in: SchrVP 1959, 1181 (S. 1184).

durch seinen Vorschlag die Strafbarkeit der Fahrlässigkeit zu weit eingeschränkt würde.[183]

(2) Zweiter Vorschlag

Beim zweiten Vorschlag handelte es sich um den redaktionell überarbeiteten Entwurf von 1952/1953.[184] Dass sich die Kommission mit dem Entwurf des AStGB auseinandersetzte, und diesen bezogen auf die Regelungen zur Schuld fast wortgleich übernahm, zeigt, dass der AStGB-Entwurf nicht ohne Einfluss gewesen ist. Der Wunsch des Politbüros, diesen als Anknüpfungspunkt für weitere Arbeiten zu nutzen,[185] hatte sich somit erfüllt.

(3) Diskussionspunkte der Grundkommission und in der Fachliteratur

Im Folgenden sollen die Diskussionspunkte des Entwurfs zum einen innerhalb der Grundkommission und zum anderen in der Fachliteratur behandelt werden. Es ist wahrscheinlich, dass die Fachartikel, die in der Grundkommission diskutierten Fragen zum Großteil widerspiegeln, da bisher beobachtet werden konnte, dass die Fachartikel im Nachgang an Diskussionen der Grundkommission veröffentlicht wurden.

(a) Charakterisierung der Einstellung

Beide Vorschläge charakterisierten die Schuld als eine „schädliche Einstellung". Darauf hatte sich die Grundkommission einigen können. Bzgl. des Merkmals der „Einstellung" hatte grundsätzlich sowohl in der Grundkommission als auch in der Fachliteratur Einigkeit geherrscht. So schrieb *Schmidt*:

> Die Bestimmung der Schuld kann in einem sozialistischen Strafgesetzbuch nicht etwa in einer rein formalen Beschreibung ihrer Formen bestehen, sondern muß [...] die moralisch-politische Mißbilligung der in der Tat zum Ausdruck gekommenen subjektiven Einstellung enthalten.[186]

Auch *Schmidt/Görner* sahen als wesentliches Schuldmerkmal die Einstellung des Täters.[187] In ihr sollte der Unterschied zum „bürgerlichen" Strafrecht, die mora-

---

183 Lekschas, Zur Neuregelung der Schuld, S. 35 f.

184 Zum Entwurf des AStGB siehe Kapitel 3.IV.

185 Siehe Kapitel 3.IV.1.

186 H. Schmidt, in: NJ 1958, 630 (S. 633).

187 H. Schmidt/Görner, in: Der Schöffe 1958, 379 (S. 379). *Schmidt/Görner* befürworteten darüber hinaus auch eine allgemeine Schulddefinition (H. Schmidt/Görner, in: Der Schöffe 1958, 379 (S. 379)).

lisch-politische Missbilligung der Handlung, zum Ausdruck gebracht werden.[188] Die Frage, mit welchem Attribut die Einstellung in Verbindung gebracht werden sollte, war hingegen Gegenstand längerer Diskussionen in der Grundkommission[189] und der Fachliteratur gewesen. *Schmidt/Görner* hatten in ihrem Beitrag „[…] die willensmäßige Einstellung des Täters zu seiner Handlung" vorgeschlagen.[190] Dieser Vorschlag hatte es nicht in die engere Auswahl der Grundkommission geschafft. Zur Auswahl hatten die Adjektive „negativ, feindlich, schädlich [und] entgegengesetzt" gestanden.[191] Die Begrifflichkeit „schädlich" sei letztlich gewählt worden, weil dieser Begriff umfassend sei und auch die Auffassung wegräume, dass die kleineren Delikte nicht schädlich seien.[192] *Przybylski*[193] war nicht von der erarbeiteten Definition überzeugt. Er hielt die von der Kommission erarbeitete Definition für zu allgemein gehalten. Das Wort „[…] ‚schädlich' stelle eine sehr klassenneutrale Umschreibung der Schuld dar und bringe auch nicht den Maßstab für eine positive, [den] gesellschaftlichen Verhältnissen entsprechende Einstellung zum Ausdruck."[194] Er schlug vor, die Einstellung des Täters als im Widerspruch zur herrschenden Auffassung der Werktätigen zu kennzeichnen.[195]

(b) Straflosigkeit unbewusster Pflichtverletzungen ohne schädliche Einstellung

Dreh- und Angelpunkt der beiden Vorschläge war der Unterschied, dass der erste Vorschlag *unbewusste Pflichtverletzungen,* die nicht auf eine schädliche Einstellung zurückführbar waren, *nicht* kriminalisierte. Beim AStGB-Entwurf sollte es im Gegensatz zum ersten Vorschlag darauf ankommen, dass der Täter in der Lage gewesen war, zu erkennen, dass sein Verhalten den Erfolg herbeiführen konnte.[196] Lagen diese Voraussetzungen vor, konnte damit auch auf die schädliche Einstellung des Täters geschlossen werden. Zur Verdeutlichung, welche Pflichtverletzungen nach dem ersten Vorschlag straflos bleiben sollten, wurde folgendes Beispiel angeführt:

> Eine Großmutter will ihr ruhig auf dem Tisch liegendes Enkelkind baden. Entgegen ihrer Gewohnheit gießt sie zuerst heißes Wasser in die Wanne, die auf einem Stuhl neben dem

---

188 H. Schmidt/Görner, in: Der Schöffe 1958, 379 (S. 379).

189 Vgl. Protokoll über die 5. Sitzung der Kommission zur Ausarbeitung eines StGB am 19. März 1958, BArch DP 1/2376, Bl. 81.

190 H. Schmidt/Görner, in: Der Schöffe 1958, 379 (S. 379).

191 Vgl. Protokoll über die 5. Sitzung der Kommission zur Ausarbeitung eines StGB am 19. März 1958, BArch DP 1/2376, Bl. 81.

192 Vgl. Protokoll über die 5. Sitzung der Kommission zur Ausarbeitung eines StGB am 19. März 1958, BArch DP 1/2376, Bl. 81.

193 *Peter Przybylski* war zu diesem Zeitpunkt Staatsanwalt beim Staatsanwalt des Kreises Zerbst.

194 Przybylski, in: NJ 1958, 777 (S. 777).

195 Przybylski, in: NJ 1958, 777 (S. 777).

196 Vgl. den AStGB-Entwurf in Kapitel 3.IV.d)bb).

Tisch steht. Während sie kaltes Wasser holt, bewegt sich das Kind, fällt in die Wanne und noch ehe es die sofort hinzuspringende Großmutter erfassen kann, verbrüht es sich so schwer, daß es wenige Tage darauf verstirbt. […][197]

Lekschas argumentierte dahingehend, dass man in einem solchen Fall kaum von einer schädlichen Einstellung sprechen könne und aus diesem Grund ein Verbrechen konstruiert worden sei, wo tatsächlich keines gewesen sei.[198] *Lekschas'* Verständnis von der Fahrlässigkeit wurde in der Fachliteratur kritisch gesehen. Die Kritik reichte von konzeptioneller Kritik bis hin zu praktischen Erwägungen. *Schmidt/Görner* waren der Meinung, es komme darauf an, ob die Großmutter entsprechend ihren Kenntnissen und Fähigkeiten in der Lage gewesen sei, zu erkennen, dass ihr Verhalten den Tod des Kindes (Erfolg) herbeiführen könne.[199] Anders als *Lekschas* gingen sie nicht von einem Unglücksfall aus, da sie der Ansicht waren, dass allgemein bekannt sei, dass Kleinkinder lebhaft und in ihren Bewegungen unberechenbar seien. Dass das Kind sich bewegt habe und vom Tisch gefallen sei, sei somit immer im Bereich des Möglichen gewesen.[200] Weiterhin hätte das Kind auch auf den Fußboden oder einen Stuhl fallen können und sich so tödlich verletzen können. Es komme somit nicht konkret darauf an, dass das Kind in die heiße Wanne gefallen sei.[201] *Schmidt/Görner* kamen zu dem Ergebnis, dass noch keine gute Formulierung für die Fahrlässigkeit gefunden worden sei und es bisher nicht gelungen sei, brauchbare Kriterien für die Abgrenzung der Fahrlässigkeit von Unglücksfällen, also der Abgrenzung von strafbaren und nicht strafbaren Handlungen, zu finden.[202] Mit der Lösung des Falls über die Vorhersehbarkeit hielten *Schmidt/Görner* an der früheren Auffassung zur Fahrlässigkeit fest. Die schädliche Einstellung als Abgrenzungsmerkmal zwischen Strafbarkeit und Straflosigkeit zu sehen, hatte sie nicht überzeugt. Sie argumentierten somit im Ergebnis für den zweiten Vorschlag.

Przybylski sah hingegen schon ein Problem in der Verwendung des Wortes „Einstellung". Dieses setzte seiner Ansicht nach eine Bewusstheit voraus, an der es bei der unbewussten Fahrlässigkeit fehle.[203] Damit warf er die Frage auf, ob es

---

197 Dieser Fall hatte sich wohl tatsächlich so zugetragen. Die Großmutter war zu vier Monaten Gefängnis verurteilt worden (siehe Entwurf der Begründung des ersten Entwurfs, BArch DP 1/22967).

198 Siehe Entwurf der Begründung des ersten Entwurfs, BArch DP 1/22967. Zustimmend auch Dörschel, in: Der Schöffe 1958, 384 (S. 385) und Eckardt, in: Der Schöffe 1959, 83 (S. 83 f.).

199 H. Schmidt/Görner, in: Der Schöffe 1958, 379 (S. 379).

200 H. Schmidt/Görner, in: Der Schöffe 1958, 379 (S. 379).

201 H. Schmidt/Görner, in: Der Schöffe 1958, 379 (S. 379).

202 H. Schmidt/Görner, in: Der Schöffe 1958, 379 (S. 379).

203 Przybylski, in: NJ 1958, 777 (S. 777).

sich bei der unbewussten Fahrlässigkeit tatsächlich um eine Einstellung handle oder eher um eine Bewusstseinslücke bzw. ob die unbewusste Fahrlässigkeit überhaupt vom Begriff der Einstellung und damit auch von der Schulddefinition erfasst sei.[204] *Sahre/Koch/Linaschk* sahen die Gefahr, dass eine restriktive Anwendung der Fahrlässigkeit wie vom ersten Vorschlag vorgesehen, dazu führen könne, dass gesellschaftsgefährliche Handlungen straflos blieben.[205] Aus diesem Grund lehnten sie den ersten Vorschlag ab, denn sie sahen die „Interessen [ihres] Arbeiter-und-Bauern-Staates [und] die Interessen der sozialistischen Gesellschaft ein wenig aus dem Blickfeld" geraten.[206]

(c) Inhalt der Rechtspflichten

Als problematisch wurde *Lekschas'* Vorschlag auch in Hinblick auf die Notwendigkeit der Normierung von Rechtspflichten gesehen. Es wurde mit vielen Fällen gerechnet, die sich in Lebensbereichen abspielen würden, in denen es überhaupt nicht möglich gewesen wäre, flächendeckend Rechtspflichten zu schaffen.[207] *Renneberg* hielt es auch nicht für möglich, alle Rechtspflichten zu normieren.[208] Ein Pflichtenkatalog wäre seiner Auffassung nach auch abträglich gewesen, da die gesellschaftliche Entwicklung und das Fortschreiten der Technik dies unmöglich machen würden.[209] Er befürwortete deshalb die Umformulierung des Wortes „Rechtspflichten" zu „Pflichten".[210]

(4) Zusammenfassung

Viele Autoren argumentierten gegen den ersten Vorschlag bzw. für den zweiten Vorschlag und damit für den Entwurfsvorschlag des AStGB. Möglicherweise bereitete es Probleme, sich von den alten Konzepten zur Fahrlässigkeit und damit auch von „bürgerlichen" Konzepten zu lösen. Zwar hatte man genau genommen die

---

204 Przybylski, in: NJ 1958, 777 (S. 777).

205 Sahre/Koch/Linaschk, in: NJ 1959, 490 (S. 491).

206 Sahre/Koch/Linaschk, in: NJ 1959, 490 (S. 491).

207 Siehe Entwurf der Begründung des ersten Entwurfs, BArch DP 1/22967. *Eckardt* schlug vor, Beispiele von Rechtspflichtverletzungen in einer großen Anzahl anzuführen, damit das Richterkollektiv ein klares Bild vorfände (Eckardt, in: Der Schöffe 1959, 83 (S. 84)).

208 Protokoll über die 13. Sitzung der Kommission zur Ausarbeitung eines StGB am 19./20.12.1958, BArch DP 1/7908.

209 Protokoll über die 13. Sitzung der Kommission zur Ausarbeitung eines StGB am 19./20.12.1958, BArch DP 1/7908. Insgesamt schien es unmöglich, konkrete Rechtspflichten in allen Lebensbereichen zu regeln. Darauf wiesen auch *Schmidt/Görner* (H. Schmidt/Görner, in: Der Schöffe 1958, 379 (S. 380)) und *Sahre/Koch/Linaschk* in ihren Beiträgen hin (Sahre/Koch/Linaschk, in: NJ 1959, 490 (S. 490)).

210 Protokoll über die 13. Sitzung der Kommission zur Ausarbeitung eines StGB am 19./20.12.1958, BArch DP 1/7908.

Lehren aus der Sowjetunion rezipiert, diese unterschieden sich, wie schon gezeigt, jedoch nicht wesentlich von den „bürgerlichen" Lehren der Bundesrepublik.[211] Die Resistenz, wie von *Lekschas* vorgeschlagen, neue Wege zu beschreiten, irritiert ein wenig, da nach außen hin immer betont worden war, dass eine neue, von der „bürgerlichen" Theorie abweichende Konzeption unerlässlich sei.[212] Sie zeigt jedoch gleichzeitig, dass es überaus schwer gewesen sein dürfte, sich von alten Mustern zu lösen.

III. Fazit

Die Gründung der StGB-Kommission versprach Schwung in das Gesetzesvorhaben, die Schaffung eines eigenen StGB-DDR und die damit verknüpfte Erarbeitung einer eigenen Schuldlehre zu bringen. Schon ein Jahr nach der Gründung bereiteten die Arbeitsweise und der Zeitplan jedoch Probleme und konnten nicht eingehalten werden. Die StGB-Kommission sah sich dazu angehalten, die Arbeitsprozesse sowie den Arbeitsplan anzupassen. Bei den Schuldregelungen konzentrierte man sich auf die Erarbeitung von Begriffsdefinitionen zu Vorsatz und Fahrlässigkeit, welche jedoch unterschiedlich intensiv behandelt wurden. Während grob an der von der Lehre bestimmten Definition des Vorsatzes festgehalten wurde, war die Fahrlässigkeit in ihren Grundzügen diskutiert worden. *Lekschas* hatte der Grundkommission einen Alternativvorschlag zur Gestaltung der Fahrlässigkeit vorgelegt und versucht, diese neu zu strukturieren. Dieser Vorschlag beruhte auf einer von *Lekschas* im Jahr 1958 verfassten Schrift, nach welcher *Lekschas* die Fahrlässigkeit in Rezeption *Feuerbachs* als *culpa dolo determinata* konzipierte. Tatsächlich war der Grundgedanke (Kenntnis der Rechtswidrigkeit als Voraussetzung für strafrechtliche Verantwortlichkeit), welcher mit der Rezeption verfolgt worden war, nicht mehr in *Lekschas'* Entwurfsvorschlag umgesetzt worden. Abgrenzungskriterium zwischen Strafbarkeit und Straflosigkeit sollte hingegen die „schädliche Einstellung" sein. Die *Grundsätze* von 1958 wurden nicht berücksichtigt. Der Entwurfsvorschlag von *Lekschas* war dem Entwurfsvorschlag des AStGB im Rahmen der Diskussion gegenübergestellt diskutiert worden, wobei insbesondere der Vorschlag von *Lekschas* kritisiert wurde. Bemerkenswert ist, dass es außerhalb der von *Lekschas* bzw. der Grundkommission behandelten Fragen keine eigenständige Diskussion gab. Die Beiträge in den Fachzeitschriften orientierten sich thematisch an den Entwurfsvorschlägen zum StGB-DDR.

---

211 Siehe Kapitel 3.IV.2.c) und Kapitel 3.IV.2.d).

212 Siehe z. B. Kapitel 2.I.2. und Kapitel 2.III.

5. Kritik des Zentralkomitees der SED und Anpassung des Entwurfs (1959–1963)

Auf den ersten Entwurf folgte eine vernichtende Kritik der Kommission für Staats- und Rechtsfragen beim Zentralkomitee der SED.[1] Diese machte eine Überarbeitung des ersten Entwurfs notwendig, was die dritte Etappe einläutete.[2] Ziel der Etappe war die Fertigstellung eines überarbeiteten Entwurfs.[3] Dabei sei insbesondere darum gerungen worden, die „bürgerlichen" Positionen in Theorie und Praxis zu überwinden.[4]

I. Kritik des Zentralkomitees der SED

Die Kommission für Staats- und Rechtsfragen beim Zentralkomitee der SED war am 27.7.1959 in einer Sitzung zusammengekommen und hatte sich mit dem StGB-Entwurf, insbesondere mit dem Entwurf des Allgemeinen Teils, beschäftigt.[5] Dabei kam man zu folgenden Feststellungen:

> 1. Das politisch-ideologische Hauptproblem besteht darin, dem StGB seine formal-abstrakten Züge zu nehmen und das Strafrecht als Hebel unserer sozialistischen Entwicklung […] immer mehr anzupassen […] und zu einem echten Instrument der Durchsetzung der sozialistischen Gesellschaftsverhältnisse umzugestalten.
> 2. Das Strafgesetzbuch muß […] die Grundlinie für die Tätigkeit und das Zusammenwirken der einheitlichen sozialistischen Staatsorgane und der Werktätigen bei der Bekämpfung des Verbrechens als gesellschaftliche Erscheinung mit dem Endziel der Aufhebung der Kriminalität festlegen, die Massen mobilisieren […], die sozialistische Umwälzung vorantreiben und zugleich die Perspektiven oder Verbrechensbekämpfung und damit der gesamten gesellschaftlichen Entwicklung aufzeigen. […]

---

1 Siehe die Vorlage für das Kollegium des Ministeriums der Justiz „Stand der Arbeiten am StGB" vom 25.2.1960, BArch DP 1/22967.

2 Siehe die Vorlage für das Kollegium des Ministeriums der Justiz „Stand der Arbeiten am StGB" vom 25.2.1960, BArch DP 1/22967.

3 Siehe die Vorlage für das Kollegium des Ministeriums der Justiz „Stand der Arbeiten am StGB" vom 25.2.1960, BArch DP 1/22967.

4 Siehe die Vorlage für das Kollegium des Ministeriums der Justiz „Stand der Arbeiten am StGB" vom 25.2.1960, BArch DP 1/22967.

5 Siehe die Vorlage für das Kollegium des Ministeriums der Justiz „Stand der Arbeiten am StGB" vom 25.2.1960, BArch DP 1/22967.

3. Dieses Ziel kann aber nur erreicht werden, wenn nicht mehr die Bekämpfung der Einzeltat im Vordergrund steht und StGB und StPO nicht mehr auf die Behandlung des Einzelkonflikts orientieren, sondern die positive Zielsetzung – Überwindung des Verbrechens überhaupt im Prozeß der sozialistischen Umwälzung – das ganze Gesetz kennzeichnet.
4. […][E]ine kritische Auseinandersetzung mit allen überkommenen strafrechtlichen Begriffen und damit mit den bürgerlich-positivistischen Positionen [muss] geführt werden. […][6]

Diese Ausführungen verdeutlichen mehrere Punkte. Zum einen wird beschrieben, was die Funktionsweise von Recht in der DDR sein sollte bzw. wie Recht verstanden wurde. Recht wurde als Instrument zur Umgestaltung und Formung der Gesellschaft verstanden. Dazu gehörte insbesondere das Strafrecht, welches den Rahmen absteckte, in dem sich der Bürger betätigen konnte. Daneben zeigt sich, dass Kriminalität als Problem für das sozialistische System verstanden wurde. Dies ergibt sich daraus, dass die sog. Relikttheorie[7] vertreten wurde, welche davon ausging, dass Kriminalität überhaupt nicht in einer Gesellschaft existieren müsse, in der es keine Klassen gebe, da diese allein durch die Klassenverhältnisse verursacht werde.[8] Wer von sich behauptete, eine sozialistische Gesellschaft zu sein, bei der die Klassenunterschiede beseitigt worden seien, musste dies an der eigenen Kriminalitätsstatistik messen lassen. Aus diesem Grund stellte die Verbrechensbekämpfung einen besonderen Schwerpunkt dar. Weiterhin sollte gem. Punkt 4 die Abgrenzung zur Bundesrepublik weiterhin eine Rolle spielen. Man wollte sich durch ein neues, modernes, moralisch überlegenes Strafgesetzbuch von der Bundesrepublik absetzen. Konkret kritisiert wurde am ersten Entwurf jedoch nur die Abstraktheit vieler Begriffe, sodass die Kritik nur wenige konkrete Anhaltspunkte für eine Überarbeitung bot:

> Die Abstraktheit vieler Begriffe, z. B. des Begriffs der Gesellschaftsgefährlichkeit, wie sie noch im vorliegenden Entwurf zum Ausdruck kommt, wird dieser Forderung nicht gerecht.[9]

---

6 Diese Feststellungen wurden wörtlich aus dem Dokument „Entwurf Vorlage für das Kollegium des Ministeriums der Justiz ‚Stand der Arbeiten am StGB'" entnommen. Dabei handelt es sich jedoch um einen Bericht über die Arbeiten am StGB. Es ist demnach nicht auszuschließen, dass es sich nur um eine Zusammenfassung der wesentlichen Punkte dieser Sitzung und nicht um die wörtliche Wiedergabe der Beschlüsse handelt (BArch DP 1/22937 und BArch DP 1/22967).

7 Siehe z. B. Lorke, in: ZfG 2020, 437 (S. 447).

8 Vgl. z. B. Lekschas/Loose/Renneberg, Verantwortung und Schuld, S. 12.

9 Siehe die Vorlage für das Kollegium des Ministeriums der Justiz „Stand der Arbeiten am StGB" vom 25.2.1960, BArch DP 1/22967.

II. Überarbeitung des Entwurfs

Allen Beteiligten war bewusst, dass aufgrund der Kritik des Zentralkomitees der SED der erste Entwurf so nicht bestehen bleiben konnte und der grundlegenden Überarbeitung bedurfte. Diese Erkenntnis zog mehrere Konsequenzen nach sich. Zunächst wurde eine Tagung der Sektion Strafrecht der DASR am 24. Oktober 1959 durchgeführt.[10] Diese Tagung befasste sich u. a. mit den Mängeln des ersten Entwurfs.[11] Der Hauptmangel wurde darin gesehen, dass die „bürgerliche" Gesetzgebungsmethode noch nicht überwunden worden war; man habe sich zu sehr mit Einzelfragen beschäftigt.[12] Dies wolle man in Zukunft ändern. Ein Schwerpunkt der weiteren Arbeiten am Allgemeinen Teil sollten die Fragen des Wesens und der Formen der Schuld bilden.[13] Dies wurde als Voraussetzung betrachtet, um die „ideologischen Wurzeln" des Verbrechens aufzudecken.[14] Mit anderen Worten: Die „Ideologie" des Täters, welche zur Straftat geführt habe, sollte in der Schuld festgestellt werden. Aus diesem Grund sollte sich die Ausarbeitung der Regelungen zur Schuld auch nicht mehr nur auf die Darstellung der Schuldformen beschränken.[15]

1. Anpassung der Arbeitsmethoden und des Arbeitsplans

Als weitere Maßnahme wurden der Zeitplan und die Arbeitsmethoden der StGB-Kommission erneut angepasst. Zuvor war festgehalten worden, dass der Plan, welcher ein Inkrafttreten des neuen StGB am 1.1.1961 vorsah, nicht einhaltbar sei.[16] Daraufhin wurde ein neuer Arbeitsplan vorgesehen und die Notwendigkeit, die Arbeitsmethoden anzupassen, anerkannt.[17] Gerügt wurden die Änderungen der Arbeitsmethoden der Grundkommission von 1958/59.[18] Dadurch sei zunehmend hauptsächlich auf die Einhaltung von Terminen geachtet worden, sodass aufgrund des Tempos die Qualität der Beratungen beeinträchtigt worden sei.[19] Dies habe sich auch auf die Diskussion ausgewirkt, die in der Grundkommission als bisher

10 Hinderer/Schwarz, in: SuR 1960, 108 (S. 108).
11 Hinderer/Schwarz, in: SuR 1960, 108 (S. 108).
12 Hinderer/Schwarz, in: SuR 1960, 108 (S. 109).
13 Hinderer/Schwarz, in: SuR 1960, 108 (S. 113).
14 Hinderer/Schwarz, in: SuR 1960, 108 (S. 113).
15 Hinderer/Schwarz, in: SuR 1960, 108 (S. 113).
16 Vorlage für das Kollegium des Ministeriums der Justiz „Stand der Arbeiten am StGB" vom 25.2.1960, BArch DP 1/22967.
17 Vorlage für das Kollegium des Ministeriums der Justiz „Stand der Arbeiten am StGB" vom 25.2.1960, BArch DP 1/22967.
18 Vorlage für die StGB-Grundkommissions-Sitzung am 18.12.1959 (10.12.1959), BArch DP 1/22925.
19 Vorlage für die StGB-Grundkommissions-Sitzung am 18.12.1959 (10.12.1959), BArch DP 1/22925.

„nicht zufriedenstellend“ kritisiert wurde.[20] Die Diskussion sei zu wenig grundsätzlich geführt worden und es habe vielmehr eine „Paragraphendiskussion“ im Vordergrund gestanden.[21] Zukünftig sollte darauf geachtet werden, das Tempo und die Qualität besser in Einklang zu bringen.[22] Dies sollte u. a. durch eine bessere Vorbereitung der Sitzungen und eine Verstärkung der Anleitung und Kontrolle der Unterkommissionen erreicht werden.[23] Daneben wurden auch „propagandistische Maßnahmen“ ergriffen. So wurde z. B. darauf gedrängt, verstärkt in der Fachpresse zu veröffentlichen und Lehrgänge zu verbessern.[24] Am 16. Oktober 1959 wurde letztlich auch die Bildung einer Unterkommission (UK) zur Überprüfung des StGB-Entwurfs beschlossen, welche Thesen zur Neufassung des Allgemeinen Teils erarbeiten sollte.[25]

2. Überprüfung des Entwurfs

Als Reaktion auf die Kritik der Kommission des Zentralkomitees der SED befasste sich nun die UK zur Überprüfung des Entwurfs mit dem bisherigen Entwurf. Die Aufgabe der UK lag zum einen in der Erarbeitung von Thesen zur Neufassung des Allgemeinen Teils und zum anderen in der Analyse des Besonderen Teils.[26] Der Arbeitsplan der UK enthielt bezogen auf die Schuld die eindeutige Forderung, die „Ideologie“ mit den Schuldregelungen zu verknüpfen und diese darin zum Ausdruck zu bringen:

> Bei dem Schuldproblem geht es vor allem darum, die grundsätzliche ideologische Bedeutung der Schuld bei dem Kampf gegen das Verbrechen und der Ausnutzung dieses Kampfes zur Organisierung der gesellschaftlichen Umwälzung herauszuarbeiten. […] Die Schuldfrage ist so zu stellen, dass bei jeder Einzeltat aufgezeigt werden muss, dass der Täter eine schädliche ideologische Position bezogen hat, und das Gerichtsverfahren damit für alle Werktätigen eine Schule zur Überwindung von bürgerlichen Anschauungen und

---

20 Am 18.12.1959 wurde die Art der Führung der Fachdiskussion bei einer Grundkommissionssitzung thematisiert (siehe Vorlage für die StGB-Grundkommissions-Sitzung am 18.12.1959 (10.12.1959), BArch DP 1/22925).

21 Vorlage für die StGB-Grundkommissions-Sitzung am 18.12.1959 (10.12.1959), BArch DP 1/22925.

22 Vorlage für die StGB-Grundkommissions-Sitzung am 18.12.1959 (10.12.1959), BArch DP 1/22925.

23 Vorlage für die StGB-Grundkommissions-Sitzung am 18.12.1959 (10.12.1959), BArch DP 1/22925.

24 Vorlage für das Kollegium des Ministeriums der Justiz „Stand der Arbeiten am StGB“ vom 25.2.1960, BArch DP 1/22967.

25 Vorlage für das Kollegium des Ministeriums der Justiz „Stand der Arbeiten am StGB“ vom 25.2.1960, BArch DP 1/22967.

26 Siehe das Dokument der Hauptabteilung Gesetzgebung vom 11.11.1959 „des Arbeitsplans der Unterkommission zur Überprüfung des Entwurfs des StGB“, BArch DP 1/7909.

zur richtigen Lösung der in der Übergangsperiode noch auftretenden Schwierigkeiten wird.[27]

Wichtig war in diesem Zuge auch die Abgrenzung zur „bürgerlichen" Schuldauffassung. Der sozialistische Schuldbegriff sollte sich klar von der bürgerlichen Schuldauffassung abheben.[28] Auch bezogen auf die Fahrlässigkeit sollten, aufbauend auf den Arbeiten von *Lekschas*, unbedingt die „ideologischen" Kriterien herausgearbeitet werden.[29] So hatte *Lekschas* schon früh eine Schlüsselfunktion für die Erarbeitung der Schuld inne.

Letztlich wurde auch festgelegt, dass die *Zurechnungsfähigkeit* im Rahmen der *Schuld* behandelt werden sollte.[30] Damit wurde die klassische Einteilung, die die Zurechnungsfähigkeit dem Subjekt des Verbrechens zuordnete,[31] aufgeweicht. Die Zurechnungsfähigkeit bildete von nun an eine eigenständige Voraussetzung für die Schuld. Die konkreten Formulierungsvorschläge dieser Fragen wurden in einer Arbeitsgruppe unter der Leitung von *Lekschas* erarbeitet.[32]

---

27 Siehe das Dokument der Hauptabteilung Gesetzgebung vom 11.11.1959 „des Arbeitsplans der Unterkommission zur Überprüfung des Entwurfs des StGB", BArch DP 1/7909. Die „Übergangsperiode" bezeichnete den Zeitraum des Übergangs vom Kapitalismus zum Sozialismus (SED, Protokoll der Verhandlungen des VI. Parteitages der Sozialistischen Einheitspartei Deutschlands, S. 45).

28 Siehe das Dokument der Hauptabteilung Gesetzgebung vom 11.11.1959 „des Arbeitsplans der Unterkommission zur Überprüfung des Entwurfs des StGB", BArch DP 1/7909.

29 Siehe das Dokument der Hauptabteilung Gesetzgebung vom 11.11.1959 „des Arbeitsplans der Unterkommission zur Überprüfung des Entwurfs des StGB", BArch DP 1/7909.

30 Siehe das Dokument der Hauptabteilung Gesetzgebung vom 11.11.1959 „des Arbeitsplans der Unterkommission zur Überprüfung des Entwurfs des StGB", BArch DP 1/7909.

31 Vgl. Kapitel 2.II.2.

32 Siehe das Dokument der Hauptabteilung Gesetzgebung vom 11.11.1959 „des Arbeitsplans der Unterkommission zur Überprüfung des Entwurfs des StGB", BArch DP 1/7909 und den Entwurf zur Neuregelung der Fragen der Schuld in künftigem StGB (ohne Datum), BArch DP 1/7909. Die Arbeitsgruppe traf sich insgesamt dreimal. Jeweils einmal im Dezember 1959, im Januar 1960 und im März 1960 (siehe Entwurf zur Neuregelung der Fragen der Schuld im künftigen StGB (ohne Datum), BArch DP 1/7909).

III. Zweiter Entwurf des Allgemeinen Teils

Der zweite Entwurf[33] wurde als Ergebnis der Beschlüsse der 23. und 24. Sitzung der StGB-Grundkommission erarbeitet[34] und in der 25. Sitzung der StGB-Kommission am 15.6.1960 beraten.[35] Die Regelungen gingen auf einen Vorschlag der Arbeitsgruppe von *Lekschas* zurück.[36] Der zweite Entwurf regelte in einer eigenen Norm § 6 das Schuldprinzip.[37] In der Sitzung vom 13.5.1960 war zunächst darüber diskutiert worden, ob das Schuldprinzip alleinig bei den Regelungen zur Schuld geregelt werden solle.[38] Dieser Vorschlag wurde jedoch schnell durch *H. Benjamin* verworfen, die eine solche Vorgehensweise für „unsauber im Aufbau" hielt.[39] An dieser Stelle zeigt sich, dass die gleichen Fragen wiederholt diskutiert worden sind, ohne sich auf eine Lösung festzulegen. Dies ist bezeichnend, da es sich vorliegend um eine formale Frage handelt, bei der die Aufnahme des Schuldprinzips nur eine Klarstellungsfunktion erfüllen sollte. Dass bei diesen Fragen, die praktisch unbedeutend gewesen sein dürften, so gerungen wurde, zeigt, dass sich die Grundkommission nur schwerlich auf eine Linie festlegen konnte und der Gesetzgebungsprozess unter solchen Nebensächlichkeiten litt.

---

33 Das Dokument, das hier als zweiter Entwurf behandelt wird, wurde als solcher eingeordnet, da sich oben auf dem Dokument ein handschriftlicher Vermerk „zweiter Entwurf" befand (BArch DP 1/22937). Weiterhin ist er identisch mit einem Entwurf, der als zweiter Entwurf bezeichnet wurde (vgl. den zweiten Entwurf des Allgemeinen Teils des StGB, BArch DP 1/22955). In den Akten findet sich darüber hinaus ein Entwurf, welcher eine überarbeitete Version (BArch DP 1/20413 (ohne Datum), BArch DP 1/22937(ohne Datum)) des ersten Entwurfs darstellte.

34 Erläuterungen zum zweiten Entwurf des Allgemeinen Teils des StGB, BArch DP 1/23795.

35 Siehe Protokoll über die 25. Sitzung der Kommission zur Ausarbeitung eines StGB am 15. Juni 1960 (6.7.1960), BArch DP 1/22955.

36 Dies ergibt sich zum einen aus dem Sitzungsprotokoll der Unterkommission zur Überarbeitung des StGB, in dem ein Vorschlag zur Schuld am 18.3.1960 beraten wurde (BArch DP 1/7909), zum anderen aus einem Dokument der Hauptabteilung Gesetzgebung vom 17.3.1960 (BArch DP 1/7909) und dem Vorschlag selbst (BArch DP 1/7909), der selbst kein Datum oder eindeutige Zuordnungsmöglichkeit enthält, sich aber in unmittelbarer Nähe zu den Unterlagen des Sitzungsprotokolls befindet und fast wörtlich dem überarbeiteten ersten Entwurf entspricht. Demnach wird hier davon ausgegangen, dass dieser Vorschlag Grundlage für die Überarbeitung des ersten Entwurfs geworden ist.

37 Zweiter Entwurf des Allgemeinen Teils des StGB (ohne Datum), BArch DP 1/22955.

38 Dafür sprach sich *Buchholz* aus (siehe Sitzungsprotokoll der „Kommission zur Ausarbeitung eines Strafgesetzbuches" vom 13.5.1960, BArch DP 1/23020).

39 Siehe Sitzungsprotokoll der Kommission zur Ausarbeitung eines Strafgesetzbuches vom 13.5.1960, BArch DP 1/23020.

1. Bestimmung der Schuldformen (§ 8)

Die Regelungen zur Schuld fanden sich in den §§ 8 ff.[40] Ihr war ein eigener Abschnitt gewidmet worden.[41] § 8 enthielt als erste Vorschrift zur Schuld die Bestimmung der Schuldformen und lautete nun wie folgt:

> (1) *Schuldhaft handelt, wer die Tat vorsätzlich oder fahrlässig begeht.*
> (2) *Fahrlässigkeit ist nur strafbar, wenn es im Gesetz ausdrücklich bestimmt ist.*[42]

Die Schuldregelung war vollkommen überarbeitet worden. Weder der erste Vorschlag (*Lekschas'* Vorschlag) noch der zweite Vorschlag (Entwurf von 1952/53) waren im zweiten Entwurf umgesetzt worden. Vorsatz und Fahrlässigkeit wurden als sich stark unterscheidende Schuldformen zunächst rein formal dargestellt.[43] Diese Wandlung hatte sich schon in der Sitzung der UK zur Überprüfung des StGB vom 18.3.1960 angekündigt,[44] in welcher eine Vorlage der Arbeitsgruppe von *Lekschas* behandelt worden war.[45] Die Vorlage hatte wie der zweite Entwurf auch von der gesetzlichen Fixierung einer allgemeinen Schulddefinition zum Wesen der Schuld abgesehen.[46] Als Konsequenz war die „schädliche Einstellung" als Schuldmerkmal entfallen. Begründet wurde dieser Schritt mit dem Argument, dass eine solche Schulddefinition aufgrund des hohen Abstraktionsgrades keine hinreichende Anleitung in der Praxis gewährleisten könne.[47] Das Verschulden sollte fortan nach seinem „ideologischen" Gehalt differenziert werden.[48] Bezogen

---

40 Zweiter Entwurf des Allgemeinen Teils des StGB (ohne Datum), BArch DP 1/22955.

41 Zweiter Entwurf des Allgemeinen Teils des StGB (ohne Datum), BArch DP 1/22955.

42 Zweiter Entwurf des Allgemeinen Teils des StGB (ohne Datum), BArch DP 1/22955.

43 Siehe Begründung des zweiten Entwurfs des Allgemeinen Teils des StGB für die Sitzung der Grundkommission am 13./14. Mai 1960 (ohne Datum), BArch DP 1/7909, BArch DP 1/22937.

44 Bei dieser Sitzung handelte es sich um die letzte Sitzung vor erneuter Behandlung des Entwurfs in der Grundkommission (Protokoll über die Sitzung der Unterkommission zur Überprüfung des Entwurfs des StGB am 18.3.1960, BArch DP 1/7909).

45 *H. Benjamin* hatte diese Vorlage befürwortet: „Die Vorlage Schuld habe ich geradezu mit Befreiung gelesen. Die Scholastik in der bisherigen Diskussion der Schuldprobleme wurde m. E. überwunden und die Vorlage ist eine wertvolle Arbeitsgrundlage." Siehe Protokoll über die Sitzung der Unterkommission zur Überprüfung des Entwurfs des StGB am 18.3.1960, BArch DP 1/7909.

46 Protokoll über die Sitzung der Unterkommission zur Überprüfung des Entwurfs des StGB am 18.3.1960, BArch DP 1/7909.

47 Begründung des zweiten Entwurfs des Allgemeinen Teils des StGB für die Sitzung der Grundkommission am 13./14. Mai 1960 (ohne Datum), BArch DP 1/22937. Gleichzeitig hielt man sich jedoch offen, diese in der Lehre darzustellen (Protokoll über die Sitzung der Unterkommission zur Überprüfung des Entwurfs des StGB am 18.3.1960, BArch DP 1/7909).

48 Vgl. Begründung des zweiten Entwurfs des Allgemeinen Teils des StGB für die Sitzung der Grundkommission am 13./14. Mai 1960 (ohne Datum), BArch DP 1/22937.

auf die Notwendigkeit der gesetzlichen Bestimmung des Wesens der Schuld in der Schulddefinition war eine 180-Grad-Wende hingelegt worden. Dies spiegelte sich auch in der Fachdiskussion wider. So hatte *H. Schmidt* 1958 noch geschrieben:

> Die Bestimmung der Schuld kann in einem sozialistischen Strafgesetzbuch nicht etwa in einer rein formalen Beschreibung ihrer Formen bestehen, sondern muß [...] die moralisch-politische Mißbilligung der in der Tat zum Ausdruck gekommenen subjektiven Einstellung enthalten.[49]

Auch *Lekschas* hatte in seinem 1959 erschienenen Werk noch die Ansicht vertreten, dass die Formulierung einer allgemeinen Schulddefinition zur Bestimmung des Wesens der Schuld notwendig sei:

> Eine inhaltliche Bestimmung der Schuld und deren Beachtung durch die Gerichte können hierbei wesentliche Dienste leisten. Sie wird aber nicht nur dem Richter Anleitung dafür sein, die ideologischen Wurzeln der Straftat aufzudecken, sondern wird auch den Täter selbst darauf hinlenken, seine Mängel und Schwächen, seine rückständigen Anschauungen, die ihn zu dieser von der Gesellschaft verurteilten Tat getrieben haben, zu erkennen und zu überwinden.[50]

Während diese Ansicht auch *H. Schmidt/Görner* 1958 noch geäußert hatten,[51] führten *H. Schmidt/Beyer* 1960 nun hingegen aus, dass es für die Schuld im neuen StGB hauptsächlich um die Darstellung der „Beziehungen zwischen den Ursachen und [der] Kriminalität und den sie begünstigenden Umständen auf der einen Seite und der jeweiligen ideologischen Haltung des Täters [...]" auf der anderen Seite ginge.[52] Dem Täter solle aufgezeigt werden, an welcher Stelle er „ideologische" Defizite habe und wie er diese beseitigen könne.[53] Eine Definition, die zusätzlich noch die Schuldformen von Vorsatz und Fahrlässigkeit enthielte, müsse sehr abstrakt gehalten werden und habe wenig Mehrwert für die Praxis.[54]

Auch *Lekschas* schlug im Jahr 1960 in einem in der NJ erschienenen Artikel „Zu einigen Fragen der Neuregelung der Schuld" eine andere Richtung ein. In diesem gab *Lekschas* eine allgemeine Schulddefinition zum Wesen der Schuld gänzlich auf.[55] Seinen Sinneswandel begründete *Lekschas* mit ähnlichen Argumenten, wie

---

49 H. Schmidt, in: NJ 1958, 630 (S. 633).
50 Lekschas, Zur Neuregelung der Schuld, S. 20.
51 H. Schmidt/Görner, in: Der Schöffe 1958, 379 (S. 379).
52 H. Schmidt/Beyer, in: NJ 1960, 310 (S. 312).
53 H. Schmidt/Beyer, in: NJ 1960, 310 (S. 312).
54 H. Schmidt/Beyer, in: NJ 1960, 310 (S. 312).
55 Lekschas, in: NJ 1960, 498.

Schmidt/Beyer sie auch vorgetragen hatten. Er gestand ein, dass eine allgemeine Schulddefinition nicht so umgesetzt werden könne, wie einige sich das gewünscht hätten. Für eine umfassende Schulddefinition hätten zu viele einzelne Aspekte, wie die Zusammenarbeit der einzelnen örtlichen Organe bei der Ursachensuche des „ideologischen“ Inhalts der Schuld, eingebunden werden müssen.[56] Die allgemeine Definition zum Wesen der Schuld, wie sie von *Lekschas* formuliert worden war,[57] war damit zugunsten einer Differenzierung des Wesens der Schuld in den einzelnen Schuldformen aufgegeben worden.[58]

Diese überraschende Wendung ist im Hinblick auf die Kritik des Zentralkomitees der SED zu betrachten, welches eine drastische Überarbeitung und insbesondere die Abkehr von abstrakten Begrifflichkeiten gefordert hatte[59] und verdeutlicht die Wirkungsweise der Theorie der blanken Funktionalität des Rechts, wie sie auf der Babelsberger Konferenz eingeführt worden war.[60] Die sich innerhalb eines Jahres in den Fachzeitschriften abzeichnende Wende, nachdem zuvor eine völlig gegensätzliche Meinung vertreten worden war, zeigt, dass die Fachzeitschriften überwiegend informierenden Charakter trugen. Eine wirkliche Diskussion, die von diesen ausging, kann nicht beobachtet werden. Es wurden vielmehr Entwicklungen dargestellt, die von anderer Stelle ausgingen. Dies erklärt auch, warum die verschiedenen Autoren bei ihren Veröffentlichungen nicht wirklich aufeinander eingingen: Es ging primär darum, einen in der Wissenschaft, allerdings hinter verschlossenen Türen, erarbeiteten Konsens zu verbreiten, und nicht darum, eine kontroverse Diskussion in der Fachöffentlichkeit auszutragen.

2. Vorsatz (§ 9)

Der Vorsatz war in § 9 geregelt und im Vergleich zum ersten Entwurf überarbeitet worden. Die Regelung war komprimiert und nach verschiedenen Einstellungen des Täters differenziert worden.[61] Dies muss im Zusammenhang mit der Grundlinie für die Überarbeitung gesehen werden, die als Grundsatz festlegte, dass die „ideologische“ Bedeutung der Schuld verstärkt herausgearbeitet werden sollte.[62] Im 33. Plenum des V. Parteitages war dazu beschlossen worden, dass „zwischen Personen, die konterrevolutionäre oder andere schwere Verbrechen beg[ingen], und Bürgern,

56 Lekschas, in: NJ 1960, 498 (S. 501).

57 Siehe Kapitel 4.II.2.b)bb)(1).

58 Lekschas, in: NJ 1960, 498 (S. 502).

59 Vgl. Kapitel 5.I.

60 Siehe Kapitel 4.II.1.c).

61 Zweiter Entwurf des Allgemeinen Teils des StGB (ohne Datum), BArch DP 1/22955.

62 Siehe Kapitel 5.II.

deren Straftaten Ausdruck der bei ihnen noch vorhandenen Rudimente bürgerlicher und kleinbürgerlicher Denk- und Lebensgewohnheiten oder besonderer Schwierigkeiten [waren]", differenziert werden müsse.[63] Diese Forderung war in der Vorsatzregelung umgesetzt worden:

(1) *Vorsätzlich handelt, wer bewusst und gewollt eine strafbare Handlung begeht.*
(2) *Bei der Bestrafung vorsätzlich begangener Straftaten ist zu unterscheiden, ob die Tat aus einer feindlichen Einstellung zur Arbeiter- und Bauernmacht der DDR oder aus einer grundsätzlichen Mißachtung der sozialistischen Staatsdisziplin oder der Regeln des sozialistischen Gemeinschaftslebens oder aus einer rückständigen Einstellung zu den sozialistischen Verhältnissen begangen wurde.*
(3) *[…]*[64]

a) Vorsatzdefinition (Abs. 1)

Abs. 1 war im Vergleich zum ersten Entwurf dem Inhalt nach unverändert geblieben. Es war diskutiert worden, ob dieser Regelung noch ein weiterer Zusatz zukommen sollte:

> *Die Bestrafung wegen vorsätzlicher Begehung von Straftaten setzt nicht voraus, daß dem Täter die Strafbarkeit der Handlung bewußt ist.*[65]

Damit wäre die Annahme *Lekschas*, dass der Vorsatz *kein* Bewusstsein der Rechtswidrigkeit voraussetze,[66] ausdrücklich normiert worden. Die Aufnahme der Regelung wurde jedoch ausgespart, da sie für nicht erklärungsbedürftig gehalten wurde, sondern sich schon aus der Regelung ergebe.[67] Auch bei der Aufnahme eines Ausschlusses einer reinen Erfolgshaftung war gezögert worden. Es bestand Einigkeit darüber, dass eine Erfolgshaftung ausgeschlossen sein sollte, sodass diese Schlussfolgerung für selbstverständlich gehalten worden war.[68]

---

63 Lekschas, in: NJ 1960, 498 (S. 502).
64 Zweiter Entwurf des Allgemeinen Teils des StGB (ohne Datum), BArch DP 1/22955.
65 Lekschas, in: NJ 1960, 498 (S. 503).
66 Vgl. zu dieser Annahme, Kapitel 4.II.2.b)bb)(1)(a).
67 Lekschas, in: NJ 1960, 498 (S. 503).
68 Lekschas, in: NJ 1960, 498 (S. 503).

b) Differenzierung der Einstellung (Abs. 2)

Mit Abs. 2 war der „ideologische" Aspekt, der sich zuvor eingangs in Form der „schädlichen Einstellung" in der allgemeinen Schulddefinition wiedergefunden hatte, in die Vorsatzregelung gezogen worden. Maßgeblicher Angelpunkt der Schuld war auch hier die Begrifflichkeit der „Einstellung". Unterschieden wurden drei verschiedene „ideologische" Einstellungen, denen auch eine unterschiedliche Qualität zugeordnet werden konnte:[69] Die *„feindliche Einstellung"* (erste Gruppe), die *„grundsätzliche Mißachtung der sozialistischen Staatsdisziplin oder der Regeln des sozialistischen Gemeinschaftslebens"* (zweite Gruppe) und die *„rückständige Einstellung"* (dritte Gruppe).

Die „feindliche Einstellung" als Schuldmerkmal war wiederentdeckt worden.[70] Während die „feindliche Einstellung" schon dem Wortlaut nach einen offenen Widerspruch zur sozialistischen Gesellschaftsordnung voraussetzte, wurde die „rückständige Einstellung" noch auf alte Denkmuster der „bürgerlichen Ideologie" zurückgeführt.[71] In der Begründung hieß es dazu, dass „[i]n der ersten Gruppe [...] solche Täter gemeint [seien], die konterrevolutionäre Delikte [begingen] und in der zweiten Gruppe [Täter, die] Straftaten wie schwere Wirtschaftsverbrechen, schwere Verbrechen gegen die Tätigkeit staatlicher Organe, Tötungsverbrechen, schwere Sexualdelikte und andere Verbrechen gegen die Person [...]" begingen.[72] Die Straftaten dieser Gruppen wurden dabei als so schwer erachtet, dass sie eben kein Rudiment einer alten „Ideologie" mehr darstellen konnten.[73] Die dritte Gruppe sollte hingegen jene Straftaten umfassen, die „aus einer gänzlichen oder teilweisen Unterworfenheit des Täters unter kapitalistische Vorstellungen erwachsen [...]" und damit eben Folgen jenes Rudiments der „bürgerlichen Ideologie" waren.[74] Zweck der differenzierten Behandlung der verschiedenen Einstellungen war, eine

---

69 Diesen Ansatz begrüßte auch *M. Benjamin*, der ähnlich wie *Lekschas* im Wesen der Schuld auch die Widerspiegelung der Gesellschaftsgefährlichkeit einer Tat sah. Dies sei mit der neuen Definition gelungen (M. Benjamin, Der Ausschluß der strafrechtlichen Verantwortlichkeit bei geringfügigen Handlungen, S. 131).

70 Vgl. Kapitel 3.III.

71 Vgl. Begründung des zweiten Entwurfs des Allgemeinen Teils des StGB für die Sitzung der Grundkommission am 13./14. Mai 1960 (ohne Datum), BArch DP 1/22937.

72 Begründung des zweiten Entwurfs des Allgemeinen Teils des StGB für die Sitzung der Grundkommission am 13./14. Mai 1960 (ohne Datum), BArch DP 1/22937.

73 Vgl. Begründung des zweiten Entwurfs des Allgemeinen Teils des StGB für die Sitzung der Grundkommission am 13./14. Mai 1960 (ohne Datum), BArch DP 1/22937.

74 Siehe die Begründung zu § 2 des „Entwurf zur Neuregelung der Fragen der Schuld in künftigem StGB" (ohne Datum), BArch DP 1/7909.

möglichst klare Anleitung für die Praxis zu ermöglichen.[75] Problematisch wurde diese Einordnung bei Jugendlichen gesehen, da bei diesen noch ein schwankendes Bewusstsein angenommen wurde und eine eindeutige Zuordnung zu einer bestimmten Einstellung deshalb schwierig erschien.[76] Diese Abstufung des Verschuldens kann als ein Kriterium für eine Abstufung der Schwere der Schuld und somit auch für das Strafmaß interpretiert werden. Wahrscheinlich wäre die Einordnung der Einstellung des Täters in eine der drei Gruppierungen auch mit unterschiedlichen Erziehungsmaßnahmen einhergegangen.

3. Fahrlässigkeit (§ 10)

Die Regelung der Fahrlässigkeit ließ sich in § 10 des Entwurfs verorten.[77] Auch bei der Fahrlässigkeit wurde der Ansatz, dass diese auf einem Widerspruch zwischen der Einstellung des Täters und den Anforderungen der sozialistischen gesellschaftlichen Disziplin beruhe, verfolgt.[78] Abs. 3 knüpfte daher an die Einstellung des Täters an, was dem vom Zentralkomitee der SED geforderten „ideologischen“ Einschlag entsprach.[79] Die neue Formulierung sollte die in den Jahren 1958 und 1959 erarbeiteten Grundlagen nun deutlicher zum Ausdruck bringen und dem Anwender ein Werkzeug geben, um fahrlässige Handlungen von nicht-fahrlässigen Handlungen besser unterscheiden zu können.[80] Zusätzlich enthielt die Regelung der Fahrlässigkeit nun auch eine Negativabgrenzung, indem festgelegt worden war, in welchen Fällen keine Fahrlässigkeit vorliegen sollte. § 10 lautete wörtlich:

> (1) *Fahrlässig handelt, wer dadurch ungewollt eine strafbare Handlung begeht, dass er einem ihm auf Grund gesetzlicher Bestimmungen oder den objektiven Umständen nach obliegenden Pflicht, sich im gesellschaftlichen Leben vorsichtig und achtsam zu verhalten, bewußt zuwiderhandelt oder nicht die erforderlichen Anstrengungen unternimmt, sich seiner Pflichten bewußt zu werden und danach zu handeln.*

---

75 Begründung des zweiten Entwurfs des Allgemeinen Teils des StGB für die Sitzung der Grundkommission am 13./14. Mai 1960 (ohne Datum), BArch DP 1/22937.

76 Siehe die Begründung zu § 2 des „Entwurf zur Neuregelung der Fragen der Schuld in künftigem StGB“ (ohne Datum), BArch DP 1/7909.

77 Diese wurde von *Lekschas* in seinem Beitrag in der NJ vorgestellt (vgl. Lekschas, in: NJ 1960, 498 (S. 504)).

78 Siehe die Begründung zu § 3 des „Entwurf zur Neuregelung der Fragen der Schuld in künftigem StGB“, BArch DP 1/7909.

79 Vgl. Kapitel 5.I. und Kapitel 5.II.

80 Lekschas, in: NJ 1960, 498 (S. 504).

(2) *Fahrlässig handelt nicht, wer durch ein von ihm nicht zu verantwortendes körperliches Versagen oder Unvermögen, die Umstände und Folgen seines Handelns zu erfassen und zu beurteilen, daran gehindert wurde, seinen Pflichten bewußt nachzukommen.*

(3) *Bei der Bestrafung fahrlässig begangener Straftaten ist zu unterscheiden, ob die Tat aus einer rücksichtslosen Einstellung zu den werktätigen Menschen oder aus einem gleichgültigen oder verantwortungslosen Verhalten des Täters zu seinen Pflichten oder aus gelegentlicher Unachtsamkeit und Oberflächlichkeit begangen wurde.*[81]

a) Allgemeine Sorgfalts- bzw. Handlungspflicht (Abs. 1 und 2)

Für eine Fahrlässigkeitsstrafbarkeit war nunmehr keine konkrete normierte Rechtspflicht mehr erforderlich. *Lekschas*' Versuch, die Fahrlässigkeitsstrafbarkeit über die Begrenzung der Rechtspflichten einzudämmen, war gescheitert. Die Kommission hatte es nicht für möglich gehalten, das gesellschaftliche Leben mit konkreten Rechtspflichten zu erfassen.[82] Stattdessen wurde eine Pflicht des Einzelnen statuiert, sich im gesellschaftlichen Leben vorsichtig und achtsam zu verhalten (Abs. 1). Damit wurde eine allgemeine Handlungspflicht festgehalten, die für jeden einzelnen Bürger gelten sollte. In der Begründung hatte es zu dieser allgemeinen Pflicht geheißen:

> Man muß also als Bezugspunkt für die Charakterisierung des fahrlässigen Verschuldens auf der objektiven Seite von einer Verpflichtung sprechen, sich so zu verhalten, daß keine Gefahr für die Gesellschaft erwächst. Diese Verpflichtung darf nicht aus dem subjektiven Erwägen des Beurteilers entstehen, sondern muß in den bestehenden rechtlichen Bestimmungen oder der objektiven Lage begründet sein.[83]

aa) Parallelen zur Feuerbach'schen Theorie

Die Konstruktion einer allgemeinen Handlungspflicht erinnert sehr (insb. in der Formulierung der Begründung, welche mehr nach einer Unterlassungspflicht klingt) an die von *Lekschas* stark kritisierte Verfahrensweise von *Feuerbach*, welcher für die *culpa* eine weitreichende Unterlassungspflicht eingeführt hatte,[84] um

---

81 Zweiter Entwurf des Allgemeinen Teils des StGB (ohne Datum), BArch DP 1/22955.

82 Protokoll über die Sitzung der Unterkommission zur Überprüfung des Entwurfs des StGB am 18.3.1960, BArch DP 1/7909.

83 Begründung des zweiten Entwurfs des Allgemeinen Teils des StGB für die Sitzung der Grundkommission am 13./14. Mai 1960 (ohne Datum), BArch DP 1/7909. Dieser Teil war wörtlich aus dem Vorschlag der Arbeitsgruppe *Lekschas* übernommen worden, BArch DP 1/7909.

84 Vgl. dazu auch Holl, Entwicklungen der Fahrlässigkeitsdogmatik im Strafrecht von Feuerbach bis Welzel, S. 13.

(*Lekschas'* Interpretation nach) Strafbarkeitslücken zu schließen.[85] Auch wenn die von der StGB-Kommission eingeführte Pflicht ausdrücklich nicht so bezeichnet worden war,[86] stellte sie nichts anderes als eine allgemeine Sorgfaltspflicht dar. *Lekschas* hatte die Schaffung von allgemeinen Sorgfaltspflichten nur zwei Jahre zuvor abgelehnt, da solche offenen Begrifflichkeiten zu Willkür führen würden.[87] Eine Auseinandersetzung mit diesem Widerspruch erfolgte nicht. Bemerkenswert ist, dass zuvor abgelehnte Vorgehensweisen nun als echte Rechtskonzepte in Erwägung gezogen wurden, ohne, dass dies diskutiert wurde.

bb) Einordnung der allgemeinen Sorgfalts- bzw. Handlungspflicht

Die allgemeine Sorgfaltspflicht hatte wie schon die Unterlassungspflicht von *Feuerbach* ein Problem: Sie umfasste jegliches menschliche Verhalten und war nicht näher durch das Gesetz konkretisiert worden. Es handelte sich demnach um auslegungsbedürftige, unbestimmte Rechtsbegriffe, die eine Interpretation nach den gerade vorherrschenden gesellschaftlichen Strömungen ermöglichen und der Rechtsprechung einen großen Spielraum geboten hätten. Dies erkannten auch die Erschaffer der Norm. In der Begründung des zweiten Entwurfs gestand man, dass „[d]ie in Abs. 1 gegebene Definition [...] ohne Abs. 2 zu einer Überspannung der Anforderungen an die Bürger führen [würde]."[88] Aus diesem Grund war Abs. 2 eingeführt worden, der eine Ausnahme von der Sorgfaltspflicht vorsehen sollte. Abs. 2 sollte die Fälle erfassen, in denen der Täter nicht in der Lage war, die psychisch „notwendige Willensanspannung" aufzubringen oder nicht in der Lage war, die Umstände und Folgen seines Handelns richtig zu erfassen und zu beurteilen.[89] Letzteres sollte z. B. folgende Fallkategorien erfassen:

---

85 Siehe Kapitel 4.II.1.b)bb)(3).

86 Es war bewusst darauf geachtet worden, nicht den „bürgerlichen" Begriff der Sorgfaltspflicht zu verwenden (Protokoll über die Sitzung der Unterkommission zur Überprüfung des Entwurfs des StGB am 18.3.1960 (ohne Datum), BArch DP 1/7909). Die im zweiten Entwurf konstruierte Pflicht ging jedoch noch darüber hinaus, da sie für jede Lebenslage eine Sorgfaltspflicht schuf.

87 Lekschas, Fahrlässigkeitsverbrechen, S. 17.

88 Begründung des zweiten Entwurfs des Allgemeinen Teils des StGB für die Sitzung der Grundkommission am 13./14. Mai 1960 (ohne Datum), BArch DP 1/22937. Der Rückgriff auf die Begründung des zweiten Entwurfs ist an dieser Stelle möglich, da sich der zweite Entwurf bzgl. der Regelungen zur Schuld nicht wesentlich von der überarbeiteten Version des ersten Entwurfs unterschied.

89 Siehe die Begründung zu § 3 des „Entwurf zur Neuregelung der Fragen der Schuld in künftigem StGB", BArch DP 1/7909.

> [...] wo die Chemiearbeiter nicht über einen Produktionsvorgang aufgeklärt wurden und durch eine falsche Mischung eine Explosion eintrat; Karl-Marx-Stadt – Brand einer Keramik-Pumpe, die bisher als unbrennbar galt.[90]

Aus dieser Einschränkung ergaben sich jedoch nur einzelne Ausnahmen von der allgemeinen Sorgfaltspflicht. Problematisch könnte zudem auch die Ausgestaltung der Sorgfaltspflicht als Regelfall gewesen sein. D.h. die Ausnahmen hätten gesondert festgestellt werden müssen, was einen zusätzlichen Begründungsaufwand mit sich gebracht hätte. Faktisch gesehen wäre es somit einfacher gewesen, das Bestehen einer Sorgfaltspflicht anzunehmen, als sie abzulehnen. Lediglich *Erich Buchholz*[91] sprach sich in einer Sitzung der UK zur Überprüfung des Entwurfs aufgrund der Weite der allgemeinen Sorgfaltspflicht gegen diese aus.[92]

b) Fahrlässigkeit und Einstellung (Abs. 3)

Auch im Hinblick auf die Fahrlässigkeit spielte der Begriff der „Einstellung“ eine bedeutende Rolle. In Abs. 3 wurde zwischen einer *„rücksichtslosen Einstellung“*, einem *„gleichgültigen oder verantwortungslosen Verhalten des Täters zu seinen Pflichten“* und zwischen *„gelegentlicher Unachtsamkeit“* bzw. *„Oberflächlichkeit“* unterschieden. Diese Einteilung ging auf einen Vorschlag von *Renneberg* zurück, der zunächst zwei Gruppen bilden wollte. Zum einen die „Rücksichtslosigkeit, Gleichgültigkeit, Pflichtvergessenheit“ und zum anderen „gelegentliche Unachtsamkeit und Oberflächlichkeit“.[93]

Auch die Regelung der Fahrlässigkeit ließ, wie schon die Regelung des Vorsatzes, ein Gefälle in der Qualität der Einstellung erkennen. Sowohl von einem rechtlichen als auch von einem moralischen Standpunkt aus wäre eine „rücksichtslose Einstellung“ anders zu bewerten gewesen als eine „gelegentliche Unachtsamkeit“.[94] Diesem Grundsatz folgend wurde unter einer „rücksichtslosen Einstellung“ eine „kapitalistisch-rücksichtslose Einstellung“ verstanden, die sich in fahrlässig verschuldeten Unfällen äußere. Gemeint waren damit insbesondere Betriebsunfälle

---

90 Siehe die Begründung zu § 3 des „Entwurf zur Neuregelung der Fragen der Schuld in künftigem StGB“, BArch DP 1/7909.

91 Zur Biografie von *Erich Buchholz* siehe Anhang II.3.

92 Protokoll über die Sitzung der Unterkommission zur Überprüfung des Entwurfs des StGB am 18.3.1960 (ohne Datum), BArch DP 1/7909.

93 Siehe Sitzungsprotokoll der StGB-Kommission vom 13.05.1960, BArch DP 1/7909.

94 Vgl. Begründung zu § 4 des „Entwurf zur Neuregelung der Fragen der Schuld in künftigem StGB“, BArch DP 1/7909.

und Straßenverkehrsdelikte.[95] „Unachtsamkeit“ sollte hingegen pflichtbewusste Menschen erfassen, die aufgrund dieser gelegentlichen Unachtsamkeit fahrlässig handelten. Sie sollten weniger hart „angefasst“ werden als die Täter aus den anderen beiden Gruppierungen.[96]

Zu beachten ist weiterhin, dass das Merkmal „rücksichtslos“ von einem sozialistischen Standpunkt aus verstanden werden musste. Ausgangspunkt der Überlegungen war somit das Wertesystem der sozialistischen Gesellschaft. Dadurch hätten sich dieselben Auslegungsprobleme ergeben wie schon bei der „feindlichen“ und „schädlichen Einstellung“.[97] Die Differenzierung der Schuld anhand verschiedener Einstellungen muss zudem auch aus einem anderen Grund kritisch gesehen werden: Diese setzte die Feststellung subjektiver Vorgänge voraus, die sich im Inneren des Täters abspielten, was ein ernstzunehmendes Beweisproblem dargestellt hätte.

4. Unzurechnungsfähigkeit und verminderte Zurechnungsfähigkeit (§ 20)

Die Unzurechnungsfähigkeit war mit der Überarbeitung des Entwurfs zum Bestandteil der Schuld erklärt worden.[98] Trotzdem befand sich die Norm im zweiten Entwurf nicht in systematischer Nähe zu der in den §§ 8 ff. geregelten Schuld. Dies wurde damit begründet, dass es sich bei den Regelungen zur Zurechnungsfähigkeit um einen Ausnahmefall handle.[99] Die Regelung hatte folgenden Wortlaut:

(1) *Eine Straftat begeht nicht, wer infolge zeitweiliger oder dauernder Störung der Geistestätigkeit zur Zeit seines Handelns unfähig ist, dessen gesellschaftliche Bedeutung zu erkennen oder entsprechend dieser Erkenntnis sein Handeln zu bestimmen.*

(2) *War die Zurechnungsfähigkeit des Täters infolge zeitweiliger oder dauernder Störung seiner Geistestätigkeit zur Zeit der Tat erheblich beeinträchtigt, so kann die Strafe bis auf die Hälfte des vom verletzten Gesetz vorgesehenen Mindeststrafmaßes gemildert werden.*[100]

95 Siehe Begründung zu § 4 des „Entwurf[s] zur Neuregelung der Fragen der Schuld in künftigem StGB“, BArch DP 1/7909.

96 Siehe Begründung zu § 4 des „Entwurf[s] zur Neuregelung der Fragen der Schuld in künftigem StGB“, BArch DP 1/7909.

97 Vgl. Kapitel 3.III. und Kapitel 3.IV.2.b)bb).

98 Siehe Kapitel 5.II.2.

99 Begründung des zweiten Entwurfs des Allgemeinen Teils des StGB für die Sitzung der Grundkommission am 13./14. Mai 1960 (ohne Datum), BArch DP 1/22937.

100 Zweiter Entwurf des Allgemeinen Teils des StGB (ohne Datum), BArch DP 1/22955.

a) Unzurechnungsfähigkeit (§ 20 Abs. 1)

Mit der Regelung der Unzurechnungsfähigkeit und nicht der Zurechnungsfähigkeit galt die Vermutung der Zurechnungsfähigkeit.[101] Damit wurde nicht nur der Tradition des RStGB gefolgt, welches in § 51 RStGB die Unzurechnungsfähigkeit regelte, sondern auch der Tradition sowjetischer Partner. So regelte z. B. das StGB der RSFSR von 1926 die Unzurechnungsfähigkeit und nicht die Zurechnungsfähigkeit.[102]

Die Schuld konnte aufgrund einer *1. zeitweiligen* oder *2. dauernden Störung der Geistestätigkeit* ausgeschlossen sein. Die Störung musste zur Tat vorgelegen haben und es musste hinzukommen, dass der Täter aufgrund dieser Störung *3.* nicht in der Lage war *(unfähig)*, die *gesellschaftliche Bedeutung seines Handelns zu erkennen*, oder *4.* sein *Handeln* danach zu *bestimmen*. Mit der „zeitweilige[n] oder dauernde[n] Störung der Geistestätigkeit" bediente man sich einer Terminologie, die wörtlich weder dem RStGB noch dem sowjetischen Recht zugeordnet werden konnte, insgesamt jedoch große Ähnlichkeiten zu beiden Gesetzen aufwies: Das RStGB sprach von einer „krankhaften Störung der Geistestätigkeit" und der „Bewusstlosigkeit",[103] und das Strafgesetzbuch der RSFSR z. B. von „chronischer Geisteskrankheit", „zeitweiliger Geistesstörung" und einem „anderen krankhaften Zustand".[104] Tatsächlich hatte man sich jedoch an den Regelungen des RStGB orientiert. Die Voraussetzungen des § 51 RStGB (Störung der Geistestätigkeit, Geistesschwäche und Bewusstseinsstörung) waren unter dem Tatbestandsmerkmal der „zeitweiligen und dauernden Störung der Geistestätigkeit" zusammengefasst worden.[105]

Die Kommission hatte sich für die Begrifflichkeiten „zeitweilige oder dauernde Störung der Geistestätigkeit" entschieden, weil die zuvor im § 51 RStGB verwendeten Begrifflichkeiten „Geisteskrankheit" und „Geistesschwäche" medizinisch unterschiedlich aufgefasst worden seien.[106] Eine Einmischung in die Meinungsstreitigkeiten der Psychiater über bestimmte Störungen sollte dadurch verhindert werden.[107] Mit der Formulierung sollten sowohl die „Geisteskrankheit" als auch alle

---

101 Thesen zur Zurechnungsfähigkeit, BArch DP 1/7785. Das Thesenpapier benennt als Bearbeiter *Lekschas*.

102 Vgl. § 11 der Ausgabe des Strafgesetzbuches der RSFSR, in: BArch DP 1/7020.

103 Siehe § 51 RStGB.

104 Vgl. § 11 des Strafgesetzbuches der RSFSR, BArch DP 1/7020.

105 „Unterkommission I – Ausarbeitung der Grundkonzeption StGB und StPO Arbeitsgruppe Prof. Dr. Lekschas ‚Probleme der Schuld'" (ohne Datum), BArch DP 1/23016.

106 Protokoll über die 7. Sitzung der Kommission zur Ausarbeitung eines StGB am 21. Mai 1958, BArch DP 1/2376, Bl. 103.

107 Protokoll über die 7. Sitzung der Kommission zur Ausarbeitung eines StGB am 21. Mai 1958, BArch DP 1/2376, Bl. 103r.

sonstigen psychischen Störungen erfasst werden.[108] Welche Störungen das konkret sein sollten, blieb jedoch unklar. Weiterhin wird die Anlehnung an die Regelungen des RStGB durch die Voraussetzungen c) und d), welche sehr stark an die Merkmale der Einsichts- und Steuerungsfähigkeit aus dem RStGB erinnern, deutlich. Auch bei der Unzurechnungsfähigkeit war der Formulierungsvorschlag aus den *Grundsätzen* nicht übernommen worden.[109] Hervorzuheben ist, dass die Unfähigkeit, die Bedeutung des Handelns zu erkennen, nicht an das Unrecht, sondern an die gesellschaftliche Bedeutung anknüpfte. Das zeigt, dass Schuld in der DDR als gesellschaftliches Phänomen gesehen werden muss, welches nur im Verhältnis zur Gesellschaft existieren konnte.

b) Verminderte Zurechnungsfähigkeit (§ 20 Abs. 2)

Neben der Unzurechnungsfähigkeit wurde zudem die Existenz einer verminderten Zurechnungsfähigkeit bejaht.[110] Die verminderte Zurechnungsfähigkeit sollte sich dahingehend von der Unzurechnungsfähigkeit unterscheiden, als dass sie nicht so schwerwiegend wie die Unzurechnungsfähigkeit sei. Die Zurechnungsfähigkeit sei in diesen Fällen nur geringfügig beeinträchtigt.[111] Noch 1958 hatte *Hans Hinderer*[112] dafür plädiert, die verminderte Zurechnungsfähigkeit nicht wie bisher im Anschluss an die Unzurechnungsfähigkeit, sondern im Rahmen der Strafzumessung zu regeln.[113] Damit würde ein real existierendes Problem anerkannt, gleichzeitig aber verdeutlicht werden, dass diese die Schuld des Täters und damit die Strafbarkeit an sich nicht in Frage stellen könne.[114] Diese Forderung wurde im zweiten Entwurf nicht umgesetzt.

---

108 Protokoll über die 7. Sitzung der Kommission zur Ausarbeitung eines StGB am 21. Mai 1958, BArch DP 1/2376, Bl. 103.

109 Art. 11 der Grundsätze lautete: „*Der strafrechtlichen Verantwortlichkeit unterliegt nicht eine Person, die sich im Zeitpunkt der Begehung der sozial-gefährlichen Handlung in unzurechnungsfähigem Zustand befand, d. h. infolge chronischer Geisteskrankheit, zeitweiliger Geistesstörung, Schwachsinn oder eines sonstigen krankhaften Zustandes nicht imstande war, sich von ihren Handlungen Rechenschaft zu geben oder sie zu lenken.*
Auf eine solche Person können gemäß Anordnung des Gerichts Zwangsmaßnahmen medizinischer Art, die in den Gesetzen der Unionsrepubliken bestimmt werden, zur Anwendung gebracht werden." (vgl. F.-C. Schroeder/Maurach, Die Grundsätze der Strafgesetzgebung, S. 46).

110 Hinderer, in: SuR 1958, 1286 (S. 1290).

111 Hinderer, in: SuR 1958, 1286 (S. 1290).

112 Zur Biografie von *Hans Hinderer* siehe Anhang II.6.

113 Hinderer, in: SuR 1958, 1286 (S. 1290).

114 Vgl. Protokoll über die 7. Sitzung der Kommission zur Ausarbeitung eines StGB am 21. Mai 1958, BArch DP 1/2376, Bl. 103 f.

5. Zusammenfassung

Der zweite Entwurf, welcher aus der Kritik des Zentralkomitees der SED heraus entstanden war, enthielt wesentliche Änderungen im Vergleich zum ersten Entwurf. Die Definition des Wesens der Schuld war in die Regelungen der Schuldformen verlagert worden. Weiterhin wurden innerhalb der Schuldformen verschiedene Einstellungen differenziert. Es gab sowohl innerhalb des Vorsatzes als auch innerhalb der Fahrlässigkeit eine Abstufung verschiedener Grade bzw. dahinter liegender Motivlagen. Dies zeigt, dass die subjektiven Charakteristika der Straftat, namentlich die entsprechende „Einstellung" zur Tat, einen höheren Stellenwert erlangt hatte, als dies z. B. noch 1952/53 der Fall gewesen war. Die „Einstellung" als zentrales Schuldmerkmal gewann durch die vorgenommene Differenzierung immer mehr an Bedeutung. Zwar liegt die Annahme nicht fern, dass sich die Differenzierung der Einstellungen und ihre Ausgestaltung durch die verschiedenen Tatbestandsmerkmale in Vorsatz und Fahrlässigkeit zugunsten der Rechtssicherheit ausgewirkt haben könnte, dabei muss jedoch berücksichtigt werden, dass die im Gesetzesentwurf geforderten „Einstellungen" höchst subjektive Merkmale darstellten, welche in der Praxis nur mit Mühe hätten nachgewiesen werden können. Durch die Betonung der subjektiven Merkmale in Form einer Differenzierung kann eine Tendenz der Subjektivierung des Strafrechts in der DDR gesehen werden.

Darüber hinaus ließ sich eine fortschreitende Entwicklung bzgl. der Ausweitung der Fahrlässigkeitsstrafbarkeit erkennen. Dies betraf die Ausgestaltung der Rechtspflichten. Die Grundkommission hatte die Einschränkung der Fahrlässigkeitsstrafbarkeit durch die Ausgestaltung von konkreten normierten Rechtspflichten abgelehnt. Ein Grund dafür war die Schwierigkeit, konkrete Rechtspflichten für jeden Lebensbereich gesetzlich zu normieren. *Renneberg* hatte dies für unmöglich gehalten. Im zweiten Entwurf behalf man sich dieses Problems durch die Einführung einer allgemeinen Sorgfalts- bzw. Handlungspflicht, welche den Bürger dazu verpflichtet hätte, sich in jeder Lebenslage vorsichtig und achtsam zu verhalten und somit jedes Verhalten potenziell mit Strafe bedroht hätte, wenn nicht eine der wenigen Ausnahmen gegriffen hätte. Diese allgemeine Sorgfalts- bzw. Handlungspflicht ähnelte sehr der *Feuerbach'schen* Unterlassungspflicht, welche zwei Jahre zuvor noch strikt abgelehnt und kritisiert worden war.[115]

Mit dem zweiten Entwurf wurde auch eine Kategorie (die Unzurechnungsfähigkeit), die zuvor aufgrund des sowjetischen Deliktsaufbaus nicht unmittelbar als Teil der Schuld gesehen worden war, Bestandteil der Schuld. Die Zurechnungsfähigkeit war damit Schuldvoraussetzung geworden. Spätestens damit wäre ein psychologisches Schuldverständnis in der DDR unhaltbar gewesen.

115 Siehe Kapitel 4.II.1.b)bb)(3).

IV. Kritik des Staatsrates an der Strafrechtswissenschaft

Dem zweiten Entwurf folgten bis zur Dezembertagung am 21.12.1961 noch drei weitere Entwürfe.[116] Ursprünglich war geplant gewesen, Ende November 1961 die Abschlusslesung des sechsten Entwurfs durchzuführen. *H. Benjamin* hatte jedoch darauf hingewiesen, dass die Auswertung des XXII. Parteitags der Kommunistischen Partei der Sowjetunion (KPdSU), die „Maßnahmen zur Sicherung des Friedens" vom 13.8.1961 und die Verordnung vom 24.8.1961 wichtige Ereignisse seien, die der Auswertung bedürften.[117] Die Auswertung wurde durch eine wissenschaftliche Arbeitstagung der StGB-Grundkommission und der Sektion Strafrecht (sog. Dezembertagung) durchgeführt.[118]

1. Relikttheorie: Ein Auslaufmodell

Die Dezembertagung wurde im Nachgang scharf kritisiert. Der Staatsrat hatte die während der Tagung von *Lekschas* und *Renneberg* vertretene sog. Relikttheorie durch seinen Beschluss vom 24.5.1962 zurückgewiesen.[119] Die Zurückweisung gestaltete sich so absolut, dass die von *Lekschas* und *Renneberg* vertretenen Thesen im MdJ später als „falsch" bezeichnet wurden.[120] Im Einzelnen hatten die beiden Rechtswissenschaftler die Thesen vertreten, dass unabhängig von der Absicht des Täters jede Gesetzesverletzung eine konterrevolutionäre Tendenz habe, der Klassenkampf sich ständig verschärfe und jedes Verbrechen Ausdruck des Klassenkampfes sei.[121] Daraus folge, dass die objektiven Kriminalitätsursachen

---

116 Es handelte sich um den dritten („3. Entwurf des Allgemeinen Teils des StGB", BArch DP 1/22937), vierten („4. Entwurf des Allgemeinen Teils des StGB", BArch DP 1/22937) und fünften Entwurf („5. Entwurf des Allgemeinen Teils des StGB", BArch DP 1/20411). Diese Überarbeitungsschritte zwischen den einzelnen Entwürfen beschränkten sich jedoch auf Formulierungsfragen, sodass diese hier nicht im Detail dargestellt werden.

117 Vermerk mit dem Betreff „Beratung zur Vorbereitung einer gemeinsamen Sitzung der StGB-Grundkommission und der Sektion Strafrecht" (ohne Datum), BArch DP 1/8153.

118 Entwurf der Thesen für das Referat „Überwindung dogmatischer Strafrechtsauffassungen und Schlussfolgerungen aus dem Staatsratsbeschluss für die Strafgesetzgebung" (ohne Datum), BArch DP 1/20411. Für nähere Informationen siehe das Protokoll der gemeinsamen Tagung der StGB-Grundkommission und der Sektion Strafrecht am 21.12.1961, BArch DP 1/2380, Bl. 221 ff.

119 F.-C. Schroeder, in: Jahrbuch für Ostrecht 1973, 9 (S. 12); Voigt, Staats- und rechtswissenschaftliche Forschungsplanung, S. 187.

120 So auch im Entwurf der Thesen für das Referat „Überwindung dogmatischer Strafrechtsauffassungen und Schlussfolgerungen aus dem Staatsratsbeschluss für die Strafgesetzgebung" (ohne Datum), BArch DP 1/20411.

121 Entwurf der Thesen für das Referat „Überwindung dogmatischer Strafrechtsauffassungen und Schlussfolgerungen aus dem Staatsratsbeschluss für die Strafgesetzgebung" (ohne Datum), BArch DP 1/20411.

in den Klassenverhältnissen bestünden.[122] Diese Auffassungen hätten sowohl der aktuellen Sowjetwissenschaft als auch den von *Ulbricht* auf der Babelsberger Konferenz geäußerten Auffassungen widersprochen; *Ulbricht* habe sie als Dogmatismus abgelehnt.[123]

Die Kritik des Staatsrates wurde in der 43. Grundkommissionssitzung thematisiert. Das MdJ[124] machte die mangelnde Verbindung der Wissenschaft mit der gesellschaftlichen Praxis und die mangelnde Auswertung der Erkenntnisse der Sowjetwissenschaft dafür verantwortlich, dass die Relikttheorie noch immer allgemein verbreitet war.[125] Konkret hätten *Lekschas* und *Renneberg* das Referat ohne das Kollektiv der Strafrechtswissenschaftler[126] vorbereitet und unmittelbar vor der Tagung fertiggestellt, sodass die Thesen den Tagungsteilnehmern im Vorhinein nicht schriftlich vorgelegen hätten.[127] Diese hätten die Auffassungen von *Lekschas* und *Renneberg* ohne Widerspruch hingenommen bzw. gebilligt.[128] Kritisiert wurde darüber hinaus auch, dass die grundlegenden Fragen zur Gesetzgebung in der Grundkommission nur von *Lekschas* und *Renneberg* diskutiert worden seien.[129] Die anderen Wissenschaftler hätten nur eine untergeordnete Stellung eingenommen.[130] Generell hätten sich hauptsächlich nur Wissenschaftler zu den Grundfragen

122 Entwurf der Thesen für das Referat „Überwindung dogmatischer Strafrechtsauffassungen und Schlussfolgerungen aus dem Staatsratsbeschluss für die Strafgesetzgebung" (ohne Datum), BArch DP 1/20411.

123 Entwurf der Thesen für das Referat „Überwindung dogmatischer Strafrechtsauffassungen und Schlussfolgerungen aus dem Staatsratsbeschluss für die Strafgesetzgebung" (ohne Datum), BArch DP 1/20411. Siehe zur Dogmatismusdebatte auch VOIGT, Staats- und rechtswissenschaftliche Forschungsplanung, S. 186 ff.

124 *Ranke* trug die Kritik im Rahmen eines Referats vor. Dies ergibt sich aus dem Sitzungsprotokoll der 43. Grundkommissionssitzung: „Überwindung dogmatischer Strafrechtsauffassungen und Schlußfolgerungen aus dem Staatsratsbeschluß für die Gesetzgebung", BArch DP 1/22952.

125 Entwurf der Thesen für das Referat „Überwindung dogmatischer Strafrechtsauffassungen und Schlussfolgerungen aus dem Staatsratsbeschluss für die Strafgesetzgebung" (ohne Datum), BArch DP 1/20411.

126 Zur Funktion des Kollektivs der Strafrechtler siehe Fn. 38 in Kapitel 3.

127 Entwurf der Thesen für das Referat „Überwindung dogmatischer Strafrechtsauffassungen und Schlussfolgerungen aus dem Staatsratsbeschluss für die Strafgesetzgebung" (ohne Datum), BArch DP 1/20411.

128 Entwurf der Thesen für das Referat „Überwindung dogmatischer Strafrechtsauffassungen und Schlussfolgerungen aus dem Staatsratsbeschluss für die Strafgesetzgebung" (ohne Datum), BArch DP 1/20411.

129 Entwurf der Thesen für das Referat „Überwindung dogmatischer Strafrechtsauffassungen und Schlussfolgerungen aus dem Staatsratsbeschluss für die Strafgesetzgebung" (ohne Datum), BArch DP 1/20411.

130 Entwurf der Thesen für das Referat „Überwindung dogmatischer Strafrechtsauffassungen und Schlussfolgerungen aus dem Staatsratsbeschluss für die Strafgesetzgebung" (ohne Datum), BArch DP 1/20411.

geäußert, während die Praktiker sich auf Berichte über den aktuellen Stand der Rechtsprechung beschränkt hätten, obwohl die Grundfragen sowohl von Wissenschaftlern als auch von Praktikern erarbeitet werden sollten.[131]

2. Einordnung der Kritik

Mit dieser grundlegenden Kritik, die später von *Ranke* im Rahmen der 43. Grundkommissionsitzung vorgetragen worden ist,[132] wurden *Lekschas* und *Renneberg* als besondere Einflusspersonen für die falsche Entwicklung der Strafrechtswissenschaft verantwortlich gemacht.[133] Dies verwundert in mehreren Hinsichten. Zum einen war die Arbeit der beiden Rechtswissenschaftler nur ein Jahr zuvor noch völlig gegenteilig eingeschätzt worden. So hatte *Arlt*[134] in seinem Referat vor dem Politbüro des Zentralkomitees der SED geäußert, dass *Renneberg* und *Lekschas* seit der Babelsberger Konferenz „[…] große Anstrengungen [unternommen hätten], die Genossen ihrer Institute und darüber hinaus der gesamten Sektion durch die klare Herausarbeitung der zu lösenden theoretischen Aufgaben zum selbständigen wissenschaftlichen Arbeiten zu erziehen."[135]

In einer anderen Akte findet sich zudem der Hinweis, dass *Lekschas* und *Renneberg* sich am 13.12.1961, also einige Tage vor Beginn der Tagung, mit *H. Benjamin* getroffen hätten, um ihre Thesen mit der Justizministerin zu besprechen.[136] Zwar wies das MdJ darauf hin, dass die inhaltliche Vorbereitung des Referats nach der Besprechung stattgefunden habe und man nicht auf eine Zusendung der Thesen

131 Entwurf der Thesen für das Referat „Überwindung dogmatischer Strafrechtsauffassungen und Schlussfolgerungen aus dem Staatsratsbeschluss für die Strafgesetzgebung" (ohne Datum), BArch DP 1/20411.

132 Dies ergibt sich aus dem Sitzungsprotokoll der 43. Grundkommissionssitzung: „Überwindung dogmatischer Strafrechtsauffassungen und Schlußfolgerungen aus dem Staatsratsbeschluß für die Gesetzgebung", BArch DP 1/22952.

133 Entwurf der Thesen für das Referats „Überwindung dogmatischer Strafrechtsauffassungen und Schlussfolgerungen aus dem Staatsratsbeschluss für die Strafgesetzgebung" (ohne Datum), BArch DP 1/20411.

134 *Reiner Arlt* (1928–1997) war als Agrarrechtswissenschaftler zwischen 1958 und 1962 Chefredakteur der SuR und ab 1966 Rektor der DASR. Ab 1969 bekleidete er die Stellung des Vorsitzenden des Rates für staats- und rechtswissenschaftliche Forschung (siehe Müller-Enbergs/Wielgohs/Hoffmann, Wer war wer in der DDR?, S. 30 f).

135 Dreier u. a., Rechtswissenschaft in der DDR 1949–1971, S. 309.

136 Vorbereitung der gemeinsamen Sitzung der StGB-Grundkommission und der Sektion Strafrecht am 21.12.61 (7.12.1961), BArch DP 1/8153. Dies ergibt sich aus internen Akten des MdJ. Siehe „Überwindung dogmatischer Strafrechtsauffassungen und Schlußfolgerungen aus dem Staatsratsbeschluß für die Gesetzgebung", BArch DP 1/22952.

bestanden habe.[137] Sofern die Vorbesprechung stattgefunden hat, wäre es verwunderlich, wenn der Inhalt des Referats nicht Thema geworden wäre. Weiterhin wirkte *H. Benjamin* im Protokoll zur Tagung auch nicht überrascht oder entrüstet darüber, dass *Lekschas* und *Renneberg* die Relikttheorie vertreten hatten.[138] Es erscheint daher möglich, dass auch *H. Benjamin* und damit das MdJ von der Kritik des Staatsrates überrascht worden ist.

Für diese These spricht, dass sich der Dogmatismusvorwurf, den *Ulbricht* in seiner Rede auf der Babelsberger Konferenz von 1958 gegen die Relikttheorie vermeintlich erhoben habe, nicht ausdrücklich aus dieser ergeben hatte. Die Ausführungen *Ulbrichts* zu diesem Aspekt waren vage und interpretationsbedürftig geblieben.[139] Darauf haben schon zu Recht *Dreier/Eckert/Mollnau/Rottleuthner* hingewiesen.[140] Auch *Weber*, welcher 1960 Kommissionsmitglied gewesen war, hatte später darauf hingewiesen, dass die Klassenkampftheorie zwar von *Lekschas* und *Renneberg* vertreten worden war, „[...] in der Strafrechtswissenschaft [jedoch] nie die Bedeutung [gehabt habe], die ihr später auch im Rahmen der Dogmatismusdebatte 1956 und vor allem 1962 beigemessen wurde."[141] Schon in der 43. Grundkommissionssitzung hatte *Weber* die Kritik des MdJ nicht gänzlich ohne Widerspruch hingenommen. Er hatte ausgeführt, dass es keinen Widerspruch von anderen Tagungsteilnehmern während der Dezembertagung gegeben habe, weil alle mehr oder weniger vom Grundsätzlichen die gleiche Position vertreten hätten und nicht, weil sich keiner getraut hätte, zu widersprechen.[142] Viel spricht somit dafür, dass die Kritik des Staatsrates auch das MdJ überrascht hatte. Gleichzeitig verdeutlicht dieses Ereignis, wie der Staatsapparat der DDR korrigierend auf die Strafrechtswissenschaft eingewirkte und Einfluss auf den wissenschaftlichen Standpunkt nehmen konnte.[143] Die Rechtswissenschaft in der DDR kann deshalb nur begrenzt als frei bezeichnet werden.

---

137 „Grundsätze zum Problem der individuellen strafrechtlichen Verantwortlichkeit", BArch DP 1/21491.

138 Vgl. Protokoll der gemeinsamen Tagung der StGB-Grundkommission und der Sektion Strafrecht am 21.12.1961, BArch DP 1/2380, Bl. 221 ff.

139 Vgl. den Auszug aus *Ulbrichts* Referat bei Dreier u. a., Rechtswissenschaft in der DDR 1949–1971, S. 204.

140 Dreier u. a., Rechtswissenschaft in der DDR 1949–1971, S. 352.

141 Siehe das Interview von *Weber* im Anhang der Dissertation von Mahlmann, Strafrechtswissenschaft der DDR. Klassenkampftheorie und Verbrechenslehre, S. 162.

142 Protokoll der 43. Sitzung der StGB-Grundkommission am 17./18.8.1962, BArch DP 1/22952.

143 Sollte auch das MdJ von der Kritik überrascht worden sein, spräche dies dafür, dass sich solche Änderungen auch unvorhergesehen vollziehen konnten.

3. Überprüfung des sechsten Entwurfs

Der Staatsratsbeschluss vom 24.5.1962 sah eine Fertigstellung des StGB-Entwurfs einschließlich Begründung bis November 1962 vor.[144] Damit stand die Grundkommission unter erheblichem Druck, welcher sie dazu veranlasste, die bisherigen Arbeitsmethoden erneut (!) zu reflektieren.[145] In der 43. Grundkommissionssitzung vom 17./18.8.1962, in welcher sich auch mit der Kritik an den bei der Dezembertagung vertretenen Thesen befasst wurde, wurden auch die Auswirkungen der Tagung auf den sechsten Entwurf erörtert. Zwar hatten die Thesen von *Lekschas* und *Renneberg* keinen oder nur sehr abgeschwächt Eingang in die Schlussfolgerungen der Tagung gefunden.[146] Trotzdem sah das MdJ die Gefahr, dass die „falschen" Auffassungen der Strafrechtswissenschaft in den sechsten Entwurf des StGB-DDR eingeflossen waren.[147] Im Ergebnis wurde festgestellt, dass zwar noch immer nicht alle Grundfragen geklärt worden seien, aber die „von der Kommission für Staats- und Rechtsfragen beim Zentralkomitee der SED in Auswertung der Babelsberger Konferenz 1959 erarbeitete und durch den Staatsratsbeschluß vom Januar 1961 konkretisierte Linie [im sechsten Entwurf] ihren Ausdruck [finde]."[148] Es wurde daher kein Anlass für einen Richtungswechsel gesehen. Dies traf im Wesentlichen auch für die Einschätzung zur Schuldregelung zu:

> Insgesamt erscheint jedoch auch die Regelung der Schuld im Entwurf, vor allem unter dem Gesichtspunkt der Anleitung zur exakten Differenzierung, grundsätzlich richtig.[149]

und

---

144 Entwurf der Thesen für das Referat „Überwindung dogmatischer Strafrechtsauffassungen und Schlussfolgerungen aus dem Staatsratsbeschluss für die Strafgesetzgebung" (ohne Datum), BArch DP 1/20411.

145 Protokoll der 43. Sitzung der StGB-Grundkommission am 17./18.8.1962, BArch DP 1/20411.

146 Entwurf der Thesen für das Referat „Überwindung dogmatischer Strafrechtsauffassungen und Schlussfolgerungen aus dem Staatsratsbeschluss für die Strafgesetzgebung" (ohne Datum), BArch DP 1/20411.

147 Entwurf der Thesen für das Referat „Überwindung dogmatischer Strafrechtsauffassungen und Schlussfolgerungen aus dem Staatsratsbeschluss für die Strafgesetzgebung" (ohne Datum), BArch DP 1/20411; „Überwindung dogmatischer Strafrechtsauffassungen und Schlußfolgerungen aus dem Staatsratsbeschluß für die Gesetzgebung", BArch DP 1/22952.

148 Protokoll der 43. Sitzung der StGB-Grundkommission am 17./18.8.1962, BArch DP 1/20411.

149 Entwurf der Thesen für das Referat „Überwindung dogmatischer Strafrechtsauffassungen und Schlussfolgerungen aus dem Staatsratsbeschluss für die Strafgesetzgebung" (ohne Datum), BArch DP 1/20411.

Die Neuregelung der Schuld im Entwurf, die auf Vorschläge des Genossen Lekschas zurückgeht, erscheint als grundsätzlich richtig. Die Vorschläge des Genossen Lekschas beruhen auf gründlichen Untersuchungen und wurden umfassend mit Praktikern diskutiert.[150]

V. Letzter Entwurf des Allgemeinen Teils (7. Entwurf)

Am 20.10.1962 beriet die StGB-Grundkommission in ihrer 45. Sitzung über den siebten und letzten Entwurf[151] des Allgemeinen Teils des neuen StGB-DDR.[152] Die Regelungen der Schuld fanden sich nunmehr im IV. Kapitel „Voraussetzungen der strafrechtlichen Verantwortlichkeit".[153] Das Schuldprinzip war schon in Abs. 1 des § 11 „Begriff der Straftat" enthalten, erhielt jedoch noch einen eigens gewidmeten § 13 „Schuldgrundsatz".[154] Dem folgten die Regelungen zum Vorsatz[155] und zur Fahrlässigkeit. Diese sollten eine klare Anleitung für die Praxis gewährleisten.[156] Ziel der Definitionen war es, den „ideologischen", „moralisch-politischen Charakter" und das „Verwerfliche" der in Vorsatz und Fahrlässigkeit zum Ausdruck kommenden „schädlichen Einstellung" zu fixieren.[157] Das Anknüpfen der

---

150 1. Entwurf des Referates: Überwindung dogmatischer Strafrechtsauffassungen und Schlussfolgerungen aus dem Staatsratsbeschluss für die Gesetzgebung, BArch DP 1/20411.

151 7. Entwurf des Allgemeinen Teils des StGB, BArch DP 1/22937.

152 Protokoll der 45. Sitzung der StGB-Grundkommission am 20.10.62, BArch DP 1/20411.

153 7. Entwurf des Allgemeinen Teils des StGB, BArch DP 1/22937.

154 § 13 lautete: „*(1) Die strafrechtliche Verantwortlichkeit setzt die Schuld des Täters voraus.*
(2) Schuldhaft handelt, wer eine Straftat vorsätzlich oder fahrlässig begeht. Fahrlässig begangene Handlungen sind nur dann strafbar, wenn dies im Gesetz ausdrücklich bestimmt ist." (7. Entwurf des Allgemeinen Teils des StGB, BArch DP 1/22937).

155 § 14 regelte den Vorsatz wie folgt: „*(1) Vorsätzlich handelt:*
wer durch die in einer Strafrechtsnorm gekennzeichnete Handlung bewußt und gewollt das durch diese Bestimmung geschützte Interesse verletzt oder gefährdet oder wer erkennt, daß er durch sein Verhalten eine solche Verletzung oder Gefährdung herbeiführen kann und das Eintreten solcher Wirkungen bewußt zuläßt.
(2) Bei der Bestrafung vorsätzlicher Straftaten ist zu unterscheiden zwischen Tätern, die aus feindlicher Einstellung zur Arbeiter-und-Bauern-Macht handeln, solchen, die aus grundsätzlicher Mißachtung der sozialistischen Gesetzlichkeit und der Regeln des sozialistischen Gemeinschaftslebens ein Verbrechen begehen und Tätern, die aus mangelndem Verantwortungsbewußtsein, aus Undiszipliniertheit oder aus einer sonstigen rückständigen Einstellung handeln.
(3) […]." (7. Entwurf des Allgemeinen Teils des StGB, BArch DP 1/22937). Der Entwurf enthält handschriftliche Anmerkungen bzw. Korrekturen. Diese Korrekturen wurden bei der Darstellung nicht berücksichtigt.

156 Entwurf der Begründung zum Entwurf des Strafgesetzbuches vom 29.10.1962, BArch DP 1/7920.

157 Entwurf der Begründung zum Entwurf des Strafgesetzbuches vom 29.10.1962, BArch DP 1/7920.

Strafbarkeit an die Einstellung des Täters wurde 1963 von *Friebel/Orschekowski*[158] kritisiert.[159] *Friebel/Orschekowski* hatten sich in einem gemeinsamen Aufsatz mit der mittlerweile schon anerkannten Auffassung *Lekschas'* zur Schuld auseinandergesetzt.[160] Sie waren im Gegensatz zu *Lekschas* der Meinung, dass das Wesen der Schuld als eine der Tat zugrundeliegende Einstellung nicht voll charakterisiert werden könne.[161] Durch die Verwendung des Tatbestandsmerkmals der „Einstellung" würde nicht die Schuld, sondern die der Schuld zugrundeliegenden Umstände charakterisiert werden.[162] *Friebel/Orschekowski* sahen es zwar auch als notwendig an, die der Handlung zugrundeliegende „Ideologie" aufzudecken, verneinten jedoch die Gleichsetzung der „Ideologie" mit der Schuld.[163] Vielmehr ergebe sich die Schuld, anknüpfend an *Karl Polak*,[164] aus der Stellung und Verantwortung des Individuums in der sozialistischen Gesellschaft.[165] *Friebel/Orschekowski* definierten die Schuld folgendermaßen:

> Schuld im Sinne des Strafrechts ist also die Verletzung einer konkreten Rechtspflicht als eine im konkreten Strafgesetz formulierten spezifischen sozialen Anforderung an alle Menschen. Fehlt die Schuld im Einzelfall, so kann die Handlung zwar ebenfalls eine hohe Schädlichkeit aufweisen, aber sie ist nicht Ausdruck einer Verletzung der sozialen Anforderungen.[166]

1. Vorsatz (§ 14)

Im Vergleich zum zweiten Entwurf hatte sich die Norm leicht verändert. Insbesondere Abs. 1 war ergänzt worden. Hervorhebenswert ist, dass es durch diese Ergänzung fortan genügen sollte, dass der Täter das geschützte Interesse bewusst und gewollt „gefährdete". Das Schutzgut der Norm musste nicht verletzt sein. Diese Regelung wäre insbesondere in Bezug auf ihre Bestimmtheit zu kritisieren gewesen. Sie hätte die Funktion der Tatbestände, welche grundsätzlich der Definition

---

158 Zur Biografie von *Wilfried Friebel* und *Walter Orschekowski* siehe Anhang II.4. und Anhang II.8.

159 Vgl. Friebel/Orschekowski, in: SuR 1963, 1645.

160 Bezugspunkt war hier insbesondere *Lekschas* Werk von 1959: Lekschas, Zur Neuregelung der Schuld.

161 Friebel/Orschekowski, in: SuR 1963, 1645 (S. 1646 f.).

162 Friebel/Orschekowski, in: SuR 1963, 1645 (S. 1647).

163 Friebel/Orschekowski, in: SuR 1963, 1645 (S. 1647).

164 *Karl Polak* hatte zuvor in einem Artikel in der Tageszeitung Neues Deutschland (ND) auf eben dieses Problem aufmerksam gemacht und geäußert: „Von Schuld kann nur dort gesprochen werden, wo der Mensch die ihm gegebenen Möglichkeiten und Wege nicht nutzt." (Polak, in: ND v. 7. Juni 1963, 5 (S. 5)).

165 Friebel/Orschekowski, in: SuR 1963, 1645 (S. 1647).

166 Friebel/Orschekowski, in: SuR 1963, 1645 (S. 1649).

eines Verbrechens dienen, indem genau festgehalten wird, welche Handlung mit Strafe bedroht ist, ausgehöhlt. Abs. 2 war um einige Nuancen der Einstellung, des „mangelnden Verantwortunsbewußtseins" und der „Undiszipliniertheit" ergänzt worden, was sich im Ergebnis jedoch nur auf die Strafzumessung bzw. die an die Strafe anknüpfenden Erziehungsmaßnahmen ausgewirkt haben dürfte. § 14 regelte den Vorsatz wie folgt:

(1) *Vorsätzlich handelt:*
wer durch die in einer Strafrechtsnorm gekennzeichnete Handlung bewußt und gewollt das durch diese Bestimmung geschützte Interesse verletzt oder gefährdet oder wer erkennt, daß er durch sein Verhalten eine solche Verletzung oder Gefährdung herbeiführen kann und das Eintreten solcher Wirkungen bewußt zuläßt.

(2) *Bei der Bestrafung vorsätzlicher Straftaten ist zu unterscheiden zwischen Tätern, die aus feindlicher Einstellung zur Arbeiter-und-Bauern-Macht handeln, solchen, die aus grundsätzlicher Mißachtung der sozialistischen Gesetzlichkeit und der Regeln des sozialistischen Gemeinschaftslebens ein Verbrechen begehen und Tätern, die aus mangelndem Verantwortungsbewußtsein, aus Undiszipliniertheit oder aus einer sonstigen rückständigen Einstellung handeln.*

(3) *[...].*[167]

Diese Formulierung des Abs. 1 erinnert insbesondere in der letzten Alternative, an die Formulierung des Art. 8 der Grundsätze von 1958. Dort hatte es geheißen:

Ein Verbrechen gilt als vorsätzlich begangen, wenn der Täter den sozial gefährlichen Charakter seines Handelns oder Unterlassens erkannt, dessen sozial gefährliche Folgen vorausgesehen und sie gewollt oder bewußt den Eintritt dieser Folgen zugelassen hat.[168]

Warum die Vorsatzvorschrift um eine ähnliche Formulierung wie die der Grundsätze von 1958 ergänzt worden ist, bleibt unklar. Möglich sind politische Gründe oder aber das Verlangen nach einer Konkretisierung; denn durch die Ergänzung wurde der *dolus eventualis* als Vorsatzform positiv normiert.

---

167 7. Entwurf des Allgemeinen Teils des StGB, BArch DP 1/22937. Der Entwurf enthält handschriftliche Anmerkungen bzw. Korrekturen. Diese Korrekturen wurden bei der Darstellung nicht berücksichtigt.

168 F.-C. SCHROEDER/MAURACH, Die Grundsätze der Strafgesetzgebung, S. 39.

2. Fahrlässigkeit (§ 15)

Die Regelungen zur Fahrlässigkeit waren von § 15 erfasst.[169] Dieser war wie folgt ausgestaltet worden:

> (1) *Fahrlässig handelt, wer einer Pflicht, die ihm auf Grund Gesetzes oder den objektiven Umständen und seiner beruflichen oder gesellschaftlichen Stellung nach obliegt, bewußt zuwiderhandelt oder diese Pflichten vernachlässigt und dadurch eine Straftat begeht, ohne die gesellschaftsgefährlichen Wirkungen zu wollen.*
> (2) *Bei der Bestrafung fahrlässiger Straftaten ist zu unterscheiden zwischen Tätern, welche die Tat aus rücksichtsloser Einstellung, aus mangelndem Verantwortungsbewußtsein oder aus Gleichgültigkeit gegenüber den ihnen obliegenden Pflichten begehen, und Tätern, die aus gelegentlicher Oberflächlichkeit oder Unachtsamkeit handeln.*
> (3) *Fahrlässig handelt nicht, wer infolge eines von ihm nicht zu verantwortenden persönlichen Versagens oder Unvermögens, die Umstände und Folgen seines Handelns zu erfassen, außerstande war, seine Pflichten zu erfüllen.*
> (4) *Von einer gerichtlichen Bestrafung kann abgesehen werden, wenn trotz erheblicher Folgen das fahrlässige Verschulden des Täters auf Grund der außergewöhnlichen Umstände des Falles gering ist.*[170]

Änderungen im Vergleich zum zweiten Entwurf betrafen hauptsächlich Abs. 1.[171] Dieser enthielt eine Definition der Fahrlässigkeit, welche durch *Friebel/Orschekowski* kritisiert wurde. *Friebel/Orschekowski* sahen einen bedeutenden Mangel der Fahrlässigkeitsregelung darin, dass die Vorhersehbarkeit des Erfolges nicht zu einer Strafbarkeitsvoraussetzung erhoben worden sei.[172] Ihrer Auffassung nach werde durch die im Entwurf verwendete Definition nur die Pflichtwidrigkeit erfasst, nicht jedoch das Merkmal der Vorhersehbarkeit.[173] Sie hielten das Merkmal jedoch für eine notwendige Voraussetzung für die Fahrlässigkeitsstrafbarkeit.[174] Ein Verzicht führe zu einer Ausweitung und Überspannung der Sorgfaltspflichten der fahrlässigen Schuld und erschwere es, die Schuld von der Nichtschuld abzugrenzen.[175] Dieser Kritik ist zuzustimmen. Wäre auf das subjektive Element der Vorhersehbarkeit verzichtet worden, hätte der Täter für

---

169 7. Entwurf des Allgemeinen Teils des StGB, BArch DP 1/22937.

170 7. Entwurf des Allgemeinen Teils des StGB, BArch DP 1/22937. Auch hier wurde in Abs. 2 das Wort „mangelhaftem“ mit dem Wort „ungefestigtem“ handschriftlich ergänzt.

171 Zur inhaltlichen Ausgestaltung des Abs. 2 siehe daher Kapitel 5.III.3.a).

172 Friebel/Orschekowski, in: SuR 1963, 1645 (S. 1650).

173 Friebel/Orschekowski, in: SuR 1963, 1645 (S. 1652).

174 Friebel/Orschekowski, in: SuR 1963, 1645 (S. 1651).

175 Friebel/Orschekowski, in: SuR 1963, 1645 (S. 1652 f.).

etwas einstehen müssen, das er unter Umständen gar nicht hätte verhindern können, weil er die Folgen gar nicht vorhergesehen hatte bzw. hätte können. Dies wäre einer Erfolgshaftung gleichgekommen.

3. Zurechnungsfähigkeit (§ 18)

Die Zurechnungsfähigkeit war in § 18 negativ definiert worden und entsprach in ihrer Ausgestaltung im Wesentlichen der des zweiten Entwurfs.[176] Einzig die Einfügung des Abs. 2, welcher eine äquivalente Regelung zum § 323a RStGB darstellte, war neu,[177] betraf jedoch nicht die Zurechnungsfähigkeit im engeren Sinne.

4. Zusammenfassung

Die Regelungen zur Schuld hatten sich nur in geringem Umfang im Vergleich zum zweiten Entwurf verändert. Neu war, dass beim Vorsatz nicht mehr nur eine vollständige Rechtsverletzung vorliegen musste, sondern, dass für ein vorsätzliches Handeln schon eine Gefährdung des Rechtsgutes ausreichen sollte. Dadurch wären die Grenzen zwischen Strafbarkeit und Nichtstrafbarkeit verwischt worden, denn die Normen des Besonderen Teils hätten nicht mehr ausgereicht, um eine klare Abgrenzung vorzunehmen. Es wäre letztendlich auf die subjektive Entscheidung des Richters angekommen, ob schon eine Gefährdung des Rechtsgutes vorgelegen hätte. Eine Ausweitung der Strafbarkeit konnte auch bei den Fahrlässigkeitsregelungen festgestellt werden. Diese wurde von *Friebel/Orschekowski* 1963 kritisiert. Demnach wäre die Vorhersehbarkeit keine Voraussetzung für die Fahrlässigkeitsstrafbarkeit gewesen, was zu einer reinen Erfolgshaftung geführt hätte. Darüber hinaus wurde auch die Charakterisierung der Schuld über die „Einstellung“ kritisch gesehen,

---

176 § 18 hatte folgenden Wortlaut: „*(1) Eine Straftat begeht nicht, wer infolge zeitweiliger oder dauernder Störung der Geistestätigkeit zur Zeit der Tat unfähig ist, die gesellschaftliche Bedeutung derselben zu erkennen, oder sein Handeln entsprechend dieser Erkenntnis zu bestimmen.*
(2) Hat sich der Täter durch den Genuß von Alkohol oder anderen berauschenden Mitteln schuldhaft in den Zustand der Unzurechnungsfähigkeit versetzt, so bestimmt sich seine strafrechtliche Verantwortlichkeit für die in diesem Zustand begangenen Handlungen nach § 162.
(3) War die Zurechnungsfähigkeit des Täters infolge zeitweiliger oder dauernder Störung der Geistestätigkeit zur Zeit der Tat erheblich beeinträchtigt, so kann eine Freiheitsstrafe bis auf die Hälfte der vom verletzten Gesetz vorgesehenen Mindeststrafe herabgesetzt werden.“ (7. Entwurf des Allgemeinen Teils des StGB, BArch DP 1/22937).

177 Es war auf eine Idee von 1952/53 zurückgegriffen worden, nach welcher § 330a RStGB (die Norm für die Bestrafung des Vollrausches) in den § 51 RStGB integriert werden sollte (Thesen zu dem im zweiten Arbeitsabschnitt bearbeiteten Hauptproblemen des StGB, BArch DP 1/7785). Die Regelung zur „Verantwortlichkeit Trunkener“ war anschließend schon im dritten Entwurf eingefügt worden (vgl. 3. Entwurf des Allgemeinen Teils des StGB, BArch DP 1/22937).

denn die Einstellung charakterisiere nicht die Schuld, sondern nur die der Schuld zugrundeliegenden Umstände.

VI. Fazit

Die Forderung des Zentralkomitees der SED, einen „politisch-ideologischen“ Schwerpunkt zu setzen, wurde in den Schuldregelungen von Anfang an durchgesetzt. Die Schuldregelungen des ersten Entwurfs waren als Reaktion auf die Kritik vollkommen überarbeitet worden. Die neuen Schuldregelungen zeichneten sich dadurch aus, dass eine eigene Definition zum Wesen der Schuld aufgegeben worden war. Stattdessen waren die Anforderungen an die Einstellung des Täters nun in den Vorsatz- und Fahrlässigkeitsnormen konkretisiert worden. Die Regelungen zu den Schuldformen enthielten deshalb konsequenterweise verschiedene qualitative Abstufungen der möglichen moralischen Einstellungen eines Täters. Die Fokussierung auf die verschiedenen moralischen Einstellungen des Täters ging mit einer gewissen Subjektivierung, d. h. der Betonung von subjektiven Elementen in der Schuld einher, was in der Praxis wahrscheinlich zu Beweisproblemen geführt hätte. Darüber hinaus wurden die Strafbarkeitsvoraussetzungen für Vorsatz und Fahrlässigkeit zunehmend aufgeweicht. Ein Extrembeispiel stellte die Regelung zur Fahrlässigkeit im zweiten Entwurf dar, in welcher eine allgemeine Sorgfalts- bzw. Handlungspflicht geschaffen worden war, die den Bürger verpflichtet hätte, sich jederzeit vorsichtig und achtsam zu verhalten. Die allgemeine Handlungs- bzw. Sorgfaltspflicht war jedoch nicht mehr im letzten Entwurf enthalten. Aber auch dieser verzichtete auf die Voraussetzung der Vorhersehbarkeit und hätte dadurch faktisch ein Erfolgsstrafrecht ermöglichen können. Die vom Obersten Sowjet erlassenen *Grundsätze* von 1958 hatten hingegen kaum Einfluss auf die Gesetzgebungsvorschläge genommen. Lediglich eine kleine Passage in der Vorsatzregelung des siebten Entwurfs schien an diesen angelehnt zu sein.

Die Arbeit der StGB-Kommission wirkte schwerfällig und ihre Arbeitsweise wurde mehrmals kritisiert und angepasst. Weiterhin zeigt sich, dass die Fachliteratur wenig Einfluss auf die Entwurfsgestaltung hatte nehmen können. Durch die Veröffentlichung der Entwurfsregelungen und eine darüber hinaus überwiegend fehlende Auseinandersetzung mit den Regelungen der Schuld verhärtet sich der Eindruck, dass die Zeitschriften als Medium der Kommission bis 1963 genutzt wurden, um interne Arbeitsergebnisse zu veröffentlichen. Dies zeigte sich auch daran, dass innerhalb eines Jahres auf die Forderung der Schaffung einer allgemeinen Schulddefinition sowohl im Entwurf als auch in der Literatur verzichtet worden ist. Eine Ausnahme bildete jedoch die Veröffentlichung von *Friebel/Orschekowski*, welche im letzten Jahr der StGB-Kommission (1963) die Schuldregelungen des siebten Entwurfs grundsätzlich kritisierten.

Hervorgehoben werden soll zudem die herausragende Rolle, die *Lekschas* bei der Ausgestaltung der Schuldregelung gespielt hatte. Er war an allen Gremien zur Ausgestaltung der Regelungen beteiligt und bekleidete innerhalb dieser, leitende Funktionen. Auch die Beiträge zu den Schuldregelungen in den Fachzeitschriften konnten überwiegend auf *Lekschas* zurückgeführt werden. Diese Punkte sprechen dafür, dass er mit der Ausgestaltung der Schuldregelungen betraut worden ist und innerhalb dessen, zwar unter dem wachsamen Auge des Zentralkomitees der SED, aber ohne konkurrierenden Einfluss anderer Rechtswissenschaftler, wirken und gestalten konnte. Auch die heftige Kritik des Staatsrates an der von ihm vertretenen sog. Relikttheorie hatte an *Lekschas* Funktionen innerhalb der StGB-Kommission und in der Fachliteratur nichts geändert.

6. Gründung der Staatsratskommission und Neuordnung der Ausarbeitungen (1963–1964)

Der siebte Entwurf des Allgemeinen Teils sollte nun im Gesamtentwurf[1] zur Umsetzung gelangen. Dazu beschloss der Staatsrat am 4.4.1963, dass die Gesetzgebungsarbeiten bis zum Mai 1964 fertiggestellt sein sollten,[2] und dass eine neue Kommission zur Ausarbeitung des Strafgesetzbuches und zur Überarbeitung der Strafprozessordnung unter der Leitung der Justizministerin *H. Benjamin* gebildet werden solle.[3] Dem vorausgegangen war der VI. Parteitag der SED (15.–21. Januar 1963), auf welchem der „Ausbau des Sozialismus" als Zwischenstufe zur Erreichung des Kommunismus ausgerufen worden war.[4] In seinem Beschluss hatte der VI. Parteitag die Bildung einer Kommission zur Ausarbeitung eines Strafgesetzbuches gefordert.[5] Die neue Kommission, welche die gleiche Bezeichnung trug wie ihre Vorgängerin, wird im Folgenden zur besseren Unterscheidung als Staatsratskommission bezeichnet.[6] Die Grundkommission bestand aus insgesamt 64 (!) Mitgliedern aus dem Sektor der Justiz, des Zentralkomitees der SED, den wichtigsten Massenorganisationen, den Rechtspflegeorganen, der Strafrechtswissenschaft und anderen Wissenschaftlern (wie Psychologen, Psychiatern und Pädagogen) sowie Werktätigen.[7]

Die Staatsratskommission trug nicht nur die gleiche offizielle Bezeichnung wie die StGB-Kommission, sondern hatte auch den gleichen Auftrag. Sie sollte ein StGB erarbeiten, dass den „bürgerlichen" Charakter des bisherigen RStGB überwinden sollte.[8] Ausgangspunkt war die Annahme, dass mit der „Überwindung der kapitalistischen Ausbeutungsverhältnisse [...] die sozialökonomischen Wurzeln der

---

1 Der Gesamtentwurf enthielt eine redaktionell überarbeitete Fassung des siebten Entwurfs des Allgemeinen Teils (BArch DP 1/20411). Er findet sich abgedruckt im Anhang I.1.

2 Beschluss über Maßnahmen zur Durchführung des Erlasses über die grundsätzlichen Aufgaben und die Arbeitsweise der Organe der Rechtspflege, BArch DP 1/8160. Dass es sich um den Beschluss vom 4.4.1963 handelte, ergibt sich nicht aus dem Dokument selbst, sondern aus einem nachfolgenden Brief des Staatsrates an *H. Benjamin* vom 26.11.1963.

3 Entwurf des Berichts an den Staatsrat über den Stand der Arbeiten am neuen Strafgesetzbuch vom 2.1.1964, BArch DP 1/8160.

4 *SED*, Protokoll der Verhandlungen des VI. Parteitages der Sozialistischen Einheitspartei Deutschlands, S. 337, 398.

5 „Die Aufgaben und Arbeitsweise bei der Erarbeitung des sozialistischen StGB", BArch DP 1/23016.

6 Dies entspricht auch der Terminologie der DDR-Literatur.

7 Entwurf des Berichts an den Staatsrat über den Stand der Arbeiten am neuen Strafgesetzbuch vom 2.1.1964, BArch DP 1/8160.

8 Vgl. Konzeption für die Beratung der ersten Sitzung StGB-Grundkommission, BArch DP 1/23794.

Straftaten beseitigt [worden seien].“[9] Da der Übergang vom Kapitalismus zum Sozialismus mit vielfachen Widersprüchen und der Herausforderung der Beseitigung von kapitalistischen Denk- und Lebensgewohnheiten konfrontiert sei, müsse sich das Strafrecht diesen durch die Aufdeckung und Beseitigung der Ursachen und Bedingungen der Kriminalität stellen.[10] Dazu solle der Schuldgrundsatz herausgearbeitet werden und die „formalen Vorsatz- und Fahrlässigkeitsbegriff[e sollten] durch Herausarbeitung des „ideologischen“ Gehalts von Vorsatz und Fahrlässigkeit [...]“ überwunden werden.[11]

Auch in der Struktur unterschied sich die Staatsratskommission nicht wesentlich von der StGB-Kommission. Zur Umsetzung des Vorhabens wurden neun Unterkommissionen (UK) gebildet.[12] Diese sollten jeweils von einem Mitglied der Staatsratskommission geleitet werden.[13] Durch die Bildung der UK wurden weitere 150 Personen in den Gesetzgebungsprozess einbezogen.[14] Die „UK I“ sollte sich mit der Grundkonzeption und dem Allgemeinen Teil des StGB beschäftigen[15] und wurde von *Renneberg* geleitet.[16] Sie wurde weiterhin in Arbeitsgruppen unterteilt,

---

9 Konzeption für die Beratung der ersten Sitzung StGB-Grundkommission, BArch DP 1/23794. Diese Aussage war u. a. beim VI. Parteitag zum Programm geworden (siehe Konzeption für die Beratung der ersten Sitzung StGB-Grundkommission, BArch DP 1/23794).

10 Konzeption für die Beratung der ersten Sitzung StGB-Grundkommission, BArch DP 1/23794.

11 Konzeption für die Beratung der ersten Sitzung StGB-Grundkommission, BArch DP 1/23794.

12 Entwurf des Berichts an den Staatsrat über den Stand der Arbeiten am neuen Strafgesetzbuch vom 2.1.1964, BArch DP 1/8160.

13 Entwurf des Berichts an den Staatsrat über den Stand der Arbeiten am neuen Strafgesetzbuch vom 2.1.1964, BArch DP 1/8160.

14 Entwurf des Berichts an den Staatsrat über den Stand der Arbeiten am neuen Strafgesetzbuch vom 2.1.1964, BArch DP 1/8160. Bzgl. der genauen Anzahl gibt es divergierende Angaben. So wird in dem Entwurf einer Rede für *H. Benjamin* von 100 Personen ausgegangen (vgl. dazu ein Dokument mit der Überschrift „Vorsitzende der Kommission des Staatsrates zur Ausarbeitung eines Strafgesetzbuches, Frau Professor Dr. Benjamin“ (ohne Datum), BArch DP 1/22149). Auch die Zusammensetzung der UK sollte in der Hinsicht heterogen sein, als dass sich die UK aus Mitgliedern der verschiedenen Bereiche, insbesondere der Praxis und der Wissenschaft, zusammensetzen sollten (siehe Entwurf des Berichts an den Staatsrat über den Stand der Arbeiten am neuen Strafgesetzbuch vom 2.1.1964, BArch DP 1/8160).

15 Entwurf des Berichts an den Staatsrat über den Stand der Arbeiten am neuen Strafgesetzbuch vom 2.1.1964, BArch DP 1/8160. Laut Arbeitsplan waren für die UK I drei Treffen (4. Oktober, 18. Oktober und 29. Oktober) vorgesehen (Arbeitsplan der StGB-UK I und Anleitungsgruppe StGB (ohne Datum), BArch DP 1/22148).

16 Entwurf des Berichts an den Staatsrat über den Stand der Arbeiten am neuen Strafgesetzbuch vom 2.1.1964, BArch DP 1/8160. Weitere Mitglieder waren *Weber, Mielke, Lekschas, Orschekowski, Hinderer, Loose* und *Schmidt* (vgl. Vorschläge für die Zusammensetzung der Arbeitsgruppen, BArch DP 1/23016). In der konstituierenden Sitzung der Staatsratskommission vom 5.7.1963 wurde die UK I schließlich um die Mitglieder *Dallmann, Knobloch, Szewczyk* und *Gräfenrath*

welche Thesen zu ihren Themenkomplexen erarbeiten sollten.[17] Die Arbeitsgruppe zur Schuld wurde weiterhin von *Lekschas* geleitet.[18] Mit *Szewczyk*[19] als Mitglied der Arbeitsgruppe waren nun auch Psychologen am Ausarbeitungsprozess für die Schuldregelungen beteiligt. *Szewczyk* wurde maßgeblich an der Erarbeitung der Fragen zur Zurechnungsfähigkeit beteiligt.[20]

Dass die Staatsratskommission unter Einbeziehung der Mitglieder der StGB-Kommission[21] mit der gleichen Bezeichnung wie die Vorgängerkommission gegründet wurde und die Arbeit der StGB-Kommission weiterführen sollte, irritiert, da sich der Zweck der Neugründung nicht erschließt. Möglicherweise diente die Gründung der Staatsratskommission mit ihrer nicht zu vernachlässigenden Mitgliedsgröße (64 Mitglieder in der Grundkommission), welche sehr viel größer war als die der StGB-Kommission (13 Mitglieder in der Grundkommission), der Absicherung des Endentwurfs durch die Partei. Eine andere Möglichkeit wäre, dass die Gründung aus propagandistischen Zwecken erfolgt sein könnte, damit sich immer nur auf die zuletzt gegründete Kommission bezogen werden konnte, wenn es um Aussagen zum Zeitraum der Fertigstellung des StGB-DDR ging. Das wäre in Bezug auf die Konkurrenz mit der Bundesrepublik und den Kalten Krieg ein günstiges propagandistisches Mittel gewesen. Für diese Annahme könnte sprechen, dass sowohl im Beschlussdokument als auch in Beiträgen, die sich auf die Staatsratskommission bezogen, die StGB-Kommission ausdrücklich nicht erwähnt wurde.[22] So blendete z. B. *Beyer* in seinem Beitrag von 1968 die Existenz der StGB-Kommission aus und legte nahe, dass das StGB-DDR innerhalb von drei Jahren erarbeitet worden sei, obwohl die Arbeiten tatsächlich schon sechs Jahre zuvor innerhalb der StGB-Kommission begonnen hatten:[23]

---

ergänzt (siehe Protokoll über die 1. Sitzung der StGB-Kommission am 5.7.1963 vom 17.7.1963, BArch DP 1/23016).

17 Vgl. Arbeitsplan der StGB-UK I und Anleitungsgruppe StGB (ohne Datum), BArch DP 1/22148.

18 Siehe das Dokument „Probleme, die von der Unterkommission I mit dem Ziel konkreter Schlussfolgerungen für die Gestaltung des neuen StGB zu erarbeiten sind", BArch DP 1/7916. Auch zu finden im Dokument „Untergliederung der Unterkommission I", BArch DP 1/23016 oder auch in der Notiz über die Beratung der Unterkommission „Strafrechtliche Verantwortlichkeit" am 12. Juli 1963, BArch DP 1/22939.

19 Zu *Szewczyks* Biografie siehe Anhang II.10. Zu seinem Wirken insbesondere i. V. m. *Lekschas* siehe Lorke, in: ZfG 2020, 437. Zur Forschungstätigkeit siehe auch Widmer/Schmidt-Recla/Steinberg, in: Recht und Psychiatrie 2022, 63.

20 Siehe Brief von *Lekschas* an das MdJ vom 29.6.1963, BArch DP 1/22939.

21 Vgl. die Anlage Nr. 12 zum Protokoll Nr. 22/63 v. 9.5.1963, BArch DP 1/23016.

22 So wurde z. B. in folgenden veröffentlichten Berichten die Existenz der ersten Kommission verschwiegen: H. Benjamin u. a., in: SuR 1969, 1278; in: SuR 1963, 1591 (S. 1591); H. Benjamin u. a., in: SuR 1969, 1835 (S. 1842 f.); Beyer, in: Der Schöffe 1968, 38.

23 Ähnlich auch *H. Benjamin* in einer Rede: „Der VI. Parteitag der Sozialistischen Einheitspartei Deutschlands verlangte die Schaffung eines einheitlichen sozialistischen Rechtssystems, zu dem

Die vom Staatsrat berufene Kommission zur Ausarbeitung eines neuen StGB beschloß am 27. Januar 1967, den von ihr in mehr als dreijähriger Arbeit fertiggestellten Entwurf zur öffentlichen Diskussion zu stellen.[24]

I. Konferenz zum Thema „Grundsätzliche Probleme der Ausarbeitung des neuen Strafgesetzbuches der DDR"

Am 5. und 6. November 1963 fand eine wissenschaftliche Konferenz des Instituts für staats- und rechtswissenschaftliche Forschung der Deutschen Verwaltungsakademie „Walter Ulbricht" (DVA) zum Thema „Grundsätzliche Probleme der Ausarbeitung des neuen Strafgesetzbuches der DDR" statt.[25] Die Konferenz besaß den Charakter einer Arbeitstagung und sollte sich den Grundproblemen des neuen Strafgesetzbuches widmen.[26] Teilnehmen sollten z. B. Strafrechtswissenschaftler der DDR, Vertreter anderer Rechtszweige, Ökonomen, Mediziner, Pädagogen, Leiter und Mitarbeiter zentraler und örtlicher Rechtspflegeorgane, Mitglieder der Staatsratskommission und weitere Vertreter anderer Organe.[27] Die verschiedenen Probleme zum StGB sollten während dieser Tagung auch in Arbeitsgruppen diskutiert werden.[28] Die Arbeitsgruppe zur strafrechtlichen Verantwortlichkeit wurde

---

auch das Strafgesetzbuch und die damit zusammenhängenden Gesetze gehören. Demgemäß beschloß der Staatsrat am 4. April 1963 eine Kommission zur Ausarbeitung des Strafgesetzbuches, der Strafprozeßordnung und des Gesetzes zur Bekämpfung von Ordnungswidrigkeiten zu bilden […]." Die Rede ist unter der Überschrift „Vorsitzende der Kommission des Staatsrates zur Ausarbeitung eines Strafgesetzbuches, Frau Professor Dr. Benjamin" (ohne Datum) (BArch DP 1/22149) zu finden.

24 Beyer, in: Der Schöffe 1968, 38 (S. 39).

25 Plan für die Durchführung der wissenschaftlichen Konferenz des Instituts für staats- und rechtswissenschaftliche Forschung der Deutschen Akademie für Staats- und Rechtswissenschaft „Walter Ulbricht" zum Thema: „Grundsätzliche Probleme der Ausarbeitung des neuen Strafgesetzbuches der DDR", BArch DP 1/23015; Dölle/Frenzel, in: SuR 1964, 164.

26 Plan für die Durchführung der wissenschaftlichen Konferenz des Instituts für staats- und rechtswissenschaftliche Forschung der Deutschen Akademie für Staats- und Rechtswissenschaft „Walter Ulbricht" zum Thema: „Grundsätzliche Probleme der Ausarbeitung des neuen Strafgesetzbuches der DDR", BArch DP 1/23015; Dölle/Frenzel, in: SuR 1964, 164.

27 Plan für die Durchführung der wissenschaftlichen Konferenz des Instituts für staats- und rechtswissenschaftliche Forschung der Deutschen Akademie für Staats- und Rechtswissenschaft „Walter Ulbricht" zum Thema: „Grundsätzliche Probleme der Ausarbeitung des neuen Strafgesetzbuches der DDR", BArch DP 1/23015.

28 Plan für die Durchführung der wissenschaftlichen Konferenz des Instituts für staats- und rechtswissenschaftliche Forschung der Deutschen Akademie für Staats- und Rechtswissenschaft „Walter Ulbricht" zum Thema: „Grundsätzliche Probleme der Ausarbeitung des neuen Strafgesetzbuches der DDR", BArch DP 1/23015.

von *Lekschas* angeleitet.[29] Während dieser Tagung wurde festgehalten, dass echte persönliche Schuld nur unter den Bedingungen freien und selbstverantwortlichen Handelns möglich sei.[30] Diese Aussage bezog sich auf die neuerdings nach dem VI. Parteitag vertretene Auffassung, dass in der DDR die ökonomischen Ursachen der Kriminalität beseitigt worden seien.[31] So war in einem Thesenpapier der von *Lekschas* geleiteten Arbeitsgruppe der Staatsratskommission zur Schuld folgende Prämisse zugrunde gelegt worden:

> Grundsätzlich ist davon auszugehen, daß in der DDR der Kriminalität keine aus dem Charakter der gesellschaftlichen Verhältnisse sich ergebende Notwendigkeit zugrundeliegt und daß mithin für jeden Täter die objektive reale Möglichkeit bestanden hat, die Straftat zu vermeiden und seine Bedürfnisse in gesellschaftsgemäßer Weise zu befriedigen.[32]

Zudem nahm die Arbeitsgruppe zu den Darlegungen, welche *Friebel/Orschekowski* im Jahr 1963 zu den Schuldregelungen des siebten Entwurfs bzw. Gesamtentwurfs getätigt hatten, Stellung.[33] Einig war man sich in Bezug auf die Notwendigkeit der Präzisierung des Schuldbegriffs.[34] Darüber hinaus wurden jedoch einige Positionen abgelehnt.[35] Begründet wurde die Ablehnung einiger Standpunkte von *Friebel/Orschekowski* damit, dass diese „auf eine Identifizierung von Tat und Schuld hinauslaufen“ würde; d. h. die Begehung der Tat würde die Schuld schon implizieren.[36] Darüber hinaus hielten es die Tagungsteilnehmer (nach mehrjähriger Pause) erneut für notwendig, das Wesen der Schuld in einer allgemeinen Schuldregelung zu definieren. Schuld wurde dazu als „[...] eine unabdingbare Voraussetzung der strafrechtlichen Verantwortlichkeit, wobei der Kern des Verschuldens in der subjektiv verantwortungslosen Entscheidung des Handelnden [...]“ liege, gesehen.[37]

---

29 Plan für die Durchführung der wissenschaftlichen Konferenz des Instituts für staats- und rechtswissenschaftliche Forschung der Deutschen Akademie für Staats- und Rechtswissenschaft „Walter Ulbricht“ zum Thema: „Grundsätzliche Probleme der Ausarbeitung des neuen Strafgesetzbuches der DDR“, BArch DP 1/23015.

30 Dölle/Frenzel, in: SuR 1964, 164 (S. 175).

31 SED, Protokoll der Verhandlungen des VI. Parteitages der Sozialistischen Einheitspartei Deutschlands, S. 372.

32 „Unterkommission I – Ausarbeitung der Grundkonzeption StGB und StPO Arbeitsgruppe Prof. Dr. Lekschas ‚Probleme der Schuld‘“ (ohne Datum), BArch DP 1/23016.

33 Dölle/Frenzel, in: SuR 1964, 164 (S. 177). Gemeint ist wahrscheinlich der Beitrag von *Friebel/Orschekowski* aus dem Jahr 1963: Friebel/Orschekowski, in: SuR 1963, 1645. Siehe dazu auch die Ausführungen in Kapitel 5.V.2.

34 Dölle/Frenzel, in: SuR 1964, 164 (S. 177).

35 Dölle/Frenzel, in: SuR 1964, 164 (S. 177).

36 Dölle/Frenzel, in: SuR 1964, 164 (S. 177).

37 Dölle/Frenzel, in: SuR 1964, 164 (S. 177).

Schuld war somit erstmals, als „verantwortungslose Entscheidung" charakterisiert worden.

II. Entwurf der Staatsratskommission

Die Ergebnisse der Tagung sollten in den StGB-Entwurf eingearbeitet werden.[38] Am 15. und 16.11.1963 beriet die Staatsratskommission in ihrer dritten Sitzung über einen generellen Konzeptionsvorschlag zum StGB,[39] welcher sich aus den von den Arbeitsgruppen der Staatsratskommission erarbeiteten Thesen- bzw. Grundsatzpapieren zusammensetzte[40] und schon Gegenstand der Tagung gewesen sein dürfte. Dieser Konzeptionsvorschlag wurde Grundlage eines vom Staatsrat entwickelten StGB-Entwurfs[41] und löste somit den Entwurf der StGB-Kommission ab. Bzgl. der Regelungen zur Schuld waren neben den Ergebnissen der Tagung zu Teilen die Ergebnisse eines Symposions zu Fragen der Zurechnungsfähigkeit und des Vorsatzes eingeflossen, welches am 20. und 21.12.1963 an der Humboldt-Universität zu Berlin stattgefunden hatte.[42] Ziel des Symposions war die wissenschaftliche Klärung von Problemen des neuen StGB gewesen.[43] Vorgetragen hatten u. a. *Loose* zu den „Philosophischen Problemen der Schuld", *Szewczyk* und *Hinderer* zur „Zurechnungsfähigkeit Erwachsener", *Lekschas* und *H.-D. Schmidt* zu „Problemen der Struktur des unbedingten (direkten) Vorsatzes" und der „Struktur des bedingten Vorsatzes", *Griebe* zu den „Problemen des Bewußtseins der ‚Rechtswidrigkeit'" und *Buchholz* zu den „Schuldausschließungs- und Schuldmilderungs-

38 Plan für die Durchführung der wissenschaftlichen Konferenz des Instituts für staats- und rechtswissenschaftliche Forschung der Deutschen Akademie für Staats- und Rechtswissenschaft „Walter Ulbricht" zum Thema: „Grundsätzliche Probleme der Ausarbeitung des neuen Strafgesetzbuches der DDR", BArch DP 1/23015.

39 Protokoll über die 3. Sitzung der StGB-Kommission vom 15./16.11.1963 vom 27.11.1963, BArch DP 1/23016.

40 Vgl. Arbeitsplan der Unterkommission I bis Ende des Jahres 1963, BArch DY 30/94775. Die Thesen waren in Vorbereitung der Vorlage für die Staatsratskommission am 15./16.11.1963 herausgearbeitet worden (Arbeitsplan der StGB-UK I und Anleitungsgruppe StGB, BArch DP 1/21491).

41 Die von der Staatsratskommission erarbeiteten Entwürfe waren nicht mehr nummeriert, sondern trugen immer die gleiche Bezeichnung: „Entwurf des Allgemeinen Teils des Strafgesetzbuches". Dass es sich bei dem vorliegend vorgestellten Entwurf um einen frühen Entwurf der Staatsratskommission gehandelt haben muss, ergab der Vergleich mit den anderen Entwürfen.

42 Schreiben von *Lekschas* an *H. Benjamin* vom 27.11.1963 und Einladung zum Symposion zu Fragen der Zurechnungsfähigkeit und des Vorsatzes (20. und 21. Dezember 1963) (ohne Datum), BArch DP 1/22969.

43 Einladung zum Symposion zu Fragen der Zurechnungsfähigkeit und des Vorsatzes (20. und 21. Dezember 1963) (ohne Datum), BArch DP 1/22969.

gründen".[44] Da die dort vorgestellten Regelungsvorschläge teilweise in den Entwurf aufgenommen worden sind, werden diese zusammen mit dem Entwurf dargestellt. Auch die Monografie von *Lekschas/Loose/Renneberg*, die eine Version[45] des von der Staatsratskommission entwickelten StGB-Entwurfs vorstellte,[46] wird in den Ausführungen des Entwurfs berücksichtigt.

1. Allgemeine Schulddefinition (§ 6)

Der Entwurf enthielt in § 6 eine allgemeine Schulddefinition, welche auf den Ausarbeitungen der UK I beruhte. Die UK I hatte sich mit den notwendigen Voraussetzungen einer allgemeinen Schulddefinition beschäftigt.[47] Hervorgehoben wurde die Wichtigkeit des Schuldprinzips.[48] Dieses sollte noch weitreichender sein als das Schuldprinzip der Bundesrepublik.[49] Das neue StGB müsse zum Ausdruck bringen, dass es als Erstes ein wirkliches Schuldstrafrecht enthalte und der Schuldgrundsatz, anders als beim „westdeutschen Gesinnungs- und Terrorstrafrecht", ohne Vorbehalte uneingeschränkt angewendet werde.[50] Während sich der „bürgerliche" Schuldbegriff aus seiner „bürgerlich-formalen" Position des Psychologismus darauf beschränke, Vorsatz und Fahrlässigkeit festzustellen, solle der sozialistische

---

44 Einladung zum Symposion zu Fragen der Zurechnungsfähigkeit und des Vorsatzes (20. und 21. Dezember 1963) (ohne Datum), BArch DP 1/22969.

45 Es handelt sich bei der von *Lekschas/Loose/Renneberg* im Gegensatz zu den dargestellten Regelungen um die Vorstellung einer späteren Version des Entwurfs (vgl. Entwurf des Allgemeinen Teils des Strafgesetzbuches (ohne Datum), BArch DP 1/23016). Ihre Ausführungen zu den Schuldregelungen des Entwurfs sollen an dieser Stelle jedoch mit einbezogen werden, da die Ausführungen von *Lekschas/Loose/Renneberg* auf den dargestellten Entwurf im Wesentlichen auch zutreffen.

46 Dass es sich bei der Monografie von *Lekschas/Loose/Renneberg* wie so häufig um die Vorstellung der Arbeitsergebnisse der Staatsratskommission handelte, wird in der Einleitung des Werks deutlich. Dort heißt es: „Die vorgelegte Arbeit ist nicht allein das Arbeitsergebnis der Verfasser, sondern eine Gemeinschaftsarbeit in wesentlich breiterem Sinne. Sie entstand aus der Tätigkeit der eingesetzten Unterkommissionen und Arbeitsgruppen." (LEKSCHAS/LOOSE/RENNEBERG, Verantwortung und Schuld, S. 7).

47 „Grundsätze zum Problem der individuellen strafrechtlichen Verantwortlichkeit", BArch DP 1/21491.

48 Konzeption des sozialistischen Strafgesetzbuches der Deutschen Demokratischen Republik (1.11.1963), BArch DP 1/21491.

49 Konzeption des sozialistischen Strafgesetzbuches der Deutschen Demokratischen Republik (1.11.1963), BArch DP 1/21491.

50 „Grundsätze zum Problem der individuellen strafrechtlichen Verantwortlichkeit", BArch DP 1/21491.

Schuldbegriff die Ursachen für die Fehlentscheidung des Täters begründen.[51] Diese Punkte sollten durch folgende Schulddefinition umgesetzt werden:

§ 6

(1) *Strafrechtliche Verantwortlichkeit tritt nur ein, wenn die Tat schuldhaft begangen wurde. Eine Tat ist schuldhaft begangen, wenn sich der Täter trotz der ihm gegebenen Möglichkeiten zu gesellschaftsgemäßem Verhalten in verantwortungsloser Weise zu einem Verhalten entscheidet, das den gesetzlichen Tatbestand eines Vergehens oder Verbrechens verwirklicht.*
Schuldformen sind Vorsatz und Fahrlässigkeit.

(2) *Bei der Prüfung der Art und Schwere des Verschuldens sind die Ursachen und Bedingungen der Tat sowie alle sonstigen objektiven und subjektiven Umstände, unter denen sich der Täter zur Tat entschieden hat, zu berücksichtigen.*
Dabei ist insbesondere zu berücksichtigen
   a) *ob die Tat das Ergebnis eines einmaligen Versagens der Willensanspannung oder des Pflichtbewußtseins des Täters war,*
   b) *ob die Tat ein Ausdruck von rückständigen Denk- und Lebensgewohnheiten, von Egoismus, Rücksichtslosigkeit oder reiner disziplinlosen Haltung des Täters, oder*
   c) *ob die Tat aus einer menschenfeindlichen Einstellung oder aus Feindschaft zur Arbeiter-und-Bauern-Macht und ihren sozialistischen Errungenschaften, einer menschenverächtlichen Haltung des Täters oder einer grundlegenden Mißachtung der sozialistischen Gesetzlichkeit erwachsen ist.*

(3) *Erweist es sich bei der Untersuchung eines Vergehens, daß das Verschulden des Täters infolge außergewöhnlicher objektiver Umstände der Tat nur gering war, so kann von Strafe abgesehen werden. Liegt eine solche außergewöhnliche Situation bei einem Verbrechen vor, so kann die Strafe nach den Grundsätzen der Strafmilderung herabgesetzt werden.*[52]

a) Abs. 1: Schuld als Entscheidung

Abs. 1 regelte das Schuldprinzip. Der Kern des Verschuldens sollte in der „subjektiv verantwortungslosen Entscheidung des Handelnden zu einem durch das Gesetz zu Verbrechen oder Vergehen erklärten gesellschaftswidrigem, pflichtwidrigem

---

51 Vgl. Konzeption des sozialistischen Strafgesetzbuches der Deutschen Demokratischen Republik (1.11.1963), BArch DP 1/21491.

52 Entwurf des Allgemeinen Teils des Strafgesetzbuches (ohne Datum), BArch DP 1/22969. Dieser Entwurfsvorschlag findet sich auch fast wortgleich, jedoch mit Unterbrechungen bei Lekschas/Loose/Renneberg, Verantwortung und Schuld, S. 70 f. Abs. 1 bzw. Nr. 1 wurde von *Baumann* dem Inhalt nach wiedergegeben (Baumann, in: Der Schöffe 1965, 361).

Verhalten besteh[en].“[53] Diese Auffassung wurde auch von der Literatur aufgenommen. So stellte *Creuzburg* die Schuld in einem Beitrag, welcher sich an Schöffen richtete, selbstverständlich als „[…] eine verantwortungslose Entscheidung des betreffenden Angeklagten zur Tat […]“ dar.[54] Dies begründete er damit, dass jedem Menschen die Entscheidung zu gesellschaftsgemäßem Verhalten in der DDR möglich sei.[55] Als schuldig sollte derjenige erachtet werden, der sich über die ihm obliegende Verantwortung und die ihm gegebene Möglichkeit zu verantwortungsbewusstem Verhalten hinwegsetzte.[56] Nur wenn die Strafe an die Schuld des Täters anknüpfe, könne der Rechtsverletzer zur Erkenntnis und Wahrnehmung seiner Verantwortung in der sozialistischen Gesellschaft und damit der Erhöhung seines gesellschaftlichen Verantwortungsbewusstseins kommen.[57] *Lekschas/Loose/Renneberg* führten dazu aus, dass das Schuldprinzip dabei helfen solle, „[…] den Menschen ihren Platz und Entwicklungsweg und damit ihre Mitverantwortung in der sozialistischen Gesellschaft ins Bewußtsein zu bringen […]“ und „[…] zu einem wichtigen und bedeutsamen Instrument [werde], um den subjektiven Faktor im Kampf für die schrittweise Verdrängung der Kriminalität zunehmend wirksamer zur Geltung zu bringen.“[58] Die Schuld sollte somit als Instrument für die Erziehung des Täters genutzt werden. Mit der Erwähnung der Schuldarten in Abs. 1 sollte deutlich gemacht werden, dass die Schuld nicht nur psychologische Komponenten habe, sondern sich auch in der Qualität des Verschuldens unterscheide.[59] Diese Schulddefinition wurde auch gegenüber anderen sozialistischen Ländern als fortschrittlich betrachtet, da diese mit der Formulierung des Wesens der Schuld über die bloße Darstellung der psychologischen Schuldformen hinausgegangen sei.[60]

aa) Ablehnung der bisherigen Schulddefinition

Die Schuld wurde nunmehr nicht mehr über die „ideologische“ Einstellung des Täters charakterisiert. Dieser Ansatz, welcher versucht hatte, die Schuld des Täters auf eine „antisozialistische Einstellung“ zu reduzieren, wurde aufgrund der Rüge des Zentralkomitees der SED nun deutlich von *Lekschas/Loose/Renneberg* abgelehnt:

53 Konzeption des sozialistischen Strafgesetzbuches der Deutschen Demokratischen Republik (1.11.1963), BArch DP 1/21491.
54 Creuzburg, in: Der Schöffe 1966, 214 (S. 217).
55 Creuzburg, in: Der Schöffe 1966, 214 (S. 217).
56 Begründung zum Entwurf des Strafgesetzbuches, BArch DP 1/22931.
57 „Thesen“, BArch DP 1/21491.
58 Lekschas/Loose/Renneberg, Verantwortung und Schuld, S. 50.
59 Lekschas/Loose/Renneberg, Verantwortung und Schuld, S. 72.
60 Begründung zum Entwurf des Strafgesetzbuches, BArch DP 1/22931.

> Die Fehler der bisherigen Definitionsversuche liegen nicht nur darin, daß das Wesen der Schuld identifiziert wurde mit dem allgemeinen Boden, auf dem die Schuld wächst, sondern liegen auch darin, daß eine unzulässige Gleichsetzung von Ideologie und Bewußtsein vorgenommen und alle komplizierten mannigfaltigen Schuldprobleme auf ideologische Widersprüche reduziert wurden, wodurch unsere Schuldlehre verarmte.[61]

Mit dieser Selbstkritik nahmen insb. *Lekschas* und *Renneberg* von ihren früheren Aussagen Abstand. Im selben Jahr erschien ein Beitrag in der SuR, der die „Fehler" der vormals von *Lekschas* vertretenen Ansichten hervorhob. So führten *Kasielke/Lander/Schmidt/Strauß* aus, dass die Rückführung einer Strafhandlung auf einen offenen „ideologischen Widerspruch" im Bewusstsein des Täters zur Gesellschaft, die Gefahr „einer zu starren Vereinfachung des Problems" mit sich bringe.[62] Sie sahen noch weitere Gründe, aus denen ein Täter eine Straftat begehen könne und lehnten die Vorstellung, dass in jeder Tat „ideologischer" Charakter zu sehen sei, ab.[63] Damit war eine bestimmte „ideologische" Einstellung des Täters keine Voraussetzung mehr für das Vorliegen oder Nichtvorliegen der Schuld. Anknüpfungspunkt der Schuld sollte nur noch der generelle innere Widerspruch des Bewusstseins des Täters zu den gesellschaftlichen Verhältnissen bzw. der sozialistischen Gesellschaft sein.[64] In den Ausarbeitungen der UK I hatte es geheißen:

> Schuld heißt, daß der zurechnungsfähige Mensch (d. h. der, der nach seiner altersmäßigen und geistigen Konstitution und Entwicklung dazu in der Lage ist, vor der Gesellschaft Verantwortung für sein Handeln zu tragen) seiner ihm obliegenden gesellschaftlichen Verantwortung nicht nur objektiv, sondern auch subjektiv nicht genügt hat. Schuld heißt, daß dieser Mensch den durch Gesetz oder auch ungeschriebener Regeln des gesellschaftlichen Zusammenlebens auferlegten sozialen Anforderungen, die sich aus den sozialistischen Gesellschaftsverhältnissen und den Entwicklungsgesetzen notwendig ergeben, kurz seinen Pflichten nicht genügt hat.
> In der Schuld drückt sich eine Befangenheit in rückständigen oder gar gesellschaftsfeindlichen bzw. staatsfeindlichen, ja menschenfeindlichen Auffassungen aus, die zum subjektiv pflichtwidrigen Verhalten geführt haben, obwohl dem Täter die Möglichkeit zu pflichtbewußtem verantwortungsbewußten Verhalten gegeben war.[65]

---

61 Lekschas/Loose/Renneberg, Verantwortung und Schuld, S. 61.

62 Kasielke u. a., in: SuR 1964, 668 (S. 674).

63 Kasielke u. a., in: SuR 1964, 668 (S. 674).

64 Lekschas/Loose/Renneberg, Verantwortung und Schuld, S. 52.

65 „Grundsätze zum Problem der individuellen strafrechtlichen Verantwortlichkeit", BArch DP 1/21491.

Diese Formulierungen erinnern stark an die von *Friebel/Orschekowski* vorgeschlagene Definition zur Schuld.[66] Sie hatten die Schuld als soziale Anforderung definiert, welcher der Täter nicht gerecht geworden sei. Anders ausgedrückt handelte es sich bei der Schuld im Sinne *Friebel/Orschekowskis* bzw. den Ausarbeitungen der UK I um subjektiv pflichtwidriges Verhalten.[67]

bb) Einführung der „Entscheidung" als zentrales Merkmal der Schuld

Eine bestimmte „ideologische" Einstellung als Voraussetzung für das Vorliegen der Schuld war durch eine neue Kategorie ersetzt worden: § 6 Abs. 1 S. 2 des Entwurfs setzte voraus, dass sich der Täter zu dem in Frage stehenden Verhalten „entschieden" habe. Die „Entscheidung" war somit zum Zentralaspekt der Schuld geworden. So sahen die Psychologen *Kasielke/Lander/Schmidt/Strauß* in der Entscheidung das Kernstück einer Handlung.[68] Eine Entscheidung zeichne sich dadurch aus, dass es Handlungsalternativen gebe, zwischen denen sich der Täter entscheiden könne.[69] Das müsse nicht bedeuten, dass es immer mehrere Möglichkeiten der aktiven Handlung gebe, es könne genauso gut bedeuten, dass der Täter die Entscheidungsmöglichkeit zwischen Handeln und Nichthandeln habe; auch darin könne eine Entscheidung liegen.[70] *Kasielke/Lander/Schmidt/Strauß* arbeiteten heraus, unter welchen Voraussetzungen eine Handlung keine Entscheidungsqualität haben solle.[71] Dies umfasste insbesondere Fälle, in denen die Entscheidungsfähigkeit der Person aufgrund psychologischer Ursachen ausgeschlossen gewesen sei.[72] Die Einführung des Entscheidungsbegriffs kann wahrscheinlich auf den Psychologen *H.-D. Schmidt* zurückgeführt werden.[73] Dieser hatte sich mit der psychologischen Entscheidungstheorie, welche von der Spieltheorie abstammte,

---

66 Zur Erinnerung: *Friebel/Orschekowski* hatten folgende Definition vorgeschlagen: „Schuld im Sinne des Strafrechts ist also die Verletzung einer konkreten Rechtspflicht als einer im konkreten Strafgesetz formulierten spezifischen sozialen Anforderung an alle Menschen. Fehlt die Schuld im Einzelfall, so kann die Handlung zwar ebenfalls eine hohe Schädlichkeit aufweisen, aber sie ist nicht Ausdruck einer Verletzung der sozialen Anforderungen." Siehe Friebel/Orschekowski, in: SuR 1963, 1645 (S. 1649).

67 Die Ähnlichkeiten der beiden Ausarbeitungen sprechen dafür, dass die eine Ausarbeitung auf der anderen aufgebaut hat. Welche Ausarbeitung auf welcher aufgebaut hat, d. h. ob *Friebel/Orschekowski* die internen Ausführungen nach außen hin veröffentlicht haben oder ob die Ausarbeitungen der UK I die Arbeit von *Friebel/Orschekowski* berücksichtigt haben, lässt sich nicht eindeutig feststellen, da die internen Ausarbeitungen sowie der Entwurf nicht mit einem Datum versehen waren.

68 Kasielke u. a., in: SuR 1964, 668 (S. 669).

69 Kasielke u. a., in: SuR 1964, 668 (S. 669).

70 Vgl. Lekschas/Loose/Renneberg, Verantwortung und Schuld, S. 82.

71 Kasielke u. a., in: SuR 1964, 668 (S. 670 ff.).

72 Kasielke u. a., in: SuR 1964, 668 (S. 672).

73 So auch Kuhn, Schuld als Entscheidung und Verantwortungslosigkeit, S. 23.

beschäftigt.[74] Dafür, dass der Entscheidungsbegriff auf *H.-D. Schmidt* zurückführbar ist, sprechen die Übernahme des Entscheidungsverständnisses, das sich an die psychologische Entscheidungstheorie anlehnte[75] und die Übernahme von *H.-D. Schmidts* unveröffentlichten Thesen zum Symposion an der Humboldt-Universität (1963) durch *Lekschas/Loose/Renneberg*.[76] Die Übernahme des psychologischen Begriffsverständnisses in die Schuldregelung verdeutlichte die zunehmende Bedeutung der Psychologie in der Rechtswissenschaft.

cc) *Vereinbarkeit des Entscheidungsbegriffes mit dem sozialistischen Weltbild*

Blechschmid sah in der Einführung des Entscheidungsbegriffs ein rechtstheoretisches Problem. Sie interpretierte die Voraussetzung der Entscheidung als die Frage nach dem Anders-handeln-können[77] und widmete ihre Dissertation der Frage, ob die Lehre vom Anders-handeln-können im Widerspruch zum Determinationsgedanken stehe, der dem marxistischen Weltbild zugrunde liege.[78] *Blechschmid* argumentierte, dass die DDR-Rechtswissenschaftler die Frage nach dem Anders-handeln-können aus der Perspektive eines objektiven Dritten beurteilt hätten, denn sie hätten die Strafbarkeit eben daran angeknüpft, dass der Täter die Möglichkeit gehabt habe, sich anders zu entscheiden.[79] Ein solcher Gedankengang setze jedoch voraus, dass man in seinem Entscheidungsprozess frei und ohne Determination eine Entscheidung treffen könne.[80] Dies entspreche jedoch nicht dem deterministischen Weltbild der DDR. Ginge man von einer Verhaltensdeterminierung aus, müsse man aus der subjektiven Perspektive des Täters fragen und käme dann zu dem Ergebnis, dass dieser gar nicht anders hätte handeln können.[81] *Blechschmid* schloss daraus:

---

74 H.-D. Schmidt, in: Probleme und Ergebnisse der Psychologie 1962, 137; H.-D. Schmidt, Leistungschance, Erfolgserwartung und Entscheidung.

75 Vgl. Kasielke u. a., in: SuR 1964, 668.

76 Hinweis bei *Lekschas/Loose/Renneberg* befindet sich in Fn. 62. Siehe dazu Lekschas/Loose/Renneberg, Verantwortung und Schuld, S. 78.

77 Blechschmid, Schuld und Verantwortung, S. 54. Beim Anders-handeln-können handelt es sich um ein Prinzip zur Begründung von Strafe. Vgl. Roxin/Greco, Strafrecht Allgemeiner Teil, S. 969 f.

78 Blechschmid, Schuld und Verantwortung, S. 55.

79 Blechschmid, Schuld und Verantwortung, S. 60.

80 Dies deutet sich an folgenden Stellen an: Blechschmid, Schuld und Verantwortung, S. 54, 57, 60. So bezeichnete *Blechschmid* den Menschen als „determiniert zum Determinieren" (S. 57). Eine solche Annahme ergibt nur Sinn, wenn man einen starken Freiheitsbegriff zugrunde legt.

81 Vgl. Blechschmid, Schuld und Verantwortung, S. 60 f.

Das bedeutet im Sinne des dialektischen Determinismus, daß der Satz, keiner muß zum Verbrecher werden, umzukehren ist in den Satz, wer zum Verbrecher wurde, mußte – auf Grund seiner inneren Bedingungen – zum Verbrecher werden.[82]

(1) Kompatibilismus (weicher Determinismus) und Inkompatibilismus

Blechschmids Argumentation wies jedoch eine Fehlannahme auf, die sie zu dem Ergebnis führte, die Argumentation der DDR-Rechtswissenschaftler sei widersprüchlich: Sie legte ihren eigenen Freiheitsbegriff zugrunde. Hinter dem von *Blechschmid* behandelten Problem steckt der alte Determinismus-Indeterminismus-Streit.[83] Dabei dreht sich der Streit aus philosophischer Sicht um die Frage, ob der Mensch in einer determinierten Welt verantwortlich sein kann.[84] Gegenüberstehen sich zwei Lager: Zum einen Kompatibilisten, welche den Menschen in einer determinierten Welt für verantwortlich halten und zum anderen Inkompatibilisten, welche eine Verantwortung des Menschen in einer determinierten Welt für ausgeschlossen halten, da dieser dem Kausalgesetz unterliege.[85] Die unterschiedliche Bewertung des Problems lässt sich dabei auf einen unterschiedlich starken Freiheitsbegriff zurückführen, denn dahinter steht die Annahme, dass Verantwortung die Freiheit des Menschen voraussetzt.[86]

Kompatibilisten[87] vertreten einen schwachen Freiheitsbegriff.[88] Nach ihrem Freiheitsverständnis ist der Mensch frei, wenn er frei von äußerem Zwang ist.[89] Das ist dann der Fall, wenn der Mensch *1.* die *Fähigkeit* besitzt, zu überlegen und *2.* die *Möglichkeit* hat, das Ergebnis seiner Überlegungen wirksam werden zu lassen.[90] Einige Kompatibilisten erweitern diese Voraussetzungen noch um das Element der *Selbstreflexion*. Demnach müsse die Person die Möglichkeit haben, mittels ihres Verstandes prüfen, welche von mehreren möglichen Entscheidungen die richtige ist, und zum anderen dürfe der Überlegungs- und Abwägungsprozess nicht durch einen inneren Zwang (Krankheit oder Sucht) beeinträchtigt werden.[91] Mit diesem

---

82 Blechschmid, Schuld und Verantwortung, S. 61.

83 Dieser wird zum Teil auch missverständlich als Streit um die Willensfreiheit bezeichnet. Zur Frage, warum die Terminologie missverständlich ist, siehe Bröckers, Strafrechtliche Verantwortung ohne Willensfreiheit, S. 98 f.

84 Bröckers, Strafrechtliche Verantwortung ohne Willensfreiheit, S. 98.

85 Bröckers, Strafrechtliche Verantwortung ohne Willensfreiheit, S. 98. Vgl. auch Keil, Willensfreiheit und Determinismus, S. 40.

86 Möhle, in: Jahrbuch für Wissenschaft und Ethik 2008, 35 (S. 35).

87 Im Folgenden wird unter dieser Begrifflichkeit vom sog. klassischen Kompatibilismus nach *Hume* und *Hobbes* ausgegangen.

88 Keil, Willensfreiheit und Determinismus, S. 67.

89 Keil, Willensfreiheit und Determinismus, S. 67.

90 Bröckers, Strafrechtliche Verantwortung ohne Willensfreiheit, S. 101 f.

91 Bröckers, Strafrechtliche Verantwortung ohne Willensfreiheit, S. 102.

Freiheitsverständnis, das Freiheit als eine Form der Handlungsfreiheit interpretiert,[92] lässt sich Verantwortung auch in einer determinierten Welt begründen. Ein solcher Freiheitsbegriff erfordert somit keine Auseinandersetzung mit dem Willensbildungsprozess, sodass zu diesem von Seiten der Kompatibilisten häufig auch keine Stellung bezogen wurde.[93]

Inkompatibilisten gehen von einem starken Freiheitsbegriff aus. Der Mensch ist erst dann frei, wenn er als Erstverursacher einen eigenen Kausalverlauf begründen kann, ohne selbst Produkt eines Kausalverlaufes zu sein.[94] D.h. der Mensch ist frei, wenn er so oder anders wollen kann.[95] Somit gehen Inkompatibilisten davon aus, dass der Mensch in einer determinierten Welt, in der er Teil eines Kausalprozesses ist, auch nicht verantwortlich sein kann,[96] da er gar nicht anders handeln konnte. Das Anders-handeln-können ist somit typischerweise der Argumentation von Inkompatibilisten zuzuordnen.[97] Da Verantwortung nach Ansicht der Inkompatibilisten nicht in einem deterministischen System begründet werden kann, vertreten sie häufig eine indeterministische Position und Kompatibilisten vertreten häufig eine deterministische Position.[98]

(2) Interpretation des Entscheidungsbegriffes bei Blechschmid

Blechschmid deutete nun aus der Verwendung des Entscheidungsbegriffs in § 5 die Zugrundelegung der Theorie des Anders-handeln-könnens, wie sie Inkompatibilisten vertreten und schloss daraus, dass diese indeterministische Position einem deterministischen Weltbild widerspreche. *Blechschmid* übersah dabei jedoch, dass der Entscheidungsbegriff des § 5 nicht notwendig als ein Anders-handeln-können der inkompatibilistischen Position gedeutet werden muss. Entscheidung kann auch schon darin gesehen werden, dass der Mensch die Fähigkeit zum Überlegen (und zur Selbstreflexion) hat und diese dann ohne äußeren Zwang in eine Handlung umsetzen kann.

Lekschas wies für den Entscheidungsbegriff der DDR ausdrücklich darauf hin, dass der Entscheidungsbegriff nicht rein psychologisch zu interpretieren sei, sondern auch philosophische, soziologische und rechtliche Bezüge aufweise.[99] In seiner Handlungslehre ging *Lekschas* davon aus, dass der Mensch zur Befriedigung sei-

---

92 Keil, Willensfreiheit und Determinismus, S. 67.
93 Keil, Willensfreiheit, S. 59.
94 Bröckers, Strafrechtliche Verantwortung ohne Willensfreiheit, S. 104.
95 Bröckers, Strafrechtliche Verantwortung ohne Willensfreiheit, S. 104.
96 Vgl. Bröckers, Strafrechtliche Verantwortung ohne Willensfreiheit, S. 105.
97 Keil, Willensfreiheit und Determinismus, S. 67.
98 Bröckers, Strafrechtliche Verantwortung ohne Willensfreiheit, S. 108.
99 Lekschas, in: NJ 1967, 137 (S. 140).

ner Bedürfnisse handle.[100] Diese wiederum seien durch die Klassengesellschaft determiniert.[101] Die Bedürfnisse verarbeite der Mensch zu Handlungsmotiven, welche in einem Auseinandersetzungsprozess des Täters in Relation zu seiner Weltanschauung, seiner Moral und seinen sonstigen Ansichten gesetzt würden, sodass nach Abschluss dieses Prozesses eine Zielsetzung zum Handeln hervorgehe.[102] Erst als Ergebnis dieses Auseinandersetzungsprozesses würde eine Handlung folgen, um die Bedürfnisse zu befriedigen.[103] Damit ging *Lekschas* grundsätzlich von einer Außendetermination des Menschen aus, welcher die Fähigkeit zur Überlegung besitze und die Möglichkeit habe, nach seinem Willen zu handeln. Diese Annahme entspricht einer kompatibilistischen Weltsicht, die den klassischen Kompatibilismus um die Fähigkeit des Menschen zur Überlegung bzw. Selbstreflexion ergänzt hatte.[104] Dass es eben nicht um die *Willensfreiheit* i.S.d. Anders-wollen-Könnens ging, zeigte sich auch im Bereich der Psychologie. So ging der Psychologe *Rubinstein* davon aus, dass der Wille des Menschen durch die Außenwelt bedingt sei.[105] Er machte darüber hinaus deutlich, dass es für die Frage der Verantwortlichkeit eben nicht um das Problem der *Willensfreiheit* gehe und auch nicht um Determination, sondern um Zwang,[106] was eine Interpretation i. S. eines deterministischen Kompatibilismus nahelegt.

Die inkompatibilistische Perspektive *Blechschmids* führte sie zu dem vermeintlichen Widerspruch in der Rechtstheorie der DDR, dass die Außendeterminiertheit des Menschen zwar innerhalb des Weltbilds propagiert werde, aber für die Schuldregelungen der DDR nicht anerkannt würde. Diesen Widerspruch erklärte *Blechschmid* damit, dass bei Anerkennung einer Außendeterminiertheit ein Strafverzicht hätte folgen müssen und für einen solchen Fall die Selbstaufgabe des Rechts befürchtet werde.[107] Tatsächlich ergäbe sich diese Konsequenz nur aus einer

---

100 Lekschas, Lehre von der Handlung, S. 9.

101 Lekschas, Lehre von der Handlung, S. 11.

102 Lekschas, Die Schuld als subjektive Seite, S. 9.

103 Lekschas, Lehre von der Handlung, S. 13.

104 *Lekschas* selbst ging davon aus, dass der Marxismus-Leninismus weder einer deterministischen noch einer indeterministischen Theorie folge und dadurch das Determinismus-Indeterminismusproblem gelöst habe:
„Indem der dialektische Materialismus das Wesen der Freiheit des Menschen und das Wesen der Willensfreiheit der Wirklichkeit entsprechend bestimmt, zerschlägt er zugleich alle idealistischen und mechanisch-materialistischen Theorien von der Handlung und die damit im Zusammenhang stehenden ‚indeterministischen' und deterministischen Theorien." (Lekschas, Lehre von der Handlung, S. 21).

105 Rubinstein, Sein und Bewusstsein, S. 256 f.

106 Rubinstein, Sein und Bewusstsein, S. 256.

107 Blechschmid, Schuld und Verantwortung, S. 63.

indeterministischen Position; eine kompatibilistische Position kann Verantwortlichkeit bzw. Schuld auch in einem deterministischen Weltbild erklären. Demnach kann nicht von einem Widerspruch des Entscheidungsbegriffs zum sozialistischen Weltbild ausgegangen werden.

Insgesamt lässt sich feststellen, dass in der DDR-Rechtswissenschaft eine Form des deterministischen Kompatibilismus vertreten wurde, um in einem deterministischen Weltbild, welches die Ideologie nach *Marx* nahelegte, Verantwortung begründen zu können. *Blechschmid* kritisierte diesen Standpunkt aus einer inkompatibilistischen Perspektive, was dazu führte, dass sie den eigenen Freiheitsbegriff auch der Analyse des DDR-Systems zugrunde legte und eine klassische Kompatibilismuskritik entwickelte.

(3) Kritik am deterministischen Kompatibilismus der DDR

Die kompatibilistische Position der DDR erscheint an anderer Stelle kritikwürdig. Diese setzte voraus, dass der Täter frei von äußeren Zwängen agierte. Solche Zwänge wurden z. B. auch in den ökonomischen und wirtschaftlichen Verhältnissen des Kapitalismus gesehen.[108] Diese Prämisse diente insbesondere zur Abgrenzung von der Bundesrepublik,[109] welche aufgrund ihres kapitalistischen Systems aus Sicht der DDR-Rechtswissenschaftler ökonomischen und wirtschaftlichen Zwängen unterlegen gewesen sei. In der Konsequenz hätte dies bedeutet, dass Verantwortung in einem kapitalistischen System nicht hätte begründet werden können. In einer Begründung zu einem späteren StGB-Entwurf war ausgeführt worden, dass die Rechtstheorien der Bundesrepublik die Schuld „in demagogischer Weise […] aus der Verletzung göttlicher oder anderer metaphysischer Prinzipien herzuleiten versuch[t]en, weil sie unter den Bedingungen der kapitalistischen Ausbeutung und Unterdrückung die Verantwortung des Menschen in der Gesellschaft nicht zu begründen vermögen [könnten].“[110] Diese Auffassung stellte die sozialistische Strafrechtswissenschaft jedoch vor ein eigenes Begründungsproblem, da der Entwurf des StGB bzw. das StGB-DDR nach seinem Inkrafttreten auch Taten, die außerhalb des Staatsgebiets der DDR vorgenommen worden waren, kriminalisierte.[111] Diesen Punkt hatten auch *Lekschas/Loose/Renneberg* 1964 schon erkannt, aber noch nicht zu lösen vermocht. Sie begnügten sich mit dem Hinweis, dass das Studium nicht fortgeschritten genug sei, um die Fragen aller Gesellschaftsformen beantworten zu können. Sie hielten deshalb vorerst nur fest, dass nicht ausgeschlossen sei, dass auch in anderen Gesellschaftsformen insb. dem Kapitalismus, Verantwortung begründet

---

108 Lekschas/Loose/Renneberg, Verantwortung und Schuld, S. 33 f.

109 So auch F.-C. Schroeder, in: Jahrbuch für Ostrecht 1973, 9 (S. 12).

110 Begründung zum Entwurf des Strafgesetzbuches, BArch DP 1/22931.

111 Auf dieses Begründungsproblem hatte *F.-C. Schroeder* zutreffend hingewiesen (F.-C. Schroeder, in: Jahrbuch für Ostrecht 1973, 9 (S. 12)).

werden könne.[112] Für die DDR hingegen hielt *Renneberg* in der Beratung zur StGB-Konzeption fest:

> In der DDR sind die ökonomischen Ursachen der Kriminalität beseitigt, es braucht niemand zum Verbrecher zu werden.[113]

Diese Feststellung war schon beim VI. Parteitag der SED getätigt worden.[114] Damit sollte zum Ausdruck gebracht werden, dass die ökonomischen Ursachen der Kriminalität in der DDR beseitigt seien,[115] und der Täter aus diesem Grund auch Verantwortung für seine Handlung tragen könne. Er handle somit frei von ökonomischen Zwängen und könne „echte" Schuld auf sich nehmen.[116]

Kritikwürdig erscheint die von der Parteiführung zugrunde gelegte Prämisse, dass in der DDR die ökonomischen Ursachen der Kriminalität, d. h. die äußeren Umstände, die Menschen zu Straftaten zwängen, beseitigt worden seien. Für eine solche Annahme gibt es keine Anhaltspunkte und es ist deshalb davon auszugehen, dass es sich um eine bloße Behauptung handelte. Darüber hinaus scheint es fragwürdig, äußeren Zwang an den ökonomischen Verhältnissen festzusetzen. Dabei handelt es sich um eine willkürlich gesetzte Kategorie und es stellt sich die Frage, warum nicht auch andere äußere Einflüsse wie z. B. die Erziehung des Menschen als Zwang anerkannt wurden.[117]

b) Abs. 2: Art und Schwere des Verschuldens

Abs. 2 regelte die Prüfung für die Art und Schwere des Verschuldens. Dabei gab es verschiedene Abstufungen qualitativer Art. Es handelte sich dabei nicht um eine neue Idee, sondern um die Umlagerung der Qualitätsabstufungen aus dem Vorsatz- und dem Fahrlässigkeitsbegriff. Damit war die Einstellung nicht vollkommen aus der Schuldregelung verschwunden, sie bestimmte fortan den Grad der Schuld und stellte damit eine Frage der Strafzumessung dar. Da die Strafzumessung nicht

---

112 Vgl. Lekschas/Loose/Renneberg, Verantwortung und Schuld, S. 32 f.

113 Protokoll über die 3. Sitzung der StGB-Kommission vom 15./16.11.1963 (27.11.1963), BArch DP 1/23016.

114 Siehe Kapitel 6.I.

115 Protokoll über die 3. Sitzung der StGB-Kommission vom 15./16.11.1963 (27.11.1963), BArch DP 1/23016.

116 „Unterkommission I – Ausarbeitung der Grundkonzeption StGB und StPO Arbeitsgruppe Prof. Dr. Lekschas "Probleme der Schuld"" (ohne Datum), BArch DP 1/23016.

117 Für die Erziehung von Jugendlichen, welche sich nicht dem Einfluss ihrer Eltern entziehen konnten, wurden Erwägungen dieser Art tatsächlich angestellt (vgl. „Unterkommission I – Ausarbeitung der Grundkonzeption StGB und StPO Arbeitsgruppe Prof. Dr. Lekschas "Probleme der Schuld"" (ohne Datum), BArch DP 1/23016).

vordergründig in dieser Arbeit betrachtet wird, soll nur noch erwähnt werden, dass nach § 7 das Gericht hätte feststellen müssen, welche Einflüsse zur Entscheidung des Täters geführt hätten.[118] Es wurden grob weiterhin drei Gruppen der Einstellung unterschieden: die „feindliche Einstellung“, „einmaliges Versagen“ und die „rückständige Einstellung“. Die differenzierte Aufgliederung der verschiedenen Einstellungen sollte den Richtern bei der Festlegung des Strafmaßes eine Orientierung bieten und sie zur Berücksichtigung aller relevanten Faktoren anleiten.

2. Vorsatz

Der Vorsatz als Schuldform war im Entwurf des StGB durch mehrere Normen ausgestaltet worden. So enthielt § 8 die Legaldefinition des Vorsatzes und § 9 regelte den Affekt. *Lekschas/Loose/Renneberg* führten aus, dass der Vorsatz die Grundform der Schuld darstellen solle.[119] Er unterscheide sich zudem dahingehend von der Fahrlässigkeit, als dass der Täter im offenen Widerspruch zur sozialistischen Gesellschaft stehe.[120]

a) Allgemeine Vorsatzdefinition (§ 8)

Die Regelung des Vorsatzes ging zurück auf Überlegungen, die innerhalb des Symposions der Humboldt-Universität vom 20. und 21. Dezember 1963 angestellt worden waren. Der Psychologe *H.-D. Schmidt*[121] hatte dort seine Thesen vorgestellt und das Wesen des Vorsatzes durch drei Elemente bestimmt:

a) eine Ziel(Vor-)stellung, die sich auf einen Gegenstand oder auch eine Handlung beziehen kann (das „Was“);
b) ein Programm zur Realisierung des Zieles (das „Wie“);
c) die Motivation als die subjektiven Beweggründe einer Handlung (das „Warum“).[122]

---

118 So hieß es: *„Bei der Prüfung der Schuld des Täters sind unbeschadet der eindeutigen Feststellung seiner individuellen Verantwortlichkeit, auch die Einflüsse aufzudecken, die zum Zustandekommen der verantwortungslosen Entscheidung des Täters beigetragen haben.“* (Entwurf des Allgemeinen Teils des Strafgesetzbuches“ (ohne Datum), BArch DP 1/22969).

119 Lekschas/Loose/Renneberg, Verantwortung und Schuld, S. 76.

120 Lekschas/Loose/Renneberg, Verantwortung und Schuld, S. 76.

121 In der *Lekschas/Loose/Renneberg* beziehen sich auf einen *„Dr. Schmidt“* (Lekschas/Loose/Renneberg, Verantwortung und Schuld, S. 78, Fn. 62). Dass die Thesen sich im Fachgebiet der Psychologie bewegten, spricht dafür, dass hier der Psychologe *H.-D. Schmidt* gemeint ist, den *Kuhn* als Urheber des Entscheidungsbegriffs in der Schuldregelung sieht.

122 Lekschas/Loose/Renneberg, Verantwortung und Schuld, S. 78.

Aus ihnen sollte sich der offene Widerspruch zur Gesellschaft ergeben.[123] Diese Überlegungen hatten *Lekschas/Loose/Renneberg* von *H.-D. Schmidt* übernommen und in ihrer Monografie veröffentlicht.[124] Ziel war es, die Vorsatzregelung nach den neuesten wissenschaftlichen Erkenntnissen der Psychologie zu gestalten.[125] Ergebnis der Ausarbeitungen war eine Vorsatzregelung, die im Vergleich zum 7. Entwurf des Allgemeinen Teils grundlegend verändert worden war:

§ 8

Vorsätzlich handelt, wer sich zu der im gesetzlichen Tatbestand bezeichneten Tat bewußt entschieden hat.
Vorsätzlich handelt auch, wer zwar die Verwirklichung der im gesetzlichen Tatbestand bezeichneten Tat nicht anstrebt, sich jedoch bewußt damit abgefunden hat, daß er mit seinem Handeln diese Tat verwirklichen könnte.[126]

Die Vorsatzregelung legte fest, dass es zwei Arten des Vorsatzes geben solle: den unbedingten und den bedingten Vorsatz.[127] Der unbedingte Vorsatz zeichne sich dadurch aus, dass der Täter die erkannten Folgen der Tat anstrebe und verwirklichen wolle, während sich der bedingte Vorsatz dadurch auszeichne, dass der Täter die Folgen der Tat nicht vordergründig verwirklichen wolle.[128] Es komme ihm auf andere Ziele an, die er auch bei Eintritt der nicht angestrebten Ziele verwirklichen wolle.[129] Mit der Definition des unbedingten Vorsatzes, welche auf das zusätzliche Tatbestandsmerkmal „gewollt" verzichtete, sollte die „künstliche" Trennung von Bewusstsein und Willen aufgegeben und versucht werden, die Elemente als einen untrennbaren Umstand mit ins Gesetz aufzunehmen. Dies entspreche dem aktuellen Kenntnisstand der Psychologie und komme der Realität am nächsten.[130] Darüber hinaus müsse dem Täter beim Vorsatz bewusst gewesen sein, dass er im Widerspruch zu den Interessen der Gesellschaft handle.[131] Das Bewusstsein der Rechtswidrigkeit wurde damit wieder als Voraussetzung des Vorsatzes anerkannt.[132]

---

123 Lekschas/Loose/Renneberg, Verantwortung und Schuld, S. 78.

124 Lekschas/Loose/Renneberg, Verantwortung und Schuld, S. 78.

125 Lekschas/Loose/Renneberg, Verantwortung und Schuld, S. 79 f.

126 Entwurf des Allgemeinen Teils des Strafgesetzbuches (ohne Datum), BArch DP 1/22969.

127 „Thesen" (ohne Datum), BArch DP 1/22969.

128 „Thesen" (ohne Datum), BArch DP 1/22969.

129 „Thesen" (ohne Datum), BArch DP 1/22969.

130 Vgl. Lekschas/Loose/Renneberg, Verantwortung und Schuld, S. 80, 82.

131 Konzeption des sozialistischen Strafgesetzbuches der Deutschen Demokratischen Republik, BArch DP 1/21491.

132 „Thesen" (ohne Datum), BArch DP 1/22969.

Bei der allgemeinen Kriminalität sollte sich dieses Bewusstsein aus dem Bewusstsein des Täters, eine Handlung zu begehen, die bestimmte für die Gesellschaft oder andere Personen schwerwiegende Folgen herbeiführe, ergeben.[133]

Gesetzgeberisch hätten sich zur Normierung der Voraussetzung des Bewusstseins der Rechtswidrigkeit zwei Vorgehensweisen angeboten. Bei der ersten hätte die Erforderlichkeit des Bewusstseins der Rechtswidrigkeit bzw. der Gesellschaftsgefährlichkeit generell als Strafbarkeitsvoraussetzung normiert werden können.[134] In einem solchen Fall hätte man dann auf Schuldaufhebungs- und Schuldmilderungsgründe verzichten können.[135] Die andere Möglichkeit hätte darin bestanden, sich nicht zu dieser Thematik zu äußern, für die Fälle des Fehlens jedoch besondere Regeln aufzustellen (Schuldaufhebungs- und Schuldmilderungsgründe).[136] Vorliegend sollte das Bewusstsein der Rechtswidrigkeit nicht in die Vorsatzdefinition aufgenommen werden, weil dieses in der Definition nur abstrakt hätte dargestellt werden können.[137] Stattdessen sollten Schuldausschließungs- und Schuldmilderungsgründe dargestellt werden.[138] Mit dieser Vorgehensweise wäre die DDR von der Praxis der meisten sozialistischen Gesetzbücher abgewichen.[139]

b) Affekt (§ 9)

Während des Symposions wurden psychische Erregungszustände, die verhinderten, dass ein Unrechtsbewusstsein aufkomme (z. B. Affekt) nur in Ausnahmefällen als schuldmildernd eingestuft. Sie sollten deshalb im Zusammenhang mit den Delikten, bei denen sie auftreten konnten, geregelt werden (z. B. vorsätzliche Tötung in unverschuldetem Affekt nach § 213 oder Kindstötung nach § 217).[140]

Im Entwurf entschied man sich jedoch für einen anderen Weg. Man nahm den Affekt in den Allgemeinen Teil auf. Der Affekt wurde in einer eigenen Norm hinter der Legaldefinition des Vorsatzes in § 9 geregelt.[141] Aus Wertungsgesichtspunkten

133 „Thesen" (ohne Datum), BArch DP 1/22969.
134 „Thesen" (ohne Datum), BArch DP 1/22969.
135 „Thesen" (ohne Datum), BArch DP 1/22969.
136 „Thesen" (ohne Datum), BArch DP 1/22969.
137 „Thesen" (ohne Datum), BArch DP 1/22969.
138 „Thesen" (ohne Datum), BArch DP 1/22969.
139 „Thesen" (ohne Datum), BArch DP 1/22969.
140 „Thesen" (ohne Datum), BArch DP 1/22969.
141 § 9 hatte folgenden Wortlaut: *(1) Einer vorsätzlichen Tat ist eine Handlung gleichgestellt, zu deren Begehung sich der Täter in einem Affekt entschieden hat, sofern seine Zurechnungsfähigkeit nicht ausgeschlossen war. Im Affekt handelt, wer die im gesetzlichen Tatbestand bezeichnete Tat in einem hochgradigen Erregungszustand begeht, in dem die Fähigkeit besonnener Entscheidung erheblich herabgesetzt war.*
(2) Ist der Täter unverschuldet in diesen Zustand versetzt worden, kann, sofern keine besonderen

sollte er dem Vorsatz gleichstehen. In der achten Sitzung der Staatsratskommission, welche am 20.3.1964 stattfand,[142] warf *H. Benjamin* die Frage auf, warum der Affekt mit dem Vorsatz gleichgesetzt werden könne, obwohl die Fähigkeit zur überlegten Entscheidung erheblich herabgesetzt sei.[143] *Renneberg*, *Szewczyk* und *Heymann* erläuterten, dass es sich beim Affekt um eine besondere Form der Willensbildung handle. Psychologisch seien mehrere Schuldformen möglich, aber man habe sich entschieden, diese beim Vorsatz zu regeln, um nicht von drei Schuldformen sprechen zu müssen.[144] Der Täter sei beim Affekt voll verantwortlich, weil er sich hätte beherrschen können und müssen.[145]

3. Fahrlässigkeit (§ 14)

Die Fahrlässigkeit war in § 14 geregelt worden. Hintergrund der Regelung war, dass Fahrlässigkeitsstraftaten landesweit als großes wirtschaftliches Problem erblickt wurden.[146] So sollten z. B. fahrlässige Brandstiftungen im ersten Halbjahr des Jahres 1963 Schäden in Höhe von 17 Millionen DM verursacht haben und Unfälle im Bauwesen Schäden mit einem Wert von ca. 2.150 in Plattenbauweise errichteter Wohneinheiten zur Folge gehabt haben.[147] Kritisiert wurde die Bundesrepublik, die als Reaktion auf eine gestiegene Fahrlässigkeit die Strafen erhöht habe.[148] Dies sei ein einziger hilfloser Versuch gewesen, um die Fahrlässigkeitsstraftaten einzudämmen, der ähnlich auch in der DDR vorgenommen worden sei, da man sich auch dort lange an die „bürgerlichen" Begrifflichkeiten von Vorsatz und Fahrlässigkeit gehalten habe.[149]

Dieses Problem sollte nun auf sozialistischer Grundlage gelöst werden. Die UK I ging davon aus, dass eine Voraussetzung für die Fahrlässigkeitsstrafbarkeit sein müsse, dass das fahrlässige Verhalten erhebliche Schäden an der Gesellschaft oder anderer Menschen oder die Gefahr erheblicher Schäden herbeigeführt habe.[150]

Bestimmungen gelten, die Strafe unter Berücksichtigung des Grades des Affekts und seiner Ursachen nach den Grundsätzen der Strafmilderung herabgesetzt werden.
Bei Vergehen kann auch von Strafe abgesehen werden." (Entwurf des Allgemeinen Teils des Strafgesetzbuches (ohne Datum), BArch DP 1/22969).

142 Protokoll der 8. Sitzung vom 20.3.1964 der StGB-Kommission (7.8.1964), BArch DP 1/23017.

143 Protokoll der 8. Sitzung vom 20.3.1964 der StGB-Kommission (7.8.1964), BArch DP 1/23017.

144 Protokoll der 8. Sitzung vom 20.3.1964 der StGB-Kommission (7.8.1964), BArch DP 1/23017.

145 Protokoll der 8. Sitzung vom 20.3.1964 der StGB-Kommission (7.8.1964), BArch DP 1/23017.

146 Lekschas/Loose/Renneberg, Verantwortung und Schuld, S. 116 f.

147 Lekschas/Loose/Renneberg, Verantwortung und Schuld, S. 117.

148 Lekschas/Loose/Renneberg, Verantwortung und Schuld, S. 118 f.

149 Lekschas/Loose/Renneberg, Verantwortung und Schuld, S. 119 f.

150 Konzeption des sozialistischen Strafgesetzbuches der Deutschen Demokratischen Republik, BArch DP 1/21491.

Weiterhin wurde das Problem identifiziert, dass bei Fahrlässigkeitsdelikten wie z. B. Betriebshavarien vom Zufall abhinge, welche Personen vor Gericht gestellt würden. Die Inflation der Fahrlässigkeitsstrafbarkeit, die als Produkt der „bürgerlichen" Entwicklung gesehen wurde,[151] sollte nun dadurch überwunden werden, dass die Freiheitsstrafe nicht als Regelstrafe, sondern nur unter erschwerenden Umständen angewendet werden sollte.[152] Vermehrt eingreifen sollten dafür das Ordnungsstrafrecht, das Disziplinar- und Arbeitsrecht sowie die Tätigkeit anderer staatlicher Organe.[153]

a) Fahrlässigkeit und Entscheidungsprozess

Die Fahrlässigkeit zeichnete sich durch eine Diskrepanz zwischen Bewusstsein und Willen aus.[154] Dem Täter sei anders als bei vorsätzlichen Handlungen gar nicht bewusst, dass er sich in Widerspruch zur Gesellschaft verhielte, da ihm die Folgen seines Handelns nicht bewusst oder nur zum Teil bewusst gewesen seien.[155] Durch diesen Bewusstseinsmangel könne auch kein offener Widerspruch zur Gesellschaft bestehen. Hätte der Täter die Folgen seines Handelns berücksichtigt, hätte er anders gehandelt. Allerdings, so argumentierten *Lekschas/Loose/Renneberg*, zeige sich in den fahrlässigen Taten das subjektive Verhältnis des Täters zur Tat.[156] Konkret orientierte sich § 14 an der durch die Psychologen *Kasielke/Lander/Schmidt/Strauß* herausgearbeiteten Funktionsweise eines Entscheidungsprozesses. Diese hatte sich damit beschäftigt, wie Fahrlässigkeit wissenschaftlich erklärt werden könne. Sie erklärten, dass es von der Anzahl der objektiven Verhaltensalternativen, der Anzahl der subjektiven Verhaltensalternativen (d. h. nicht alle objektiven Verhaltensalternativen wurden subjektiv berücksichtigt),[157] von den Ereignissen, die nach Ausführung der möglichen Handlungen eintreten können und von der Wahrscheinlichkeit, mit der die Ereignisse eintreten würden, abhinge, welche Entscheidung der Täter in der konkreten Situation treffe.[158] Dazu führten sie ein Beispiel an:

---

151 „Grundsätze zum Problem der individuellen strafrechtlichen Verantwortlichkeit", BArch DP 1/21491.

152 Konzeption des sozialistischen Strafgesetzbuches der Deutschen Demokratischen Republik, BArch DP 1/21491.

153 Konzeption des sozialistischen Strafgesetzbuches der Deutschen Demokratischen Republik, BArch DP 1/21491.

154 Lekschas/Loose/Renneberg, Verantwortung und Schuld, S. 116.

155 Lekschas/Loose/Renneberg, Verantwortung und Schuld, S. 116.

156 Lekschas/Loose/Renneberg, Verantwortung und Schuld, S. 116.

157 Zu einem realen Fall siehe Griebe/Oehmke, in: SuR 1965, 2001.

158 Kasielke u. a., in: SuR 1964, 668 (S. 669).

> Ein Autofahrer fährt in der Dunkelheit bei Schneesturm vorschriftsmäßig eine Straße entlang. Im Scheinwerferlicht taucht ein entgegenkommender Radfahrer auf, der vorschriftswidrig links fährt und auf Warnsignale nicht reagiert, sondern auf der falschen Seite bleibt. – Dem Kraftfahrer stehen folgende objektive Alternativen zur Verfügung: (1) weiterfahren, (2) halten, (3) nach links, auf die Mitte der Straße, ausweichen, (4) nach rechts, gegen oder über die Bordsteinkante hinweg, ausweichen. Er bedenkt nicht alle; seine subjektiven Alternativen sind: (1) weiterfahren, (2) nach links ausweichen. Der Nutzen der zu erwartenden Ereignisse (bei Wahl einer der Alternativen) ist leicht zu kennzeichnen: Unfall ist zu vermeiden, Passieren des Radfahrers ist anzustreben. Der Kraftfahrer schätzt die Wahrscheinlichkeiten des Eintretens der Ereignisse (abhängig von dem wahrscheinlichen Verhalten des Radfahrers) so ein: Unfall beim Weiterfahren (da der Radfahrer sicherlich links bleibt), Passieren beim Ausweichen nach links (da der Radfahrer gewiß nicht nach rechts hinüberfährt). Der Autofahrer fällt die Entscheidung: Ausweichen nach links.[159]

Fahrlässiges Handeln sollte sich nun bei den verschiedenen Punkten im Entscheidungsprozess zeigen. So könne ein Handlungsziel so stark wirken, dass andere Handlungsalternativen in den Hintergrund rückten und deshalb nicht berücksichtigt würden.[160] So z. B. bei einem Autofahrer, der in letzter Minute eine überaus wichtige Nachricht einem Bekannten mitgeben wolle, der den Bahnhof mit einem bestimmten Zug verließ. Dazu raste er zum Bahnhof und verursachte einen Verkehrsunfall.[161] Aufgrund seiner Zielfixierung habe er die Verkehrsvorschriften nicht beachtet.[162] Eine andere Möglichkeit bestehe darin, dass es so viele Handlungsalternativen gebe, dass die verfügbare Zeit für eine Abwägung der Wahrscheinlichkeiten zu erwartender Ereignisse nicht genüge.[163] Fahrlässigkeit könne somit auch aus einer Überforderungssituation heraus entstehen.[164] Darüber hinaus spiele auch die persönliche Leistungsfähigkeit des Entscheidungsträgers (z. B. Leistungsminderung aufgrund von Müdigkeit) eine Rolle.[165] Zuletzt gebe es noch die Fälle, in denen eine Entscheidung automatisch gefällt werde, weil sie ein bekanntes Handlungsschema darstelle und Ähnlichkeiten zu bereits gefällten Entscheidungen aufweise.[166] Als

---

159 Kasielke u. a., in: SuR 1964, 668 (S. 669 f.).
160 Kasielke u. a., in: SuR 1964, 668 (S. 670).
161 Kasielke u. a., in: SuR 1964, 668 (S. 670 f.).
162 Kasielke u. a., in: SuR 1964, 668 (S. 671).
163 Kasielke u. a., in: SuR 1964, 668 (S. 671).
164 Kasielke u. a., in: SuR 1964, 668 (S. 671).
165 Kasielke u. a., in: SuR 1964, 668 (S. 671).
166 Kasielke u. a., in: SuR 1964, 668 (S. 672).

Beispiel führten *Kasielke/Lander/Schmidt/Strauß* Folgendes, schon von *Lekschas* verwendetes Beispiel[167] an:

> Eine Mutter beispielsweise, die bereits drei Kinder erfolgreich aufgezogen hat und beim vierten die früher oft geübten und eingeschliffenen Badevorbereitungen trifft, wird kein Gefahrenmoment darin erblicken, daß sie für einen Augenblick den Säugling frei auf dem Wickeltisch liegen läßt, während sie – nach alter Manier ihn während des Wassereinfüllens in die Badeschüssel beobachtend – sich vom Tisch entfernt hat. Das Risikobewußtsein, das in dieser Situation früher noch wach und wirksam war, hat mittlerweile nachgelassen; sie ist sicher, daß nichts passieren kann und wird. Und doch – eines Tages rollt das Kind schnell zur Seite und fällt herunter, ehe die Mutter zuspringen kann. Die gewohnheitsmäßig erworbene Sicherheit hat sich als trügerisch erwiesen.[168]

An diesen drei Formen der Entscheidungsfällung orientierte sich auch die Norm, die für die Fahrlässigkeit geschaffen worden war. Der Entwurf enthielt folgende Regelung zur Fahrlässigkeit:

> (1) *Fahrlässig handelt, wer voraussieht, daß er die im gesetzlichen Tatbestand bezeichneten Folgen verursachen könnte und diese ungewollt herbeiführt, weil er leichtfertig auf Umstände vertraut, die diese Folgen verhindern sollten, und sich deshalb zum Handeln entscheidet.*
>
> (2) *Fahrlässig handelt auch, wer in bewußter Verletzung seiner Pflichten die im gesetzlichen Tatbestand bezeichneten Folgen herbeiführt, ohne sie vorauszusehen, obwohl er sie bei verantwortungsbewußter Prüfung der Sachlage hätte voraussehen können und bei pflichtgemäßem Verhalten vermeiden können.*
>
> (3) *Fahrlässig handelt auch, wer sich zur Zeit der Tat der Pflichtverletzung nicht bewußt war, weil er sich auf Grund einer disziplinlosen Einstellung an das pflichtwidrige Verhalten gewöhnt hat und dadurch die im gesetzlichen Tatbestand bezeichneten, bei pflichtgemäßem Verhalten voraussehbaren und vermeidbaren Folgen herbeigeführt hat.*
>
> (4) *Fahrlässig handelt nicht, wer außerstande war, seine Pflichten zu erfüllen, weil er infolge eines von ihm nicht zu verantwortenden persönlichen Versagens oder Unvermögens die Umstände oder Folgen seines Handelns nicht erfassen oder die ihm unter den gegebenen Umständen obliegenden Pflichten nicht erkennen konnte.*[169]

---

167 Vgl. Kapitel 4.II.2.b)bb)(3)(b).

168 Kasielke u. a., in: SuR 1964, 668 (S. 672).

169 Entwurf des Allgemeinen Teils des Strafgesetzbuches (ohne Datum), BArch DP 1/22969.

b) Bewusste Fahrlässigkeit (Abs. 1)

In § 14 wurde zwischen verschiedenen Formen der Fahrlässigkeit unterschieden.[170] Darunter fielen *1.* die klassischerweise *bewusste Fahrlässigkeit* (bewusste Pflichtverletzung bei Vorhersehen möglicher Folgen) und *2.* die *bewusste Pflichtverletzung bei Vorhersehbarkeit der Folgen* und *3.* die *unbewusste Fahrlässigkeit* (Pflichtverletzung), wenn sich der Täter an ein pflichtwidriges Verhalten gewöhnt hatte.[171] Abs. 1 enthielt dabei die Regelung zur bewussten Fahrlässigkeit. Diese sollte gegeben sein, wenn der Täter die schädlichen Folgen voraussehe, jedoch darauf hoffe, dass sie nicht eintreten werden, weil er mit Umständen rechne, die diese Folgen verhindern werden.[172] Die Schuld des Täters liege dabei darin, „[...] daß er bewußt Gefahren für die Gesellschaft oder andere Menschen heraufbeschwör[e] und durch sein Handeln zwar ungewollt schwere, bei pflichtgemäßem Verhalten jedoch vermeidbare Folgen herbeiführ[e], nur weil er leichtfertig auf Umstände vertrau[e], die die Folgen verhüten w[ü]rden."[173]

c) Bewusste Pflichtverletzung bei Vorhersehbarkeit der Folgen (Abs. 2)

Die Voraussetzungen des Abs. 2 wären dann gegeben gewesen, wenn der Täter seine Pflicht bewusst verletzt hätte, ohne die Folgen vorherzusehen. Maßgeblich war dabei, dass er die Folgen hätte vorhersehen können. Die Vorhersehbarkeit war wahrscheinlich auf die Kritik von *Friebel/Orschekowski* hin wieder zur Strafbarkeitsvoraussetzung erhoben worden.[174]

d) Unbewusste Fahrlässigkeit aufgrund Gewöhnung an pflichtwidriges Verhalten (Abs. 3)

Abs. 3 ging zurück auf einen Regelungsvorschlag der UK I, welche vorgeschlagen hatte, eine dritte Form der Fahrlässigkeit in Betracht zu ziehen.[175] Er stellte die unbewusste Pflichtverletzung, die auf eine „disziplinlose Einstellung" zurückzuführen war, unter Strafe. Bei den unbewussten Pflichtverletzungen wurde unterschieden

---

170 Thesen über die strafrechtliche Verantwortlichkeit für Fahrlässigkeitstaten und deren Bestimmung im Strafgesetzbuch, BArch DP 1/21491.

171 Thesen über die strafrechtliche Verantwortlichkeit für Fahrlässigkeitstaten und deren Bestimmung im Strafgesetzbuch, BArch DP 1/21491.

172 Lekschas/Loose/Renneberg, Verantwortung und Schuld, S. 134.

173 Lekschas/Loose/Renneberg, Verantwortung und Schuld, S. 134.

174 Zur Kritik siehe Kapitel 5.V.2.

175 Thesen über die strafrechtliche Verantwortlichkeit für Fahrlässigkeitstaten und deren Bestimmung im Strafgesetzbuch, BArch DP 1/21491.

zwischen einem einmaligen Versagen der Willensanspannung aufgrund innerer Erregung, Ablenkung, Unaufmerksamkeit oder körperlicher Unzulänglichkeit, Versagen auf Grund mangelnder persönlicher Fähigkeiten, die Pflichten zu erkennen und danach zu handeln und der Gewöhnung an ein pflichtwidriges Verhalten.[176] Während bezüglich der ersten beiden Kategorien festgestellt wurde, dass das Strafrecht diese nicht verhindern könne, wurde die letzte Kategorie (der Gewöhnung an ein pflichtwidriges Verhalten) als eine Kategorie verstanden, bei der eine echte Schuld beim Täter vorliegen würde.[177] An diesen Fällen sollte das Strafrecht nicht einfach vorübergehen, da der Täter selbst die Ursache dafür herbeiführe, dass er sich im fraglichen Moment keiner Pflicht bewusst sei.[178] Die Einstellung als Voraussetzung war somit nicht ganz aus der Fahrlässigkeitsregelung gestrichen worden.

Lekschas/Loose/Renneberg hatten darauf hingewiesen, dass sich anders als bei der bewussten Fahrlässigkeit die Frage nach der Strafbarkeit für die Fälle der unbewussten Fahrlässigkeit als höchst problematisch gestaltet hatte.[179] Bisher habe bzgl. dieser Frage Uneinigkeit geherrscht.[180] Dies betraf nicht nur die Ansichten verschiedener Autoren, sondern insb. auch die von *Lekschas* vertretenen Ansichten. *Lekschas* hatte seine Position mehrfach angepasst bzw. anpassen müssen. So hatte *Lekschas* zunächst vertreten, dass eine Fahrlässigkeitsstrafbarkeit nur ausgelöst werde, wenn der Täter eine konkret normierte Rechtspflicht *bewusst* missachte.[181] Später hatte *Lekschas* diese Auffassung dahingehend korrigiert, dass auch eine unbewusste Missachtung der Rechtspflicht für die Begründung der Strafbarkeit ausreiche. Von der Strafbarkeit waren nunmehr auch bestimmte unbewusste Pflichtverletzungen (z. B. die allgemeine Handlungs- bzw. Sorgfaltspflichten oder die Vernachlässigung von Pflichten) umfasst.[182] Weiterhin war es auch nicht mehr darauf angekommen, dass die Rechtspflichten gesetzlich normiert worden wären.[183] Dies spiegelte sich auch in den Entwürfen wider. Die Fahrlässigkeitsregelung der Entwürfe war über die Jahre hinweg aufgeweicht worden. Diese Entwicklung wurde

---

176 Thesen über die strafrechtliche Verantwortlichkeit für Fahrlässigkeitstaten und deren Bestimmung im Strafgesetzbuch, BArch DP 1/21491.

177 Thesen über die strafrechtliche Verantwortlichkeit für Fahrlässigkeitstaten und deren Bestimmung im Strafgesetzbuch, BArch DP 1/21491.

178 Thesen über die strafrechtliche Verantwortlichkeit für Fahrlässigkeitstaten und deren Bestimmung im Strafgesetzbuch, BArch DP 1/21491.

179 Lekschas/Loose/Renneberg, Verantwortung und Schuld, S. 135.

180 Lekschas/Loose/Renneberg, Verantwortung und Schuld, S. 135.

181 Siehe Kapitel 4.II.1.b)bb)(3) und Kapitel 4.II.1.b)cc).

182 Siehe Kapitel 4.II.2.b)bb)(1)(b) und Kapitel 5.III.3.a). Lekschas/Loose/Renneberg, Verantwortung und Schuld, S. 135.

183 Siehe Kapitel 4.II.1.b)cc).

im StGB-Entwurf des Staatsrates durch das Merkmal der „Gewöhnung an pflichtwidriges Verhalten“ fortgeführt. Die Einführung des Merkmals ist laut *Kuhn* auf das 33. Plenum des Zentralkomitees der SED zurückzuführen[184] und knüpfte an die Grundidee der letzten Entwürfe an. Trotz der schon angelaufenen, schrittweisen Aufweichung der Fahrlässigkeitsstrafbarkeit z. B. durch die Kriminalisierung von unbewussten Pflichtverletzungen[185] wurde weiterhin betont, dass die Idee, unbewusste Pflichtverletzungen mit einer Strafbarkeit versehen zu wollen, abgelehnt werde:

> Es ist die Frage aufgeworfen worden, ob man nicht zwecks Sicherung höchster Disziplin und Ordnung in bestimmten Bereichen des Lebens auch unbewußte Pflichtverletzungen, die objektiv und subjektiv vermeidbare schädliche Folgen oder Gefahren nach sich zogen, zum Grund strafrechtlicher Verantwortlichkeit machen müsse. Dabei wird angenommen, daß das Strafrecht zu höherer Aufmerksamkeit stimulierend wirken würde. Das generell behaupten zu wollen, hieße von einer reinen Fiktion aus[zu]gehen.[186]

Faktisch gesehen hatte der Grundsatz jedoch schon längst seine Bedeutung verloren. Konkret sollte das Merkmal der „Gewöhnung an pflichtwidriges Verhalten“ im Regelfall dazu führen, dass einmaliges unbewusst pflichtwidriges Verhalten noch keine strafrechtliche Schuld begründen konnte, während wiederholte Pflichtverletzungen eben doch geahndet werden könnten.[187] Die „Gewöhnung an das pflichtwidrige Verhalten“ wurde dahingehend differenziert, dass dem Täter die Pflichten „im Prinzip“ bekannt gewesen sein mussten, und er zur strengen Einhaltung dieser Pflichten ermahnt worden sein musste.[188] Damit sollte die Strafbarkeit unbewusster Pflichtverletzungen zumindest auf theoretischer Ebene eingegrenzt werden, um nicht jegliche unbewusste Pflichtverletzungen zu umfassen.

e) Grenzen der Fahrlässigkeit (Abs. 4)

Abs. 4 enthielt eine Negativdefinition, welche zur Klarstellung der Grenzen der Fahrlässigkeitsstrafbarkeit eingeführt worden war.[189] Dies wurde insbesondere für

184 Kuhn, Schuld als Entscheidung und Verantwortungslosigkeit, S. 16.

185 Siehe Kapitel 4.II.2.b)bb)(1)(b), Kapitel 5.III.3.a), Kapitel 5.V.2.

186 Thesen über die strafrechtliche Verantwortlichkeit für Fahrlässigkeitstaten und deren Bestimmung im Strafgesetzbuch, BArch DP 1/21491.

187 Thesen über die strafrechtliche Verantwortlichkeit für Fahrlässigkeitstaten und deren Bestimmung im Strafgesetzbuch, BArch DP 1/21491.

188 Lekschas/Loose/Renneberg, Verantwortung und Schuld, S. 139.

189 Thesen über die strafrechtliche Verantwortlichkeit für Fahrlässigkeitstaten und deren Bestimmung im Strafgesetzbuch, BArch DP 1/21491.

die Fälle des Abs. 3 für notwendig gehalten.[190] Abs. 4 hätte jene Fälle erfasst, in denen der Täter nicht in der Lage gewesen wäre, seinen Pflichten nachzukommen. Anerkannt wurden ein vom Täter nicht zu verantwortendes „persönliches Versagen" oder „Unvermögen".

f) Zusammenfassung

An sich hätte die Begrenzung der Fahrlässigkeitsstrafbarkeit auf bewusste Fahrlässigkeit und bewusste Pflichtverletzungen zu einer Einschränkung der Fahrlässigkeitsstrafbarkeit geführt. Damit wäre das Ziel, eine ausufernde Fahrlässigkeitsstrafbarkeit zu verhindern, unterstützt worden. Tatsächlich knüpfte die von der Staatsratskommission konzipierte Norm jedoch an die Entwicklungen der letzten Jahre an, in denen die Strafbarkeit der Fahrlässigkeit im Vergleich zu den Anfangsbestrebungen immer weiter gefasst worden war. Das Merkmal der „Gewöhnung an pflichtwidriges Verhalten" ersetzte das Merkmal der „Vernachlässigung von Pflichten" (wie es im siebten Entwurf enthalten war), erfüllte jedoch eine ähnliche Funktion: die Möglichkeit der Bestrafung bestimmter, als unerwünscht eingeordneter unbewusster Pflichtverletzungen. Das Ziel, die Fahrlässigkeitsstrafbarkeit einzudämmen, hätte mit dieser Norm somit nur sehr begrenzt erreicht werden können.

Die Einteilung der drei Formen der Fahrlässigkeit beruhte auf den damals neuesten Erkenntnissen der Psychologie in der DDR. Die starke Orientierung an der Wissenschaft stellte dabei eine Stärke und eine Schwäche zugleich dar. Zum einen drückte sie die Bemühungen aus, das Recht weiterzuentwickeln und alte Rechtskonzepte beiseitezulassen, andererseits hätte sie zu einer Abhängigkeit von der psychologischen Wissenschaft geführt, die jederzeit mit neuesten Erkenntnissen die alte Rechtsordnung hätte überholen können. Vergleicht man die Fahrlässigkeitsregelungen des Staatsratsentwurfs mit den Ausarbeitungen der StGB-Kommission, muss festgestellt werden, dass die Struktur der früheren Entwürfe übernommen worden war, die einzelnen Normkomplexe jedoch neu formuliert worden sind.

4. Pflichten (§ 15)

§ 15 enthielt eine Legaldefinition der Pflichten. Die Einführung der Legaldefinition ging auf einen Vorschlag der UK I zurück[191] und wurde in § 15 geregelt:

---

190 Thesen über die strafrechtliche Verantwortlichkeit für Fahrlässigkeitstaten und deren Bestimmung im Strafgesetzbuch, BArch DP 1/21491.

191 Thesen über die strafrechtliche Verantwortlichkeit für Fahrlässigkeitstaten und deren Bestimmung im Strafgesetzbuch, BArch DP 1/21491.

Pflichten im Sinne dieses Gesetzes sind Rechtspflichten, die dem Verantwortlichen in der zum Zeitpunkt von der Entscheidung zur Tat bis zu der Vollendung gegebenen Lage kraft Gesetzes, Berufes oder seiner gesellschaftlichen Stellung zur Vermeidung der eingetretenen schädlichen Folgen oder Gefahren oblegen haben oder die ihm daraus erwachsen sind, daß er durch sein Verhalten für andere Personen oder für die Gesellschaft besondere Gefahren heraufbeschworen hat.[192]

Von den Rechtspflichten sollten sowohl geschriebene als auch ungeschriebene Rechtspflichten umfasst sein.[193] Die Erforderlichkeit von ungeschriebenen Rechtspflichten begründeten *Lekschas/Loose/Renneberg* damit, dass nicht jede Lebenssituation normiert werden könne.[194] Gleichzeitig erkannten sie die Gefahr der Ausdehnung des Strafrechts durch ungeschriebene Rechtspflichten an:

> Es muß vermieden werden, daß jedes in der gegebenen Situation an sich notwendige und richtige Verhalten schon als Pflicht oder gar Rechtspflicht ausgegeben und ein falsches Verhalten deswegen als Fahrlässigkeit bezeichnet wird.[195]

Die ungeschriebenen Rechtspflichten sollten aus diesem Grund auf eine allgemeine Rechtspflicht zurückführbar sein.[196] Das übliche Verhalten in einer solchen Situation solle das erforderliche Verhalten darstellen bzw. den Maßstab vorgeben.[197]

5. Schuldausschließungs-, Schuldaufhebungs- und Schuldmilderungsgründe

Die Schuldausschließungs-, Schuldaufhebungs- und Schuldmilderungsgründe[198] waren in den § 10 ff. des Entwurfs geregelt. Während des Symposions war entschieden worden, dass folgende Schuldausschließungs-, Schuldaufhebungs- bzw. Schuldmilderungsgründe in Betracht kommen sollten: die verminderte Zurechnungsfähigkeit (genereller Schuldmilderungsgrund), die Überschreitung der Grenzen der Notwehr (Schuldausschließungsgrund), die Verletzung der Verhältnismäßigkeit beim allgemeinen Notstand (je nach Fall Schuldausschließungs- oder Schuldmilderungsgrund), die irrtümliche Annahme eines Rechtfertigungsgrundes

---

192 Entwurf des Allgemeinen Teils des Strafgesetzbuches (ohne Datum), BArch DP 1/22969.

193 Lekschas/Loose/Renneberg, Verantwortung und Schuld, S. 132.

194 Lekschas/Loose/Renneberg, Verantwortung und Schuld, S. 132.

195 Lekschas/Loose/Renneberg, Verantwortung und Schuld, S. 132.

196 Lekschas/Loose/Renneberg, Verantwortung und Schuld, S. 132.

197 Lekschas/Loose/Renneberg, Verantwortung und Schuld, S. 132.

198 Schuldmilderungsgründe gehören im engeren Sinne zur Strafzumessung, werden im Folgenden jedoch grob dargestellt, sofern sie in Verbindung mit einem Schuldausschlussgrund standen.

(Schuldausschließungs- oder Schuldmilderungsgrund) und der Nötigungsnotstand (vormals § 52 RStGB; Schuldaufhebungsgrund).[199] Die UK I wies darauf hin, dass die Thematik der Täterpersönlichkeit eng mit der Schuld und der Zurechnungsfähigkeit verknüpft sei, aber eine Bearbeitung von einer besonderen Arbeitsgruppe vorgenommen werden sollte, da dies die Kapazitäten der UK I übersteigen würde.[200] Aus diesem Grund wird die Täterpersönlichkeit auch in dieser Arbeit nicht tiefergehend behandelt.

a) Verantwortlichkeit für straferschwerende Umstände (§ 10)

§ 10 adressierte die Schuld für erfolgsqualifizierte Fälle. Die Regelung ging auf die Ausarbeitung innerhalb des Symposions zurück. Allerdings war dort noch vorgeschlagen worden, die Schuld der erfolgsqualifizierten Delikte bei der Legaldefinition des Vorsatzes zu regeln. Während der erste Absatz den unbedingten und der zweite Absatz den bedingten Vorsatz hätte regeln sollen, hätte der dritte Absatz die Schuld bei erfolgsqualifizierten Delikten geregelt. Vorgeschlagen worden war folgende Formulierung:

> (3) *Sieht ein Gesetz für die Begehung einer vorsätzlichen Tat wegen des Eintritts besonders schwerer Folgen strengere Formen der Verantwortlichkeit vor, so dürfen sie dem Täter nur zur Schuld gerechnet werden, wenn ihm die Umstände bekannt waren, aus denen die Folgen entstanden oder er sie auf andere Weise hätte voraussehen können.*[201]

Dieser war jedoch nicht wörtlich in den Entwurf übernommen worden, sondern in § 10 differenzierter ausgestaltet worden:

> (1) *Wird ein schwerer Fall einer vorsätzlichen Tat durch das Vorliegen besonderer objektiver Umstände begründet, so sind sie dem Täter nur zur vorsätzlichen Schuld zuzurechnen, wenn sie ihm bekannt waren.*
> (2) *Sieht ein Gesetz für eine vorsätzliche Straftat wegen des Eintritts besonderer bezeichneter schwerer Folgen eine höhere Strafe vor, so sind diese Folgen dem Täter zur Schuld zuzurechnen, wenn ihm die Umstände bekannt waren, aus denen die Folgen entstanden sind oder wenn er diese auf andere Weise hätte voraussehen können.*[202]

---

199 „Thesen" (ohne Datum), BArch DP 1/22969.

200 „Grundsätze zum Problem der individuellen strafrechtlichen Verantwortlichkeit", BArch DP 1/21491.

201 „Thesen" (ohne Datum), BArch DP 1/22969.

202 Entwurf des Allgemeinen Teils des Strafgesetzbuches (ohne Datum), BArch DP 1/22969.

Abs. 1 umfasste Fälle, in denen ein besonders schwerer Fall tatbestandlich aufgrund des Vorliegens von objektiven Umständen verwirklicht worden wäre. Der Eintritt des besonders schweren Falls sollte dem Täter im Rahmen der Schuld nur zugerechnet werden können, wenn dieser Kenntnis von den objektiven Umständen gehabt hätte. Mit anderen Worten: Der Vorsatz hätte das Vorliegen der Umstände miterfassen müssen. Abs. 2 regelte den Eintritt besonders schwerer Folgen. Wäre der Eintritt von schweren Folgen durch ein Gesetz mit höherer Strafe bedroht gewesen, so wäre es auf die Kenntnis der Umstände, aus denen die Folgen entstanden wären oder auf die Vorhersehbarkeit des Eintritts solcher Folgen angekommen.

b) Irrtum (§ 11)

Auch die Notwendigkeit der Regelung von Irrtümern wurde als Gegenstand anerkannt. Unterschieden wurden Tatbestands- und Rechtsirrtümer. Dies hatte *Weber* in der achten Sitzung der Staatsratskommission am 20.3.1964 vorgeschlagen,[203] da es um spezielle Pflichten gehe, die nicht jedem Bürger bekannt seien.[204] Bzgl. des Rechtsirrtums wurde eine differenzierte Auffassung vertreten: Für Verbrechen gegen den Frieden, Kriegsverbrechen und Verbrechen gegen die Menschlichkeit solle ein solcher Irrtum nicht anerkannt werden.[205] Dies wurde damit begründet, dass Rechtsirrtümer dieser Art nichts anderes „als die Negation der Menschenrechte" seien.[206] Für andere Rechtsirrtümer sollte es folgende Besonderheiten geben:

1. Bei Unterlassungsdelikten sei zum Vorsatz die Kenntnis der rechtlichen Handlungspflichten erforderlich. Wären dem Täter die Handlungspflichten nicht bekannt gewesen, sollte die vorsätzliche Schuld ausgeschlossen sein.[207]
2. Bei Vergehen aus sog. Blankettgesetzen (z. B. Seuchenschutzverordnung) solle der Vorsatz nur vorliegen, wenn der Täter die Pflichten aus den sog. blankettausfüllenden Gesetzen gekannt hätte.[208]

Im Entwurf wurde folgende Regelung zum Irrtumskomplex umgesetzt:

(1) *Vorsätzliches Verschulden ist nicht gegeben, wenn sich der Täter eines Umstandes nicht bewußt war, der die strafrechtliche Verantwortlichkeit für die Tat begründet. Die strafrechtliche Verantwortlichkeit wegen Fahrlässigkeit wird dadurch nicht ausgeschlossen.*

---

203 Protokoll der 8. Sitzung vom 20.3.1964 der StGB-Kommission (7.8.1964), BArch DP 1/23017.
204 Protokoll der 8. Sitzung vom 20.3.1964 der StGB-Kommission (7.8.1964), BArch DP 1/23017.
205 „Thesen" (ohne Datum), BArch DP 1/22969.
206 „Thesen" (ohne Datum), BArch DP 1/22969.
207 „Thesen" (ohne Datum), BArch DP 1/22969.
208 „Thesen" (ohne Datum), BArch DP 1/22969.

(2) *Vorsätzliche Schuld ist nicht gegeben, wenn die begangene Tat mit der Verletzung besonderer, dem Täter unter den gegebenen Umständen kraft Gesetzes, Berufs oder der gesellschaftlichen Stellung obliegender Pflichten verbunden war und der Täter sich dieser Verletzung besonderer Pflichten nicht bewußt war.*

(3) *Abs. 2 findet keine Anwendung, wenn der Täter in Mißachtung der Grund- und Menschenrechte, der völkerrechtlichen Pflichten oder der staatlichen Souveränität der DDR handelte oder sich in verantwortungsloser Weise des Unrechts der Tat nicht bewußt wurde.*[209]

Abs. 1 regelte den Tatumstandsirrtum. Während des Symposions war hingegen noch die Ansicht vertreten worden, dass die Regelung des Tatumstandsirrtums nicht notwendig sei, da in solchen Fällen der Vorsatz schon durch die Vorsatzdefinition ausgeschlossen werde.[210] Da eine solche Regelung während des Symposions noch für überflüssig gehalten worden war, liegt der Schluss nahe, dass die Aufnahme des Tatumstandsirrtum der Klarstellung dienen sollte. Abs. 2 regelte den Rechtsirrtum und Abs. 3 erklärte den Rechtsirrtum für Menschenrechtsverletzungen, Völkerrechtsverletzungen oder Straftaten, die die Souveränität der DDR verletzen würden, für unanwendbar. Der Erlaubnistatbestandsirrtum blieb weiterhin ungeregelt. Die Einteilung in Tatumstands- und in Rechtsirrtum kann als Übernahme der Praxis des RG bezeichnet werden. Dieses hatte die Einteilung im Rahmen der Rechtsfortbildung konzipiert und in stetiger Rechtsprechung angewendet.[211]

Die Irrtumsregelung blieb nicht ohne Kritik. *Mürbe/H. Schmidt* kritisierten die Unbestimmtheit des Tatbestandsmerkmals der Pflichten. Sie waren der Auffassung, dass unklar sei, was unter „besonderen Rechtspflichten" verstanden werden könne.[212] Weiterhin sahen sie das Problem, dass fast überall dort, wo der Mensch eine bestimmte gesellschaftliche Funktion übernehme, eine Rechtspflicht begründet werden könne.[213] Zur Verdeutlichung führten *Mürbe/H. Schmidt* folgendes Beispiel an:

> So hat beispielsweise der Verkaufsstellenleiter im sozialistischen Einzelhandel Rechtspflichten zum Schutz des ihm anvertrauten sozialistischen Eigentums. Wenn er unterschlägt, soll also eine Prüfung möglich sein, ob eine besondere Rechtspflicht verletzt wurde und damit ein „echter Rechtsirrtum vorliegt". Bei dem Dieb im Selbstbedienungsladen dagegen ist das nicht möglich, weil es eine selbstverständliche Rechtspflicht ist, daß

209 Entwurf des Allgemeinen Teils des Strafgesetzbuches (ohne Datum), BArch DP 1/22969.
210 „Thesen" (ohne Datum), BArch DP 1/22969.
211 Roxin/Greco, Strafrecht Allgemeiner Teil, S. 1056 f.
212 Mürbe/H. Schmidt, in: NJ 1965, 606 (S. 609).
213 Mürbe/H. Schmidt, in: NJ 1965, 606 (S. 609).

man nicht stiehlt. Dies ist zweifellos ein extremes Beispiel, zeigt aber die Unmöglichkeit, mit dem Kriterium „besondere Rechtspflichten" etwas zu erreichen.[214]

c) Nötigungsnotstand (§ 12)

Beim Nötigungsnotstand, welcher in den Gesetzesentwürfen konsequent als „Nötigungsstand" bezeichnet wurde,[215] war zunächst umstritten, ob dies eine Frage der Schuld oder der Rechtswidrigkeit sein sollte.[216] Beim Nötigungsnotstand werde ein Mensch von einem anderen Menschen zu einer Straftat gezwungen.[217] Beiden Beteiligten sei dabei bewusst, dass es sich bei dem Verhalten um eine Straftat handele.[218] Die handelnde Person befinde sich daher in einer Zwangslage, was die Frage aufwerfe, ob ihr Verhalten aus diesem Grund entschuldigt werden könne.[219] In einem solchen Fall solle die Schuld von der Art der Zwangslage, dem Charakter und der Schwere der Tat abhängen.[220] *Orschekowski* hatte 1956 den Nötigungsnotstand noch als Rechtfertigungsgrund gesehen.[221] Im Entwurf wurde folgende Regelung umgesetzt:

(1) *Eine Tat zieht keine strafrechtliche Verantwortlichkeit nach sich, wenn der Täter von einem anderen durch unwiderstehliche Gewalt oder durch Drohung mit einer gegenwärtigen, nicht anders abwendbaren Gefahr für Leben und Gesundheit seiner selbst oder eines anderen Menschen zur Begehung der Tat gezwungen worden ist. Dabei darf der aus der Tat sich ergebende Schaden für die Gesellschaft oder andere Personen nicht außer Verhältnis zu der drohenden Gefahr stehen; das Leben anderer Menschen darf nicht angegriffen werden.*

(2) *Werden die Grenzen des Nötigungsstandes überschritten, so kann die Strafe nach den Grundsätzen über Strafmilderung herabgesetzt werden, wenn der Täter durch die Nötigung in eine schwere physische Zwangslage geraten ist.*[222]

---

214 Mürbe/H. Schmidt, in: NJ 1965, 606 (S. 609).

215 Die Terminologie des „Nötigungsstands" ist in der Strafrechtswissenschaft nicht bekannt. Aufgrund der inhaltlichen Ähnlichkeit der Norm zum Nötigungsnotstand muss daher angenommen werden, dass der Fall des Nötigungsnotstandes gemeint sein sollte. Die terminologische Ungenauigkeit war in den folgenden Jahren entweder nicht aufgefallen oder wurde als unbeachtlich eingestuft.

216 Lekschas/Loose/Renneberg, Verantwortung und Schuld, S. 104.

217 Lekschas/Loose/Renneberg, Verantwortung und Schuld, S. 104.

218 Lekschas/Loose/Renneberg, Verantwortung und Schuld, S. 104.

219 Lekschas/Loose/Renneberg, Verantwortung und Schuld, S. 104.

220 Lekschas/Loose/Renneberg, Verantwortung und Schuld, S. 104.

221 Orschekowski, Die Rechtfertigungsgründe im Strafrecht, S. 13, 36 ff.

222 Entwurf des Allgemeinen Teils des Strafgesetzbuches (ohne Datum), BArch DP 1/22969.

Diese Regelung ist nach *Lekschas/Loose/Renneberg* trotz des uneindeutigen Wortlauts als Entschuldigungs- bzw. Schuldausschließungsgrund einzuordnen, denn ihrer Aussage nach könne der Nötigungsnotstand unter Berücksichtigung dieser Faktoren die Schuld mildern oder sogar ausschließen.[223]

d) Widerstreit der Pflichten (§ 13)

Die rechtfertigende Pflichtenkollision wurde in der DDR-Rechtswissenschaft auch unter den Schlagworten „Widerstreit der Pflichten" behandelt.[224] Die Pflichtenkollision konnte sowohl fahrlässige als auch vorsätzliche Delikte betreffen.[225] Maßgeblich war, dass der Täter eine ihm obliegende und bekannte Pflicht missachtete, um eine höhere Pflicht zu erfüllen.[226] Als Beispiel führten *Lekschas/Loose/Renneberg* den Landarzt an, der leicht alkoholisiert ist und zu einem Notfall gerufen wird. Der Arzt entscheidet sich daraufhin, weil kein anderer Arzt in der Nähe ist, die StVO-DDR zu missachten und sich des Notfalls anzunehmen.[227] In diesem Fall sollte ein „echter Widerstreit der Pflichten" vorliegen, der durch die Erfüllung der höheren Pflicht gerechtfertigt sein sollte.[228]

Lekschas/Loose/Renneberg plädierten dagegen, einen solchen Fall als einen Fall des allgemeinen Notstands und damit als Rechtfertigungsgrund zu sehen, sondern sprachen sich für eine eigene Regelung im neuen Strafgesetzbuch aus. Diese sollte die klassischen Fälle des Notstands als Rechtfertigungsgrund behandeln, darüber hinaus jedoch Fälle, in denen die Situation schnelles Reagieren des Täters erfordert habe und dieser alles unternommen habe, um so sachgerecht wie möglich zu reagieren, als Schuldausschlussgrund einordnen.[229] Sie argumentierten damit, dass der Notstand nicht so weit ausgedehnt werden solle, da in der Wirtschaft häufiger Schäden in Kauf genommen würden, um größeren Schaden abzuwenden. Diese Fälle als Notstand zu bezeichnen, sei eine Dramatisierung und nicht wünschenswert.[230] Vorteil einer gesonderten Regelung sei zudem, dass auch Pflichtverletzungen in der Wirtschaft miterfasst werden könnten, die selbst keine Strafgesetzverletzung darstellten, sondern nur eine einfache Pflichtverletzung. Dies könne erreicht werden, indem nur das Wort „Pflichten" verwendet werde.[231] Eine Entschuldbarkeit

---

223 Lekschas/Loose/Renneberg, Verantwortung und Schuld, S. 104.
224 Lekschas/Loose/Renneberg, Verantwortung und Schuld, S. 100.
225 Lekschas/Loose/Renneberg, Verantwortung und Schuld, S. 100.
226 Lekschas/Loose/Renneberg, Verantwortung und Schuld, S. 100.
227 Lekschas/Loose/Renneberg, Verantwortung und Schuld, S. 100.
228 Lekschas/Loose/Renneberg, Verantwortung und Schuld, S. 100 f.
229 Lekschas/Loose/Renneberg, Verantwortung und Schuld, S. 101 f.
230 Lekschas/Loose/Renneberg, Verantwortung und Schuld, S. 101.
231 Lekschas/Loose/Renneberg, Verantwortung und Schuld, S. 102.

bei den Wirtschaftsfällen solle dann vorliegen, wenn der Täter im Rahmen seiner Befugnisse gehandelt hätte und nicht „[...] gegen absolute, ausschließlich auf den Fall bezogene Verbote der übergeordneten Wirtschaftsorgane gehandelt ha[be], wenn ferner die Situation zur Zeit der Entscheidung mehrere reale Möglichkeiten der Entwicklung in sich enth[alten hätte] oder wenn der Täter auf Grund der vieldeutigen objektiven Lage auch bei verantwortungsbewußter Prüfung der Sachlage nicht [hätte] erkennen k[önnen], daß der erwartete Erfolg nicht eintreten würde."[232] Der Entwurf enthielt übereinstimmend mit *Lekschas/Loose/Renneberg* eine eigene Regelung des Widerstreits der Pflichten. Im Regelfall handelte es sich somit um einen Rechtfertigungsgrund.[233] Abs. 2 enthielt jedoch auch Fälle, in denen ein aus einer Pflichtenkollision entstehendes Verhalten entschuldigt sein konnte:

(2) *Wer in einer solchen Lage durch seine Entscheidung zur Pflichtverletzung einen größeren Schaden oder gleichwertigen Schaden bewirkt als den, den er abwendete, oder wem es nicht gelang, den drohenden Schaden abzuwenden, handelt schuldlos, wenn die Situation von ihm schnelles Reagieren erforderte und er die in dieser Situation von ihm geforderten und möglichen pflichtgemäßen Anstrengungen unternahm, um die sachgerechte Entscheidung treffen zu können.*

(3) *Diese Bestimmung findet nur Anwendung, wenn der Täter die Gefahr zu deren Abwendung er tätig wurde, nicht selbst herbeigeführt hat.*[234]

e) Unzurechnungsfähigkeit (§ 16)

Die erarbeiteten Positionen der Zurechnungsfähigkeit bzw. Unzurechnungsfähigkeit gingen wahrscheinlich auf eine Ergänzungsvorlage zur verminderten Zurechnungsfähigkeit[235] zurück.[236] Diese stammte von *Hinderer*, welcher sich in der dritten Sitzung der UK I bereit erklärt hatte, eine Ergänzungsvorlage zur verminderten Zurechnungsfähigkeit auszuarbeiten.[237] Im Entwurf wurde folgende Regelung umgesetzt:

---

232 LEKSCHAS/LOOSE/RENNEBERG, Verantwortung und Schuld, S. 102. Der Schwerpunkt der Diskussion lag eindeutig bei Wirtschaftsstraftaten. Fälle der Triage wurden nicht diskutiert.

233 Siehe § 13 Abs. 1 im Entwurf des Allgemeinen Teils des Strafgesetzbuches (ohne Datum), BArch DP 1/22969.

234 Entwurf des Allgemeinen Teils des Strafgesetzbuches (ohne Datum), BArch DP 1/22969.

235 Vgl. Grundsätze zur Bedeutung der Persönlichkeit des Täters für die Gestaltung des neuen StGB (ohne Datum), BArch DP 1/22148.

236 Dass die Vorlage Teil der Thesen geworden sein könnte, ist aufgrund der inhaltlichen Ähnlichkeit naheliegend.

237 Vgl. Protokoll der 3. Sitzung der UK I am 18.10.1963, BArch DP 1/22148.

(1) *Die strafrechtliche Verantwortlichkeit ist ausgeschlossen, wenn der Täter zur Zeit seiner Tat*
wegen zeitweiliger oder dauernder krankhafter Störung der Geistestätigkeit oder wegen Bewußtseinsstörung
oder infolge einer durch erhebliche Störung der Sinnestätigkeit bedingten abnormen Persönlichkeitsentwicklung
unfähig war, sich bei seiner Entscheidung zur Tat von den hierfür geltenden Regeln des gesellschaftlichen Zusammenlebens leiten zu lassen.

(2) *Wird die Unzurechnungsfähigkeit festgestellt, so haben die Organe des Gesundheitswesens zu prüfen, ob eine Heilbehandlung nach den gesetzlichen Bestimmungen über die Heilung und Betreuung psychisch erkrankter Personen möglich und notwendig ist.*

(3) *Bei Gefährdung der Ordnung und Sicherheit durch den Unzurechnungsfähigen kann das Gericht den Unzurechnungsfähigen bei Behandlungsbedürftigkeit in ein Krankenhaus für Psychiatrie und in anderen Fällen in eine Anstalt zur Betreuung und Pflege einweisen.*[238]

Die Zurechnungsfähigkeit des Täters wurde als eine Strafbarkeitsvoraussetzung erachtet.[239] Voraussetzung war, dass der Täter objektiv und subjektiv die Möglichkeit zur Wahrnehmung seiner Verantwortung in der Gesellschaft hatte.[240] Dies sei bei Unzurechnungsfähigkeit nicht gegeben. Die Unzurechnungsfähigkeit sollte nach den fortgeschrittensten Erkenntnissen der Naturwissenschaften über die Störung der höheren Nerventätigkeit bestimmt werden.[241] Neben den Juristen setzten sich auch Psychiater mit dem Problem der Zurechnungsfähigkeit auseinander. Der Entwurf sah die Varianten der „krankhaften Störung der Geistestätigkeit", der „Bewusstseinsstörung" und die „abnorme Persönlichkeitsentwicklung" vor. Die letzte Variante (Abs. 1 Var. 3) erfasste Taubstumme.[242] Hinsichtlich der Taubstummenregelung sollte geprüft werden, ob diese in eine allgemeinere Krankenbestimmung miteingegliedert werden könnte.[243] Der Psychiater *Szewczyk* wies darauf hin, dass es nach Schaffung eines neuen StGB einer gesetzlichen Erläuterung bedürfe, welche

238 Entwurf des Allgemeinen Teils des Strafgesetzbuches (ohne Datum), BArch DP 1/22969.

239 Vgl. Konzeption des sozialistischen Strafgesetzbuches der Deutschen Demokratischen Republik, BArch DP 1/21491.

240 Konzeption des sozialistischen Strafgesetzbuches der Deutschen Demokratischen Republik, BArch DP 1/21491.

241 Konzeption des sozialistischen Strafgesetzbuches der Deutschen Demokratischen Republik, BArch DP 1/21491.

242 Dabei handelte es sich nicht um eine Besonderheit des DDR-Rechts. Auch § 51 RStGB umfasste Taubstumme.

243 „Grundsätze zum Problem der individuellen strafrechtlichen Verantwortlichkeit", BArch DP 1/21491.

Störungen zur Unzurechnungsfähigkeit führen sollten.[244] Die Begrifflichkeit der „Geistestätigkeit“ hielt *Szewczyk* für ungeeignet, da die Trennung von Geist und Seele unwissenschaftlich sei.[245] Er schlug vor, von „krankhaften seelischen Störungen“, „Störungen der Hirnfunktionen“ oder „Störungen der höheren Nerventätigkeit“ zu sprechen.[246] Dieser Vorschlag wurde jedoch nicht im Entwurf umgesetzt.

Die Begutachtung der Zurechnungsfähigkeit Erwachsener sollte nur in Ausnahmefällen angeordnet werden.[247] Hätte eines der Tatbestandsmerkmale vorgelegen, hätte dies zum Ausschluss der Schuld und damit zur Straflosigkeit des Verhaltens geführt. Ausnahmsweise sollte die aufgrund von Alkohol oder anderen berauschenden Mitteln verschuldete Unzurechnungsfähigkeit nicht zur Straflosigkeit führen.[248] Durch Abs. 3 hätte die Möglichkeit bestanden, den unzurechnungsfähigen Täter aufgrund einer mit der Unzurechnungsfähigkeit verbundenen Behandlungsbedürftigkeit bei gleichzeitiger Gefährdung der Sicherheit und Ordnung in eine Heil- und Pflegeanstalt einzuweisen. Dies hätte auch Trunkenheitsfälle betreffen können, bei denen die Trunkenheit nicht durch den Täter verschuldet gewesen wäre, aber eine Wiederholungsgefahr bestanden hätte.[249]

f) Verminderte Zurechnungsfähigkeit (§ 17)

Die Frage, ob die verminderte Zurechnungsfähigkeit als Schuldmilderungsgrund ins Gesetz aufgenommen werden sollte, war zunächst unklar.[250] Unentschieden war die UK I im Hinblick darauf, ob eine Regelung über die verminderte Zurechnungsfähigkeit beibehalten werden solle.[251] Sie erwog, therapeutische Maßnahmen während oder nach dem Strafverfahren durchzuführen.[252] Diese sollten

---

244 Szewczyk, in: SuR 1963, 1653 (S. 1654).

245 Szewczyk, in: SuR 1963, 1653 (S. 1654).

246 Szewczyk, in: SuR 1963, 1653 (S. 1654).

247 „Grundsätze zum Problem der individuellen strafrechtlichen Verantwortlichkeit“, BArch DP 1/21491. Bei Jugendlichen sollte dies hingegen der Regelfall sein; die Zurechnungsfähigkeit musste aktiv nachgewiesen werden („Grundsätze zum Problem der individuellen strafrechtlichen Verantwortlichkeit“, BArch DP 1/21491).

248 Konzeption des sozialistischen Strafgesetzbuches der Deutschen Demokratischen Republik, BArch DP 1/21491.

249 „Grundsätze zum Problem der individuellen strafrechtlichen Verantwortlichkeit“, BArch DP 1/21491.

250 Grundsätze zur Bedeutung der Persönlichkeit des Täters für die Gestaltung des neuen StGB (ohne Datum), BArch DP 1/22148.

251 „Grundsätze zum Problem der individuellen strafrechtlichen Verantwortlichkeit“, BArch DP 1/21491.

252 „Grundsätze zum Problem der individuellen strafrechtlichen Verantwortlichkeit“, BArch DP 1/21491.

den Erziehungsprozess unterstützen.[253] Diese Erwägungen führten jedoch zu der Problematik, ob bei Vorliegen einer verminderten Zurechnungsfähigkeit auch therapeutische Maßnahmen anstatt einer Bestrafung angewendet werden könnten.[254] Dieses Problem sollte mit Fachärzten weiter beraten werden.[255] Letztlich wurden diese Fragen durch die Aufnahme einer Norm zur verminderten Zurechnungsfähigkeit in den Entwurf des StGB geklärt. Damit wurde weiterhin an einer Regelung zur verminderten Zurechnungsfähigkeit festgehalten. Gleichzeitig wurde die Möglichkeit des Absehens von Strafe vorgesehen, wenn der Täter sich einer Heilbehandlung unterziehe.[256]

g) Notwehr- bzw. Notstandsüberschreitung (§ 23 Abs. 1 S. 2)

Auch die Überschreitung der Grenzen der Notwehr oder des Notstandes sollte zu einem Schuldausschluss führen. So hieß es in § 23 Abs. 1 S. 2 des Entwurfs:

> Bei einer Überschreitung der Notwehr ist von Strafe abzusehen, wenn der Handelnde aus begründeter Erregung über die Grenzen der Notwehr oder des Notstandes hinausgegangen ist.[257]

---

253 „Grundsätze zum Problem der individuellen strafrechtlichen Verantwortlichkeit", BArch DP 1/21491.

254 Grundsätze zur Bedeutung der Persönlichkeit des Täters für die Gestaltung des neuen StGB (ohne Datum), BArch DP 1/22148.

255 Grundsätze zur Bedeutung der Persönlichkeit des Täters für die Gestaltung des neuen StGB (ohne Datum), BArch DP 1/22148.

256 Die im Entwurf verwirklichte Norm lautete wie folgt:
„*(1) Die strafrechtliche Verantwortlichkeit ist gemindert, wenn der Täter in einem Zustand der verminderten Zurechnungsfähigkeit gehandelt hat. Verminderte Zurechnungsfähigkeit liegt vor, wenn zur Zeit der Tat infolge*
1. der im § 16 Abs. 1 genannten Gründe oder
2. einer schwerwiegenden abnormen Entwicklung der Persönlichkeit des Täters
seine Fähigkeit, sich bei der Entscheidung zur Tat von den hierfür geltenden Regeln des gesellschaftlichen Lebens leiten zu lassen, erheblich beeinträchtigt war.
(2) Die Art einer Strafe ist nach den Grundsätzen über die Strafmilderung zu bestimmen.
Art und Maß der strafrechtlichen Verantwortlichkeit müssen die Gründe berücksichtigen, die zur verminderten Zurechnungsfähigkeit geführt haben.
Dabei ist zu prüfen, ob eine Heilbehandlung nach den gesetzlichen Bestimmungen über die Heilung und Betreuung psychisch erkrankter Personen möglich und notwendig ist.
Bei Jugendlichen ist außerdem zu prüfen, ob eine pädagogische Heilbehandlung möglich und erforderlich ist.
Reichen diese Maßnahmen aus, kann von Strafe abgesehen werden." (Entwurf des Allgemeinen Teils des Strafgesetzbuches (ohne Datum), BArch DP 1/22969).

257 Entwurf des Allgemeinen Teils des Strafgesetzbuches (ohne Datum), BArch DP 1/22969.

Die Schuld sollte ausgeschlossen sein, wenn der Täter in hochgradiger Erregung oder aufgrund eines Irrtums über die Grenzen des Notwehrrechts hinausging.[258] Darüber hinaus sollten Überschreitungen des Notwehrrechts nicht zur Milderung der Schuld führen. Dies betraf insbesondere Fälle der Notwehrprovokation.[259]

6. Zusammenfassung

Der StGB-Entwurf der Staatsratskommission enthielt grundlegende Änderungen der Schuldregelungen im Vergleich zu den Entwürfen der StGB-Kommission. Der Entwurf enthielt anders als die vorangegangenen Entwürfe eine Regelung zum Wesen der Schuld (Allgemeine Schulddefinition). Die „Entscheidung" war als Zentralbegriff der Schuld eingeführt worden und hatte die „Einstellung" als Tatbestandsmerkmal abgelöst. Sowohl die Vorsatz- als auch die Fahrlässigkeitsdefinition enthielten die Voraussetzung der „Entscheidung" des Täters. Die Abstufung der verschiedenen „ideologischen" Einstellungen des Täters blieb jedoch als Merkmal, das im Rahmen der Strafzumessung zu berücksichtigen gewesen wäre, erhalten. Die Einführung des Entscheidungsbegriffs kann auf den Einfluss des Psychologen *H.-D. Schmidt* zurückgeführt werden und war das Ergebnis einer Kursänderung der SED, die die sog. Relikttheorie fortan abgelehnt hatte. Damit war auch die Charakterisierung der Schuld als bestimmte „ideologische" Einstellung obsolet geworden.

Die Einbeziehung von Psychologen und Psychiatern zeigte sich bzgl. des gesamten Regelungskomplexes der Schuld. Neben dem Vorsatz, welcher nun das Bewusstsein der Rechtswidrigkeit bzw. der Gesellschaftswidrigkeit voraussetzte, war auch der Affekt im Allgemeinen Teil geregelt worden. Taten, die im Affekt begangen wurden, wurden für genauso strafwürdig gehalten wie Vorsatztaten. Aus diesem Grund wurde der Affekt mit Vorsatztaten gleichgesetzt. Die Fahrlässigkeitsregelung (§ 14) ähnelte sehr den Regelungen des Vorentwurfs. Es sollten auch unbewusste Pflichtverletzungen strafbar sein, sofern diese auf eine „disziplinlose Einstellung" zurückführbar gewesen wären. Die Rechtspflichten waren in § 15 legaldefiniert worden. Als Schuldausschließungs- bzw. Schuldmilderungsgründe wurden die Schuld für erfolgsqualifizierte Delikte (§ 10), Irrtümer (§ 11), Nötigungsnotstand (§ 12), Widerstreit der Pflichten (§ 13), Unzurechnungsfähigkeit (§ 16), verminderte Zurechnungsfähigkeit (§ 17) und Notwehr- bzw. Notstandsüberschreitung (§ 23 Abs. 1 S. 2) geregelt. Hervorhebenswert ist die Einteilung der Irrtümer in Tatbestands- und Rechtsirrtümer. Diese Einteilung war trotz der strikten Ablehnung von Rechtsirrtümern in den Anfangsjahren der DDR und

258 LEKSCHAS/LOOSE/RENNEBERG, Verantwortung und Schuld, S. 99.

259 LEKSCHAS/LOOSE/RENNEBERG, Verantwortung und Schuld, S. 99 f.

der Entwicklung der Rechtsinstitute durch das RG in den Entwurf übernommen worden.

II. Konkretisierung des Entwurfs

Der Entwurf wurde im weiteren Verlauf modifiziert. Die Regelungen zur Schuld blieben überwiegend gleich. Aus diesem Grund werden an dieser Stelle nur größere Änderungen des Entwurfs dargestellt.

1. Irrtum (§ 12)

Eine Hauptänderung betraf die Irrtumsregelung, welche fortan in § 12 Abs. 1 auch den Erlaubnistatbestandsirrtum regelte:

> *Sie ist ferner ausgeschlossen, wenn der Handelnde irrtümlich annahm, es sei eine Situation gegeben, in der sein Handeln durch einen gesetzlich anerkannten Rechtfertigungsgrund gestattet sei, oder wenn der Täter die Grenzen der Notwehr oder des Notstandes auf Grund eines Irrtums über die Gefährlichkeit des Angriffes oder die Größe der Gefahr oder eines Irrtums über die Auswirkungen der Verteidigungs- bzw. Abwehrhandlung überschritten hat.*[260]

Einen Grund für die Regelung des § 12 Abs. 1 wurde darin gesehen, dass trotz der wissenschaftlich einhelligen Auffassung, dass die irrtümliche Annahme eines Rechtfertigungsgrundes zu einem Vorsatzausschluss führen solle, die Gerichte zu unterschiedlichen Maßstäben und damit auch zu unterschiedlichen Ergebnissen gelangen könnten.[261]

2. Pflichten (§ 14)

Die Legaldefinition der Pflichten wurde durch Abs. 2 ergänzt. Dieser lautete:

> (2) *Die Pflichtverletzung ist dem Täter nur zur Schuld zuzurechnen, wenn ihm die Erfüllung seiner Pflichten objektiv möglich war und ihre Erfüllung den Eintritt der im gesetzlichen Tatbestand bezeichneten Folgen verhindert hätte.*[262]

---

260 Entwurf des Allgemeinen Teils eines Strafgesetzbuches (ohne Datum), BArch DP 1/23016.

261 LEKSCHAS/LOOSE/RENNEBERG, Verantwortung und Schuld, S. 113 f.

262 Entwurf des Allgemeinen Teils eines Strafgesetzbuches (ohne Datum), BArch DP 1/23016.

Dies entsprach der Auffassung von *Kasielke/Lander/Schmidt/Strauß*, welche ausgeführt hatten, dass ihrer Meinung nach nur der Täter bestraft werden solle, der gesetzlich fixierten Rechtspflichten zuwiderhandelte, deren Erfüllung ihm in der konkreten Situation möglich gewesen wäre.[263] Das sollte dann nicht gegeben sein, wenn die Verhaltensnormen nicht als Rechtsnormen juristisch verankert waren, wenn der Verstoß auf eine „affektiv bedingte Blockierung willensmäßiger Regulationsmechanismen zurückführbar" war,[264] wenn die Person gegen die Rechtsnorm verstieß, weil sie aufgrund der Kompliziertheit der Situation überfordert war, wenn die Person in ihrer geistigen und willensmäßigen Leistungsfähigkeit beeinträchtigt war (z. B. Müdigkeit) und wenn infolge einer ähnlichen Situation gewohnheitsmäßig reagiert wurde.[265]

3. Unzurechnungsfähigkeit (§ 15) und verminderte Zurechnungsfähigkeit (§ 16)

Auch die Unzurechnungsfähigkeit wurde durch einen weiteren Absatz (Abs. 4) ergänzt:

> (4) *Hat sich der Täter in einen die Zurechnungsfähigkeit ausschließenden Rauschzustand versetzt, ist er nach § … verantwortlich.*[266]

Für die Verantwortlichkeit von berauschten Personen war wieder ein eigener Tatbestand im Sinne des alten § 330a RStGB geschaffen worden. Weiterhin wurde in Fällen, in denen der Täter aufgrund eines verschuldeten Rauschzustandes vermindert zurechnungsfähig gewesen wäre, eine Strafmilderung ausgeschlossen.[267]

---

263 Kasielke u. a., in: SuR 1964, 668 (S. 672).

264 Siehe dazu das Beispiel des Kraftfahrers, der eine wichtige Nachricht überbringen wollte (vgl. Kapitel 6.II.3.a)).

265 Kasielke u. a., in: SuR 1964, 668 (S. 672 f.).

266 Entwurf des Allgemeinen Teils eines Strafgesetzbuches (ohne Datum), BArch DP 1/23016.

267 Vgl. § 16 Abs. 2 des Entwurfs des Allgemeinen Teils eines Strafgesetzbuches (ohne Datum), BArch DP 1/23016.

IV. Redaktionelle Überarbeitung des Entwurfs

Der modifizierte Entwurf wurde redaktionell überarbeitet.[268] Die Gesamtredaktion wurde ausschließlich von Mitarbeitern des MdJ (*Mürbe*, *Neuhof* und *H. Schmidt*) vorgenommen.[269] Eine umfassende redaktionelle Überarbeitung gestaltete sich schwierig, da der Allgemeine Teil erst kurzfristig fertiggestellt worden war und die Vorlagen der einzelnen Kapitel zum Besonderen Teil zu unterschiedlichen Terminen eingegangen waren.[270] Trotzdem hatte die Redaktion versucht, den Entwurf zu vereinheitlichen. Die Schuldregelungen waren hinter die Regelungen zum Subjekt des Verbrechens positioniert worden.[271] Am 10. Juni 1964 verfügte *H. Benjamin* letztlich die Vorlage des Entwurfs beim Politbüro.[272]

V. Fazit

Mit der Neugründung der „Kommission zur Ausarbeitung eines StGB" (Staatsratskommission) im Jahr 1963 änderte sich der StGB-Entwurf grundlegend. Die Frage, warum eine Neugründung mit ähnlicher Besetzung erforderlich war, muss offenbleiben. Möglicherweise sollte der Entwurf auf eine breitere Basis gestellt werden, wofür die Größe der neuen Kommission sprechen könnte, oder er sollte als propagandistisches Mittel genutzt werden, um behaupten zu können, dass das StGB-DDR eine sehr kurze Erarbeitungszeit gehabt habe, um sich der Bundesrepublik gegenüber überlegen zeigen zu können.

Die Schuldregelungen des Staatsratsentwurfs basierten auf den Ausarbeitungen der UK I (Unterkommission für den Allgemeinen Teil) bzw. einer internen Arbeitsgruppe, welche von *Lekschas* geleitet worden war. Die Regelungen des Staatsratsentwurfs wurden von *Lekschas/Loose/Renneberg* wortgetreu in ihrer Monografie dargestellt und als Produkt der Arbeiten der UK I vorgestellt. Bis auf vereinzelte Kritiken blieb eine ausführliche Diskussion in der Fachliteratur aus.

Der Staatsratsentwurf unterschied sich maßgeblich durch die Charakterisierung der Schuld als „verantwortungslose Entscheidung" von den vorherigen Entwürfen. Die „Entscheidung" war als Zentralbegriff sowohl in die allgemeine Schulddefinition als auch in die Vorsatz- und Fahrlässigkeitsdefinition integriert worden.

---

268 Der Entwurf mit den redaktionellen Änderungen befindet sich bei dem Schreiben zur redaktionellen Arbeit des Gesamtentwurfs. Vermutlich dem Jahr 1964 zuzuordnen, da vorherige Dokumente in diese Zeit einordbar sind. Siehe BArch DP 1/23017.

269 Bemerkungen über die Redaktion des Gesamtentwurfs (ohne Datum), BArch DP 1/23017.

270 Bemerkungen über die Redaktion des Gesamtentwurfs (ohne Datum), BArch DP 1/23017.

271 Bemerkungen über die Redaktion des Gesamtentwurfs (ohne Datum), BArch DP 1/23017.

272 Vorlage an das Politbüro des Zentralkomitees der SED (10.6.1964), BArch DP 1/22968.

Hervorzuheben ist zudem, dass Wissenschaftler aus dem Bereich der Psychologie in die Erarbeitung des Regelungskomplexes einbezogen worden waren, da man den Entwurf nach den neusten wissenschaftlichen Erkenntnissen hatte ausrichten wollen. Dies führte zu zahlreichen Beiträgen zur Schuld in der wissenschaftlichen Literatur. Auch die Aufnahme des Entscheidungsbegriffs kann auf die Hinzuziehung von Psychologen zurückgeführt werden. Dies ist in besonderem Maße an der Regelung der Fahrlässigkeit erkennbar, welche in ihrem Aufbau die verschiedenen Entscheidungsprozesse berücksichtigte. Die Charakterisierung der Schuld als eine bestimmte „ideologische" Einstellung war als Ergebnis der Kritik durch den Staatsrat an der Relikttheorie (1962) abgelöst worden und in die Strafzumessung verlagert worden. Die Schuldregelungen wurden, über die Vorsatz- und die Fahrlässigkeitsregelung hinaus durch eine Reihe an Schuldausschluss- und Schuldmilderungsgründen ergänzt. Dies stellte eine grundlegende Neuerung dar. Die Irrtumsregelungen, welche zu einem Schuldausschluss hätten führen können, orientierten sich an der Einteilung des RG, obwohl diese Einteilung noch einige Jahre zuvor strikt abgelehnt worden war. Darüber hinaus wurde der Erlaubnistatbestandsirrtum nach einer Modifizierung des Entwurfs in die Irrtumsregelung integriert. Am 10. Juni 1964 wurde nach einer redaktionellen Überarbeitung über die Vorlage des Entwurfs beim Politbüro verfügt.

7. Schlussphase der Arbeiten am Strafgesetzbuch (1964–1968)

Nachdem *H. Benjamin* am 10. Juni die Vorlage des Gesetzesentwurfs an das Politbüro des Zentralkomitees der SED verfügt hatte,[1] begannen am 17.7.1964 die Vorbereitungen für eine öffentliche Diskussion des neuen StGB-DDR. Dazu wurden drei Arbeitsgruppen (Strafrecht, Strafprozessrecht und Ordnungsstrafrecht) gebildet, die Materialien für die Diskussion ausarbeiten sowie Vorschläge zu den Gesetzesentwürfen erfassen und auswerten sollten.[2] *Mürbe* wurde als Leiter dieser drei Arbeitsgruppen eingesetzt und war für den Allgemeinen Teil des StGB verantwortlich.[3] Die öffentliche Diskussion sollte bis Februar 1965 geführt werden.[4] Sie sollte sowohl in den Medien (Tagespresse, Rundfunk und Fernsehen) als auch in der Fachpresse[5] geführt werden.[6] Bezogen auf die Schuldregelungen waren noch nicht alle Probleme abschließend geklärt worden. Diese sollten nun in der Diskussion gelöst werden.[7] Die Abteilung Staats- und Rechtsfragen des Zentralkomitees der SED wies jedoch schon am 3.7.1964 noch vor der Beratung des Politbüros Mitte August 1964[8] darauf hin, dass der Abschnitt über die Schuld umständlich formuliert und für Nichtjuristen schwer verständlich sei.[9] Zudem wurde die Einschränkung

---

1 Vorlage an das Politbüro des Zentralkomitees der SED (10.6.1964), BArch DP 1/22968.

2 Plan der weiteren Arbeiten im Zusammenhang mit dem Strafgesetzbuch vom 17.7.1964, BArch DP 1/22968.

3 Plan der weiteren Arbeiten im Zusammenhang mit dem Strafgesetzbuch vom 17.7.1964, BArch DP 1/22968.

4 Vermerk über die Besprechung mit Genossen Semler vom Staatsrat über den Arbeitsplan des Staatsrates betr. die Gesetzgebungsarbeiten vom 7.7.1964, BArch DP 1/22968.

5 Gemeint waren damit insbesondere die juristischen Fachzeitschriften SuR, NJ und Der Schöffe.

6 Grundsätze für die Diskussion der Entwürfe des Strafgesetzbuches, der Strafprozessordnung, des Gesetzes zur Bekämpfung der Ordnungswidrigkeiten, BArch DP 1/22968.

7 Vermerk über die Aussprache zwischen dem Minister der Justiz, Generalstaatsanwalt, Dr. Riemann über die Bemerkungen der Abteilung Staats- und Rechtsfragen vom 24. Juli 1964, BArch DP 1/22968.

8 Dies ergibt sich aus dem Brief der Abteilung Staats- und Rechtsfragen vom 3.7.1964 an *H. Benjamin*, BArch DP 1/22968.

9 Siehe den Brief vom 3.7.1964 i. V. m. dem Dokument „Bemerkungen zu den vorgelegten Gesetzentwürfen und Ausarbeitungen", BArch DP 1/22968. Die Abteilung Staats- und Rechtsfragen bezog sich dabei auf einen Gesamtentwurf, der in der Akte BArch DP 1/23018 zu finden ist. Er enthält bzgl. des Allgemeinen Teils keine inhaltlichen Veränderungen im Vergleich zum Entwurf des Allgemeinen Teils, welcher redaktionell überarbeitet worden war.

der Fahrlässigkeit auf bewusste Pflichtverletzungen kritisiert.[10] Diese Rechtsfragen sollten in der Diskussion im größeren Kreis mit Praktikern geprüft werden.[11] Im Schreiben an *H. Benjamin* hatte es geheißen:

> Ich schlage vor, daß zu diesen Bemerkungen noch eine Beratung unter Deiner Leitung durchgeführt wird, damit bei Berücksichtigung dieser Vorschläge noch eine Änderung der Entwürfe erfolgen kann.[12]

Am 7.10.1964 fand der 15. Jahrestag der DDR statt. Dieser machte eine weitere Überarbeitung des Entwurfs unausweichlich. Allerdings stellte *H. Benjamin* in der Unterkommissionssitzung der UK I am 6.11.1964[13] klar, „daß es nicht um eine Umarbeitung des Entwurfs wegen falscher Tendenzen g[inge], sondern um die Bereinigung einer noch in gewissen Punkten zum Ausdruck gekommenen Enge, um die vollständige Übereinstimmung zu den Grundsätzen der Festrede herzustellen."[14] Gemeint war die Festrede *Ulbrichts* anlässlich des 15. Jahrestages und der Perspektivplandiskussion.[15] Es sollte sichergestellt werden, dass der Entwurf mit den in der Festrede vertretenen Auffassungen konform ging.[16] Diese Bedenken hatten eine weitere Überarbeitungsrunde ausgelöst.

I. Stellungnahmen von Partei und staatlichen Dienststellen zum Entwurf

In der 14. Sitzung der Staatsratskommission, welche am 11. und 12.12.1964 stattfand,[17] teilte *H. Benjamin* mit, dass nun die Stellungnahmen der Partei und der staatlichen Dienststellen zum Entwurf eingegangen seien.[18] Sie bemerkte, dass zur Definition des Vorsatzes keine Stellung bezogen worden war und schloss daraus,

10 Die Kritik, dass sich die Fahrlässigkeit nur auf bewusste Pflichtverletzungen beziehen würde, ist nicht ganz zutreffend, da auch unbewusste Pflichtverletzungen eine Fahrlässigkeitsstrafbarkeit auslösen konnten. Siehe Kapitel 6.II.3.d).

11 Bemerkungen zu den vorgelegten Gesetzentwürfen und Ausarbeitungen, BArch DP 1/22968.

12 Brief der Abteilung Staats- und Rechtsfragen vom 3.7.1964 an *H. Benjamin*, BArch DP 1/22968.

13 Protokoll der Sitzung der UK I am 6.11.1964 (10.11.1964), BArch DP 1/22939.

14 Protokoll der Sitzung der UK I am 6.11.1964 (10.11.1964), BArch DP 1/22939.

15 Protokoll der Sitzung der UK I am 6.11.1964 (10.11.1964), BArch DP 1/22939. Die Festrede findet sich in Staatsrat, Der Weg zur Vollendung des sozialistischen Aufbaus in der DDR.

16 Brief an das Zentralkomitee der SED vom 16.10.1964, BArch DP 1/22968.

17 Protokoll der 14. Sitzung der StGB-Kommission am 11. und 12.12.1964 vom 15.12.1964, BArch DP 1/23018.

18 Protokoll der 14. Sitzung der StGB-Kommission am 11. und 12.12.1964 vom 15.12.1964, BArch DP 1/23018. Im gesichteten Aktenmaterial fand sich jedoch nur eine Stellungnahme des Instituts für Psychologie.

dass die Norm gut gelungen sei.[19] Die Stellungnahme des Instituts für Psychologie ließ verlauten, dass die Mitarbeiter des Instituts die Berücksichtigung psychologischer Erfahrungen und Gesetzmäßigkeiten bei der Neufassung der Schuldregelungen „außerordentlich“ begrüßt hätten.[20] Ihrer Ansicht nach zeige die Arbeit zwischen Psychologen und Rechtswissenschaftlern, dass kooperatives Arbeiten zwischen Psychologie und Rechtswissenschaft bzw. -praxis fruchtbar sei.[21] In Hinblick auf die Schuldregelung wurden lediglich zwei Punkte adressiert. Zum einen wurde vorgeschlagen, die psychologische Wirkung der objektiven und subjektiven Umstände des § 6 Abs. 2 S. 1 in der allgemeinen Schulddefinition zu präzisieren, da diese sich auf die Entscheidungsfähigkeit eines Menschen positiv oder negativ auswirken könnten.[22] Diese Forderung wurde in den Entwurf aufgenommen und umgesetzt.[23] Zum anderen wurde bzgl. der Affektregelung angeregt, diese nochmals bei der verminderten Zurechnungsfähigkeit anzuführen, da sie auch dort zu einer Beeinträchtigung der Entscheidungsfähigkeit führen könne.[24]

II. Versuch der Abschaffung des Allgemeinen Teils

Während der weiteren Arbeiten am Gesetzesentwurf musste sich die Redaktionsgruppe, welche für die redaktionellen Arbeiten des StGB-Entwurfs zuständig war, verantworten.[25] Sie hatte eigenmächtig, ohne Beschluss, die Trennung zwischen Allgemeinem und Besonderem Teil aufgegeben.[26] Damit hatte die Redaktionsgruppe die gesamte Systematik des Gesetzesentwurfs außer Kraft gesetzt. Die Klärung dieses Vorgehens wurde in der 15. Sitzung der Staatsratskommission am 8.1.1965 thematisiert.[27] *Renneberg*, welcher selbst Teil der Redaktionsgruppe gewesen war, begründete die Zusammenfassung von Allgemeinem und Besonderem Teil so:

19 Protokoll der 14. Sitzung der StGB-Kommission am 11. und 12.12.1964 vom 15.12.1964, BArch DP 1/23018.

20 Stellungnahme zu Ausarbeitungen bezüglich des neuen Strafgesetzes, Sitzung der Staatsratskommission am 11. und 12. Dezember 1964, BArch DP 1/23018.

21 Stellungnahme zu Ausarbeitungen bezüglich des neuen Strafgesetzes, Sitzung der Staatsratskommission am 11. und 12. Dezember 1964, BArch DP 1/23018.

22 Stellungnahme zu Ausarbeitungen bezüglich des neuen Strafgesetzes, Sitzung der Staatsratskommission am 11. und 12. Dezember 1964, BArch DP 1/23018.

23 Entwurf des Strafgesetzbuches der Deutschen Demokratischen Republik (2.4.1965), BArch DP 1/22931 und BArch DP 1/23019.

24 Stellungnahme zu Ausarbeitungen bezüglich des neuen Strafgesetzes, Sitzung der Staatsratskommission am 11. und 12. Dezember 1964, BArch DP 1/23018.

25 Protokoll der 15. Sitzung der StGB-Kommission am 8.1.1965 (6.2.1965), BArch DP 1/23019.

26 Protokoll der 15. Sitzung der StGB-Kommission am 8.1.1965 (6.2.1965), BArch DP 1/23019.

27 Protokoll der 15. Sitzung der StGB-Kommission am 8.1.1965 (6.2.1965), BArch DP 1/23019.

> Wir waren der Meinung, daß für den Nichtjuristen die Trennung in Allgemeinen und Besonderen Teil wenig verständlich ist. […] Die Frage lautet, ob es für die Öffentlichkeit notwendig ist, eine solche, nur dem Juristen etwas sagende Trennung zu vermeiden. Daraus ergibt sich aber keine grundsätzliche Diskussion zur Systematik des Gesetzes. Der neue Weg wurde deshalb beschritten, weil die völlig neuen ersten beiden Kapitel nicht mehr in das herkömmliche Schema passen und es fragwürdig erschien, ob es richtig ist, solche grundsätzlichen Fragen in den Allgemeinen Teil zu nehmen.[28]

An dieser Stelle griff *H. Benjamin* ein und erklärte die Funktion des Allgemeinen Teils. Sie sprach sich nachdrücklich für die Beibehaltung des Allgemeinen und des Besonderen Teils aus:

> Man kann die Trennung auch nicht als eine Frage lediglich von Überschriften betrachten. Der Allgemeine Teil stellt eine Ausklammerung des Allgemeinen für alle Bestimmungen dar. Wenn wir für die Aufhebung der Trennung sind, müßten wir allgemeine Bestimmungen in den Besonderen Teil nehmen. […] Ich möchte nochmals betonen, daß eine solche Auflösung eine Lösung von allen bisherigen Kodifikationen des Strafrechts bedeutet, sowohl sozialistischer als auch kapitalistischer.[29]

Letztendlich wurde das Problem dadurch gelöst, dass die Trennung von Allgemeinem und Besonderem Teil beibehalten wurde, die ersten beiden Kapitel dem Allgemeinen Teil jedoch vorangestellt wurden.[30]

III. Ergänzung der Fahrlässigkeitsregelung und Ruhen der Arbeiten am Strafgesetzbuch

Schließlich lag am 2.4.1965 ein Gesamtentwurf[31] vor, dessen Schuldregelungen an einigen Stellen zwecks der besseren Verständlichkeit umformuliert worden waren.[32] Einzig die Fahrlässigkeitsregelung hatte wesentliche Änderungen enthalten. Die Regelung zur Fahrlässigkeit war in drei Normen unterteilt worden. § 8 umfasste den vormaligen Abs. 1. Abs. 2 der vormaligen Fahrlässigkeitsregelung wurde der neue Abs. 1 des § 9 . § 9 Abs. 2 war hingegen neu hinzugefügt worden und durch *Mürbe/Schmidt* in der Fachliteratur vorgestellt worden:

---

28 Protokoll der 15. Sitzung der StGB-Kommission am 8.1.1965 (6.2.1965), BArch DP 1/23019.

29 Protokoll der 15. Sitzung der StGB-Kommission am 8.1.1965 (6.2.1965), BArch DP 1/23019.

30 Protokoll der 15. Sitzung der StGB-Kommission am 8.1.1965 (6.2.1965), BArch DP 1/23019.

31 Die Schuldregelungen des Gesamtentwurfs sind im Anhang abgedruckt.

32 Siehe Entwurf des Strafgesetzbuches der Deutschen Demokratischen Republik (2.4.1965), BArch DP 1/22931.

(2) *Fahrlässig handelt auch, wer in einer Situation, die erhöhte Vorsicht und Aufmerksamkeit erfordert, ihm im Interesse des Schutzes von Leben und Gesundheit obliegende besondere Pflichten verletzt und sich zur Zeit der Tat dieser Pflichtverletzung nicht bewußt war, weil er die notwendige erhöhte Vorsicht und Aufmerksamkeit außer Acht ließ und dadurch die im gesetzlichen Tatbestand bezeichneten, bei pflichtgemäßem Verhalten voraussehbaren und vermeidbaren schädlichen Folgen für Leben und Gesundheit herbeiführt.*[33]

Diese Regelung kann ihrer Funktion nach ähnlich eingeordnet werden wie die im zweiten Entwurf der StGB-Kommission enthaltene Handlungs- bzw. Sorgfaltspflicht.[34] Zwar hätte § 9 Abs. 2 nicht wie noch im zweiten Entwurf „Vorsicht und Aufmerksamkeit" in *jeder* Situation vorausgesetzt, allerdings wurden keine Kriterien angeführt, die eine solche Situation hätten definieren können. Damit wäre es leicht gewesen, nach Eintritt des Schadens darauf zu schließen, dass eine Situation, die erhöhte Vorsicht und Aufmerksamkeit erfordert hätte, vorgelegen habe, da andernfalls der Schaden gar nicht erst eingetreten wäre. Die Formulierung hätte somit die Gefahr mit sich gebracht, die Prüfung nur auf den Schadenseintritt zu beschränken und dadurch ein Erfolgsstrafrecht zu fördern. Vermutlich war die Regelung als Ergebnis einer Zusammenkunft mit den Vertretern der Rechtspflegeorgane in den Entwurf aufgenommen worden. Diese hatten zwar jegliche Tendenzen des Erfolgsstrafrechts abgelehnt,[35] jedoch darauf hingewiesen, dass auch bestimmte unbewusste Pflichtverletzungen zu schweren Folgen führen könnten, die bisher nicht unter die Fahrlässigkeit gefallen waren und die Schuld des Täters in diesen Fällen darin bestünde, dass er sich in einer bestimmten Situation, bei der es um das Leben und die Gesundheit von Menschen gehe, seiner Pflicht nicht bewusst geworden sei.[36] Um eine unzulässige Ausweitung des Tatbestandes zu verhindern, einigte sich die Staatsratskommission auf die Beschränkung der Haftung auf Fälle, in denen schädliche Folgen für Leben oder Gesundheit hervorgerufen worden seien.[37] Eine Gefährdungshaftung für bestimmte Berufsgruppen solle damit jedoch nicht begründet werden.[38]

---

33 Entwurf des Strafgesetzbuches der Deutschen Demokratischen Republik (2.4.1965), BArch DP 1/22931; Mürbe/H. Schmidt, in: NJ 1965, 606 (S. 610).

34 Siehe Kapitel 5.III.3.a)bb).

35 Protokoll der 14. Sitzung der StGB-Kommission am 11. und 12.12.1964 (15.12.1964), BArch DP 1/23018.

36 Protokoll der 14. Sitzung der StGB-Kommission am 11. und 12.12.1964 (15.12.1964), BArch DP 1/23018.

37 Mürbe/H. Schmidt, in: NJ 1965, 606 (S. 610).

38 Protokoll der 14. Sitzung der StGB-Kommission am 11. und 12.12.1964 (15.12.1964), BArch DP 1/23018.

Nach der Fertigstellung und Zuleitung des Gesamtentwurfs an den Staatsrat ruhten die Arbeiten am Gesetzesentwurf für ein Jahr.[39] In dieser Zeit war der Entwurf beim Staatsrat verblieben.[40] Auch in der Fachliteratur lag der Schwerpunkt im Jahr 1965 nicht auf der Ausgestaltung einer Schuldregelung.[41] Sie befasste sich punktuell mit der aktuellen Rechtsprechung zur Schuld. *Baumann* führte aus, dass die Schuldfeststellung bisher nicht allen Gerichten gelungen sei. So habe z. B. ein Kreisgericht (KG) den Angeklagten wegen vorsätzlicher Körperverletzung mit tödlichem Ausgang (§ 226 RStGB) verurteilt, weil dieser den Angriff seines Onkels hatte abwehren wollen und ihm dabei mit einem Messer in die Brust gestochen habe.[42] Das KG habe nicht ausreichend geprüft, aus welchen Motiven der Angeklagte gehandelt habe und ob Motive wie Wut, Rache oder Ähnliches in die Entscheidung des Angeklagten eingeflossen seien.[43] *Lischke/Schröder*[44] merkten an, dass die Mängel bei der Fahrlässigkeitsprüfung von einer oberflächlichen Prüfung hin bis zu falschen theoretischen Ausgangspunkten bei der Schulduntersuchung reichen würden.[45] Sie kritisierten insbesondere, dass die Gerichte es häufig dabei beließen, eine objektive Pflichtverletzung zu untersuchen, nicht aber der Frage nachgingen, ob dem Täter bewusst gewesen sei, dass dieser entgegen der sozialistischen Rechtsordnung gehandelt habe. Auch Fehler bzgl. der Feststellung der Vorhersehbarkeit und der damit verbundenen Unterscheidung zwischen bewusster und unbewusster Fahrlässigkeit wurden gerügt.[46] Dies widerspricht zum Teil den Annahmen von *Lekschas/Loose/Renneberg*, die zuvor davon ausgegangen waren, dass „[…] das Bestreben der Gerichte bemerkbar [sei], das getroffene Schuldurteil auf dem Nachweis bewußter Pflichtwidrigkeit aufzubauen."[47] *Lekschas/Loose/Renneberg* hatten argumentiert, dass die Tatsache, dass von 100 Grubenbahnhavarien, die meist nur mit Sachschäden und seltener mit Personenschäden verbunden gewesen seien, jeweils nur eine als fahrlässige Straftat vor Gericht gelangt sei, zeige, dass weder die Justiz noch die Betriebe oder die gesellschaftlichen Kräfte geneigt seien, jede

---

39 M. Vormbaum, Das Strafrecht der DDR, S. 249.

40 M. Vormbaum, Das Strafrecht der DDR, S. 249.

41 Dass während des Jahres 1965 keine relevanten Beiträge zur Schuldregelung zu verzeichnen waren, spricht weiterhin für die These, dass die Fachbeiträge in Abhängigkeit zur Staatsratskommission verfasst wurden. Da sich diese während des Jahres 1965 nicht aktiv mit Fragen der Schuldkonzeption beschäftigte, gibt es auch keine Beiträge zu dieser Thematik.

42 Baumann, in: Der Schöffe 1965, 361 (S. 364).

43 Baumann, in: Der Schöffe 1965, 361 (S. 364).

44 *Hans Lischke* war zum Zeitpunkt der Veröffentlichung des Artikels Oberrichter am OG und *Rolf Schröder* war Richter am OG.

45 Lischke/R. Schröder, in: NJ 1965, 349 (S. 350).

46 Lischke/R. Schröder, in: NJ 1965, 349 (S. 350).

47 Lekschas/Loose/Renneberg, Verantwortung und Schuld, S. 136.

unbewusste Pflichtverletzung, die zu größeren Schäden geführt habe, als Straftat zu behandeln.[48]

IV. Überprüfung der Entwürfe

Am 11.2.1966 wurde die Arbeit am Strafgesetzbuch langsam wieder aufgenommen. In einem Brief von *Heilborn* an *H. Schmidt* vom 11.2.1966 hieß es:

> Seit der letzten Tagung der StGB-Kommission des Staatsrates ist fast ein Jahr verstrichen. Die in der Zwischenzeit erfolgte Weiterentwicklung hat auf dem 11. Plenum eine umfassende Einschätzung erfahren. [...]
> Auch die Entwicklung in den Wissenschaften ist vorangeschritten, und es gab in den vergangenen Monaten wichtige Erkenntnisse in den gesellschaftswissenschaftlichen Disziplinen. Auf rechtswissenschaftlichem Gebiet sind eine Reihe von Habilitationen und Dissertationen verteidigt, wissenschaftliche Symposien durchgeführt worden und verschiedene Publikationen erschienen.[49]

Heilborn führte darüber hinaus aus, dass er die Einschätzung und Überprüfung durch alle UK, ob eine Ergänzung oder Überarbeitung des Entwurfs notwendig sei, für erforderlich hielt.[50] Diese Aufforderung wurde am 3.2.1964 verfügt.[51] Die Überprüfung der vor einem Jahr fertiggestellten Entwürfe (StGB, StPO und OWG) sollte in Vorbereitung auf die Behandlung des Entwurfs in den zentralen Organen im Juni und August 1966 geschehen.[52] Dazu sollten die UK Ergänzungsvorlagen ausarbeiten, in denen festgehalten werden sollte, inwieweit die Argumentation der Begründung verändert werden müsse.[53] Aufgrund der geplanten Vorlage bei den staatlichen Organen im Juni und August 1966 mussten die Ergänzungsvorlagen bis Mai 1966 angefertigt werden.[54] Bei der Erarbeitung der Ergänzungsvorlagen sollte auch die Straf- und Strafprozessrechtsentwicklung in der Bundesrepublik

---

48 Lekschas/Loose/Renneberg, Verantwortung und Schuld, S. 136.

49 BArch DP 1/22149.

50 Brief von *Heilborn* an *Schmidt* vom 11.2.1966, BArch DP 1/22149.

51 Verfügung vom 3.2.1966, BArch DP 1/22149.

52 Vorlage zur Beratung mit den Vorsitzenden der Unterkommissionen, Arbeitsgruppenleitern und Mitgliedern des Ministeriums der Justiz in den Unterkommissionen am 17. März 1966 (10.5.1966), BArch DP 1/22149.

53 Protokoll über die Beratung mit den Vorsitzenden der Unterkommissionen, Arbeitsgruppenleitern und Mitgliedern des MdJ in den Unterkommissionen am 17.3.1966 (30.3.1966), BArch DP 1/22149.

54 Protokoll über die Beratung mit den Vorsitzenden der Unterkommissionen, Arbeitsgruppenleitern und Mitgliedern des MdJ in den Unterkommissionen am 17.3.1966 (30.3.1966), BArch DP 1/22149.

berücksichtigt werden.[55] Die UK durften dabei eigenverantwortlich entscheiden, welche Bereiche einer Änderung bedurften.[56] Themenvorschläge (u. a. für die Ausgestaltung der Schuld) lagen der Vorlage jedoch bei.[57] Die UK I traf sich daraufhin mehrmals, um den Entwurf des Allgemeinen Teils zu überarbeiten bzw. ungeklärte Fragen zu identifizieren und zu lösen.[58] Die Diskussion um die Regelung der Schuld drehte sich während dieser Termine insbesondere um die Probleme der Fahrlässigkeit und den Inhalt des Entscheidungsbegriffs.

1. Probleme der Fahrlässigkeit

Am 31.3.1966 beriet die UK I über die Schuld,[59] um zu prüfen, ob sich aus den Tagungen der Partei und der Entwicklung der Rechtswissenschaft notwendige Änderungen und Ergänzungen des Allgemeinen Teils des Entwurfs ergeben hatten.[60] An dieser Sitzung nahmen u. a. *Lekschas, Renneberg, Weber, Schmidt* und *Mürbe* teil.[61] Ein Themenschwerpunkt stellte erneut die Frage nach der Abgrenzung der Strafbarkeit von der Nichtstrafbarkeit bei der Fahrlässigkeit und die Abgrenzung zwischen Vorsatz und bewusster Fahrlässigkeit dar. Diese wurde über den 31.3.1966 hinaus auch am 7.5.1966[62] thematisiert. Am 31.3.1966 ging es bezogen auf die Schuld insbesondere um die Klärung der Frage, „ob nicht eine ausschließliche oder weitgehende Zuständigkeit der gesellschaftlichen Rechtspflegeorgane für einige Fahrlässigkeitsdelikte, wie es Lekschas, Loose, Renneberg in ihrer Broschüre vor[ge]schlagen [hatten], in Betracht kommen könnte.“[63] Gemeint war damit, dass

55 Protokoll über die Beratung mit den Vorsitzenden der Unterkommissionen, Arbeitsgruppenleitern und Mitgliedern des MdJ in den Unterkommissionen am 17.3.1966 (30.3.1966), BArch DP 1/22149.

56 Protokoll über die Beratung mit den Vorsitzenden der Unterkommissionen, Arbeitsgruppenleitern und Mitgliedern des MdJ in den Unterkommissionen am 17.3.1966 (30.3.1966), BArch DP 1/22149.

57 Protokoll über die Beratung mit den Vorsitzenden der Unterkommissionen, Arbeitsgruppenleitern und Mitgliedern des MdJ in den Unterkommissionen am 17.3.1966 (30.3.1966), BArch DP 1/22149.

58 Protokoll der Beratung der Unterkommission I (Allgemeiner Teil) am 31.3.1966, BArch DP 1/22939; Protokoll Sitzung der Unterkommission „Allgemeiner Teil“ vom 7.5.1966, BArch DP 1/22939; Änderungsvorschläge der UK I zum Allgemeinen Teil des StGB – Entwurfs vom 25.5.1966, BArch DC 4/813; Beschlussprotokoll der Sitzung der UK I am 3.8.1967, BArch DP 1/22967.

59 Protokoll der Beratung der Unterkommission I (Allgemeiner Teil) am 31.3.1966, BArch DP 1/22939; siehe auch „I. Arbeiten der Unterkommissionen“, BArch DP 1/22939.

60 Protokoll der Beratung der Unterkommission I (Allgemeiner Teil) am 31.3.1966, BArch DP 1/22939.

61 Protokoll der Beratung der Unterkommission I (Allgemeiner Teil) am 31.3.1966, BArch DP 1/22939.

62 Vgl. Protokoll Sitzung der Unterkommission „Allgemeiner Teil“ vom 7.5.1966, BArch DP 1/22939.

63 Protokoll der Beratung der Unterkommission I (Allgemeiner Teil) am 31.3.1966, BArch DP 1/22939.

unbewusste Pflichtverletzungen unter bestimmten Umständen straflos bleiben sollten und deshalb von den Rechtspflegeorganen mit anderen Maßnahmen versehen werden sollten. Daneben wies *Lekschas* darauf hin, dass es noch immer kein echtes Abgrenzungskriterium zwischen Vorsatz und Fahrlässigkeit gebe:[64]

> Wahrscheinlich können wir das jetzt nicht zur Diskussion aufwerfen, aber es geht darum, daß wir kein echtes Abgrenzungskriterium zwischen unbewußter und bewußter Fahrlässigkeit haben. Im Grunde entscheiden wir danach, ob der Täter aus schlechten oder billigenswerten Motiven handelte. Es geht aber in Wirklichkeit um die Frage, ob er wissentlich handelte.[65]

Heilborn äußerte sich zu der Abgrenzungsproblematik dahingehend, dass die Lösungsvorschläge noch nicht ausgereift genug seien, um diese dem Politbüro vorzulegen,[66] während *Renneberg* sie für hinreichend hielt.[67] Die Kommission einigte sich auf eine weitere Bearbeitung dieses Problemkomplexes.[68] Dazu wurden auf Vorschlag von *Lekschas* vier Arbeitsgruppen gebildet, wobei sich eine mit dem Komplex der Schuld beschäftigen sollte.[69] Am 7.5.1966 wurde schließlich die Regelung des § 9 Abs. 2, welcher zuletzt in den Gesamtentwurf eingefügt worden war, behandelt.[70] *Szewczyk* nahm aus psychologischer Perspektive zu dieser Regelung Stellung. Er wies darauf hin, dass der § 9 Abs. 2 des Entwurfs, welcher die „erhöhte Vorsicht und Aufmerksamkeit" des Täters vorausgesetzt hätte, eine komplette Überforderung des Menschen darstelle, da dieser nur in der Lage sei, seine höchste Aufmerksamkeit für 40 Sekunden aufzubringen.[71] Zur Problemverdeutlichung führte er folgendes Fallbeispiel an:

---

64 Protokoll der Beratung der Unterkommission I (Allgemeiner Teil) am 31.3.1966, BArch DP 1/22939.

65 Protokoll der Beratung der Unterkommission I (Allgemeiner Teil) am 31.3.1966, BArch DP 1/22939.

66 Protokoll der Beratung der Unterkommission I (Allgemeiner Teil) am 31.3.1966, BArch DP 1/22939.

67 Protokoll der Beratung der Unterkommission I (Allgemeiner Teil) am 31.3.1966, BArch DP 1/22939.

68 Protokoll der Beratung der Unterkommission I (Allgemeiner Teil) am 31.3.1966, BArch DP 1/22939.

69 Protokoll der Beratung der Unterkommission I (Allgemeiner Teil) am 31.3.1966, BArch DP 1/22939. Mitglieder der Arbeitsgruppe „Schuld" waren *Griebe* (Major) und *Mürbe* (Volkspolizeihochschule) („I. Arbeiten der Unterkommissionen", BArch DP 1/22939).

70 Vgl. Protokoll der Sitzung der Unterkommission „Allgemeiner Teil" vom 7.5.1966, BArch DP 1/22939. Zur Regelung siehe Kapitel 7.III.

71 Protokoll der Sitzung der Unterkommission „Allgemeiner Teil" vom 7.5.1966, BArch DP 1/22939.

> Der Fahrer eines Zementsilozuges fuhr frühmorgens ausgeruht durch eine Kleinstadt und unterhielt sich mit seinem Beifahrer kurz vor einer scharfen Rechtskurve über die Gestaltung des begonnenen Arbeitstages und achtete deshalb nicht genügend auf die ihm bekannte Straße. Dadurch übersah er zwei Schulkinder, die mit ihren Fahrrädern ganz rechts fuhren. Durch einen entgegenkommenden Traktor wich er etwas rechts aus, ein Kind wurde tödlich verletzt. Dem Fahrer wurde vorgeworfen, daß er bewußt die Pflicht verletzt habe, in der Kurve nicht zu überholen. Er sagte mit vollem Recht in der Verhandlung, daß er keine Veranlassung hatte, sich diese Pflicht bewußt zu machen, weil er ja die Kinder nicht wahrgenommen hatte.[72]

Die Grundfrage stellte sich dahingehend, ob diese Fälle als strafwürdig erachtet werden sollten. Die Kommission verblieb mit einem Minimal- und einem Maximalvorschlag. Der Maximalvorschlag bestand darin, dass *Lekschas, Loose* und *Szewczyk* die prinzipiellen Einwände gegen § 9 Abs. 2 aus wissenschaftlicher Perspektive darlegen sollten, während der Minimalvorschlag vorsah, Abs. 2 auf das „Leben“ zu beschränken und das Merkmal „Gesundheit“ zu streichen,[73] sodass die Fahrlässigkeitsstrafbarkeit dadurch weiter eingeschränkt hätte werden können. Am 20.6.1966 kam es jedoch anders: Das Kollegium für Strafsachen[74] einigte sich darauf, die beiden Voraussetzungen („Leben“ und „Gesundheit“) zu streichen,[75] da man die Beschränkung des Tatbestands auf Folgen für Leben und Gesundheit für willkürlich hielt.[76] Damit hatte die Norm ihre Einschränkung verloren und hätte faktisch eine Wiederbelebung der allgemeinen Sorgfalts- bzw. Handlungspflicht aus dem zweiten Entwurf der StGB-Kommission dargestellt.

---

72 Protokoll der Sitzung der Unterkommission „Allgemeiner Teil“ vom 7.5.1966, BArch DP 1/22939.

73 Protokoll der Sitzung der Unterkommission „Allgemeiner Teil“ vom 7.5.1966“, BArch DP 1/22939.

74 Beim Kollegium für Strafsachen handelte es sich um ein Organ des Obersten Gerichts (OG), welches für das Strafrecht zuständig war (§§ 14 Abs. 2, 23 Abs. 1 GVG-DDR). Es bildete die Strafsenate des OG, welche für die Rechtsprechung des OG in erster und zweiter Instanz sowie für Kassationen zuständig waren (§ 23 Abs. 2 GVG-DDR). Darüber hinaus war es „für die Analyse und Verallgemeinerung der Rechtsprechung“ im Strafrecht verantwortlich und sollte dem Präsidium des OG Vorschläge für Tagungen und den Erlass von Richtlinien und Beschlüssen unterbreiten (§ 23 Abs. 3 GVG-DDR).

75 Zusammenfassung der Diskussion des Kollegiums für Strafsachen über den StGB-Entwurf am 20. Juni 1966, BArch DP 1/22927.

76 Zusammenfassung der Diskussion des Kollegiums für Strafsachen über den StGB-Entwurf am 20. Juni 1966, BArch DP 1/22927.

2. *Friebels* Kritik: Entscheidungsbegriff im engeren Sinne

In der Sitzung am 31.3.1966 wurden die Kritik und die Zweifel, die zwischenzeitlich am Entscheidungsbegriff aufgekommen waren, adressiert.[77] Dem war eine grundlegende Kritik durch *Friebel* am Entscheidungsbegriff vorausgegangen. Dieser hatte in einem NJ-Beitrag Anfang 1966 die gesamte Entwicklung der Schuld einer Rundumkritik unterzogen, die sich insbesondere auf die Verwendung des Entscheidungsbegriffs stützte.[78] Die Kritik baute insbesondere auf *Friebels* Verständnis vom Entscheidungsbegriff auf. *Friebel* verknüpfte den Begriff der Entscheidung mit dem Begriff der Wahl. Seiner Ansicht nach verlange eine Entscheidung ein Minimum an Überlegung und ein Auswählen zwischen mehreren Handlungsalternativen.[79] *Friebels* Definition führte in ihrer Konsequenz dazu, dass verschiedene Rechtsinstitute nicht mehr vom Entscheidungsbegriff erfasst gewesen wären, da nach der eben genannten Definition z. B. für die Fälle des Affekts und der unbewussten Fahrlässigkeit keine Entscheidung im engeren Sinne vorgelegen hätte. Aus diesem Grund war *Friebel* der Ansicht, dass der Entscheidungsbegriff nicht für alle Vorsatz- und Fahrlässigkeitsvariationen geeignet sei.[80]

a) Entscheidungsbegriff und Affekt

Ein solches Minimum an Überlegung bzw. Abwägung solle beim Affekt nicht gegeben sein.[81] Die Vorschläge von *Lekschas/Loose/Renneberg* gingen laut *Friebel* deswegen offensichtlich davon aus, dass die Schuld des Affekttäters nicht von der Vorsatzschuld umfasst sein solle, sondern eine eigene, dem Vorsatz ähnliche Schuldform darstelle.[82] Aufgrund der Annahme, dass der Affekt der vorsätzlichen Schuld gleichgestellt sei, schloss *Friebel*, dass die Affektschuld eine Modifikation des vorsätzlichen Verschuldens darstelle und der Entscheidungsbegriff, welcher zur Charakterisierung des Vorsatzes verwendet werde, nicht geeignet sei, alle Modifikationen der vorsätzlichen Schuld (wie den Affekt) zu erfassen.[83]

---

77 Protokoll der Beratung der Unterkommission I (Allgemeiner Teil) am 31.3.1966, BArch DP 1/22939.

78 Vgl. FRIEBEL, in: NJ 1966, 682.

79 FRIEBEL, in: NJ 1966, 682 (S. 683 f.).

80 FRIEBEL, in: NJ 1966, 682 (S. 683).

81 FRIEBEL, in: NJ 1966, 682 (S. 685).

82 FRIEBEL, in: NJ 1966, 682 (S. 685). Diese Interpretation wird zum einen dadurch gestützt, dass der Affekt zwischenzeitlich innerhalb der verschiedenen Entwürfe zum Teil im Rahmen des Vorsatzes bzw. unmittelbar vor oder nach dem Vorsatz geregelt worden und von anderen als mögliche Schuldform interpretiert worden war. *Mürbe/Schmidt* hatten die Interpretation des Affekts als dritte Schuldform schon 1965 kritisiert (MÜRBE/H. SCHMIDT, in: NJ 1965, 606).

83 FRIEBEL, in: NJ 1966, 682 (S. 685 f.).

Dem Entscheidungsbegriff setzte *Friebel* den Begriff der „Willenshandlungen“ entgegen.[84] Dabei ging es darum zu zeigen, dass der Affekt zwar nicht von der „Entscheidung“, aber von den „Willenshandlungen“ erfasst werde. *Friebel* stützte sich insbesondere auf die Ausführungen des Psychologen *Rubinstein*.[85] Willenshandlungen würden demnach nicht immer einen Bewusstseinsprozess voraussetzen. Es müsse zwischen komplizierten Willenshandlungen,[86] die tatsächlich einen komplexen Bewusstseinsprozess voraussetzen würden und einfachen Willensakten, bei denen kein ausführlicher Bewusstseinsprozess stattgefunden habe, unterschieden werden.[87] Bei einfachen Willensakten werde die Handlung automatisch durchgeführt, sobald der Impuls dafür gegeben sei.[88] Die Schuld des Täters liege in diesen Fällen darin, dass er seinem Impuls gefolgt sei und ihn nicht reguliert habe; er habe sein sozialwidriges Verhalten nicht unterdrückt.[89] *Friebel* bot mit dem Rückgriff auf die Begrifflichkeit der „Willenshandlung“, die auch einfache Willensakte (und damit den Affekt) erfassen konnten, eine Alternative zum Entscheidungsbegriff an.

b) Entscheidungsbegriff und Fahrlässigkeit

Auch bei der Fahrlässigkeitsregelung hatte *Friebel* bzgl. der Aufnahme des Entscheidungsbegriffs erhebliche Bedenken geäußert. *Friebel* hatte den Begriff der Entscheidung zur Bestimmung der fahrlässigen Schuld für ungeeignet gehalten, denn insbesondere bei der unbewussten Fahrlässigkeit seien dem Täter die Folgen seines Handelns gar nicht bewusst.[90] Weiterhin sei dem Täter auch nicht bewusst,

---

84 Diese Begrifflichkeit hatte *Friebel* von *Rubinstein* übernommen. Siehe dazu Rubinstein, Grundlagen der allgemeinen Psychologie, S. 632 ff.; Rubinstein, Sein und Bewusstsein, S. 243.

85 Er betonte, dass auch Psychologen wie *Szewczyk* Willenshandlungen, bei denen kein ausführlicher Bewusstseinsprozess vorausgegangen war, anerkennen würden (Friebel, in: NJ 1966, 682 (S. 685)).

86 Unter komplizierten Willenshandlungen wurde ausgehend von *Rubinstein* ein „[…] zwischen Impuls und Handlung ein die Handlung vermittelnde[n] komplizierte[n] Bewußtseinsprozeß […]. Der Handlung geht die Berechnung ihrer Folgen und das Bewußtsein ihrer Motive voraus, ebenso wie das Fassen eines bestimmten Entschlusses, das Entstehen der Absicht, sie zu verwirklichen und die Aufstellung eines Planes für ihren Vollzug. So wird der Willensakt zu einem komplizierten Prozeß, der eine ganze Kette verschiedener Momente und die Aufeinanderfolge verschiedener Stufen bzw. Phasen umfaßt, während beim einfachen Willensakt all diese Probleme nicht notwendig in einer entwickelten Form vertreten zu sein brauchen.“ (Rubinstein, Grundlagen der allgemeinen Psychologie, S. 632).

87 Vgl. Friebel, in: NJ 1966, 682 (S. 684) und Rubinstein, Grundlagen der allgemeinen Psychologie, S. 632 f.

88 Vgl. Friebel, in: NJ 1966, 682 (S. 684) und Rubinstein, Grundlagen der allgemeinen Psychologie, S. 632 f.

89 Friebel, in: NJ 1966, 682 (S. 685).

90 Friebel, in: NJ 1966, 682 (S. 683). Zu beachten ist, dass *Friebel* den Begriff der unbewussten Fahrlässigkeit nutzt, ohne diesen zu definieren. Es kann jedoch davon ausgegangen werden, dass

dass er eine Pflicht verletze. Seine Entscheidung beziehe sich somit nicht auf die Verletzung einer Pflicht, sondern allein auf die Vornahme der infrage stehenden Handlung.[91] Gerade, weil der Entwurf des Strafgesetzbuches nicht nur bewusste Pflichtverletzungen, sondern auch unbewusste Pflichtverletzungen unter Strafe gestellt hätte, hielt *Friebel* es für notwendig, sie in der allgemeinen Schulddefinition zu berücksichtigen.[92] Diesem Anspruch werde der Entscheidungsbegriff jedoch nicht gerecht. Doch auch bei bewussten Pflichtverletzungen könne es an einer Entscheidung fehlen, weil das Minimum an Überlegung fehle und man aus diesem Grund nicht von einer bewussten Entscheidung sprechen könne.[93] *Friebel* hielt es zudem nicht für ausreichend, die Schuld auf die „Negation der Sorgfaltspflichten" zu reduzieren.[94] Hinzukommen müssten vielmehr noch schädliche Folgen, um eine Strafbarkeit auslösen zu können. Ein bloßer Disziplinbruch solle gerade nicht genügen.[95]

c) Unbestimmtheit des Entscheidungsbegriffes

Ein weiterer Kritikpunkt *Friebels* stellte die Unbestimmtheit des Entscheidungsbegriffes dar. Der Begriff sei interpretationsbedürftig, da selbst die Psychologie keine einheitliche Definition bieten könne.[96] Die mangelnde Bestimmtheit des Entscheidungsbegriffs sah *Friebel* als Problem für die juristische Prüfung an. Aus dem Entscheidungsbegriff ergebe sich nicht, welche Punkte zu prüfen seien.[97] Er ging davon aus, dass dies im Ergebnis zur Anwendung der alten Wissens- und Wollensformel bzgl. der vorsätzlichen Schuld führen würde. Die Voraussetzung der „bewußten Entscheidung" sei nämlich genau das: die Anwendung der Wissens- und Wollensformel.[98] Das Merkmal „bewußt" im StGB-Entwurf charakterisiere das Wissenselement, während die „Entscheidung" das Wollenselement verkörpere.[99] *Friebel* fand für diesen Umstand klare Worte:

Friebel ihn im traditionellen Sinne verstand (unbewusste Pflichtverletzung ohne Folgenvoraussicht oder bewusste Pflichtverletzung ohne Folgenvoraussicht), da *Friebel* sich für den Beibehalt der alten Regelungen aussprach.

91 Friebel, in: NJ 1966, 682 (S. 683).

92 Friebel, in: NJ 1966, 682 (S. 683).

93 Friebel, in: NJ 1966, 682 (S. 683).

94 Friebel, in: NJ 1966, 682 (S. 683).

95 Friebel, in: NJ 1966, 682 (683).

96 Friebel, in: NJ 1966, 682 (S. 687).

97 Friebel, in: NJ 1966, 682 (S. 686 f.).

98 Friebel, in: NJ 1966, 682 (S. 687).

99 Friebel, in: NJ 1966, 682 (S. 687).

> Was gewinnen wir eigentlich durch die neue Vorsatzdefinition, wenn sie bei weitem nicht so exakt und informativ wie die bisherige Vorsatzdefinition ist, sondern erst interpretiert werden muß, um praktikabel zu sein, und diese Interpretation nichts anderes ergibt, als die Merkmale der bisherigen Vorsatzdefinitionen? Die Vorteile sind gleich Null, die Nachteile aber nicht zu übersehen.[100]

d) Forderung der Rückkehr zum alten Vorsatzbegriff

Friebel ging in seinen Forderungen durchaus noch weiter. Er lehnte den Gesetzesvorschlag in Bezug auf die Schuldregelungen nicht nur ab, sondern argumentierte gleichzeitig für den Erhalt des alten Vorsatzbegriffes. Diesem sei immer wieder entgegengebracht worden, dass er nicht mehr den aktuellen psychologischen Standards entspreche.[101] Allerdings komme es beim Vorsatzbegriff auch nicht darauf an, eine Willenshandlung psychologisch exakt zu formulieren, sondern darauf, die psychischen Elemente, an die eine Strafbarkeit anknüpfen könne, darzustellen.[102] Dies werde durch die alte Vorsatzdefinition gewährleistet.[103] Zudem wies *Friebel* darauf hin, dass auch die anderen sozialistischen Länder an einen Vorsatzbegriff, bestehend aus einem Wissens- und Wollenselement, anknüpften und die Einheitlichkeit nicht einfach so aufgegeben werden dürfte.[104] Dass sich *Friebel* für die alte Vorsatzdefinition aussprach, ist bemerkenswert, da die Umsetzung dessen einem Eingeständnis gleichgekommen wäre, dass die Arbeiten der letzten Jahre zum Vorsatzbegriff ins Leere geführt hätten. Darüber hinaus hätte die Rückkehr zum alten Vorsatzbegriff im Ergebnis die Übernahme eines „bürgerlichen" Vorsatzbegriffs bedeutet.[105]

3. Zweifel am Entscheidungsbegriff

Friebels Kritik am Entscheidungsbegriff hatte weitreichende Auswirkungen. Die Tauglichkeit des Entscheidungsbegriffs wurde nun auch innerhalb der Arbeitsgruppe „Schuld" der UK I diskutiert.[106] Dies betraf insbesondere die Regelung des § 9

---

100 Friebel, in: NJ 1966, 682 (S. 687).

101 Friebel, in: NJ 1966, 682 (S. 687).

102 Friebel, in: NJ 1966, 682 (S. 687).

103 Friebel, in: NJ 1966, 682 (S. 687).

104 Friebel, in: NJ 1966, 682 (S. 688).

105 Der alte Vorsatzbegriff war zwar ähnlich in den sozialistischen Ländern verwendet worden, die Grundgedanken dieser Definitionen waren jedoch aus Westeuropa wie z. B. in Russland adaptiert worden (siehe Kapitel 3.IV.2.c)cc)).

106 Protokoll der Beratung der Arbeitsgruppe „Schuld" am 18.4.1966 (28.4.1966) im MdJ, BArch DY 30/94775, Bl. 177 ff.

Abs. 2, welcher auch unbewusste Pflichtverletzungen mit Strafe bedrohte. *Riemann* hatte darauf hingewiesen, dass beim Festhalten am Entscheidungsbegriff einige Fälle des § 9 Abs. 2, in denen die Folgen sehr schwer wögen, möglicherweise nicht mehr strafrechtlich verfolgt werden könnten,[107] da in diesen keine Entscheidung getroffen worden sei. Dies betreffe z. B. folgende Fälle:

> Der Schrankenwärter, dem die Ankunft des Zuges gemeldet ist, vergißt die Schranke zu schließen, und es ereignet sich ein schwerer Verkehrsunfall, der Menschenleben fordert. Die Krankenschwester vergewissert sich nicht, ob sie die richtige Ampulle greift, und injiziert dem Patienten ein für ihn tödliches Medikament, woran er stirbt.[108]

In der Strafrechtswissenschaft bildeten sich zwei Lager,[109] die unterschiedliche Auffassungen zu dieser Fragestellung vertraten. Das Erste ging davon aus, dass unbewusste Pflichtverletzungen nicht mehr vom Entscheidungsbegriff erfasst seien und der Begriff demnach ersetzt werden müsse.[110] Das Andere argumentierte dahingehend, dass eine Entscheidung durchaus noch darin gesehen werden könne, dass der Täter ein Verhalten an den Tag lege, bei welchem er es versäume, sich seine Pflichten bewusst zu machen.[111] Während diese Positionen von der Norm des § 9 Abs. 2 heraus gedacht waren, vertrat *Lekschas* eine Position, die vom Prinzip der „Entscheidung" ausging. Er war der Ansicht, dass z. B. Unaufmerksamkeit nicht mit dem Strafrecht beeinflusst werden könne,[112] und bereits *Feuerbach* erkannt habe, dass die Entscheidung das Kriterium für die Strafbarkeit einer Handlung darstellen müsse.[113] Damit ging *Lekschas* davon aus, dass nur dort, wo auch eine Entscheidung getroffen worden war, eine Beeinflussung des Täters durch das Strafrecht überhaupt

---

107 Protokoll der Beratung der Arbeitsgruppe „Schuld" am 18.4.1966 (28.4.1966) im MdJ, BArch DY 30/94775, Bl. 177 r.

108 Siehe einen Vorschlag für die Neufassung des § 3 (1.7.1966), BArch DY 30/94775, Bl. 217.

109 Dies zeigte sich bei einer Diskussion des Kollegiums über Strafsachen am 20.6.1966 über den Entscheidungsbegriff (Zusammenfassung der Diskussion des Kollegiums für Strafsachen über den StGB-Entwurf am 20. Juni 1966, BArch DP 1/22927).

110 Zusammenfassung der Diskussion des Kollegiums für Strafsachen über den StGB-Entwurf am 20. Juni 1966, BArch DP 1/22927.

111 Zusammenfassung der Diskussion des Kollegiums für Strafsachen über den StGB-Entwurf am 20. Juni 1966, BArch DP 1/22927.

112 Protokoll der Beratung der Arbeitsgruppe „Schuld" am 18.4.1966 (28.4.1966) im MdJ, BArch DY 30/94775, Bl. 178.

113 Protokoll der Beratung der Arbeitsgruppe „Schuld" am 18.4.1966 (28.4.1966) im MdJ, BArch DY 30/94775, Bl. 178.

möglich sei.[114] Aus diesem Grund lehnte er die Fassung des § 9 Abs. 2 des Entwurfs ab, da dieser das Prinzip durchlöchere.[115]

Riemann hingegen vertrat die Ansicht, dass der Entscheidungsbegriff nicht geeignet sei, die Schuld zu charakterisieren. Aus diesem Grund brachte er einen Gesetzesvorschlag ein, der ohne den Entscheidungsbegriff auskam.[116] Den Formulierungsvorschlag begründete *Riemann* damit, dass sich gezeigt habe, dass die „Entscheidung zum Handeln" bei der Fahrlässigkeit kein notwendiges Kriterium für die Schuld sei.[117] Somit könne die „Entscheidung" als allgemeines Kriterium der Schuld nicht für beide Schuldformen aufrechterhalten werden.[118] Die Formulierungsvorschläge *Riemanns*, in welchen statt einer „Entscheidung" lediglich ein „Verhalten" vorausgesetzt wurde, sollten auch die fahrlässige Schuld erfassen.[119] *Riemann* lieferte neben einer Definition zum Wesen der Schuld (Allgemeine Schulddefinition) auch einen Vorschlag für die bewusste Fahrlässigkeit, in welcher auf das Merkmal der „Entscheidung zur Handlung" verzichtet wurde:

---

114 Protokoll der Beratung der Arbeitsgruppe „Schuld" am 18.4.1966 (28.4.1966) im MdJ, BArch DY 30/94775, Bl. 178.

115 Protokoll der Beratung der Arbeitsgruppe „Schuld" am 18.4.1966 (28.4.1966) im MdJ, BArch DY 30/94775, Bl. 178.

116 *(1) Eine Tat ist schuldhaft (vorsätzlich oder fahrlässig) begangen, wenn der Täter durch sein verantwortungsloses Verhalten den gesetzlichen Tatbestand eines Vergehens oder Verbrechens verwirklicht, obwohl ihm die Möglichkeit zu gesellschaftsgemäßem Verhalten gegeben ist.*
Oder:
(1) Eine Tat ist schuldhaft (vorsätzlich oder fahrlässig) begangen, wenn der Täter trotz der ihm gegebenen Möglichkeit zu gesellschaftsgemäßem Handeln durch sein verantwortungsloses Verhalten den gesetzlichen Tatbestand eines Vergehens oder Verbrechens verwirklicht.
Oder:
(1) Schuldhaft (vorsätzlich oder fahrlässig) handelt, wer durch sein verantwortungsloses Verhalten den gesetzlichen Tatbestand eines Vergehens oder Verbrechens verwirklicht, obwohl ihm die Möglichkeit zu gesellschaftsgemäßem Verhalten gegeben ist.
(2) bleibt.
(3) Bei der Feststellung der Art und Schwere des Verschuldens sind die Ursachen und Bedingungen der Tat sowie alle sonstigen objektiven und subjektiven Umstände zu berücksichtigen, unter denen die Tat begangen wurde." (Vorschlag für die Veränderung von Bestimmungen im Abschnitt „Schuld" des StGB-Entwurfs (ohne Datum), BArch DP 1/22149. Auch BArch DY 30/94775, Bl. 230 ff.

117 Vorschlag für die Veränderung von Bestimmungen im Abschnitt „Schuld" des StGB-Entwurfs (ohne Datum), BArch DP 1/22149.

118 Vorschlag für die Veränderung von Bestimmungen im Abschnitt „Schuld" des StGB-Entwurfs (ohne Datum), BArch DP 1/22149.

119 Vorschlag für die Veränderung von Bestimmungen im Abschnitt „Schuld" des StGB-Entwurfs" (ohne Datum), BArch DP 1/22149.

§ 9

Fahrlässig handelt, wer erkennt, daß er die im gesetzlichen Tatbestand bezeichneten Folgen verursachen könnte und diese ungewollt herbeiführt, weil er in verantwortungsloser Weise darauf vertraut, daß diese Folgen nicht eintreten.[120]

Auch diese Formulierung sollte herausarbeiten, dass es sich bei der bewussten Fahrlässigkeit um ein „verantwortungsloses Verhalten" handele.[121] Damit wollte *Riemann* Missverständnissen vorbeugen, dass die „Leichtfertigkeit" ein geringeres Maß an Verschulden fordere als ein „verantwortungsloses Verhalten".[122] Dies sei nicht der Fall.[123] Weiterhin kritisierte *Riemann* die vorherige Formulierung, in der darauf abgestellt worden war, dass der Täter auf Umstände vertraue, die die Folgen verhindern sollten.[124] *Riemann* war der Ansicht, dass viel mehr kennzeichnend für die bewusste Fahrlässigkeit sei, dass der Täter darauf vertraue, dass die Folgen erst gar nicht einträten.[125] Für die unbewusste Fahrlässigkeit lieferte *Riemann* folgenden Regelungsvorschlag:

§ 10

Fahrlässig handelt auch, wer durch sein verantwortungsloses Verhalten die im gesetzlichen Tatbestand bezeichneten Folgen herbeiführt, ohne diese vorauszusehen, obwohl er sie bei verantwortungsbewußtem Verhalten hätte voraussehen und vermeiden können.
(§ 9 und § 10 in der vorgeschlagenen Fassung könnten auch als Abs. 1 und 2 in einem Paragraphen zusammengefaßt werden.)[126]

Dieser ermögliche es, die drei Alternativen der unbewussten Fahrlässigkeit durch eine einheitliche Bestimmung zu ersetzen,[127] denn die Unterscheidung zwischen

---

120 Vorschlag für die Veränderung von Bestimmungen im Abschnitt „Schuld" des StGB-Entwurfs (ohne Datum), BArch DP 1/22149.

121 Vorschlag für die Veränderung von Bestimmungen im Abschnitt „Schuld" des StGB-Entwurfs (ohne Datum), BArch DP 1/22149.

122 Vorschlag für die Veränderung von Bestimmungen im Abschnitt „Schuld" des StGB-Entwurfs (ohne Datum), BArch DP 1/22149.

123 Vorschlag für die Veränderung von Bestimmungen im Abschnitt „Schuld" des StGB-Entwurfs (ohne Datum), BArch DP 1/22149.

124 Vorschlag für die Veränderung von Bestimmungen im Abschnitt „Schuld" des StGB-Entwurfs (ohne Datum), BArch DP 1/22149.

125 Vorschlag für die Veränderung von Bestimmungen im Abschnitt „Schuld" des StGB-Entwurfs (ohne Datum), BArch DP 1/22149.

126 Vorschlag für die Veränderung von Bestimmungen im Abschnitt „Schuld" des StGB-Entwurfs (ohne Datum), BArch DP 1/22149.

127 Vorschlag für die Veränderung von Bestimmungen im Abschnitt „Schuld" des StGB-Entwurfs (ohne Datum), BArch DP 1/22149.

bewusster und unbewusster *Pflichtverletzung* sei nicht dazu geeignet, die strafrechtliche Verantwortlichkeit für die Fahrlässigkeit einzugrenzen.[128] Aus diesem Grund könne auf die Unterscheidung von bewussten und unbewussten Pflichtverletzungen verzichtet werden.[129] Beide Fälle würden durch das Tatbestandsmerkmal des „verantwortungslosen Verhaltens" erfasst.[130] Auch die vorherige Fassung des § 10 war von *Riemann* kritisiert worden, da diese an die Pflichtverletzungen aus § 13 (Legaldefinition der Pflichten) anknüpfe.[131] Eine solche sei aber bei der Disziplinlosigkeit eben nicht vorhanden.[132] Wesentlich sei vielmehr, dass soziale Anforderungen, also die Pflicht, keine Schäden oder Gefahren für andere Personen oder die Gesellschaft herbeizuführen, nicht erfüllt worden seien.[133] Deshalb schlug *Riemann* vor, § 13 zu streichen, da die gegebene Definition nicht das Wesentliche getroffen habe.[134] Die strafrechtliche Verantwortlichkeit setze die Verletzung elementarer sozialer Anforderungen (Pflichten) voraus, die zum Teil gar nicht gesetzlich normiert worden sein müssten.[135] § 13 sei somit zu eng.[136]

4. Entscheidungsbegriff im weiteren Sinne

1967 wurde der Widerstand gegen *Friebels* enge Interpretation des Entscheidungsbegriffs in den Fachzeitschriften sichtbar. So veröffentlichte *Lekschas* einen Beitrag in der NJ, in welchem er sich mit den Argumenten *Friebels* auseinandersetzte. *Lekschas* teilte die Bedenken *Friebels* zum Entscheidungsbegriff nicht. Den Ausführungen *Friebels*, dass der Entscheidungsbegriff zu unbestimmt sei, da sich nicht einmal die Psychologen auf einen Begriff hatten einigen können, hielt *Lekschas* entgegen, dass der Gesetzgeber nicht darauf warten könne, bis jede Disziplin ihre

128 Vorschlag für die Veränderung von Bestimmungen im Abschnitt „Schuld" des StGB-Entwurfs (ohne Datum), BArch DP 1/22149.

129 Vorschlag für die Veränderung von Bestimmungen im Abschnitt „Schuld" des StGB-Entwurfs (ohne Datum), BArch DP 1/22149.

130 Vorschlag für die Veränderung von Bestimmungen im Abschnitt „Schuld" des StGB-Entwurfs (ohne Datum), BArch DP 1/22149.

131 Vorschlag für die Veränderung von Bestimmungen im Abschnitt „Schuld" des StGB-Entwurfs (ohne Datum), BArch DP 1/22149.

132 Vorschlag für die Veränderung von Bestimmungen im Abschnitt „Schuld" des StGB-Entwurfs (ohne Datum), BArch DP 1/22149.

133 Vorschlag für die Veränderung von Bestimmungen im Abschnitt „Schuld" des StGB-Entwurfs (ohne Datum), BArch DP 1/22149.

134 Vorschlag für die Veränderung von Bestimmungen im Abschnitt „Schuld" des StGB-Entwurfs (ohne Datum), BArch DP 1/22149.

135 Vorschlag für die Veränderung von Bestimmungen im Abschnitt „Schuld" des StGB-Entwurfs (ohne Datum), BArch DP 1/22149.

136 Vorschlag für die Veränderung von Bestimmungen im Abschnitt „Schuld" des StGB-Entwurfs (ohne Datum), BArch DP 1/22149.

Phänomene bis ins Detail definiert habe.[137] Außerdem sei der Gesetzgeber nicht an die Definitionen aus der Psychologie gebunden. Er setze das Recht und stehe deshalb über den Dingen.[138] Zudem seien die Begriffe Wille und Bewusstsein der alten Vorsatzformel auch nicht so eindeutig, wie *Friebel* es darstelle.[139] Die Formel: Bewusstsein + Wille = Vorsatz suggeriere einen psychischen Kausalmechanismus, den es nicht gebe.[140] Einen solchen Nachteil gebe es beim Entscheidungsbegriff hingegen nicht.[141] Der Entscheidungsbegriff verzichte auf die Bewusstheit und ein voluntatives Element[142] und könne entgegen *Friebels* Herangehensweise auch nicht rein psychologisch interpretiert werden, da er sowohl philosophische als auch soziologische und rechtliche Bezüge enthalte.[143] *Friebels* Kritik sei deshalb nicht zuzustimmen, weil man den rein psychologischen Entscheidungsbegriff von *Friebel* nicht akzeptieren könne.[144]

Das Strafrechtler- und Psychologenkollektiv *Hartmann/Dettenborn/Fröhlich*[145] stützte *Lekschas* Kritik in ihrem Beitrag in der NJ 1967. Sie führten aus, dass der Entscheidungsbegriff die Komponenten „Wille" und „Bewusstsein" enthalte, ohne aber durch die Mängel dieser Begriffe beeinträchtigt zu werden.[146] *Friebel* stimmten sie dahingehend zu, dass auch ihrer Ansicht nach eine Entscheidung ein Mindestmaß an Überlegung voraussetze,[147] folgten jedoch nicht seiner Schlussfolgerung, dass aus diesem Grund Impulshandlungen nicht vom Entscheidungsbegriff erfasst sein könnten.[148] *Hartmann/Dettenborn/Fröhlich* argumentierten, dass *Friebel* von einem ganz bestimmten Entscheidungsbegriff ausgehe, da er dem Überlegen ein von Emotionen gelöstes Überdenken zugrunde lege. Dadurch könnten Impulshandlungen nicht unter seinen Entscheidungsbegriff fallen.[149] Diese Annahme sei jedoch unzutreffend, da Überlegungen innerhalb kürzester Zeit angestellt werden könnten und somit auch bei Affekt- und Triebhandlungen nicht ausgeschlossen

---

137 Lekschas, in: NJ 1967, 137 (S. 140).

138 Lekschas, in: NJ 1967, 137 (S. 140).

139 Lekschas, in: NJ 1967, 137 (S. 140).

140 Lekschas, in: NJ 1967, 137 (S. 140).

141 Lekschas, in: NJ 1967, 137 (S. 140).

142 Lekschas, in: NJ 1967, 137 (S. 140).

143 Lekschas, in: NJ 1967, 137 (S. 140).

144 Lekschas, in: NJ 1967, 137 (S. 141).

145 *Richard Hartmann* war 1960 Direktor des Instituts für Strafrecht der Humboldt-Universität Berlin gewesen. *Harry Dettenborn* war 1967 Diplom-Psychologe und *Hans Fröhlich* war 1967 Diplom-Psychologe am Institut für Strafrecht an der Humboldt-Universität zu Berlin.

146 Hartmann/Dettenborn/Fröhlich, in: NJ 1967, 217 (S. 218).

147 Hartmann/Dettenborn/Fröhlich, in: NJ 1967, 217 (S. 218).

148 Hartmann/Dettenborn/Fröhlich, in: NJ 1967, 217 (S. 218).

149 Hartmann/Dettenborn/Fröhlich, in: NJ 1967, 217 (S. 218).

seien.[150] Zudem betonten sie, dass im Gegensatz zu *Friebels* Annahmen auch ein Zielobjekt ausreiche und der Täter nicht mehrere Auswahlmöglichkeiten haben müsse, um wählen zu können, da er immer die Entscheidung treffen könne, sich für oder gegen das Zielobjekt,[151] d. h. für oder gegen die Begehung der Straftat zu entscheiden. Weiterhin sahen *Hartmann/Dettenborn/Fröhlich* die Überlegung nicht als wesentlichsten Teil des Entscheidungsbegriffs an. Sie stellten viel mehr darauf ab, dass durch eine Entscheidung eine Alternativstruktur beseitigt werde, also eine Wahl getroffen werde.[152] Nach *Hartmann/Dettenborn/Fröhlich* stellten die Fälle der Affekt- und Impulshandlungen somit kein Problem des Entscheidungsbegriffs dar. Damit folgten sie der Auffassung von *Lekschas* und vertraten einen weiten Entscheidungsbegriff. Letztlich setzte sich dieser weite Entscheidungsbegriff durch, sodass auch *Riemanns* Vorschläge nicht im StGB-Entwurf des Staatsrates berücksichtigt wurden.

Lekschas wollte auch hinsichtlich der Fahrlässigkeit am Begriff der „Entscheidung" festhalten, denn „[a]ndernfalls entfiele gerade das Moment, an dem wir auch den fahrlässig Handelnden von seiner Schuld überzeugen können und müssen, um ihn zu verantwortungsbewußtem oder verantwortungsbewußterem Verhalten zu führen."[153] *Lekschas* verteidigte die Entwurfsregelung und führte aus, dass der Entscheidungsbegriff bzgl. der Fahrlässigkeitsregelung ausdrücklich nur bei bewussten Pflichtverletzungen verwendet werde.[154] Tatsächlich gestand *Lekschas* ein, dass die letzte Variante, die unbewusste Pflichtverletzung bei verantwortungsloser Gleichgültigkeit, nicht mehr vom Entscheidungsbegriff erfasst sei.[155] Daraus schloss *Lekschas* jedoch nicht auf die Untauglichkeit des Entscheidungsbegriffs für die Charakterisierung der Schuld, sondern befürwortete die Ergänzung der Fahrlässigkeitsregelung um die Formulierung „sich in verantwortungsloser Gleichgültigkeit über seine Pflichten hinweggesetzt hat",[156] um auch diese Form der Fahrlässigkeit auf eine Art Entscheidung zurückführbar machen zu können. Die von *Friebel* in seiner Habilitationsschrift vorgeschlagene Konzeption der Fahrlässigkeit als Sorgfaltspflichtverletzung, deren schädlichen Folgen der Täter hätte vorhersehen und vermeiden können,[157] lehnte *Lekschas* ab. Er führte aus, dass die gesamte Entscheidungssituation in all ihren Elementen untersucht werden müsse,

150 Hartmann/Dettenborn/Fröhlich, in: NJ 1967, 217 (S. 218).
151 Hartmann/Dettenborn/Fröhlich, in: NJ 1967, 217 (S. 218).
152 Hartmann/Dettenborn/Fröhlich, in: NJ 1967, 217 (S. 218).
153 Lekschas, in: NJ 1967, 137 (S. 141).
154 Lekschas, in: NJ 1967, 137 (S. 142).
155 Lekschas, in: NJ 1967, 137 (S. 142).
156 Lekschas, in: NJ 1967, 137 (S. 142).
157 Friebel, Die Bedeutung von Tat und Täter für die Differenzierung der strafrechtlichen Verantwortlichkeit, S. 158.

sodass es nicht genüge, (wie *Friebel*) nur auf die Erkennbarkeit und Vermeidbarkeit der Folgen als alleiniges Schuldmerkmal abzustellen.[158]

5. Zusammenfassung

Nachdem der Gesamtentwurf fast ein Jahr beim Staatsrat gelegen hatte, war erneut überprüft worden, ob dieser noch der Parteilinie entsprach. Zweifel hatten sich insbesondere aus einem Beitrag von *Friebel* ergeben, welcher den für die Charakterisierung der Schuldregelungen verwendeten Entscheidungsbegriff für diesen Zweck für untauglich hielt. Die Strafrechtswissenschaftler waren in dieser Frage gespalten. Während *Riemann* für die Aufgabe des Entscheidungsbegriffs plädierte und einen entsprechenden Vorschlag unterbreitete, sprachen sich *Lekschas* und einige Psychologen für die Beibehaltung des Entscheidungsbegriffs aus, da dieser nicht so eng verstanden werden müsse, wie dies durch *Friebel* geschehen war. Letztlich setzten sich die Vertreter eines weiten Entscheidungsbegriffes durch.

V. „Öffentliche Diskussion"

Die Überprüfung der Entwürfe hatte zu dem Ergebnis geführt, dass die Grundlinie der Entwürfe nach wie vor richtig sei.[159] Aus diesem Grund wurde in der 17. Sitzung der Staatsratskommission am 27.1.1967 beschlossen, den Entwurf öffentlich zur „Diskussion" zu stellen.[160] Die Diskussion verfolgte das Ziel, der Bevölkerung die neuen Bestimmungen zu erklären, die Verständlichkeit des Entwurfs zu überprüfen. Zum anderen sollte die Überlegenheit des sozialistischen Rechts gegenüber dem „bürgerlichen" Recht zum Ausdruck gebracht werden.[161] Weiterhin sollte die Diskussion zur „Mobilisierung der Bevölkerung, zur Wachsamkeit und zur Förderung der Disziplin und bewußten Einhaltung des sozialistischen Rechts, zum Kampf gegen die Kriminalität und andere Rechtsverletzungen und zur Überwindung ihrer Ursachen führen".[162]

---

158 Lekschas, in: NJ 1967, 137 (S. 142).

159 Siehe ein Dokument ohne Titel vom 22. Juni 1966, BArch DY 30/94773.

160 Protokoll der 17. Sitzung der StGB-Kommission am 27. Januar 1967 (7.2.1967), BArch DP 1/22149.

161 Bericht über die Diskussion des Entwurfs des Strafgesetzbuches und der Strafprozessordnung (19.7.1967), BArch DP 1/22967.

162 Richtlinie für die öffentliche Diskussion des Entwurfes des Strafgesetzbuches, der Strafprozessordnung und des Gesetzes zur Bekämpfung von Ordnungswidrigkeiten, BArch DA 5/574.

1. Planung und Organisation der Diskussion

Geleitet wurde die Diskussion auf Beschluss der Staatsratskommission durch ein Kollektiv unter Vorsitz von *H. Benjamin*.[163] Das Kollektiv bestand aus Vertretern der zentralen Rechtspflegeorgane, einem Mitarbeiter des Zentralkomitees der SED, Vertretern der Massenorganisationen und des Nationalrates der Nationalen Front[164] und Rechtswissenschaftlern.[165] Im Rahmen der Diskussion wurden Beiträge in Fachzeitschriften veröffentlicht, Stellungnahmen verfasst[166] und Veranstaltungen in Industriebetrieben, Verkehrsbetrieben, Gemeinden, Landwirtschaftlichen Produktionsgenossenschaften (LPG), Volkseigenen Betrieben (VEB), Handelsbetrieben und den Leitungen größerer Betriebe durchgeführt.[167] Die Diskussion in den Fachzeitschriften wurde insbesondere in der NJ geführt.[168] Dazu wurden 43 Grundsatz- bzw. Diskussionsartikel zu verschiedenen Gebieten der Entwürfe und zur „[…] Anleitung der Diskussion sowie zur weiteren Klärung grundsätzlicher Fragen von Mitgliedern der StGB-Kommission, Vorsitzenden und Mitgliedern der Unterkommissionen, Strafrechtswissenschaftlern und Richtern und Staatsanwälten veröffentlicht."[169] Auch in den Zeitschriften „Der Schöffe", „Staat und Recht", „Forum der Kriminalistik" und „Die Volkspolizei" erschienen Beiträge zum StGB-Entwurf.[170]

2. Wer war die „Öffentlichkeit"?

Inwiefern das Ziel, der Bevölkerung den neuen Entwurf zu erklären, tatsächlich umgesetzt werden konnte, bleibt fraglich. Zwar wird in den Unterlagen von einer „öffentlichen Diskussion" gesprochen, sodass im ersten Moment angenommen

---

163 Bericht über die Diskussion des Entwurfs des Strafgesetzbuches und der Strafprozessordnung, BArch DP 1/22967.

164 Die Nationale Front war ein überparteilicher Zusammenschluss aus Organisationen, die sich zu einer „Kampffront" zusammengeschlossen hatten und „die deutsche Nation in eine glückliche, von Not, Elend und Krieg befreite Zukunft […]" (Sozialismus und Kommunismus) führen sollte (Neef, Die Nationale Front des demokratischen Deutschland, S. 11.

165 Bericht über die Diskussion des Entwurfs des Strafgesetzbuches und der Strafprozessordnung, BArch DP 1/22967.

166 Bericht über die Diskussion des Entwurfs des Strafgesetzbuches und der Strafprozessordnung, BArch DP 1/22967.

167 M. Vormbaum, Das Strafrecht der DDR, S. 251.

168 Bericht über die Diskussion des Entwurfs des Strafgesetzbuches und der Strafprozessordnung, BArch DP 1/22967.

169 Bericht über die Diskussion des Entwurfs des Strafgesetzbuches und der Strafprozessordnung, BArch DP 1/22967.

170 Bericht über die Diskussion des Entwurfs des Strafgesetzbuches und der Strafprozessordnung, BArch DP 1/22967.

werden könnte, dass die Diskussion in der breiten Bevölkerung stattgefunden habe, dies ist jedoch unzutreffend. In einem Bericht des Deutschlandfunks vom 4.1.1968 hatte es geheißen:

> Der Entwurf des neuen Strafgesetzbuches, der jetzt in den Ausschüssen des Ulbrichts-Parlaments, der sogenannten Volkskammer beraten wird, ist von allen Stellen des SED-Regimes, die dafür verantwortlich gemacht werden müssen, bisher sehr geheimnisvoll behandelt worden. Nur ganz wenige Exemplare sind überhaupt verfügbar geworden und konnten kommentiert werden. Der Inhalt dieses Strafgesetzbuches, den die mitteldeutschen Bürger wahrscheinlich erst dann erfahren werden, wenn es die Volkskammer angenommen und verkündet hat [...].[171]

Diese Wahrnehmung wird auch durch DDR-Quellen gestützt. So bat ein Bürger in einem Brief an *H. Benjamin* um die Mitteilung der Gesetzesänderungen betreffend § 175 RStGB, da das neue Gesetz „nirgends aufzutreiben“ gewesen sei.[172] Die Exklusivität des Entwurfs war kein Zufall. *H. Benjamin* äußerte in Bezug auf den Charakter der Diskussion:

> Die Kommission zur Ausarbeitung des StGB stellt den Entwurf zur öffentlichen Diskussion. Das bedeutet seine Beratung mit Bürgern, die zur sachkundigen Diskussion befähigt sind, wobei alle zur Mitwirkung an der Bekämpfung und Verhütung der Kriminalität aufgerufen sind.[173]

Damit war der Personenkreis diskussionsbefugter Personen auf „sachkundige Personen“ eingeschränkt worden. Dass es sich bei „sachkundigen Bürgern“ nicht um die breite Bevölkerung handelte, zeigte sich auch daran, dass nach offiziellen Angaben lediglich 50 000 Werktätige an der Diskussion teilnahmen.[174] Diese Vorgehensweise der Organisation und Planung der Diskussion zeigt, dass es im Wesentlichen nicht darum hatte gehen können, die Bevölkerung zu informieren. Wahrscheinlich war es bei der Diskussion vielmehr darum gegangen, eine breite Basis für den Entwurf innerhalb der Partei herzustellen und staatliche Institutionen mit den neuen Regelungen vertraut zu machen. Dafür spricht der Rahmen der Diskussion, nach welchem eine öffentliche Diskussion in Presse und Rundfunk ausdrücklich nicht

171 Informationsbericht zur Reaktion in Westdeutschland, Westberlin und im westlichen Ausland anlässlich der Verabschiedung des StGB der DDR in der Volkskammer am 12. Januar 1968, BArch DP 1/1552.

172 Brief eines Bürgers an *H. Benjamin* vom 2.11.1967, BArch DP 1/22971. Bei § 175 RStGB handelte es sich um die Norm, die gleichgeschlechtlichen Geschlechtsverkehr kriminalisiert hatte.

173 H. Benjamin, in: NJ 1967, 97 (S. 100).

174 M. Vormbaum, Das Strafrecht der DDR, S. 252.

gewünscht war.[175] Der Beschluss des Sekretariats des Nationalrats vom 10.2.1967 zeigt zudem, dass die Diskussion genauestens geplant und strukturiert worden war, indem z. B. festgelegt worden war, welche Themen adressiert werden sollten.[176] Aufgrund der Exklusivität des Entwurfs bzw. der Diskussion, die darüber hinaus in ihrem Rahmen sehr reguliert wurde, kann aus diesem Grund von einer gelenkten Diskussion gesprochen werden.

3. Analyse von fahrlässigen Schädigungshandlungen in LPG

Gegenstand der „Diskussion" waren nicht nur Theorien, sondern auch empirische Untersuchungen. Es war versucht worden, die theoretischen Ansätze des Entwurfs in der Praxis zu überprüfen. Untersucht worden waren 30 Fahrlässigkeitsdelikte.[177] Überwiegend handelte es sich bei den Straftaten um fahrlässige materielle Schädigungshandlungen gegenüber Tierbeständen, Erzeugnissen der tierischen und pflanzlichen Produktion, von Landtechnik sowie von Gebäuden und Anlagen.[178] Festgestellt wurde, dass es sich bei der Mehrheit der Straftaten um Fälle der bewussten Fahrlässigkeit gehandelt habe.[179] Darunter sei z. B. folgender Fall gefallen:

> So hatte in einer LPG im Kreis Grimmen/Bez. Rostock ein Genossenschaftsbauer festgestellt, daß Kühe eine elektrische Weidezaunanlage durchbrochen hatten und auf dem Bahndamm weideten. Anstatt einen Melker oder einen Leitungskader davon zu unterrichten bzw. mit anderen Genossenschaftsbauern diese Tiere unmittelbar wieder auf die Koppel zu treiben und diese zunächst notdürftig zu schließen, suchte er die Gaststätte auf und unterließ die Benachrichtigung von dieser Gefahrensituation für die Tiere. Von einem Zug wurden dann 10 der ausgebrochenen Tiere erfaßt und es entstand der Genossenschaft ein unmittelbarer Schaden von ca. 22.000,– MDN.[180]

---

175 „In diesem Zusammenhang [der Veröffentlichung der Präambel des StGB-Entwurfs] wurde die Orientierung gegeben, daß in der Presse, im Rundfunk und im Fernsehen der DDR eine Diskussion einzelner Fragen des Strafgesetzbuches nicht erfolgen soll." (Bericht über die Diskussion des Entwurfs des Strafgesetzbuches und der Strafprozessordnung, BArch DP 1/22967).

176 Vgl. Auszug aus dem Beschluss des Sekretariats des Nationalrats vom 10.2.1967, BArch DP 1/22927.

177 Vorläufige Analyse fahrlässiger Schädigungshandlungen in LP – Straftaten und Nichtstraftaten – vom 20.4.1967, BArch DP 1/22149.

178 Vorläufige Analyse fahrlässiger Schädigungshandlungen in LP – Straftaten und Nichtstraftaten – vom 20.4.1967, BArch DP 1/22149.

179 Vorläufige Analyse fahrlässiger Schädigungshandlungen in LP – Straftaten und Nichtstraftaten – vom 20.4.1967, BArch DP 1/22149.

180 Vorläufige Analyse fahrlässiger Schädigungshandlungen in LP – Straftaten und Nichtstraftaten – vom 20.4.1967, BArch DP 1/22149.

Fahrlässigkeit, welche sich durch eine bewusste Pflichtverletzung ausgezeichnet habe, aber bei der die Folgen nicht vorhergesehen worden waren, sei kaum zu verzeichnen gewesen, während die Fahrlässigkeit bei unbewusster Pflichtverletzung ein Viertel der Fälle ausgemacht habe.[181] Der Großteil der Betroffenen hätte angegeben, die Pflichten vergessen zu haben.[182] Eine Gewöhnung hätte hingegen kaum eine Rolle gespielt.[183] Für die unbewussten Pflichtverletzungen wurde festgestellt, dass bei Anwendung des Entwurfs nur in einem Fall keine strafrechtliche Verantwortlichkeit hätte eintreten können.[184] Dabei handelte es sich um folgenden Fall:

> Es handelte sich dabei um die Entscheidung des Bezirksgerichts Erfurt gegen einen Melker, der insoweit unbewußt seine Pflichten verletzt hatte, als er wertvollen Milchkühen Harnstoff (Ammoniumbicarbonat) in einer Überdosis verabreichte, so daß 12 Kühe verendeten und weitere 10 Tiere notgeschlachtet werden mußten. Der Schaden betrug ca. 38.000,– MDN (direkter Schaden). Der Melker war über die Anwendung dieses Mittels vom Zootechniker (Meister der Landwirtschaft) nicht ausreichend unterrichtet worden. Er selbst hat es andererseits auch unterlassen, sich entsprechend zu informieren und nach Gutdünken und sonstigen Erfahrungen bei der Anwendung von Harnstoff bestimmte Mengen dem Futter zugegeben. Vom Bezirksgericht Erfurt wurde der Zootechniker, der bewußt seine Pflichten zur Anleitung und Kontrolle bei der Anwendung von Harnstoffen verletzt hatte, zu einer Gefängnisstrafe von 10 Monaten bedingt und zur Schadensersatzleistung in Höhe von 1.200,– MDN und der Melker zu einer Gefängnisstrafe von 8 Monaten bedingt und zu einer Schadensersatzleistung von 1.000,– MDN verurteilt.[185]

Damit hätten sich die Regelungen zur Fahrlässigkeitsstrafbarkeit im StGB-Entwurf vom *Ergebnis* her nicht wesentlich von den Regelungen des RStGB unterschieden. Auch bezogen auf die Abgrenzung von Vorsatz und Fahrlässigkeit hätten sich kaum Unterschiede zur vorherigen Regelung gezeigt. Durch den Nachweis, dass mit Strafbarkeitslücken nicht zu rechnen gewesen sei, stützte die empirische Untersuchung durchaus den Entwurf.

---

181 Vorläufige Analyse fahrlässiger Schädigungshandlungen in LP – Straftaten und Nichtstraftaten – vom 20.4.1967, BArch DP 1/22149.

182 Vorläufige Analyse fahrlässiger Schädigungshandlungen in LP – Straftaten und Nichtstraftaten – vom 20.4.1967, BArch DP 1/22149.

183 Vorläufige Analyse fahrlässiger Schädigungshandlungen in LP – Straftaten und Nichtstraftaten – vom 20.4.1967, BArch DP 1/22149.

184 Vorläufige Analyse fahrlässiger Schädigungshandlungen in LP – Straftaten und Nichtstraftaten – vom 20.4.1967, BArch DP 1/22149.

185 Vorläufige Analyse fahrlässiger Schädigungshandlungen in LP – Straftaten und Nichtstraftaten – vom 20.4.1967, BArch DP 1/22149.

4. Diskussion zur Schuld

Die theoretische Diskussion zur Schuld bestand aus mehreren Aspekten. Zunächst wurde in die Diskussion eingeführt und die noch bestehenden Probleme zum Strafgesetzbuch wurden adressiert. Darüber hinaus wurden Tagungen veranstaltet, bei denen die Probleme des Strafgesetzbuchentwurfs thematisiert wurden,[186] und zuletzt sammelte das MdJ die Stellungnahmen jeglicher größerer Institute aus Wissenschaft und Praxis zu dem Entwurf.[187]

a) Erläuterung der Probleme zum Strafrecht

Während der Eröffnung der Diskussion, welche in ihren Grundzügen auch in der NJ abgedruckt worden war,[188] wurden auch die Arbeiten an den Schuldregelungen thematisiert.[189] Dabei wurde insbesondere die Arbeit von *Lekschas* hervorgehoben, welcher „[...] ausgehend von den gegenwärtigen Entwicklungsbedingungen, vor allem zu Fragen der Fahrlässigkeit wichtige Schlußfolgerungen für allgemeine Strafrechtsgrundsätze sowie einzelne Tatbestände erarbeitet“ habe.[190] Weiterhin wurden die noch bestehenden Probleme des Entwurfs erläutert.[191] Ein Problem wurde in der Charakterisierung des Wesens der Schuld in § 4 gesehen. Dieses sei auf Grundlage der Arbeiten von *Polak* und *Lekschas* erarbeitet worden und als „verantwortungslose Entscheidung“ charakterisiert worden.[192] Dass *Lekschas* seine Auffassungen mehrfach hatte anpassen müssen und der Entscheidungsbegriff wahrscheinlich aus dem Bereich der Psychologie eingebracht worden war, fand keine Erwähnung.[193] Gegenstand der Schulddiskussion sollte noch immer die Frage sein, inwiefern der Entscheidungsbegriff auf Vorsatz und Fahrlässigkeit anwendbar sei und ob auch bei Fahrlässigkeitsdelikten von einer „verantwortungslosen Entscheidung“ ausgegangen werden könne.[194]

---

186 Mettin/Möller, in: NJ 1967, 189.

187 Vgl. BArch DP 1/22927.

188 H. Benjamin, in: NJ 1967, 97.

189 Grundlagen und Charakter des Strafgesetzbuch-Entwurfs (ohne Datum), BArch DP 1/22149.

190 Grundlagen und Charakter des Strafgesetzbuch-Entwurfs (ohne Datum), BArch DP 1/22149.

191 Grundlagen und Charakter des Strafgesetzbuch-Entwurfs (ohne Datum), BArch DP 1/22149.

192 Grundlagen und Charakter des Strafgesetzbuch-Entwurfs (ohne Datum), BArch DP 1/22149.

193 Siehe Kapitel 4.II.1.b)bb)(3), Kapitel 4.II.1.b)cc), Kapitel 4.II.2.b)bb)(1)(b) und Kapitel 5.III.3.a). Zum Entscheidungsbegriff siehe Kapitel 6.II.1.a)bb).

194 Diese Problemstellungen ließen sich aus einem Dokument entnehmen, welches den Titel „Grundlagen und Charakter des Strafgesetzbuch-Entwurfs“ trug und nicht mit Datum versehen war. Die Gedanken wurden jedoch auch in der NJ unter dem Titel „Grundlagen und Charakter des StGB-Entwurfs“ veröffentlicht (siehe den Beitrag von H. Benjamin, in: NJ 1967, 97). Die Veröf-

b) Babelsberger Tagung (8.–12.2.1967)

Vom 8. bis 12. Februar 1967 fand an der DASR in Potsdam-Babelsberg eine Tagung zu den Problemen des Strafgesetzbuches und der Strafprozessordnung statt,[195] welche als Teil der Aussprache zum VII. Parteitag der SED einzuordnen ist.[196] An der Tagung nahmen laut Angaben des ND 190 Mitarbeiter der zentralen Rechtspflegeorgane, der Gerichte, der Staatsanwaltschaften sowie führende Rechtswissenschaftler und Rechtsanwälte teil.[197] Neben *H. Benjamin* sprachen auch *Renneberg*, welcher die Maßnahmen der strafrechtlichen Verantwortlichkeit thematisierte[198] und *Lekschas*, welcher zur Schuld referierte.[199] Die Zweifel an der Tauglichkeit des Entscheidungsbegriffes waren noch nicht abgelegt worden. *H. Benjamin* äußerte sich zum Entscheidungsbegriff als Zentralbegriff der Schuld in ihrem Referat für die Babelsberger „Problemtagung" kritisch:

> Im Grunde wurde diese These ziemlich einhellig gebilligt, bzw. es fand keine ernsthafte wissenschaftliche Auseinandersetzung über ihre reale Bedeutung für die verschiedensten Straftaten statt.[200]

Sie kritisierte das Ausbleiben einer wissenschaftlichen Diskussion, denn es habe in der Vergangenheit insb. Stimmen aus der Praxis gegeben, die an der Allgemeingültigkeit einer solchen Bestimmung gezweifelt hätten.[201] Dies hätte sich daran gezeigt, dass es in der Praxis schwerwiegende Fahrlässigkeitsstraftaten gäbe, bei denen man nicht von einer Entscheidung sprechen könne.[202]

In seinem Vortrag zur Schuld setzte *Lekschas* sich kritisch mit den Ausführungen *Friebels* aus der NJ 1966 auseinander.[203] Dieser hatte seine Auffassungen während

---

fentlichung solcher Texte zeigt erneut, dass die Zeitschriften nur als Publikationsorgan für die Ausarbeitungen der Kommission genutzt wurden.

195 Mitteilung der Staatsratskommission, in: ND v. 12. Feb. 1967, 2 (S. 2).

196 Die Tagung wurde in der NJ thematisiert (siehe METTIN/MÖLLER, in: NJ 1967, 189).

197 Mitteilung der Staatsratskommission, in: ND v. 12. Feb. 1967, 2 (S. 2).

198 Mitteilung der Staatsratskommission, in: ND v. 12. Feb. 1967, 2 (S. 2).

199 METTIN/MÖLLER, in: NJ 1967, 189 (S. 189).

200 Entwurf des Referats des Ministers für die Babelsberger Problemtagung (ohne Datum), BArch DP 1/22149.

201 Entwurf des Referats des Ministers für die Babelsberger Problemtagung (ohne Datum), BArch DP 1/22149.

202 Entwurf des Referats des Ministers für die Babelsberger Problemtagung (ohne Datum), BArch DP 1/22149. Die Aussagen *H. Benjamins* werden durch die Beobachtung, dass mit Ausnahme des Beitrages von *Friebel* keine kritischen Beiträge gegenüber der Verwendung des Entscheidungsbegriffs veröffentlicht worden waren, unterstützt.

203 METTIN/MÖLLER, in: NJ 1967, 189 (S. 189). Zu den Ausführungen *Friebels* siehe Kapitel 7.IV.2.

der Tagung nochmals in einem Koreferat dargelegt.[204] Weiterhin führten *Lekschas, Szewczyk* und *Friebel* ein „Streitgespräch" über die Fragen der Schuld.[205] Themenschwerpunkt war die Frage nach der Tauglichkeit des Entscheidungsbegriffs.[206] Darüber hinaus vertrat *Szewczyk* die Auffassung, dass es sich bei der Schuld nicht um eine psychologische, sondern um eine *soziale Kategorie* handle.[207] Er war der Meinung, dass der in der Vorsatzdefinition des Entwurfs enthaltene Bewusstseinsbegriff der alten Vermögenspsychologie entspreche und weiterer Differenzierung bedürfe.[208] *Szewczyk* sah jedoch auch den Willensbegriff, den zuvor *Friebel* verwendet hatte,[209] aus einer alten Psychologie entstammend.[210] Diese Theorie vernachlässige, dass die Steuerung des Willens von der Einstellung des Täters abhinge.[211] Zusammenfassend führte er aus, dass das Strafrecht verständlich bleiben müsse und deshalb die Definitionen nicht in vollem Umfang mit den Fachbegriffen übereinstimmen könnten und sprach sich letztlich für den Entscheidungsbegriff aus.[212]

c) Tagung der Sektion für Gerichtspsychiatrie in der Gesellschaft für Psychiatrie und Neurologie (20.3.1967)

Im Rahmen der Diskussion des StGB-Entwurfs fand auch eine Tagung am 20.3.1967 an der Berliner Charité statt, welche durch *Szewczyk* organisiert worden war.[213] Im Rahmen dieser Tagung sollten besonders die Paragrafen diskutiert werden, die für die Zusammenarbeit von Medizinern und Juristen wesentlich erschienen.[214] Der Fokus dieser Tagung lag insbesondere auf der Schuld in Form der Zurechnungsfähigkeit.[215] Im Rahmen der Tagung hielt *Lekschas* einen Vortrag über die

---

204 Mettin/Möller, in: NJ 1967, 189 (S. 189).

205 Mitteilung der Staatsratskommission, in: ND v. 12. Feb. 1967, 2 (S. 2); Mettin/Möller, in: NJ 1967, 189 (S. 189 ff.).

206 Mettin/Möller, in: NJ 1967, 189 (S. 189). Vermutlich handelte es sich um die Darlegungen, die in dieser Arbeit schon unter dem Punkt 7.IV. ausgeführt worden sind.

207 *Loose* stimmte *Szewczyk* bzgl. der Charakterisierung von Schuld als sozialer Kategorie zu. Siehe dazu Mettin/Möller, in: NJ 1967, 189 (S. 189 f.).

208 Mettin/Möller, in: NJ 1967, 189 (S. 189 f.).

209 Siehe dazu Kapitel 7.IV.c) und Kapitel 7.IV.d).

210 Mettin/Möller, in: NJ 1967, 189 (S. 190).

211 Mettin/Möller, in: NJ 1967, 189 (S. 190).

212 Mettin/Möller, in: NJ 1967, 189 (S. 190).

213 Siehe Brief von *Szewczyk* an *Schmidt* vom 1.2.1967 und den Vermerk vom 24.2.1967, BArch DP 1/22927.

214 Brief von *Szewczyk* an *H. Benjamin* vom 13.3.1967, BArch DP 1/22927.

215 Vermerk „Gezielte Öffentlichkeitsveranstaltung StGB-Diskussion – Verantstaltung am 20.3. im Hörsaal der Nervenklinik" vom 30.3.1967, BArch DP 1/22927.

Grundsätze des Strafgesetzentwurfs, in welchem er insbesondere auf das Prinzip des Verschuldens sowie auf Vorsatz und Fahrlässigkeit einging.[216] Zum Problem der Zurechnungsfähigkeit und der Rauschtaten sprach hingegen *Szewczyk*.[217]

Sowohl bzgl. des Schuldprinzips als auch der Vorsatz- und Fahrlässigkeitsregelungen wurde von psychiatrischer Seite keine Stellung bezogen.[218] Es wurde ausgeführt, dass Psychologen bzw. Psychiater zu dieser Diskussion nichts Neues mehr beitragen könnten.[219] Die Beibehaltung der erheblich verminderten Zurechnungsfähigkeit wurde hingegen begrüßt. Es wurde jedoch empfohlen, die verminderte Zurechnungsfähigkeit (§ 15) schärfer zu fassen.[220] Bei der bisherigen Formulierung wurde die Gefahr gesehen, dass „[...] auch Triebtäter, asoziale und abnorme Persönlichkeiten ohne besonderen Krankheitswert den Schutz des § 15 erh[hielten].“[221] § 15 müsse so formuliert werden, dass zum Ausdruck gebracht werde, dass es sich nicht nur um eine schwerwiegende Fehlentwicklung der Persönlichkeit handeln musste, sondern dass dieser auch ein Krankheitswert innewohnt.[222] Bzgl. der rauschbedingten Straftaten wurde vorgeschlagen, deutlich zu machen, dass nach der regulären gesetzlichen Bestimmung bestraft werde. Gleichzeitig sollte jedoch für einen Täter, der sich nicht selbst verschuldet in einen pathologischen Rausch begeben hatte, die Schuldunfähigkeit zugestanden werden.[223]

d) Stellungnahme der Karl-Marx-Universität Leipzig

Neben der Veranstaltung von Tagungen wurden auch zahlreiche Stellungnahmen von verschiedenen Institutionen eingeholt. Vorwiegend stimmten diese jedoch mit dem Entwurf des StGB überein oder adressierten nur kleinere Kritiken. Hervorhebenswert ist die Stellungnahme des Instituts für Strafrecht der Karl-Marx-

216 Vermerk „Gezielte Öffentlichkeitsveranstaltung StGB-Diskussion – Verantstaltung am 20.3. im Hörsaal der Nervenklinik“ vom 30.3.1967, BArch DP 1/22927.

217 Vermerk „Gezielte Öffentlichkeitsveranstaltung StGB-Diskussion – Verantstaltung am 20.3. im Hörsaal der Nervenklinik“ vom 30.3.1967, BArch DP 1/22927.

218 Vermerk „Gezielte Öffentlichkeitsveranstaltung StGB-Diskussion – Verantstaltung am 20.3. im Hörsaal der Nervenklinik“ vom 30.3.1967, BArch DP 1/22927.

219 Vermerk „Gezielte Öffentlichkeitsveranstaltung StGB-Diskussion – Verantstaltung am 20.3. im Hörsaal der Nervenklinik“ vom 30.3.1967, BArch DP 1/22927.

220 Vermerk „Gezielte Öffentlichkeitsveranstaltung StGB-Diskussion – Verantstaltung am 20.3. im Hörsaal der Nervenklinik“ vom 30.3.1967, BArch DP 1/22927.

221 Vermerk „Gezielte Öffentlichkeitsveranstaltung StGB-Diskussion – Verantstaltung am 20.3. im Hörsaal der Nervenklinik“ vom 30.3.1967, BArch DP 1/22927.

222 Vermerk „Gezielte Öffentlichkeitsveranstaltung StGB-Diskussion – Verantstaltung am 20.3. im Hörsaal der Nervenklinik“ vom 30.3.1967, BArch DP 1/22927.

223 Vermerk „Gezielte Öffentlichkeitsveranstaltung StGB-Diskussion – Verantstaltung am 20.3. im Hörsaal der Nervenklinik“ vom 30.3.1967, BArch DP 1/22927.

Universität Leipzig. Der strafrechtliche Teil war von *Friebel* verfasst worden[224] und enthielt den Entwurf eines von *Friebel* 1967 in der NJ veröffentlichten Beitrages.[225]

aa) Allgemeiner Schuldbegriff

Friebel entwarf ein Alternativkonzept zur Schuld. Er stellte klar, dass der Schuld keine weiteren Merkmale hinzuzufügen sein sollten.[226] Die Feststellung von Vorsatz oder Fahrlässigkeit solle für die Schuldfeststellung genügen.[227] Eine andere Praxis, die noch ein weiteres Werturteil voraussetze, sei willkürlich.[228] Die Regelungen zu Vorsatz und Fahrlässigkeit würden dabei die psychische Beziehung des Täters zu seiner Tat beschreiben. Diese sei jedoch nicht wertneutral, sondern als soziale Kategorie zu verstehen.[229] Das zeige sich darin, dass sich in Vorsatz und Fahrlässigkeit eine bestimmte Einstellung des Täters zur Gesellschaft ausdrücke.[230] Damit griff *Friebel* die Auffassungen von *Szewczyk* und *Loose* auf, welche die Schuld auf der Babelsberger Tagung als soziale Kategorie eingeordnet hatten. *Friebel* lehnte somit die Charakterisierung der Schuld über eine allgemeine Schulddefinition ab.

bb) Entscheidungsbegriff und Fahrlässigkeit

Weiterhin kritisierte *Friebel* den in § 4 Abs. 1 eingeführten Entscheidungsbegriff. Dieser sei nicht geeignet, den materiellen Inhalt der Fahrlässigkeit richtig darzustellen.[231] Anders als *Lekschas*, welcher davon ausging, dass nur die unbewusste Pflichtverletzung nicht vom Entscheidungsbegriff erfasst sei und es deshalb genüge, diese Art der Fahrlässigkeit in § 4 Abs. 1 aufzunehmen,[232] ging *Friebel* weiterhin davon aus, dass keine Art der Fahrlässigkeit (sowohl die bewusste Fahrlässigkeit als auch die bewusste Pflichtverletzung und die unbewusste Pflichtverletzung) vom Entscheidungsbegriff erfasst sei.[233] Zu dieser Schlussfolgerung kam er, da sich § 4 Abs. 1 auf die Entscheidung zur Tat beziehe und nicht auf die Entscheidung zur Handlung. Das bedeutete, dass die Entscheidung sich nach dieser Formulierung sowohl auf die Handlung als auch auf die Folgen hätte beziehen müssen. Der Täter entscheide sich eben nicht, die schädlichen Folgen oder konkreten Gefahrzustände

224 Siehe Brief von *Friebel* an *H. Benjamin* vom 6.5.1967, BArch DP 1/22927.

225 Friebel, in: NJ 1967, 340. Aus diesem Grund sollen beide Punkte hier zusammen dargestellt und diskutiert werden.

226 Friebel, in: NJ 1967, 340 (S. 340).

227 Friebel, in: NJ 1967, 340 (S. 340).

228 Friebel, in: NJ 1967, 340 (S. 340).

229 Friebel, in: NJ 1967, 340 (S. 340).

230 Friebel, in: NJ 1967, 340 (S. 340).

231 Friebel, in: NJ 1967, 340 (S. 340).

232 Lekschas, in: NJ 1967, 283 (S. 142).

233 Friebel, in: NJ 1967, 340 (S. 341).

herbeizuführen, sondern verwirkliche diese unbeabsichtigt, ohne dass diesbezüglich ein Willensentschluss vorliege.[234] In seinen Ausführungen ging *Friebel* über seine 1966 geäußerten Ansichten hinaus. Er hielt den Entscheidungsbegriff nicht nur für unvereinbar mit der unbewussten Fahrlässigkeit, sondern für unvereinbar mit der Fahrlässigkeit generell:

> Die Definition der Schuld als gesellschaftlich verantwortungslose Entscheidung zur Tat stellt m. E. einseitig auf die vorsätzlichen Straftaten ab. Sie ist nicht geeignet, den materiellen Schuldgehalt der fahrlässigen Delikte richtig zu interpretieren.
> Das Handeln, das den gesetzlichen Tatbestand eines fahrlässigen Vergehens verwirklicht, besteht in der Verursachung der im gesetzlichen Tatbestand charakterisierten schädlichen Folgen oder konkreten Gefahrenzustände, d. h. also der Verursachung des Todes oder einer Gesundheitsschädigung, der Inbrandsetzung eines Gebäudes usw.
> Dazu entscheidet sich der Täter nicht. […][235]

cc) *Lösung des Problems durch die „Entscheidung zur Pflichtverletzung"?*

Damit schien die Lösung des Problems in der Umformulierung des § 4 Abs. 1 zu liegen, indem die Entscheidung nicht auf die Tat, sondern auf die Pflichtverletzung bzw. Handlung bezogen würde. Aber auch dagegen äußerte *Friebel* Bedenken. Er führte aus, dass die Schulddefinition dadurch ihren „einheitlichen Guß" verlieren könnte, was zu einer Summierung der Schuldregelungen führen könne.[236] Hauptproblem sei jedoch immer noch, dass der Wesensgehalt der Schuld durch eine solche Änderung noch immer nicht sachgerecht erfasst werden könne.[237] *Friebel* sah die Verantwortungslosigkeit des Täters nicht in der Entscheidung des Täters zu seinem Verhalten, sondern darin, dass der Täter seiner Pflicht zur „[…] verantwortungsbewußten Überprüfung seines eigenen Verhaltens […]" nicht nachgekommen sei.[238] Die fehlerhafte Entscheidung des Täters sei nur eine Folgeerscheinung dieses Umstands.[239] Die Entscheidung, die der Täter auch im Zuge der Fahrlässigkeit treffe, sei die Folgeerscheinung dieses pflichtwidrigen Unterlassens:[240]

---

234 Friebel, in: NJ 1967, 340 (S. 341).

235 Zur Regelung der gesetzlichen Schulddefinition und des direkten Vorsatzes im neuen Strafgesetzbuch, BArch DP 1/22927.

236 Friebel, in: NJ 1967, 340 (S. 341).

237 Friebel, in: NJ 1967, 340 (S. 341).

238 Friebel, in: NJ 1967, 340 (S. 342).

239 Friebel, in: NJ 1967, 340 (S. 342).

240 Zur Regelung der gesetzlichen Schulddefinition und des direkten Vorsatzes im neuen Strafgesetzbuch, BArch DP 1/22927.

> Wenn z. B. ein Meister seine Aufsichtspflicht verletzt und in dieser Zeit irgendeine andere Tätigkeit vorgenommen hat (z. B. Ausfüllung der Lohnzettel), müßte ihm faktisch die Entscheidung zu dieser Tätigkeit zum Vorwurf gemacht werden müssen. Richtiger ist es aber wohl, ihm nicht die Entscheidung (zu der anderen von ihm ausgeübten Tätigkeit), sondern sein pflichtwidriges Unterlassen vorzuwerfen.[241]

Aus diesem Grund hielt *Friebel* es für passender, vom Unterlassen, als von einer bewussten Pflichtverletzung auszugehen. Um eine Vorverlagerung des Schuldvorwurfes zu vermeiden, schlug *Friebel* folgende Formulierung für den StGB-Entwurf vor:

> (1) *Schuldhaft handelt, wer vorsätzlich oder fahrlässig eine im Gesetz bezeichnete Handlung verwirklicht und sich dadurch entgegen den ihm gegebenen Möglichkeiten in verantwortungsloser Weise über die in den Strafgesetzen erhobenen grundlegenden Pflichten gegenüber der Gemeinschaft hinwegsetzt.*
> (2) *Fahrlässiges Handeln ist nur in den gesetzlich bestimmten Fällen strafbar.*[242]

Mit dieser Definition beabsichtigte *Friebel*, das Problem um den Entscheidungsbegriff zu umgehen. Sie sollte die Beziehung zwischen Täter und Gesellschaft wiedergeben und aufzeigen, dass der Täter durch sein Handeln die in den Strafgesetzen erhobenen elementaren Handlungspflichten negiere.[243]

dd) Vorsatzbegriff und Tatentschluss

Bzgl. des Vorsatzbegriffes räumte *Friebel* ein, dass er von einem Entscheidungsbegriff im engeren Sinne ausgegangen war, während der Entscheidungsbegriff auch in einem weiteren Sinne interpretiert werden könne.[244] Dies allein beseitigte jedoch nicht seine Bedenken gegen die Verwendung des Entscheidungsbegriffs in der Vorsatzdefinition.[245] *Friebel* zeigte noch weitere Schwächen der neuen Vorsatzdefinition auf. Er hielt den Entscheidungsbegriff für deckungsgleich mit dem Tatentschluss, den man zuvor nur zur allgemeinen Kennzeichnung des Vorsatzes

---

241 Zur Regelung der gesetzlichen Schulddefinition und des direkten Vorsatzes im neuen Strafgesetzbuch, BArch DP 1/22927.

242 Friebel, in: NJ 1967, 340 (S. 342). Abs. 1 fand sich als Vorschlag auch wortgleich in der Stellungnahme des Instituts für Strafrecht der Karl-Marx-Universität Leipzig (Vorschläge zum Entwurf des neuen sozialistischen Strafgesetzbuches, BArch DP 1/22927.)

243 Zur Regelung der gesetzlichen Schulddefinition und des direkten Vorsatzes im neuen Strafgesetzbuch, BArch DP 1/22927.

244 Friebel, in: NJ 1967, 340 (S. 342).

245 Friebel, in: NJ 1967, 340 (S. 342).

verwendet hatte.[246] Er führte dazu aus, dass der Entscheidungsbegriff vergleichbar sei mit dem Begriff des „Tatenschlusses“ und dass niemand auf die Idee käme, mit diesem Begriff den Vorsatz zu definieren, weil er einfach zu allgemein sei. Die spezifische Beschreibung des Vorsatzes mit dem Entscheidungsbegriff zu ersetzen, sei aus diesem Grund vielmehr ein Rückschritt als ein Fortschritt.[247]

Damit wollte *Friebel* deutlich machen, dass die neue Definition über den Entscheidungsbegriff aus seiner Sicht wertlos war, da sie zum einen keinen Neuerungswert enthalte und zum anderen nicht für eine differenzierte Definition tauge.[248] Im direkten Vergleich überwogen nach *Friebels* Ansicht somit die Vorteile der alten Definition. *Friebel* hielt die Annahme von *Hartmann/Dettenborn/Fröhlich*, dass der alte Vorsatzbegriff nicht dem aktuellen wissenschaftlichen Stand entspreche, für falsch.[249] Die Vorbelastetheit der Begriffe „Wissen“ und „Wollen“ spreche nicht gegen die Begriffe selbst. Setze man einen solchen Maßstab an, müsse man einen Großteil an Begriffen aus dem wissenschaftlichen Begriffsinventar entfernen.[250] Zudem bestehe die Möglichkeit, die Begriffe aufgrund ihrer Mehrdeutigkeit unterschiedlich zu interpretieren.[251] So meine der Begriff des Bewusstseins im Sinne der Vorsatzdefinition das Wissen bzw. die Kenntnis der objektiven Tatumstände.[252] *Friebel* lehnte deshalb die Schulddefinition aus den genannten Gründen, die den Begriff der Entscheidung beinhaltete, zugunsten der bisherigen Vorsatzdefinition ab.[253]

ee) *Zurechnungsfähigkeit*

Hinsichtlich der Zurechnungsfähigkeit schlug *Friebel* vor, die alte Regelung des § 51 Abs. 1 RStGB beizubehalten.[254] Er begründete dies damit, dass der StGB-Entwurf nicht mehr die Einsichts- und Steuerungsfähigkeit enthalte und das Gesetz somit nicht mehr die psychischen Kriterien bestimme, die bei der Prüfung der Zurechnungsfähigkeit und verminderten Zurechnungsfähigkeit zu prüfen und

---

246 Friebel, in: NJ 1967, 340 (S. 342).

247 Zur Regelung der gesetzlichen Schulddefinition und des direkten Vorsatzes im neuen Strafgesetzbuch, BArch DP 1/22927.

248 Vgl. Friebel, in: NJ 1967, 340 (S. 343).

249 Friebel, in: NJ 1967, 340 (S. 342).

250 Zur Regelung der gesetzlichen Schulddefinition und des direkten Vorsatzes im neuen Strafgesetzbuch“, BArch DP 1/22927.

251 Zur Regelung der gesetzlichen Schulddefinition und des direkten Vorsatzes im neuen Strafgesetzbuch“, BArch DP 1/22927.

252 Zur Regelung der gesetzlichen Schulddefinition und des direkten Vorsatzes im neuen Strafgesetzbuch“, BArch DP 1/22927.

253 Zur Regelung der gesetzlichen Schulddefinition und des direkten Vorsatzes im neuen Strafgesetzbuch“, BArch DP 1/22927.

254 Vorschläge zum Entwurf des neuen sozialistischen Strafgesetzbuches, BArch DP 1/22927.

nachzuweisen gewesen wären.[255] Auch bei der Verantwortlichkeit Trunkener befürwortete er die alte Regelung des § 330a RStGB mit der Anpassung, dass die Strafandrohung erhöht werden sollte.[256] Daneben sollte ausdrücklich festgehalten werden, dass der Täter sich schuldhaft in den Rauschzustand versetzt haben musste. *Friebel* begründete dies damit, eine andere Handhabung dem Schuldgrundsatz widerspreche und die Möglichkeit einer Strafmilderung eingebaut werden müsse.[257] Ohne eine solche Milderungsmöglichkeit sei es nicht möglich, die Strafe gerecht zu differenzieren.[258]

e) Zusammenfassung der Stellungnahmen

Aus den eingegangenen Stellungnahmen wurden die zentralen Kritiken herausgearbeitet. Es wurde festgehalten, dass die Fachdiskussion zu zahlreichen Vorschlägen der Bevölkerung und der zentralen und örtlichen Organe bzw. Organisationen geführt habe.[259] Mit der Bevölkerung waren jedoch nicht einzelne Bürger gemeint, sondern die Stellungnahmen von Organisationen, die einzelne Bevölkerungsgruppen vertreten hatten (z. B. der Verband Deutscher Konsumgenossenschaften).[260] Die im Rahmen der Fachdiskussion eingegangenen Vorschläge zur Schuld hatten sich laut dem „Bericht über die Diskussion des Entwurfs des Strafgesetzbuches und der Strafprozeßordnung" des MdJ überwiegend auf die Schulddefinition des § 4 und die Regelung der Fahrlässigkeit in § 10 Abs. 2 bezogen.[261] Bzgl. der Schulddefinition hatte es überwiegend drei Stoßrichtungen gegeben:

a) *den Begriff „Entscheidung" völlig zu streichen oder lediglich von einer Pflichtverletzung zu sprechen;*
b) *die „Entscheidung" beizubehalten, aber die Worte „in verantwortungsloser Weise" wegfallen zu lassen;*

255 Vorschläge zum Entwurf des neuen sozialistischen Strafgesetzbuches, BArch DP 1/22927.
256 Vorschläge zum Entwurf des neuen sozialistischen Strafgesetzbuches, BArch DP 1/22927.
257 Vorschläge zum Entwurf des neuen sozialistischen Strafgesetzbuches, BArch DP 1/22927.
258 Vorschläge zum Entwurf des neuen sozialistischen Strafgesetzbuches, BArch DP 1/22927.
259 Wichtigste Änderungen der vorgelegten Gesetzesentwürfe und damit zusammenhängende Probleme vom 26.9.1967, BArch DP 1/22967.
260 Vgl. dazu ein Schreiben des Verbands Deutscher Konsumgenossenschaften an das MdJ vom 31.7.1967, BArch DP 1/22927. Stellungnahmen einzelner Bürger waren nicht in den untersuchten Unterlagen enthalten.
261 Bericht über die Diskussion des Entwurfs des Strafgesetzbuches und der Strafprozessordnung (19.7.1967), BArch DP 1/22967.

c) *die „verantwortungslose Entscheidung" beizubehalten, aber den Abs. 1 so zu ergänzen, daß alle Fälle der Fahrlässigkeit, auch § 10 Abs. 2, erfaßt werden.*[262]

Der erste Vorschlag entsprach dabei der von *Friebel* vorgeschlagenen Handhabung der Schulddefinition. Gegen den Begriff der Entscheidung wurde dahingehend argumentiert, dass bei fahrlässigen Handlungen gar keine Entscheidung vorliege.[263] Als Alternative wurde u. a. folgende Formulierung vorgeschlagen:

> *Eine Tat ist schuldhaft begangen, wenn der Täter mit seinem Handeln entgegen der ihm gegebenen Möglichkeit zu gesellschaftsgemäßem Verhalten eine gesellschaftliche Pflicht (oder soziale Anforderung) verletzt und dadurch den Tatbestand eines Verbrechens oder Vergehens verwirklicht.*[264]

Dieser Vorschlag ähnelte dem von *Riemann* eingebrachten Vorschlag.[265] Er wurde im Bericht jedoch nicht empfohlen, stattdessen wurde für den Erhalt des Entscheidungsbegriffs plädiert.[266] Für den Entscheidungsbegriff spreche, dass dieser die Möglichkeit zu gesetzmäßigem Handeln schon beinhalte und darüber hinaus auch die Formulierung zur Fahrlässigkeit „sich zum Handeln entschlossen hat" umfasse.[267] Konkret wurde die zweite Variante befürwortet, weil die Formulierung „in verantwortungsloser Weise" (b)) im Sprachgebrauch sehr hohen Anforderungen unterliege. Diese könnten im Gesetz nicht verlangt werden.[268] Daneben wurde die Fahrlässigkeit dem Wortlaut nach auch nicht für eine „verantwortungslose Entscheidung" gehalten.[269] Dies hatte sich auch im Zuge der Diskussion gezeigt; die Verwendung des Begriffs „verantwortungslos" war in Bezug auf die Fahrlässigkeits-

---

262 Bericht über die Diskussion des Entwurfs des Strafgesetzbuches und der Strafprozessordnung (19.7.1967), BArch DP 1/22967.

263 Bericht über die Diskussion des Entwurfs des Strafgesetzbuches und der Strafprozessordnung (19.7.1967), BArch DP 1/22967.

264 Bericht über die Diskussion des Entwurfs des Strafgesetzbuches und der Strafprozessordnung (19.7.1967), BArch DP 1/22967.

265 Siehe Kapitel 7.IV.3.

266 Bericht über die Diskussion des Entwurfs des Strafgesetzbuches und der Strafprozessordnung (19.7.1967), BArch DP 1/22967.

267 Bericht über die Diskussion des Entwurfs des Strafgesetzbuches und der Strafprozessordnung (19.7.1967), BArch DP 1/22967.

268 Bericht über die Diskussion des Entwurfs des Strafgesetzbuches und der Strafprozessordnung (19.7.1967), BArch DP 1/22967.

269 Bericht über die Diskussion des Entwurfs des Strafgesetzbuches und der Strafprozessordnung (19.7.1967), BArch DP 1/22967.

regelungen wiederholt kritisiert worden.[270] Für die Verantwortlichkeit Trunkener wurde die Aufnahme des Merkmals „schuldhaft" empfohlen, da auch für Fälle des Alkoholgenusses nicht vollständig auf die Prüfung der Schuldfrage verzichtet werden könne.[271] In einigen Stellungnahmen sei befürwortet worden, diese Regelung im Besonderen Teil ähnlich § 330a RStGB zu regeln.[272] Bei der Zurechnungsfähigkeit sollte ergänzt werden, dass es sich um eine Entwicklung mit Krankheitswert handeln müsse und eine soziale Fehlentwicklung nicht genüge.[273]

f) Zusammenfassung

In der Diskussion zur Schuld wurden inhaltlich Themen angeschnitten, die schon wiederholt Gegenstand von Beratungen gewesen waren. Die Diskussion wurde zum Teil um diese Fragen wieder aufgewärmt, ohne jedoch mit neuen Argumenten unterfüttert zu werden. Dies betraf insbesondere die Frage danach, ob der Entscheidungsbegriff auch unbewusste Pflichtverletzungen erfasse. Die Kritik *Friebels* hatte zu weitreichenden Zweifeln an der Tauglichkeit des Entscheidungsbegriffs in der allgemeinen Schulddefinition geführt. Trotzdem war der Entscheidungsbegriff von *Lekschas* und seinen Befürwortern in der Diskussion vehement verteidigt worden.

5. Überarbeitung des Entwurfs

Die Diskussion endete bzgl. der Schuldregelungen ohne eindeutiges Ergebnis. Es waren lediglich verschiedene Vorgehensweisen bzw. mögliche Lösungswege erarbeitet worden, ohne dass die Umsetzung eines bestimmten Vorschlags eingeleitet worden war. Die Diskussion hatte die Schwächen des Entwurfs (auch der Schuldregelungen) nochmals deutlich werden lassen, sodass eine weitere Überarbeitung als notwendig erachtet wurde. Die Diskussionsbeiträge hatten eine solche letztendlich veranlasst.[274] Der Abschnitt zur Schuld wurde neu gegliedert.[275] Die Kritik von

---

270 Bericht über die Diskussion des Entwurfs des Strafgesetzbuches und der Strafprozessordnung (19.7.1967), BArch DP 1/22967.

271 Bericht über die Diskussion des Entwurfs des Strafgesetzbuches und der Strafprozessordnung (19.7.1967), BArch DP 1/22967.

272 Bericht über die Diskussion des Entwurfs des Strafgesetzbuches und der Strafprozessordnung (19.7.1967), BArch DP 1/22967.

273 Bericht über die Diskussion des Entwurfs des Strafgesetzbuches und der Strafprozessordnung (19.7.1967), BArch DP 1/22967.

274 Wichtigste Änderungen der vorgelegten Gesetzesentwürfe und damit zusammenhängende Probleme vom 26.9.1967, BArch DP 1/22967.

275 Die Änderungen des Entwurfs wurden in einer Beratung des Vorsitzenden der StGB-Kommission mit den Leitern der zentralen Rechtspflegeorgane am 28.7.1967 thematisiert (Beschlussprotokoll vom 1.8.1967, BArch DP 1/22967).

Friebel und *Riemann* wurde zum Teil anerkannt. Der Entscheidungsbegriff wurde für die allgemeine Schulddefinition gestrichen:

> *Eine Tat ist schuldhaft begangen, wenn der Täter trotz der ihm gegebenen Möglichkeiten zu gesellschaftsgemäßem Verhalten durch sein verantwortungsloses Handeln den gesetzlichen Tatbestand eines Vergehens oder Verbrechens verwirklicht.*[276]

Mit dieser Formulierung war der Vorschlag von *Riemann* übernommen worden, welcher den Vorteil hatte, dass er auf den Entscheidungsbegriff verzichtete.[277] Statt des Entscheidungsbegriffs wurde das Merkmal der Verantwortungslosigkeit als Kernstück des Verschuldens herausgearbeitet.[278] Nach Abschluss der Überarbeitungen beschloss der Staatsrat der DDR in seiner 6. Sitzung am 7. Dezember 1967 die Überweisung der Strafgesetzentwürfe an die Volkskammer und ihre Ausschüsse.[279] Bereits am 15. Dezember 1967 lagen die Entwürfe der Volkskammer vor. Diese verabschiedete sie in der zweiten Lesung am 12. Januar 1968.[280]

6. Publikationen und Schulungen gegen Wissenslücken

Die Diskussion hatte den Ist-Stand der Rechtsprechung offengelegt, welcher teilweise große Wissenslücken bei den Rechtsanwendern offenbart hatte. Zu den Wissenslücken der Rechtsanwender wurde ausgeführt, dass „[d]ie Mehrzahl der Diskussionsteilnehmer [...] die bisherigen Publikationen auf diesen Gebieten unzureichend verfolgt [hatte]. Auch zeigte sich bei manchen Strafrichtern, daß sie die Bestimmungen des geltenden Rechts mitunter ohne tieferes Verständnis anwandten. Daraus ergaben sich Schwierigkeiten, verschiedene neue Formulierungen in den Tatbeständen zu verstehen. Mitunter zeigten sich auch mangelnde Kenntnisse neuer gesellschaftswissenschaftlicher Fragen. [...]"[281] Nach *Lehmann/Stephan* wirke sich dies auch auf die gerichtliche Tätigkeit aus. *Lehmann/Stephan* hatten in ihrem Beitrag[282] 1967 aufgezeigt, dass die Gerichte zwar probierten, die Regelungen des RStGB mit den sozialistischen Vorstellungen aufzufüllen, dies jedoch nur teilweise gelinge. Die Prüfung und Bewertung der inneren und äußeren Tatsachen

---

276 Beschlussprotokoll vom 1.8.1967, BArch DP 1/22967. Mit dieser Formulierung wurde fast wortgetreu dem Vorschlag *Riemanns* gefolgt.

277 Vgl. Kapitel 7.IV.3.

278 Vgl. auch Mürbe/H. Schmidt, in: Der Schöffe 1968, 84 (S. 85).

279 Brief an den Justizminister vom 18. Dezember 1967, BArch DP 1/1552.

280 M. Vormbaum, Das Strafrecht der DDR, S. 254.

281 Bericht über die Diskussion des Entwurfs des Strafgesetzbuches und der Strafprozessordnung, BArch DP 1/22967.

282 Lehmann/Stephan, in: NJ 1967, 626.

der Straftat als Indizien der Haltung des Täters zu den sozialen Anforderungen der Gesellschaft geschehe nur unzureichend.[283] Stattdessen würden die Gerichte es bei der Feststellung des Vorsatzes belassen und dazu pauschale Formulierungen verwenden.[284] Diesem Zustand sollte unter anderem durch weitere Publikationen in Fachzeitschriften entgegengewirkt werden:

> Die „Neue Justiz" ist auf solche Fragen zu lenken, die in der Diskussion eine besondere Rolle gespielt haben. Dabei werden vor allem die Erwägungen breiter dargelegt werden, die für die vorgesehenen gesetzlichen Regelungen maßgebend waren.[285]

Für die Neuerungen des Strafgesetzbuches wurden Schulungen veranstaltet. Diese begannen teilweise schon vor Inkrafttreten des StGB-DDR[286] und adressierten Mitarbeiter der zentralen Rechtspflegeorgane, Bezirks- und Kreisfunktionäre, Schöffen sowie andere Mitglieder der Schieds- und Konfliktkommissionen.[287]

Neben den Schulungen sollte auch ein Lehrkommentar zur Rechtssicherheit beitragen. Die Arbeiten an diesem – vom Staat beauftragten Kommentar[288] – begannen am 6.10.1967.[289] Der Ministerrat der DDR hatte zur Ausgestaltung des Kommentars ein Konzeptpapier entworfen,[290] das festlegte, dass der Kommentar wissenschaftlich, aber trotzdem leicht verständlich geschrieben werden sollteund den am Strafverfahren mitwirkenden Personen dadurch eine Anleitung sein.[291] Daneben befasste sich das Konzeptpapier mit der Struktur des Kommentars und teilte verschiedenen Autoren Themenbereiche zu.[292] Verantwortliche der Arbeitsgruppe zur Ausarbeitung des StGB-Kommentars waren HA *Heilborn* (Ministerium der Justiz), *Weber* (DASR) und *Schlegel* (Oberstes Gericht (OG)).[293] Den Themenkomplex zur Schuld sollte *Lekschas* zusammen mit *Mürbe* (MdJ), *Lischke* und *Roehl* (OG) kommentieren.[294]

283 LEHMANN/STEPHAN, in: NJ 1967, 626 (S. 628).

284 LEHMANN/STEPHAN, in: NJ 1967, 626 (S. 628).

285 Bericht über die Diskussion des Entwurfs des Strafgesetzbuches und der Strafprozessordnung (19.7.1967), BArch DP 1/22967.

286 Themenplan für die Durchführung der Schulung zu den neuen Strafgesetzen (StGB, StPO, OWG, EG), BArch DP 1/1552.

287 Vorlage für die Arbeitsgruppe des Verfassungs- und Rechtsausschusses der Volkskammer, BArch DP 1/1552.

288 Vgl. Vermerk vom 24.10.1967, BArch DP 1/1552.

289 Konzeption für den Lehrkommentar zum StGB vom 6.10.1967, BArch DP 1/1552.

290 Konzeption für den Lehrkommentar zum StGB vom 6.10.1967, BArch DP 1/1552.

291 Konzeption für den Lehrkommentar zum StGB vom 6.10.1967, BArch DP 1/1552.

292 Konzeption für den Lehrkommentar zum StGB vom 6.10.1967, BArch DP 1/1552.

293 Konzeption für den Lehrkommentar zum StGB vom 6.10.1967, BArch DP 1/1552.

294 Konzeption für den Lehrkommentar zum StGB vom 6.10.1967, BArch DP 1/1552.

VI. Fazit

Der Mitte 1964 fertiggestellte und dem Politbüro zugeleitete Entwurf musste noch an einigen Stellen überarbeitet werden, sodass letztlich erst am 2.4.1965 ein endgültiger Gesamtentwurf vorlag. Im Anschluss ruhten die Arbeiten für ein Jahr, da sich der Entwurf in dieser Zeit beim Staatsrat befand. Dies zeichnete sich auch in den Fachzeitschriften ab, in denen sich die Diskussion weg von theoretischen Fragen der Schuld hin zu Fragen der Rechtsanwendung bewegte.

Die Arbeiten am Gesetzesentwurf wurden schließlich Anfang 1966 wieder in Form einer Überprüfung der Entwürfe aufgenommen. Im Rahmen der Überprüfung änderten sich zunächst jedoch nur Kleinigkeiten. Ausgenommen werden muss die Regelung zur Fahrlässigkeit, welche mit der Einfügung des § 9 Abs. 2 nun auch jegliche unbewussten Pflichtverletzungen mit Strafe bedrohte. Diese war auf Anregung der Praxis hin in den Entwurf aufgenommen worden. Zunächst hatte es noch eine Begrenzung auf die Fälle gegeben, in denen ein Schaden für die Gesundheit oder das Leben des Opfers eingetreten war, diese war jedoch kurze Zeit später aufgegeben worden, sodass die Regelung vom Prinzip her die Übernahme der allgemeinen Handlungs- bzw. Sorgfaltspflicht aus dem zweiten Entwurf der StGB-Kommission darstellte. Eine solche hätte in der Praxis wahrscheinlich zu erheblicher Rechtsunsicherheit und der Gefahr eines Erfolgsstrafrechts geführt. *Lekschas* versuchte, seine in Zusammenarbeit mit einigen Psychologen entstandene Konzeption zu retten, indem er den Entscheidungsbegriff weiter interpretierte als *Friebel* bzw. die allgemeine Schulddefinition ergänzte, sodass sie auch die Fälle der unbewussten Pflichtverletzung erfasste. Darüber hinaus lehnte *Lekschas* den § 9 Abs. 2, welcher jegliche unbewusste Pflichtverletzungen erfasste, ab, da der Strafzweck der Erziehung nur erreicht werden könne, wenn der Täter in gewisser Weise eine Entscheidung getroffen habe. Dies sei nicht bei allen unbewussten Pflichtverletzungen der Fall gewesen.

Dieser Diskurs wurde auch in der 1967 eingeleiteten „öffentlichen Diskussion" aufgewärmt. Als „öffentlich" kann die Diskussion jedoch nicht bezeichnet werden, da der Entwurf exklusiv blieb, der Personenkreis, welcher an der Diskussion teilnehmen durfte, beschränkt war und die Veranstaltungen mit ihren Themen vorher genau geplant wurden. Demnach konnte sie nicht, wie öffentlich betont wurde, dazu gedient haben, den Bürgern die neuen Regelungen des Entwurfs zu erklären. Wahrscheinlicher ist, dass die Diskussion der parteilichen Absicherung des Entwurfs diente Als Ergebnis der Diskussion wurde *Riemanns* Vorschlag zur allgemeinen Schulddefinition übernommen, welcher i.S. *Friebels* auf den Entscheidungsbegriff verzichtete und auf ein „verantwortungsloses Verhalten" abstellte. Dies darf jedoch nicht darüber hinwegtäuschen, dass die Entscheidung dennoch das Hauptprinzip hinter der Schuldregelung blieb. Zwar war der Entscheidungsbegriff aus der allgemeinen Schulddefinition entfernt worden, da dieser u. a. nicht die unbewusste Fahrlässigkeit erfasse, die Entscheidung blieb dennoch in der Vorsatzregelung und der Fahrlässigkeitsregelung für die bewusste Fahrlässigkeit enthalten. Am 12. Januar wurde der Entwurf schließlich von der Volkskammer in der zweiten Lesung verabschiedet.

Insgesamt führte die „öffentliche" Diskussion zu einer weiteren Überarbeitung der Schuldregelungen. Die zuvor im Entwurf enthaltene allgemeine Schuldregelung wurde durch den Vorschlag *Riemanns* ergänzt, welcher nicht mehr auf die „Entscheidung" zur Tat, sondern auf ein verantwortungsloses Verhalten abstellte.

8. Die Schuld im StGB-DDR

Das StGB-DDR wurde am 12. Januar 1968[1] zusammen mit der neuen Strafprozessordnung (StPO-DDR)[2], dem Einführungsgesetz zum StGB-DDR und zur StPO-DDR (EGStGB-DDR)[3], dem „Gesetz zur Bekämpfung von Ordnungswidrigkeiten" (OWG-DDR)[4] und dem „Gesetz über den Vollzug von Strafen mit Freiheitsentzug und über die Wiedereingliederung Strafentlassener in das gesellschaftliche Leben" (SVWG-DDR)[5] erlassen und trat am 1. Juli zusammen mit der StPO-DDR, dem OWG-DDR, dem SVWG-DDR und dem „Gesetz über die Einweisung in stationäre Einrichtungen für psychisch Kranke" vom 11. Juni 1968[6] in Kraft.[7] Mit dem Inkrafttreten des StGB-DDR kam ein über zehn Jahre andauernder Gesetzgebungsprozess zum Abschluss. Vor dem Inkrafttreten des StGB-DDR war eine vorsichtig geplante und von ausgewählten Teilnehmern durchgeführte Diskussion vorangestellt worden,[8] über welche auch in den Medien berichtet worden war.[9] Die breite Bevölkerung war zwar nicht an der Diskussion beteiligt worden,[10] die Berichterstattung in den Medien sollte jedoch den Eindruck einer „öffentliche" Auseinandersetzung erwecken. Diese Diskrepanz zwischen tatsächlicher geringer Beteiligung und der öffentlichen Darstellung legt nahe, dass die Wirkung nach außen, insbesondere die Schaffung eines Eindrucks von Legitimität und Bürgerbeteilgung, der Staatsführung ein zentrales Anliegen war.

Wichtig war nicht nur die Reaktion innerhalb der DDR selbst gewesen, sondern auch die Reaktion der Bundesrepublik und des Auslands. Dies zeigt das Dokument des MdJ „Zur Reaktion westdeutscher, westberliner und ausländischer Publikationsorgane auf das neue sozialistische Strafrecht der Deutschen Demokratischen Republik" vom 9.2.1968,[11] in welchem die Reaktionen von westdeutschen Medien auf das StGB-DDR zusammengetragen und analysiert wurden. Die politische Wir-

---

1 GBl.-DDR I 1968, Nr. 1 v. 22.1.1968, S. 1. Die weiteren Ausführungen beziehen sich auf die Fassung vom 22.1.1968.

2 GBl.-DDR I 1968, Nr. 2 v. 22.1.1968, S. 49.

3 GBl.-DDR I 1968, Nr. 2 v. 22.1.1968, S. 97.

4 GBl.-DDR I 1968, Nr. 2 v. 22.1.1968, S. 110.

5 GBl.-DDR I 1968, Nr. 3 v. 22.1.1968, S. 109.

6 GBl.-DDR I 1968, Nr. 13 v. 14.6.1968, S. 273.

7 § 1 EGStGB-DDR, § 45 OWG-DDR, § 69 SVWG-DDR, § 20 Einweisungsgesetz.

8 Siehe Kapitel 7.V.

9 So z. B. am 12.2.1967 im ND. Mitteilung der Staatsratskommission, in: ND v. 12. Feb. 1967, 2.

10 Siehe Kapitel 7.V.2.

11 BArch DP 1/1552.

kung des neuen Strafrechts wurde vom Verfasser des Berichts[12] als „außerordentlich groß“ beschrieben,[13] da eine umfangreiche Berichterstattung und Kommentierung zum neuen StGB-DDR in der Bundesrepublik stattgefunden habe.[14] Konkret habe es bis Mitte Januar 1968 23 Pressemeldungen, elf Funk- und Fernsehkommentare, sowie drei Agenturmeldungen gegeben.[15] Diese waren dem Anschein nach jedoch nicht immer positiv ausgefallen. So hielt der Bericht fest:

> In Westdeutschland und im westlichen Ausland gibt es teilweise ehrliche Anerkennung über den modernen kriminologischen Inhalt unseres Strafrechts, die aber in Westdeutschland an Umfang bei weitem von einer massiven und koordinierten Hetzkampagne übertroffen wird.[16]

12 Das Dokument war von der Abteilung Internationale Beziehungen und Rechtshilfeverkehr des MdJ abgefasst worden.

13 Zur Reaktion westdeutscher, westberliner und ausländischer Publikationsorgane auf das neue sozialistische Strafrecht der Deutschen Demokratischen Republik vom 9.2.1968, BArch DP 1/1552.

14 Zur Reaktion westdeutscher, westberliner und ausländischer Publikationsorgane auf das neue sozialistische Strafrecht der Deutschen Demokratischen Republik vom 9.2.1968, BArch DP 1/1552.

15 Informationsbericht zur Reaktion in Westdeutschland, Westberlin und im westlichen Ausland anlässlich der Verabschiedung des StGB der DDR in der Volkskammer am 12. Januar 1968 vom 17.1.1968, BArch DP 1/1552.

16 Zur Reaktion westdeutscher, westberliner und ausländischer Publikationsorgane auf das neue sozialistische Strafrecht der Deutschen Demokratischen Republik vom 9.2.1968, BArch DP 1/1552.

I. Die Regelungen des StGB-DDR[17]

Das StGB-DDR enthielt einen Allgemeinen und einen Besonderen Teil. Dem Allgemeinen Teil wurden die „Grundsätze des sozialistischen Strafrechts der Deutschen Demokratischen Republik" vorangestellt.[18] Diese enthielten einige Grundsätze und Garantien, die den Bürgern zustehen sollten.[19] Im zweiten Kapitel wurden die Voraussetzungen der strafrechtlichen Verantwortlichkeit geregelt. Dieses Kapitel enthielt vier Abschnitte (Straftaten und Verfehlungen; Schuld; Notwehr und Notstand; Vorbereitung, Versuch und Teilnahme). Der Schuld war der zweite Abschnitt gewidmet (§§ 5–16 StGB-DDR). Auch innerhalb dieses Abschnitts wurde der Logik vom Allgemeinen zum Besonderen gefolgt. § 5 StGB-DDR befasste sich mit den Grundsätzen der Schuld, während ab § 10 einzelne Gründe behandelt wurden, die die Schuld ausschließen oder mildern konnten.

1. Allgemeine Schulddefinition (§ 5)

Die allgemeine Schulddefinition, welche die Schuld charakterisieren sollte, war in § 5 geregelt worden:

17 Für die Erläuterungen der Schuldregelungen des StGB-DDR wird insbesondere auf den 1969 veröffentlichten Kommentar (Staatsverlag der DDR, Lehrkommentar zum StGB) zurückgegriffen. Dieser enthielt eine umfassende Kommentierung zu den Inhalten des StGB-DDR und war vom MdJ herausgegeben worden. Er sollte „[…] die mit dem Kommentar zum LPG-Gesetz begonnene und mit dem Lehrkommentar zum Familiengesetzbuch fortgesetzte Praxis ausbau[en], wichtige neue, sozialistische Gesetzeswerke in dieser Form zu erläutern." (Wünsche, in: Lehrkommentar zum StGB, S. 6 f.). Die Nichtexistenz von anderen Kommentaren und der Fakt, dass es sich beim Herausgabeorgan um das MdJ gehandelt hat, sprechen eine deutliche Sprache: Der Kommentar stellte die staatliche Interpretation des Gesetzgebers dar und sollte Allgemeingültigkeit haben. Aus diesem Grund ist es gerechtfertigt, den Kommentar für die Erläuterungen zu den Schuldregelungen heranzuziehen. Die Ausführungen des Kommentars zu den Schuldregelungen stellten sich jedoch als sehr dünn heraus, sodass auch ein Aktendokument (Bemerkungen zum 2. Abschnitt, Schuld (ohne Datum) mit einer Untergliederung in einzelne Paragrafen, BArch DP 1/23052) herangezogen wurde, bei welchem es sich wahrscheinlich um eine Überarbeitung des Kommentars von 1969 handelte. Wo dies möglich war, wurden die Ausführungen durch andere Literaturbeiträge ergänzt. Soweit im nachfolgenden Abschnitt Normen zitiert werden, bezieht sich dies auf die Fassung des StGB-DDR vom 12.1.1968.

18 1. Kapitel, Art. 1–8 StGB-DDR.

19 So z. B. Art. 1 StGB-DDR (Schutz und Sicherung der sozialistischen Staatsordnung und der sozialistischen Gesellschaft) oder Art. 6 StGB-DDR (Recht der Bürger auf Mitgestaltung der Strafrechtspflege).

(1) *Eine Tat ist schuldhaft begangen, wenn der Täter trotz der ihm gegebenen Möglichkeiten zu gesellschaftsgemäßem Verhalten durch verantwortungsloses Handeln den gesetzlichen Tatbestand eines Vergehens oder Verbrechens verwirklicht.*
(2) *Bei der Feststellung der Art und Schwere der Schuld sind alle objektiven und subjektiven Umstände sowie die Ursachen und Bedingungen der Tat zu berücksichtigen, die den Täter zum verantwortungslosen Handeln bestimmt haben.*
(3) *Strafrechtliche Verantwortlichkeit für fahrlässiges Handeln tritt nur ein, wenn dies im Gesetz ausdrücklich bestimmt ist.*[20]

Sie ging auf den Vorschlag *Riemanns* zurück.[21] Die Schuld im sozialistischen Strafrecht sollte die realen in der Situation gegebenen Möglichkeiten berücksichtigen.[22] Das bedeutete, dass der Täter tatsächlich die Möglichkeit gehabt haben musste, sich gesellschaftsgemäß zu verhalten.[23] Gab es eine solche Alternative in der jeweiligen Situation des Täters nicht, konnte dieser auch nicht schuldhaft gehandelt haben.[24] Im Grundsatz sollte nach Art. 2 StGB-DDR jedoch davon ausgegangen werden, dass jedem in der sozialistischen Gesellschaft die Möglichkeit zu gesellschaftsgemäßem Verhalten geschaffen worden war.[25] Feststellungen in dieser Hinsicht waren im Verfahren nur zu treffen, wenn „berechtigte und ernste Zweifel an der Möglichkeit gesellschaftsgemäßen Verhaltens in der gegebenen Handlungssituation aufgetreten [seien].“[26]

Kernstück des Verschuldens sollte die „Verantwortungslosigkeit“ sein.[27] Diese war gegeben, wenn der Täter sich vorsätzlich oder fahrlässig verhalten hatte.[28] Die Schwere der Schuld sollte nach Einordnung der Schuldart festgestellt werden.[29] Für die Beurteilung der Schwere der Schuld sollten folgende Kriterien herangezogen werden: die begangene Tat und ihre Folgen, die Schuldart, die Einstellungen und Motive, das bisherige gesellschaftliche Verhalten des Täters, die Fähigkeit des Täters,

20 StGB-DDR.

21 Siehe Kapitel 7.IV.3.

22 Bemerkungen zum 2. Abschnitt, Schuld (ohne Datum). § 5, S. 5, BArch DP 1/23052.

23 Bemerkungen zum 2. Abschnitt, Schuld (ohne Datum), § 5 S. 5, BArch DP 1/23052.

24 Bemerkungen zum 2. Abschnitt, Schuld (ohne Datum), § 5, S. 5, BArch DP 1/23052; LEKSCHAS/MÜRBE, in: Lehrkommentar zum StGB, § 5, S. 84.

25 Bemerkungen zum 2. Abschnitt, Schuld (ohne Datum), § 5 S. 5, BArch DP 1/23052; LEKSCHAS/MÜRBE, in: Lehrkommentar zum StGB, § 5, S. 84. Zur Kritik an diesem Grundsatz siehe die Ausführungen in Kapitel 6.II.1.a)cc)(3).

26 Bemerkungen zum 2. Abschnitt, Schuld (ohne Datum), § 5, S. 5, BArch DP 1/23052.

27 „Allgemeiner Teil“, BArch DP 1/23052. In der veröffentlichten Version des Kommentars nur noch in abgeschwächter Form. Vgl. LEKSCHAS/MÜRBE, in: Lehrkommentar zum StGB, § 5, S. 84.

28 Bemerkungen zum 2. Abschnitt, Schuld (ohne Datum), § 5, S. 4, 6, BArch DP 1/23052. LEKSCHAS/MÜRBE, in: Lehrkommentar zum StGB, § 5, S. 84 f.

29 LEKSCHAS/MÜRBE, in: Lehrkommentar zum StGB, § 5, S. 86.

sich selbst bestimmen zu können und das Verhältnis zwischen objektiven Ursachen der Tat und den subjektiven Schuldmomenten (z. B. Einstellungen, Motive und Tatentscheidung).[30] Bei gleicher Schwere der Verhaltensweisen sollte Vorsatz als schwerwiegendere Schuldart behandelt werden.[31]

2. Schuldformen

Bis 1968 waren keine Legaldefinitionen für Vorsatz und Fahrlässigkeit geschaffen worden. Dies änderte sich 1968 mit Inkrafttreten des StGB-DDR, durch welches die Schaffung dieser Definitionen gelang.[32] An den Formulierungen war schon seit den Anfangsjahren der DDR gearbeitet worden.[33] Mit der Einführung einer Legaldefinition für die Schuld, sowie für Vorsatz und Fahrlässigkeit wagte die DDR einen Schritt, der seit den 1920er Jahren hoch umstritten war und bis heute nicht im StGB umgesetzt wurde, obwohl eine Regelung im Gesetz sehr zu begrüßen wäre. Auch *M. Vormbaum*, der als Erster im Jahr 2015 eine Abhandlung zum Strafrecht der DDR verfasste, äußerte sich positiv bzgl. der Abfassung der Legaldefinitionen.[34]

a) Vorsatz (§ 6)

§ 6 StGB-DDR legte fest, wann eine Tat vorsätzlich begangen wurde. Dabei wurde für die Vorsatzdefinition wörtlich auf die Vorschläge von *Lekschas/Loose/Renneberg* aus ihrer Monografie „Verantwortung und Schuld im neuen Strafgesetzbuch" bzw. auf den Entwurfsvorschlag der Staatsratskommission aus dem Jahr 1964 zurückgegriffen.[35]

> (1) *Vorsätzlich handelt, wer sich zu der im gesetzlichen Tatbestand bezeichneten Tat bewußt entscheidet.*
> (2) *Vorsätzlich handelt auch, wer zwar die Verwirklichung der im gesetzlichen Tatbestand bezeichneten Tat nicht anstrebt, sich jedoch bei seiner Entscheidung zum Handeln bewußt damit abfindet, daß er diese Tat verwirklichen könnte.*[36]

---

30 Bemerkungen zum 2. Abschnitt, Schuld (ohne Datum), § 5, S. 7 ff., BArch DP 1/23052.

31 Lekschas/Mürbe, in: Lehrkommentar zum StGB, § 5, S. 86.

32 Vgl. §§ 6–8 StGB-DDR.

33 Siehe Kapitel 3.IV.2.c) und Kapitel 3.IV.2.d).

34 M. Vormbaum, Das Strafrecht der DDR, S. 340.

35 Lekschas/Loose/Renneberg, Verantwortung und Schuld, S. 82 f. Vgl. Kapitel 6.II.2.a).

36 StGB-DDR.

Der Vorsatz zeichnete sich dadurch aus, dass sich der Täter in einem offenen, direkten und bewussten Widerspruch zur Gesellschaft befinde.[37] Gesetzlich wurde zwischen unbedingtem (Abs. 1) und bedingtem (Abs. 2) Vorsatz unterschieden.[38] Die Gemeinsamkeit beider Vorsatzarten bestand darin, dass sich der Täter in beiden Fällen bewusst dazu entscheiden musste, die Tat zu begehen.[39]

aa) Entscheidung

Der Begriff der „Entscheidung" war zwar nicht ausdrücklich in die Definition des allgemeinen Schuldbegriffs aufgenommen worden, sie bildete jedoch die Grundlage für vorsätzliches Verhalten und einige Arten der Fahrlässigkeit. Die Einführung der „Entscheidung" in das StGB-DDR spiegelte sich auch in der Wahl der Autoren für den Lehrkommentar von 1969 wider. So war *Lekschas* für den Abschnitt der Schuld zuständig.[40] Unter der Begrifflichkeit der „Entscheidung zur Tat" verstanden die Verfasser des Lehrkommentars von 1969 den psychischen Vorgang, bei dem der Täter alle inneren und äußeren Faktoren verarbeite und eine Handlungsweise wähle, die den gesetzlichen Tatbestand verwirkliche.[41] Die im StGB-DDR vertretene Auffassung zum Ablauf eines solchen Entscheidungsprozesses wurde von *Gäbler* im Jahr 1975 anhand eines Schaubilds verdeutlicht (Abb. 2).

Das Schaubild zeigte die verschiedenen Phasen eines Entscheidungsprozesses, welcher mit der Problemidentifikation, also dem Bewusstmachen des Entscheidungsproblems, begann und in der Vornahme einer Handlung bzw. einer Handlungs- und Entscheidungskorrektur endete. Dazwischen sammle der Täter Informationen und gewichte diese auch in Bezug auf die Einschätzung der jeweiligen Realisierungschance der Handlung, bis er sich letztlich für eine Handlungsalternative entscheide. Nach dem Verständnis der DDR-Juristen zeichne sich die Entscheidung nicht immer durch eine Überlegung aus, sondern es genüge, wenn der Täter eine alternative Handlungsstruktur beseitige.[42] *Dettenborn/Schöder* verdeutlichten anhand eines Falls, welchem folgender Sachverhalt zugrunde lag:

---

37 Vgl. Bemerkungen zum 2. Abschnitt, Schuld (ohne Datum), § 6, S. 14, BArch DP 1/23052; Lekschas/Mürbe, in: Lehrkommentar zum StGB, § 6, S. 88 f. So auch schon im StGB-Entwurf, Mürbe/H. Schmidt, in: Der Schöffe 1967, 87 (S. 90).

38 Bemerkungen zum 2. Abschnitt, Schuld (ohne Datum), § 6, S. 14, BArch DP 1/23052; Lekschas/Mürbe, in: Lehrkommentar zum StGB, § 6, S. 89.

39 Bemerkungen zum 2. Abschnitt, Schuld (ohne Datum), § 6, S. 14 f., BArch DP 1/23052.

40 Vgl. die dem Titelblatt nachfolgende Seite: Staatsverlag der DDR, Lehrkommentar zum StGB.

41 Vgl. Bemerkungen zum 2. Abschnitt, Schuld (ohne Datum), § 6 S. 15, BArch DP 1/23052 und Lekschas/Mürbe, in: Lehrkommentar zum StGB, § 6, S. 90.

42 Dettenborn/R. Schröder, in: Studien zur Schuld, 35–55 (S. 43).

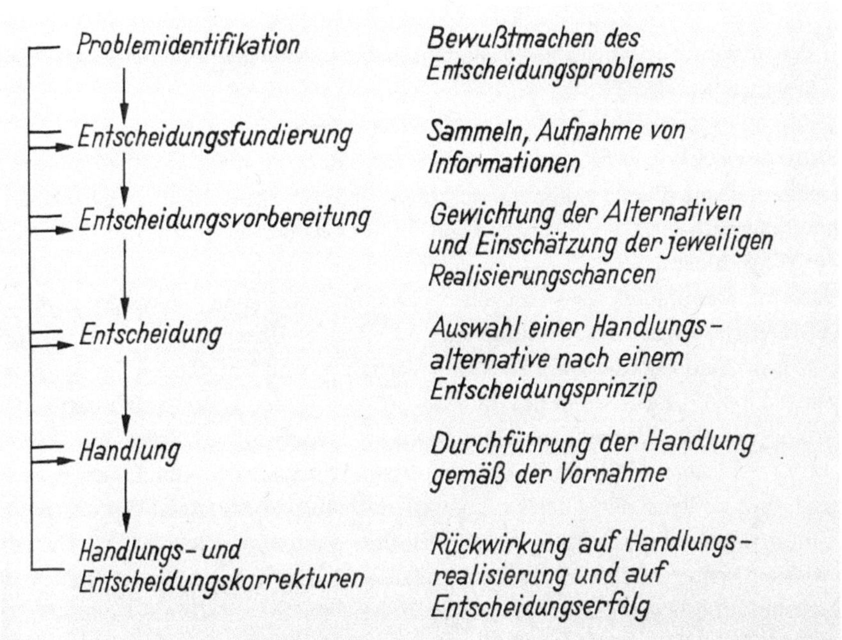

Abb. 2: Ablauf eines Entscheidungsprozesses
Entnommen bei Gäbler, in: Studien zur Schuld, 75–93 (S. 77).

Der Angeklagte nahm an einer Hochzeitsfeier teil und trank im Verlaufe des Tages etwa 15 bis 20 Flaschen Bier, 10 Glas Schnaps und 4 bis 5 Glas Wein. Nach Mitternacht begab er sich im angetrunkenen Zustand mit drei anderen Hochzeitsgästen auf den Heimweg. Er begegnete den ihm unbekannten Bürgern W. und G. und sagte im Vorübergehen zu ihnen, daß sie „auch ganz schön einen getrunken“ hätten. Als der Bürger W. daraufhin eine Bemerkung machte, ging der Angeklagte zurück, packte W. mit beiden Händen an den Schultern, schüttelte ihn und wollte wissen, was er gesagt habe. W. erwiderte, der Angeklagte möge ihn in Ruhe lassen. Dies nahm der Angeklagte zum Anlaß, W. einen wuchtigen Faustschlag ins Gesicht zu versetzen. Davon erlitt W. einen Nasenbeinbruch, Prellungen und stürzte sofort rücklings zu Boden. Er prallte mit der rechten Seite des Kopfes auf das Pflaster des Bürgersteiges und blieb besinnungslos liegen.
Auf Hinweis der Begleiter des Angeklagten wurde der Geschädigte W. an eine Haustür gesetzt. Dann entfernten sie sich vom Tatort. Kurze Zeit danach wurde der Geschädigte in ein Krankenhaus eingeliefert. Drei Tage später verstarb er.

> Die Obduktion ergab, daß durch den Sturz schwere Gehirnverletzungen mit einem Schädelkapselbruch eingetreten waren, die auch bei einem sofortigen operativen Eingriff zum Tode geführt hätten.[43]

Dettenborn/Schröder führten aus, dass es nach dem entscheidungstheoretischen Denkansatz nun darauf ankomme, zu prüfen, ob andere gesellschaftsgemäße Handlungsalternativen erkannt worden seien.[44] Dies bejahten die Autoren und führten die Möglichkeit des Täters an, von W. abzulassen und auf das Zuschlagen zu verzichten.[45] Damit folgten sie dem von *Lekschas* und *Hartmann/Dettenborn/Fröhlich* vertretenen weiten Entscheidungsbegriff.[46] Bei der Überprüfung der Frage, ob eine Entscheidung (die Wahl zwischen Vornahme und Unterlassen der Tat) vorgelegen habe, ging es somit um die Frage, ob der Täter die Tat gewollt hatte. Die Anknüpfung des Vorsatzes an eine „bewusste Entscheidung" stellte, wie *Friebel* zutreffend festgestellt hatte,[47] nichts anderes als die Anwendung der alten Wissens- und Wollensformel dar. Es fragt sich deshalb, wie viel tatsächlich durch die Einführung des Entscheidungsbegriffs für den Vorsatz gewonnen wurde. Dass es an einem echten Mehrwert mangelte, zeigte auch die zögerliche Anwendung des Entscheidungsbegriffs in der Rechtsprechung.[48] Diese versuchte *Lekschas* damit zu erklären, dass es sich um ein schwieriges und kaum handhabbares Konstrukt handele.[49] Der westdeutsche Autor *F.-C. Schroeder* erkannte die Anknüpfung der Strafbarkeit an die „Entscheidung" als „kühne[n] Versuch" an, obwohl er ihn im Ergebnis durchaus als gescheitert betrachtete.[50]

---

43 Dettenborn/R. Schröder, in: Studien zur Schuld, 35–55 (S. 44).

44 Dettenborn/R. Schröder, in: Studien zur Schuld, 35–55 (S. 45).

45 Dettenborn/R. Schröder, in: Studien zur Schuld, 35–55 (S. 45).

46 Siehe Kapitel 7.IV.4. Eine differenzierende Ansicht vertrat *Kuhn*, welcher *Dettenborn/Schröder* die Konzeption eines eigenen Entscheidungsbegriffs zugestand (vgl. dazu Kuhn, Schuld als Entscheidung und Verantwortungslosigkeit, S. 45 ff.). Aufgrund der Arbeitsweise und der bisherigen Diskussion innerhalb der Staatsratskommission muss diese Interpretation als zu weitreichend angesehen werden. Aus der internen Diskussion lassen sich weitgehend nur zwei Lager ausmachen und aufgrund der Annahme, dass die Zeitschriften hauptsächlich als Publikationsorgan für interne Diskussionsergebnisse genutzt worden sind, spricht mehr für die Annahme, dass *Dettenborn/Schröder* sich dem Lager von *Lekschas* anschlossen und den von *Lekschas* entworfenen Entscheidungsbegriff verteidigten. Ein weiterer Aspekt, der dafür spricht, ist, dass es sich bei *Kuhn* um einen Autor der Bundesrepublik handelte, der nur mit den veröffentlichten Werken aus der DDR arbeiten konnte. Damit hatte er gezwungenermaßen einen sehr begrenzten Blick, der interne Arbeitsabläufe und Vorgänge leider nicht miteinschließen konnte.

47 Siehe Kapitel 7.IV.2.c).

48 Dettenborn/R. Schröder, in: Studien zur Schuld, 35–55 (S. 35).

49 Dettenborn/R. Schröder, in: Studien zur Schuld, 35–55 (S. 35).

50 F.-C. Schroeder, in: ZStW 1979, 1065 (S. 1086).

bb) Unbedingter und bedingter Vorsatz

Der **unbedingte** Vorsatz zeichnete sich dadurch aus, dass der Täter sein deliktisches Ziel „unter Ausschaltung aller möglichen Alternativen rechtmäßigen Verhaltens von vornherein erwogen und sich zu seiner Verwirklichung entschieden ha[be] […].“[51] Er musste sich also bewusst zur Tat entscheiden und aufgrund dieser Entscheidung die Tat verwirklichen.[52] So handele ein Täter z. B. mit unbedingtem Vorsatz, wenn er einen größeren Geldbetrag aus einer ihm anvertrauten Kasse nehme.[53]

Beim **bedingten** Vorsatz erkannte der Täter bei seiner Entscheidung, dass er durch sein Verhalten eine Straftat verwirklichen könnte, entschied sich aber trotz dieser Möglichkeit zu diesem Handeln.[54] Die Begehung der Tat war in diesen Fällen also nicht das eigentliche Ziel des Handelns.[55] Dabei spielte es keine Rolle, dass dem Täter die Verwirklichung der Straftat unerwünscht gewesen sein konnte. In dem Moment seiner Entscheidung entschied der Täter sich zur Handlung, obwohl er wusste, dass er dadurch das vorhergesehene Delikt verwirklichen konnte.[56] So z. B., wenn der Täter im Verlauf einer tätlichen Auseinandersetzung mit einem Messer auf einen anderen einsteche und dieser dadurch verstürbe.[57] Ziel der Handlung sei die eigene Verteidigung gewesen,[58] der Täter wisse jedoch, dass die Stiche zum Tod führen könnten und handelte dennoch.[59]

b) Fahrlässigkeit (§§ 7 und 8)

Die Fahrlässigkeit war in den §§ 7 und 8 geregelt. § 5 Abs. 3 StGB-DDR hielt fest, dass Fahrlässigkeit nur strafbar sein sollte, wenn dies im Gesetz ausdrücklich bestimmt war. Damit wurde die vorsätzliche Handlung als Regelfall des Gesetzes ausgewiesen. Die Fahrlässigkeit zeichnete sich durch eine schwerwiegende Disziplinlosigkeit des Täters gegenüber seinen Rechtspflichten aus.[60] Diese Vernachlässigung seiner Pflichten musste mit der Herbeiführung schwerer Schäden

51 Bemerkungen zum 2. Abschnitt, Schuld (ohne Datum), § 6, S. 16, BArch DP 1/23052.
52 Mürbe/H. Schmidt, in: Der Schöffe 1967, 87 (S. 90).
53 Mürbe/H. Schmidt, in: Der Schöffe 1967, 87 (S. 90).
54 Bemerkungen zum 2. Abschnitt, Schuld (ohne Datum), § 6 S. 16, BArch DP 1/23052; Mürbe/H. Schmidt, in: Der Schöffe 1968, 84 (S. 86).
55 Mürbe/H. Schmidt, in: Der Schöffe 1967, 87 (S. 90).
56 Vgl. Bemerkungen zum 2. Abschnitt, Schuld (ohne Datum), § 16, S. 16, BArch DP 1/23052; Lekschas/Mürbe, in: Lehrkommentar zum StGB, § 6, S. 90.
57 Mürbe/H. Schmidt, in: Der Schöffe 1967, 87 (S. 90).
58 Mürbe/H. Schmidt, in: Der Schöffe 1967, 87 (S. 90).
59 Mürbe/H. Schmidt, in: Der Schöffe 1967, 87 (S. 90).
60 „Allgemeiner Teil“, BArch DP 1/23052.

oder ernster Gefahren für Leben und Gesundheit von Menschen oder die allgemeine Sicherheit verbunden sein.[61] Eine Erfolgshaftung für jegliche Schäden wurde strikt abgelehnt.[62] Die Regelungen zur Fahrlässigkeit fanden sich in den §§ 7 ff. des StGB-DDR. Die frühere Einteilung in nur bewusste und unbewusste Fahrlässigkeit war nicht mehr zutreffend.[63] Es sollte nach der Konzeption von *Lekschas* nun drei Arten von Fahrlässigkeit geben: die bewusste Leichtfertigkeit, die bewusste Pflichtverletzung und die unbewusste Pflichtverletzung.[64]

aa) Bewusste Leichtfertigkeit (§ 7)

Die in § 7 geregelte Fahrlässigkeit wurde als „bewußte Leichtfertigkeit" beschrieben.[65] In § 7 hieß es:

> *Fahrlässig handelt, wer voraussieht, daß er die im gesetzlichen Tatbestand bezeichneten Folgen verursachen könnte und diese ungewollt herbeiführt, weil er bei seiner Entscheidung zum Handeln leichtfertig darauf vertraut, daß diese Folgen nicht eintreten werden.*[66]

Die Voraussicht der Folgen umfasste dabei das Erkennen (Bewusstwerden) der Möglichkeit des Erfolgseintritts.[67] Sie kennzeichnete sich dadurch, dass die Pflichtverletzung immer bewusst erfolgen musste,[68] und der Täter die Möglichkeit des Eintritts der Folgen gekannt hatte. Das bedeutete, dass der Täter erkannt hatte, dass sein Verhalten nicht im Einklang mit seinen Rechtspflichten stand, sich aber dennoch dafür entschied.[69] Der Täter schätze die eigenen Fähigkeiten falsch ein, weil er keine ausreichende Bereitschaft zur kritischen Auseinandersetzung mit der Situation habe. In dieser Leichtfertigkeit sollte sich auch eine bestimmte negative subjektive Einstellung zeigen.[70] Im Ergebnis wurden hierunter Fälle gefasst, die klassischerweise der bewussten Fahrlässigkeit zugeordnet werden können.[71]

---

61 „Allgemeiner Teil", BArch DP 1/23052.

62 Bemerkungen zum 2. Abschnitt, Schuld (ohne Datum), Vorbemerkung zur Fahrlässigkeit, S. 18, BArch DP 1/23052.

63 Mürbe/H. Schmidt, in: Der Schöffe 1968, 84 (S. 86).

64 Vgl. Mürbe/H. Schmidt, in: Der Schöffe 1968, 84 (S. 86).

65 Bemerkungen zum 2. Abschnitt, Schuld (ohne Datum), § 6, S. 16, BArch DP 1/23052.

66 StGB-DDR.

67 Bemerkungen zum 2. Abschnitt, Schuld (ohne Datum), § 7, S. 1, BArch DP 1/23052; Lekschas/Mürbe, in: Lehrkommentar zum StGB, § 7, S. 92.

68 Bemerkungen zum 2. Abschnitt, Schuld (ohne Datum), § 7, S. 1, BArch DP 1/23052.

69 Bemerkungen zum 2. Abschnitt, Schuld (ohne Datum), § 7, S. 3, BArch DP 1/23052.

70 Bemerkungen zum 2. Abschnitt, Schuld (ohne Datum), § 7, S. 3, BArch DP 1/23052.

71 Darauf weist auch der Lehrkommentar von 1969 hin (siehe Lekschas/Mürbe, in: Lehrkommentar zum StGB, § 7, S. 92).

(1) Leichtfertiges Vertrauen

Charakteristika dafür, dass der Täter leichtfertig auf das Ausbleiben des Erfolges vertraute, waren, dass der Täter die Unsicherheit der Handlungsbedingungen erkannte, aber auf die Wirksamkeit bestimmter folgenverhütender Umstände bei der Entscheidung zur kritischen Handlungsalternative vertraute, obwohl er die folgenverhütenden Umstände nur unzureichend (leichtfertig) überprüft hatte.[72] Ein weiteres Indiz wurde darin gesehen, dass der Täter versuche, die unsicheren Situationsbedingungen durch eigene Verhaltensbemühungen zu kompensieren.[73]

Folgenvoraussicht sollte z. B. bei einem schweren Verkehrsunfall dann gegeben sein, wenn der Täter sich bewusst war, dass er nicht alle wesentlichen Bedingungen des Fahrvorganges mit Sicherheit zu übersehen vermochte, er also die Unsicherheit wesentlicher Bedingungen seines Fahrverhaltens erkannt habe.[74] Genügend war dabei die Voraussicht des Endergebnisses. Der Kausalverlauf musste nicht in seinen Einzelheiten vorhergesehen werden.[75]

Kriterien zur Prüfung des Vorliegens der Voraussicht waren die Zuwendung zur kritischen Situation, die Erkenntnis bestimmter objektiver oder subjektiver Ausgangsbedingungen für eine Risikohandlung, die Erkenntnis der sich aus dem weiteren Zusammenwirken der Ausgangsbedingungen ergebenden Möglichkeit der Herbeiführung schädlicher Folgen.[76] Bejaht wurde die Folgenvoraussicht z. B. für folgende Fälle: Täter benutzte Kfz trotz Kenntnis über dessen nicht betriebs- und verkehrssicheren Zustand für eine mehrere hunderte Kilometer lange Strecke,[77] Täter fuhr mit einer Blutalkoholkonzentration von 1,3 Promille,[78] Täter führte beim Einbiegen einen zu großen Bogen aus, sodass er auf die Gegenfahrbahn geriet,[79] Täter spielte mit seinem Feuerzeug in einem Waldgelände und brannte trockenes Gras an, was dazu führte, dass eine Schonung niederbrannte.[80]

(2) Abgrenzung bedingter Vorsatz und bewusste Leichtfertigkeit

Der Unterschied zwischen bedingtem Vorsatz und bewusster Leichtfertigkeit lag darin, dass der Täter bei der bewussten Leichtfertigkeit darauf vertraue, dass die Ver-

72 Bemerkungen zum 2. Abschnitt, Schuld (ohne Datum), § 7, S. 3, BArch DP 1/23052; vgl. Mürbe/H. Schmidt, in: Der Schöffe 1968, 84 (S. 87).

73 Bemerkungen zum 2. Abschnitt, Schuld (ohne Datum), § 7, S. 3, BArch DP 1/23052.

74 Bemerkungen zum 2. Abschnitt, Schuld (ohne Datum), § 7, S. 1, BArch DP 1/23052.

75 Bemerkungen zum 2. Abschnitt, Schuld (ohne Datum), § 7, S. 1, BArch DP 1/23052.

76 Gäbler/R. Schröder, in: NJ 1970, 104 (S. 105).

77 OG, Urteil v. 1. Apr. 1969 (3 Zst 4/69) NJ 1969, 375–377.

78 OG, Urteil v. 22. Mai 1969 (3 Zst 10/69) NJ 1969, 474–476 (S. 476).

79 OG, Urteil v. 3. Juli 1973 (3 Zst 11/73) NJ 1973, 517–518 (S. 517).

80 Seidel/R. Schröder, in: NJ 1973, 290 (S. 291).

wirklichung der Straftat nicht eintreten werde,[81] und sich beim bedingten Vorsatz hingegen damit abfinde, dass er die Straftat verwirklichen könne.[82] Im Lehrkommentar von 1969 hieß es dazu:

> Die Kenntnislage hinsichtlich der möglichen Folgen unterscheidet sich bei diesen beiden Schuldarten nicht. Die Unterschiede sind lediglich in der Motivlage zu suchen. Beim bedingten Vorsatz findet sich der Täter mit […] dem möglichen Eintritt der nicht angestrebten Folgen bewußt ab, d. h., er ist mit dem möglichen Eintritt der Folgen einverstanden, während der bewußt leichtfertig handelnde Täter nur deswegen so handelte, weil er mit der Vermeidung der Folgen rechnete.[83]

Dies zeigt sehr deutlich, dass es auch hier um die Frage des Vorliegens von intellektuellen und voluntativen Momenten ging, sodass die gesetzliche Definition schlicht keinen Mehrwert erlangen konnte. Weiterhin lehnten sich die Abgrenzungskriterien sehr stark an die Kriterien der schon vor der DDR bestehenden Lehre an. Die Frage nach der Einwilligung bzw. den Abgrenzungskriterien des „sich Abfindens" und des Vertrauens auf das Ausbleiben des Erfolges stellten keine neuen Konzeptionen der DDR-Rechtswissenschaft dar, sondern waren zeitgleich auch herrschende Lehre in der Bundesrepublik.[84] Die Abgrenzung zwischen bewusster Leichtfertigkeit und bedingtem Vorsatz verdeutlichten *Schröder/Seidel* anhand des folgenden – nicht vom OG veröffentlichten – Falls:

> Der 29jährige Angeklagte war verheiratet. Nach dem ersten Ehejahr ging er mehrfach gegen seine Ehefrau gewaltsam vor. Als er eines Tages einen Stadtbummel machen wollte, stellte sich ihm seine Ehefrau entgegen und forderte ihn auf, zu Hause zu bleiben. Der Angeklagte stieß sie zur Seite, so daß sie zu Boden stürzte. Er entschuldigte sich und half ihr beim Aufstehen. Als er sich aber die Jacke anzog und die Wohnung verlassen wollte, stellte sie sich ihm erneut in den Weg. Daraufhin stieß er sie nunmehr kräftig von sich, so

---

81 Bemerkungen zum 2. Abschnitt, Schuld (ohne Datum), § 6, S. 16 f., BArch DP 1/23052.

82 R. Schröder/Seidel, in: Studien zur Schuld, 57–74 (S. 57).

83 Siehe Lekschas/Mürbe, in: Lehrkommentar zum StGB, § 6, S. 90.

84 Diese Abgrenzungskriterien waren auch im Strafgesetzentwurf der Bundesrepublik (E 1962) im Jahr 1962 aufgenommen worden. Auch dieser Entwurf hatte Legaldefinitionen für Vorsatz und Fahrlässigkeit enthalten und diese über die Merkmale des „sich Abfindens" und des „Vertrauens auf das Ausbleiben des Erfolgs" abgegrenzt. § 16 des Entwurfs hatte gelautet: *„Vorsätzlich handelt, wem es darauf ankommt, den gesetzlichen Tatbestand zu verwirklichen, wer weiß oder als sicher voraussieht, daß er den gesetzlichen Tatbestand verwirklicht, oder wer die Verwirklichung für möglich hält und sich mit ihr abfindet."* Abs. 2 der Fahrlässigkeitsdefinition (§ 18) hatte hingegen auf das Vertrauen des Täters auf das Ausbleiben des Erfolges abgestellt: *„Fahrlässig handelt auch, wer es für möglich hält, daß er den gesetzlichen Tatbestand verwirklicht, jedoch pflichtwidrig und vorwerfbar im Vertrauen darauf handelt, daß er ihn nicht verwirklichen werde."* Siehe BT-Drs. IV/650, S. 14.

daß beide auf das in der Nähe befindliche Bett fielen. Der Angeklagte erfaßte mit beiden Händen den Hals der Ehefrau und würgte sie dann so lange, bis der Tod eintrat.[85]

Schröder/Seidel führten aus, dass es in der Entscheidung des OG für die Abgrenzung zwischen bedingtem Vorsatz und bewusster Leichtfertigkeit darauf angekommen sei, welches Ziel der Angeklagte verfolgt habe:[86] Ob er sich bewusst zur Tötung seiner Frau entschieden habe oder ob es ihm darauf angekommen sei, von seiner Frau loszukommen und er sich gleichzeitig damit abgefunden habe, sie dadurch zu töten.[87] Letztlich war das Gericht im vorliegenden Fall von einem bedingten Vorsatz ausgegangen, weil dem Angeklagten die Lebensgefährlichkeit seines Handelns (Würgen) klar gewesen sei.[88] Dem Täter sei somit die Verwirklichung der Handlung wichtiger gewesen als das Nichteintreten der Nebenfolgen.[89]

Die subjektive Wahrscheinlichkeit des Erfolgseintritts (die Wahrscheinlichkeit, die der Täter für den Eintritt des Erfolgs angenommen hatte) könne dabei als Abgrenzungskriterium herangezogen werden, da sie ein Indiz bzgl. der Motivlage (fand sich der Täter mit den Folgen ab oder vertraute er auf das Ausbleiben der Folgen) darstellen könne.[90] So könne es Fälle geben, in denen die Wahrscheinlichkeit des Erfolgseintritts hoch sei (so z. B. im Falle eines Täters, der einen Volkspolizisten mit einem Messer zwischen die Rippen gestochen habe)[91] und Fälle, in denen der Eintritt der negativen Folgen objektiv gering sei (so z. B. eine Täterin, die ihre alkoholisierte Mutter leicht zurückgestoßen habe, welche daraufhin gestürzt und später aufgrund des Sturzes verstorben sei).[92] Gehe der Täter nun selbst davon aus, dass der Erfolgseintritt unwahrscheinlich sei, spreche dies laut *Schröder/Seidel* für die Annahme einer bewussten Leichtfertigkeit.[93] Weiterhin bemühe sich der Täter bei der bewussten Leichtfertigkeit häufig darum, die von ihm als kritisch identifizierten Merkmale nicht wirksam werden zu lassen:[94]

Der 23jährige S. fuhr kurz vor 7.00 Uhr mit dem Motorrad auf einer Nebenstraße dem Eingangstor eines Betriebes entgegen. Um in das Werk zu gelangen, mußte er unmittelbar davor im rechten Winkel eine Hauptstraße überqueren. Er hielt am Vorfahrtsschild kurz an

85 R. Schröder/Seidel, in: Studien zur Schuld, 57–74 (S. 58).
86 R. Schröder/Seidel, in: Studien zur Schuld, 57–74 (S. 58 f.).
87 R. Schröder/Seidel, in: Studien zur Schuld, 57–74 (S. 58 f.).
88 R. Schröder/Seidel, in: Studien zur Schuld, 57–74 (S. 59).
89 R. Schröder/Seidel, in: Studien zur Schuld, 57–74 (S. 61).
90 Vgl. R. Schröder/Seidel, in: Studien zur Schuld, 57–74 (S. 64).
91 R. Schröder/Seidel, in: Studien zur Schuld, 57–74 (S. 62 f.).
92 R. Schröder/Seidel, in: Studien zur Schuld, 57–74 (S. 63 f.).
93 R. Schröder/Seidel, in: Studien zur Schuld, 57–74 (S. 65).
94 R. Schröder/Seidel, in: Studien zur Schuld, 57–74 (S. 72).

und sah nur von rechts in mäßiger Entfernung einen anderen Kradfahrer kommen. S., der nicht zu spät zur Arbeit kommen wollte, setzte die Fahrt zügig fort, in der Hoffnung, daß ihm notfalls noch die Vorbeifahrt eingeräumt werde. Da der andere auf der Hauptstraße fahrende Motorradfahrer eine höhere Geschwindigkeit fuhr, als S. erwartete, und sie auch nicht sofort verringerte, kam es trotz eines Ausweichversuches zum Zusammenstoß.[95]

bb) Bewusste Pflichtverletzung (§ 8 Abs. 1)

§ 8 Abs. 1 setzte eine bewusste Pflichtverletzung des Täters voraus, unterschied sich aber dahingehend von § 7, als dass der Täter die Möglichkeit des Eintritts der Folgen nicht vorhergesehen hatte.[96] Dies setzte nach dem sozialistischen Recht voraus, dass die Folgen für einen „pflichtgemäß handelnden Menschen in dieser Situation" voraussehbar gewesen seien.[97] Der Wortlaut von § 8 Abs. 1 StGB-DDR lautete wie folgt:

> (1) *Fahrlässig handelt auch, wer sich in bewußter Verletzung seiner Pflichten zum Handeln entscheidet und dadurch die im gesetzlichen Tatbestand bezeichneten Folgen herbeiführt, ohne diese vorauszusehen, obwohl er sie bei verantwortungsbewußter Prüfung der Sachlage hätte voraussehen und bei pflichtgemäßem Verhalten vermeiden können.*[98]

Die Formulierung entsprach der des Entwurfs vom 2.4.1965.[99] Für die Feststellung der **Bewusstheit** sollten verschiedene Kriterien herangezogen werden;[100] z. B. die zeitliche Dauer der Pflichtverletzung, die Stärke des Abweichens vom normgemäßen Verhalten, die Zweckbestimmung der Handlung des Täters oder die Eindeutigkeit der Situationsbedingungen bzw. der Pflichten.[101] Maßgeblich für die Bewusstheit der Pflichtverletzung sollten zudem die individuellen Voraussetzungen des Täters sein, wie z. B. Motive, Fähigkeiten, Gewohnheiten oder Erfahrungen.[102] Eine bewusste Pflichtverletzung wurde bejaht bei einem Fahrzeugführer, der aus einem berechtigten Anlass Zweifel an der Verkehrssicherheit seines Fahrzeugs hegte und deshalb eine Reparaturwerkstatt aufsuchte, aber feststellen musste, dass dem von ihm angezeigten Mangel nicht ernsthaft nachgegangen wurde und er

---

95 R. SCHRÖDER/SEIDEL, in: Studien zur Schuld, 57–74 (S. 71 f.).

96 Vgl. Bemerkungen zum 2. Abschnitt, Schuld (ohne Datum), § 8, S. 9, BArch DP 1/23052; LEKSCHAS/MÜRBE, in: Lehrkommentar zum StGB, § 8, S. 96. So auch MÜRBE/H. SCHMIDT, in: Der Schöffe 1968, 84 (S. 87) und GÄBLER, in: Studien zur Schuld, 75–93 (S. 80).

97 LEKSCHAS/MÜRBE, in: Lehrkommentar zum StGB, § 8, S. 96.

98 § 8 Abs. 1 StGB-DDR.

99 Vgl. Gesamtentwurf, BArch DP 1/22931.

100 Bemerkungen zum 2. Abschnitt, Schuld (ohne Datum), § 8, S. 6, BArch DP 1/23052.

101 Bemerkungen zum 2. Abschnitt, Schuld (ohne Datum), § 8, S. 6, BArch DP 1/23052.

102 GÄBLER, in: Studien zur Schuld, 75–93 (S. 78).

insbesondere danach ähnliche Mängel wie vorher bemerkte;[103] beim absichtlichen Unterlassen der Kontrolle von Schornsteinbauarbeiten;[104] bei einer Krippenerzieherin, die Medikamente nicht unter Verschluss gehalten hatte, sodass Kinder dazu Zugang bekommen hatten und trotz Wahrnehmung der im Gruppenraum herumliegenden Medikamente es unterließ, sofort ärztliche Hilfe zu holen.[105]

An die **Vorhersehbarkeit** wurden enge Anforderungen geknüpft. Allerdings sollten konstitutionelle Besonderheiten des Tatobjekts die Vorhersehbarkeit nicht ausschließen. So bejahte das OG die Vorhersehbarkeit in folgendem Fall:

> Voraussehbarkeit tödlicher Folgen bei einem wuchtigen Faustschlag gegen den Kopf liegt auch dann vor, wenn der Geschädigte besonders getroffen wird oder konstitutionelle Besonderheiten vorliegen und dadurch solche Folgen begünstigt werden.
> Hier lag beim Geschädigten eine Gefäßmißbildung (Hirnbasisaneurysma) vor, ohne die der Faustschlag mit hoher Wahrscheinlichkeit nicht zum Tode geführt hätte.[106]

Der Täter musste die Folgen nicht nur voraussehen können, sondern auch die Möglichkeit gehabt haben, den Eintritt des Erfolges zu **verhindern**. Konnte der Täter aufgrund objektiver (Mensch wird mit Anforderungen konfrontiert, denen er nicht gewachsen ist) oder subjektiver Unmöglichkeit (Täter ist in der konkreten Situation nicht dazu in der Lage) die Folgen nicht vermeiden, griff § 10 als Schuldausschlussgrund ein.[107]

cc) Unbewusste Pflichtverletzung (§ 8 Abs. 2)

In den Fällen des Abs. 2 hatte der Täter seine Pflichten in der gegebenen Situation nicht erkannt oder selbst seine Handlung nicht als pflichtwidrige Handlung beurteilt,[108] obwohl ihm dies möglich gewesen wäre.[109] Er war sich seines pflichtwidrigen Handelns also nicht bewusst gewesen.[110] Die möglichen Folgen hatte der

---

103 OG, Urteil v. 10. Sep. 1970 (3 Ust 2/70) NJ 1970, 653 (S. 656). Zusammenfassung entnommen aus Bemerkungen zum 2. Abschnitt, Schuld (ohne Datum), § 8, S. 8 f., BArch DP 1/23052.

104 OG, Urteil v. 27. Nov. 1970 (2 Ust 21/69) NJ 1970, 85 (S. 88). Zusammenfassung entnommen aus Bemerkungen zum 2. Abschnitt, Schuld (ohne Datum), § 8, S. 9, BArch DP 1/23052.

105 OG, Urteil v. 27. Feb. 1974 (5 Zst 7/74) NJ 1974, 277 (S. 277). Zusammenfassung entnommen aus Bemerkungen zum 2. Abschnitt, Schuld (ohne Datum), § 8, S. 9, BArch DP 1/23052.

106 OG, Urteil v. 6. August 1975 (5 Zst 7/75) (nicht veröffentlicht), entnommen aus BArch DP 1/23052.

107 Bemerkungen zum 2. Abschnitt, Schuld (ohne Datum), § 8, S. 10, BArch DP 1/23052. Zu § 10 siehe Kapitel 8 I.3.a).

108 Bemerkungen zum 2. Abschnitt, Schuld (ohne Datum), § 8 (ohne Seitenzahl), BArch DP 1/23052; Gäbler, in: Studien zur Schuld, 75–93 (S. 78).

109 Gäbler, in: Studien zur Schuld, 75–93 (S. 80).

110 Bemerkungen zum 2. Abschnitt, Schuld (ohne Datum), § 8 (ohne Seitenzahl), BArch DP 1/23052; Lekschas/Mürbe, in: Lehrkommentar zum StGB, § 8, S. 96.

Täter bei seinem Handeln deshalb auch nicht vorhergesehen.[111] § 8 Abs. 2 StGB-DDR lautete:

> (2) *Fahrlässig handelt auch, wer sich zur Zeit der Tat der Pflichtverletzung nicht bewußt ist, weil er infolge verantwortungsloser Gleichgültigkeit sich seine Pflichten nicht bewußt gemacht oder weil er sich auf Grund einer disziplinlosen Einstellung an das pflichtwidrige Verhalten gewöhnt hat und dadurch die im gesetzlichen Tatbestand bezeichneten, bei pflichtgemäßem Verhalten voraussehbaren und vermeidbaren schädlichen Folgen herbeiführt.*

In den Ausführungen des Kommentarentwurfs wurde der Grundsatz betont, dass unbewusste Pflichtverletzungen straflos sein sollten und nur eine Ordnungswidrigkeit darstellen sollten.[112]

Dass dieser Grundsatz schon längst ausgehöhlt worden war, wurde schon in den vorangegangenen Kapiteln gezeigt.[113] Unbewusste Pflichtverletzungen sollten dann strafbar sein, wenn die unbewusste Pflichtverletzung an bestimmte „unvertretbare Einstellungen" geknüpft worden war.[114] Das Gesetz sanktionierte dabei zwei bestimmte Formen der Einstellung: *1.* die *verantwortungslose Gleichgültigkeit* und *2.* die *Gewöhnung aufgrund disziplinloser Einstellung*. Der umstrittene § 9 Abs. 2, welcher eine allgemeine Handlungs- bzw. Sorgfaltspflicht zuletzt noch vorgesehen hatte, war gestrichen worden. *Lekschas* hatte sich im Ergebnis somit durchsetzen können.

(1) Verantwortungslose Gleichgültigkeit

Das OG nahm eine verantwortungslose Gleichgültigkeit an, „wenn sich im Verhalten des Täters zeitweilig oder dauernd eine gesellschaftswidrige Einstellung zu seinen Pflichten offenbarte."[115] Etwas differenzierter formulierte es der Entwurf des Lehrkommentars: Nach diesem sollte verantwortungslose Gleichgültigkeit vorliegen, wenn der Täter die in „der Situation objektiv und subjektiv mögliche Bereitschaft zu sorgfältigem und aufmerksamem Verhalten nicht aufbrächte, um sich die ihm obliegenden Pflichten bewußt zu machen und sein Handeln danach einzurichten."[116] Im Lehrkommentar von 1969 wurde noch ganz deutlich an die

---

111 Mürbe/H. Schmidt, in: Der Schöffe 1968, 84 (S. 87).

112 Bemerkungen zum 2. Abschnitt, Schuld (ohne Datum), § 8 (ohne Seitenzahl), BArch DP 1/23052.

113 Vgl. z. B. Kapitel 4.II.2.b)bb)(1)(b) oder Kapitel 5.III.3.

114 Lekschas/Mürbe, in: Lehrkommentar zum StGB, § 8, S. 97.

115 OG, Urteil v. 29. Juli 1969 (3 Zst 19/69) NJ 1969, 569 (S. 569).

116 Bemerkungen zum 2. Abschnitt, Schuld (ohne Datum), § 8 (ohne Seitenzahl), BArch DP 1/23052; Bericht zu Problemen der strafrechtlichen Schuld vom 6.2.1973, BArch DA 5/10313.

Pflicht, sich vorsichtig und umsichtig zu verhalten, angeknüpft.[117] Dies erinnert stark an die vormals im Entwurf enthaltene allgemeine Handlungs- bzw. Sorgfaltspflicht.[118] Sie hatte es zwar nicht in Form des § 9 Abs. 2 ins Gesetz geschafft, aber über den Umweg in Form der „verantwortungslosen Gleichgültigkeit" dennoch versteckt Geltung erlangt.

Häufig stehe diese konkrete und unbewusste Pflichtverletzung in Widerspruch zu dem ansonsten pflichtgemäßen Verhalten des Täters.[119] In dem Nichteinhalten dieser Pflichten trete die mangelhafte Einstellung des Täters zu seinen Pflichten zutage.[120] Diese Einstellung zu den Pflichten war Gegenstand der Schuldprüfung.[121] Typische Erscheinungsformen dieser Einstellung waren z. B. Gedankenlosigkeit, Sorglosigkeit, leichtfertiges Vertrauen auf das pflichtgemäße Verhalten anderer, Bequemlichkeit oder einseitige Aufmerksamkeitszuwendung.[122] Somit war die Einstellung des Täters noch immer ein Schuldkriterium, ohne jedoch offen als solches im Gesetz bezeichnet worden zu sein.

Kriterien für die Feststellung, ob das Nichtbewusstmachen der Pflichten das Tatbestandsmerkmal der „verantwortungslosen Gleichgültigkeit" erfüllte, waren der Inhalt und der Umfang der Pflichten, sowie die Persönlichkeit des Täters (Täterpersönlichkeit), zu der u. a. die generelle und konkrete Einstellung des Täters, seine intellektuellen Fähigkeiten, fachliche Qualifikation, psychischer und nervlicher Zustand und die Ausprägung seiner Bemühungen bei Ausführung der Pflichten gehörten.[123] Die „verantwortungslose Gleichgültigkeit" wurde bejaht „bei erhöhten beruflichen Pflichten, für deren Erfüllung ein Höchstmaß an Aufmerksamkeit gefordert" wurde;[124] beim Überholen, wobei der Fahrzeugführer seine Aufmerksamkeit nur auf die Gegenfahrbahn konzentrierte und den von ihm wahrgenommenen zu überholenden zeitlich nicht beachtet hatte;[125] beim Nichtverschaffen konkreter Rechtskenntnisse durch den Arbeitsschutzverantwortlichen bei der Durchführung

---

117 Lekschas/Mürbe, in: Lehrkommentar zum StGB, § 8, S. 97.

118 Vgl. Kapitel 5.III.3.a).

119 Bemerkungen zum 2. Abschnitt, Schuld (ohne Datum), § 8 (ohne Seitenzahl), BArch DP 1/23052.

120 Bericht zu Problemen der strafrechtlichen Schuld vom 6.2.1973, BArch DA 5/10313.

121 Bericht zu Problemen der strafrechtlichen Schuld vom 6.2.1973, BArch DA 5/10313.

122 Bemerkungen zum 2. Abschnitt, Schuld (ohne Datum), § 8 (ohne Seitenzahl), BArch DP 1/23052; Bericht zu Problemen der strafrechtlichen Schuld vom 6.2.1973, BArch DA 5/10313.

123 Bericht zu Problemen der strafrechtlichen Schuld vom 6.2.1973, BArch DA 5/10313.

124 Bemerkungen zum 2. Abschnitt, Schuld (ohne Datum), § 8 (ohne Seitenzahl), BArch DP 1/23052. Die Quelle verwies in diesem Zusammenhang auf ein Urteil des OG, welches in der NJ 1969, S. 634 zu finden sein sollte. Dieses konnte unter dieser Angabe jedoch nicht gefunden werden.

125 OG, Urteil v. 29. Juli 1969 (3 Zst 19/69) NJ 1969, 569. Zusammenfassung entnommen aus Bemerkungen zum 2. Abschnitt, Schuld (ohne Datum), § 8 (ohne Seitenzahl), BArch DP 1/23052.

von Instandsetzungsarbeiten;[126] beim Inverkehrbringen von Speisepilzen, unter denen sich auch Giftpilze befanden[127] und bei ungenügender Nutzung diagnostischer Möglichkeiten zur Aufklärung verschlechterter Kreislaufverhältnisse einer Patientin durch den Arzt.[128] Die Pflichtwidrigkeit des Abs. 2 entstehe dabei häufig in wiederkehrenden Situationen z. B. den Bereichen des Arbeitsschutzes, des Brandschutzes oder des Verkehrswesens.[129]

Abgelehnt wurde eine „verantwortungslose Gleichgültigkeit" z. B. bei Unkenntnis der Arbeitsschutzverantwortlichen über den vorschriftswidrigen Transport von Tolunol;[130] bei berechtigter Annahme des Täters, ein anderer Verkehrsteilnehmer werde seine Vorfahrt nicht beachten und der darauf erfolgten fehlerhaften Reaktion, sich zur Straßenmitte abzusetzen und links an dem Verkehrsteilnehmer vorbeizufahren[131] und bei Vertrauen darauf, dass eine nicht in Betrieb befindliche Haltelichtanlage den Verkehr freigibt.[132]

(2) Gewöhnung aufgrund disziplinloser Einstellung

Die zweite Alternative konnte verwirklicht werden, wenn sich der Täter aufgrund einer disziplinlosen Einstellung an das pflichtwidrige Verhalten gewöhnt hatte. Die disziplinlose Einstellung wurde als „bewußte, andauernde, persönlichkeitsbedingte mangelhafte Bereitschaft zur Einhaltung und gewissenhaften Erfüllung gesetzlicher Pflichten" definiert.[133] Sie zeichnete sich dadurch aus, dass dem Täter zum Zeitpunkt der Tat die Pflichtverletzung gar nicht mehr bewusst sei, weil er diese schon so häufig verletzt habe.[134] Eine solche sollte im Bereich des Verkehrs dann vorliegen, wenn der Täter es bewußt an einer dauernden Bereitschaft fehlen lasse, sich in die Verkehrsgemeinschaft einzuordnen und die dort vorgeschriebene Ordnung und Pflichten zu erfüllen.[135]

---

126 OG, Urteil v. 13. Dez. 1973 (2 Zst 41/73) NJ 1973, 179. Zusammenfassung entnommen aus Bemerkungen zum 2. Abschnitt, Schuld (ohne Datum), § 8 (ohne Seitenzahl), BArch DP 1/23052.

127 OG, Urteil v. 21. Apr. 1971 (5 Zst 3/71) NJ 1971, 429 (S. 430). Zusammenfassung entnommen aus Bemerkungen zum 2. Abschnitt, Schuld (ohne Datum), § 8 (ohne Seitenzahl), BArch DP 1/23052.

128 KG Altenburg, Urteil v. 17. Okt. 1973 (S 285/73) NJ 1974, 212. Zusammenfassung entnommen aus Bemerkungen zum 2. Abschnitt, Schuld (ohne Datum), § 8 (ohne Seitenzahl), BArch DP 1/23052.

129 Bemerkungen zum 2. Abschnitt, Schuld (ohne Datum), § 8 (ohne Seitenzahl), BArch DP 1/23052.

130 OG, Urteil v. 22. Aug. 1974 (2 Zst 10/73) NJ 1974, 90 (S. 91 f.). Zusammenfassung entnommen aus Bemerkungen zum 2. Abschnitt, Schuld (ohne Datum), § 8 (ohne Seitenzahl), BArch DP 1/23052.

131 OG, Urteil v. 22. Apr. 1969 (3 Zst 6/69) NJ 1969, 377 (S. 377). Zusammenfassung entnommen aus Bemerkungen zum 2. Abschnitt, Schuld (ohne Datum), § 8 (ohne Seitenzahl), BArch DP 1/23052.

132 OG, Urteil v. 25. Nov. 1970 (3 Zst 26/69) NJ 1970, 56. Zusammenfassung entnommen aus Bemerkungen zum 2. Abschnitt, Schuld (ohne Datum), § 8 (ohne Seitenzahl), BArch DP 1/23052.

133 Bemerkungen zum 2. Abschnitt, Schuld (ohne Datum), § 8 (ohne Seitenzahl), BArch DP 1/23052.

134 Vgl. Lekschas/Mürbe, in: Lehrkommentar zum StGB, § 8, S. 97.

135 Bemerkungen zum 2. Abschnitt, Schuld (ohne Datum), § 8 (ohne Seitenzahl), BArch DP 1/23052.

Bezogen auf das Merkmal „an das pflichtwidrige Verhalten gewöhnt" trat die Frage auf, ob es für das Vorliegen des Merkmals einer Wiederholung der gleichen Pflichtverletzung bedürfe oder ob es sich um unterschiedliche Pflichtverletzungen handeln könne.[136] Das MdJ stellte daraufhin klar, dass es sich nicht um die gleiche Pflichtverletzung handeln musste, diese aber dem gleichen Bereich zugeordnet werden können müsse, wie z. B. Verletzungen der Arbeitsschutzverordnung.[137]

dd) Abgrenzung bewusste und unbewusste Pflichtverletzung

Zur Abgrenzung der bewussten und unbewussten Pflichtverletzung sollten folgende Fragen herangezogen werden: War der Täter zur Erfüllung der Pflichten in der Lage? War der Täter den zu bewältigenden Anforderungen aktiv zugewandt? Hatte der Täter die Umstände wahrgenommen, die ein bestimmtes vorgeschriebenes Verhalten verlangten? Hatte der Täter den handlungsfordernden Charakter der äußeren bzw. inneren Umstände sinngemäß erfasst? Hatte der Täter erkannt, welches Verhalten entsprechend den vorliegenden Bedingungen von ihm gesetzlich gefordert wurde?[138] Eine bewusste Pflichtverletzung sollte gegeben sein, wenn sich alle diese Fragen als zutreffend erwiesen.[139] Ob es sich um eine bewusste oder unbewusste Pflichtverletzung handelte, ließ jedoch noch keine Aussage über den Grad der Schuld zu.[140] Bewusste Pflichtverletzungen sollten nicht automatisch zu dem Schluss führen, dass diesen eine stärkere gesellschaftswidrige Position zugrunde liege.[141] Bei Fällen des § 8 Abs. 2 trat nach Inkrafttreten des StGB-DDR zunehmend das Problem auf, dass bei schwierigen Sachverhalten häufig eine unbewusste Pflichtverletzung angenommen wurde, obwohl bei genauerer Prüfung eine bewusste Pflichtverletzung vorgelegen habe.[142]

ee) Zusammenwirken der einzelnen Fahrlässigkeitsformen

Wie die einzelnen Fahrlässigkeitsformen zusammenwirken sollten und welcher Regelungsbereich von welcher Norm erfasst sein sollte, zeigt die „Anlage 3" zum

---

136 Bemerkungen und Hinweise für die Schulung des neuen Strafrechts von den zentralen Rechtspflegeorganen gebildeten Konstitutivrates zu den in den Seminaren der bezirklichen Rechtspflegeorganen gestellten Fragen vom 20.5.1968, BArch DP 1/1552.

137 Bemerkungen und Hinweise für die Schulung des neuen Strafrechts von den zentralen Rechtspflegeorganen gebildeten Konstitutivrates zu den in den Seminaren der bezirklichen Rechtspflegeorganen gestellten Fragen vom 20.5.1968, BArch DP 1/1552.

138 Vgl. Bericht zu Problemen der strafrechtlichen Schuld vom 6.2.1973, BArch DA 5/10313.

139 Bericht zu Problemen der strafrechtlichen Schuld vom 6.2.1973, BArch DA 5/10313.

140 Gäbler, in: Studien zur Schuld, 75–93 (S. 79).

141 Gäbler, in: Studien zur Schuld, 75–93 (S. 79).

142 Protokoll über die Tagung des 6. Plenums des Obersten Gerichts der Deutschen Demokratischen Republik am 28. März 1973, BArch DA 5/10313.

„Bericht zu Problemen der strafrechtlichen Schuld“ vom 6.2.1973.[143] Diese enthielt einen Leitfaden zur Orientierung, welcher in folgender Abbildung dargestellt ist (Abb. 3). Sowohl bezogen auf Abs. 1 als auch auf Abs. 2 sollte eine Strafbarkeit jedenfalls dann nicht eintreten, wenn die Folgen auch bei pflichtgemäßem Verhalten eingetreten wären.[144]

Eine Abbildung von *Gäbler* zeigt hingegen, an welcher Stelle die Vorwerfbarkeit der Tat liegen sollte (Abb. 4). Die Grafik zeigt, an welcher Stelle die Vorwerfbarkeit bei den verschiedenen Arten der Fahrlässigkeit liegen sollte. Während es bei der unbewussten Pflichtverletzung zu einer Vorverlagerung der Vorwerfbarkeit kam, indem man dem Täter die verantwortungslose Gleichgültigkeit oder die disziplinlose Gewöhnung vorwarf, aufgrund derer der Täter die Pflichtenlage und die Folgenmöglichkeit möglicherweise nicht erkannt hatte, warf man dem Täter bei der bewussten Pflichtverletzung vor, dass er eine ihm bekannte Pflicht verletzt hatte.[145] Bei der bewussten Leichtfertigkeit lag der Anknüpfungspunkt zum einen in der Verletzung einer dem Täter bekannten Pflicht und zum anderen in dem Handeln, obwohl die Folgenmöglichkeit vom Täter erkannt worden war.[146] In der Praxis konnte sich die Regelung des Fahrlässigkeitskomplexes jedoch nicht durchsetzen, was *Buchholz* auf ihre Kompliziertheit zurückführte.[147] Man behalf sich stattdessen mit der traditionellen Handhabung der Fahrlässigkeit.[148]

c) Begriff der Pflichten (§ 9)

Anknüpfend daran bot § 9 eine Legaldefinition der „Pflichten“. Diese war allgemein gültig und sollte sowohl für Vorsatz als auch für Fahrlässigkeit gelten:[149]

> *Pflichten im Sinne dieses Gesetzes sind solche, die dem Verantwortlichen zum Zeitpunkt der Tat kraft Gesetzes, Berufs, Tätigkeit oder seiner Beziehungen zum Geschädigten zur Vermeidung schädlicher Folgen oder Gefahren obliegen oder die ihm daraus erwachsen, daß*

143 Bericht zu Problemen der strafrechtlichen Schuld vom 6.2.1973, BArch DA 5/10313. Diese Grafik wurde als dritte Beilage in der Zeitschrift NJ im Jahr 1973 veröffentlicht, in: NJ Beilage 3/73, Heft 9, 1 (S. 16).

144 Bemerkungen zum 2. Abschnitt, Schuld (ohne Datum), § 8 (ohne Seitenzahl), BArch DP 1/23052.

145 Gäbler, in: Studien zur Schuld, 75–93 (S. 81).

146 Gäbler, in: Studien zur Schuld, 75–93 (S. 81).

147 Buchholz, in: Die Rechtsordnung der DDR, 273–339 (S. 307).

148 Buchholz, in: Die Rechtsordnung der DDR, 273–339 (S. 307).

149 Bemerkungen zum 2. Abschnitt, Schuld (ohne Datum), § 9 (ohne Seitenzahl), BArch DP 1/23052; Lekschas/Mürbe, in: Lehrkommentar zum StGB, § 9, S. 98.

er durch sein Verhalten für andere Personen oder für die Gesellschaft besondere Gefahren heraufbeschwört.[150]

Eine Pflicht konnte dabei sowohl in einem Tun als auch in einem Unterlassen bestehen.[151] Sie konnten aus dem Gesetz, dem Beruf, der Tätigkeit oder den Beziehungen des Täters zum Geschädigten entspringen.[152] Damit waren die Pflichten nicht auf konkrete Rechtspflichten beschränkt worden.

aa) Beruf

Rechtspflichten konnten sich aus dem Beruf ergeben. Sie konnten sich konkret aus Anweisungen (Arbeitsordnung, Arbeitsschutzinstruktion, Weisung) eines zuständigen Organs (z. B. eines Ministeriums, des Generaldirektors der Vereinigung Volkseigener Betriebe (VVB) oder auch eines Betriebsleiters) oder aus Weisungen zuständiger Mitarbeiter oder Arbeitsaufträgen ergeben.[153] Die Verletzung von Berufspflichten im medizinischen Bereich wurde z. B. bei der Verwechslung von Medikamenten, Blutkonserven etc. sowie bei missverständlichen Weisungen von Ärzten oder der ungenügenden Kontrolle der getroffenen Anordnungen bejaht.[154] Auch die Nichtvornahme von notwendigen Untersuchungen bei unklaren Bauchbeschwerden gehörte dazu.[155] Verneint wurden sie „hinsichtlich der Kontrollpflicht eines Arztes, ob eine erfahrene, als zuverlässig bekannte Krankenschwester in einer Standardsituation seine Anordnungen in Bezug auf die Vorbereitung einer Infusionsmischung gewissenhaft befolgt habe".[156]

bb) Tätigkeit

Unter die Begrifflichkeit der „Tätigkeit" sollten alle Tätigkeiten außerhalb des Arbeitsbereiches fallen,[157] z. B. Reparatur- und Hobbyarbeiten im häuslichen Bereich oder Tätigkeiten in gesellschaftlichen Organisationen.[158]

---

150 § 9 StGB-DDR.

151 Bemerkungen zum 2. Abschnitt, Schuld (ohne Datum), § 9, (ohne Seitenzahl), BArch DP 1/23052.

152 § 9 StGB-DDR.

153 Bemerkungen zum 2. Abschnitt, Schuld (ohne Datum), § 9 (ohne Seitenzahl), BArch DP 1/23052.

154 Bemerkungen zum 2. Abschnitt, Schuld (ohne Datum), § 9 (ohne Seitenzahl), BArch DP 1/23052.

155 OG, Urteil v. 7. Mai 1970 (5 Ust 21/70) NJ 1970, 429 (S. 430); Bemerkungen zum 2. Abschnitt, Schuld (ohne Datum), § 9 (ohne Seitenzahl), BArch DP 1/23052.

156 BG Leipzig, Urteil v. 17. Okt. 1974 (2 BSB 366/74) NJ 1975, 176. Zusammenfassung entnommen aus den Bemerkungen zum 2. Abschnitt, Schuld (ohne Datum), § 9 (ohne Seitenzahl), BArch DP 1/23052.

157 Bemerkungen zum 2. Abschnitt, Schuld (ohne Datum), § 9 (ohne Seitenzahl), BArch DP 1/23052.

158 Bemerkungen zum 2. Abschnitt, Schuld (ohne Datum), § 9 (ohne Seitenzahl), BArch DP 1/23052.

cc) Beziehungen zum Geschädigten

Auch bestimmte Beziehungen zum Geschädigten konnten Pflichten begründen.[159] Solche konnten sich z. B. aus einem Auftragsverhältnis ergeben. Ein solcher Fall lag z. B. vor, wenn von Erziehungsberechtigten Erziehungsaufgaben übertragen worden sind, weil diese für einen Zeitraum ihre Pflichten objektiv nicht ausüben konnten.[160]

dd) Ingerenz

Es konnten sich auch Pflichten daraus ergeben, dass der Täter durch sein Vorverhalten für andere Personen oder die Gesellschaft besondere Gefahren heraufbeschwor.[161] Der Täter eröffnete durch sein Tun oder Unterlassen eine bestimmte Gefahrenquelle, woraus die Verpflichtung erwuchs, Schäden, verursacht durch diese Gefahrenquelle, zu verhindern.[162] Verneint wurde eine solche Pflicht für den Fall, in dem „der Angeklagte, der beim Nachfüllen einer Lötlampe Terpentin daneben gegossen hatte, dabeistand und nicht eingriff, als sein Arbeitskollege die Lötlampe in unmittelbarer Nähe des vergossenen Terpentins anzündete.[163]

ee) Feststellung der Pflichtverletzung

Voraussetzung für die Feststellung der Fahrlässigkeit war somit die Feststellung der den Täter in der konkreten Situation treffenden Pflichten und inwiefern der Täter diesen Pflichten nicht nachgekommen war.[164] Daneben mussten auch die besonderen Folgen (Schäden oder Gefahrensituationen) mit dem Verhalten des Täters in Zusammenhang stehen.[165] Nicht jede moralisch-politische Pflichtverletzung war strafrechtlich relevant:[166]

---

159 Bemerkungen zum 2. Abschnitt, Schuld (ohne Datum), § 9 (ohne Seitenzahl), BArch DP 1/23052.

160 Bemerkungen zum 2. Abschnitt, Schuld (ohne Datum), § 9 (ohne Seitenzahl), BArch DP 1/23052. Siehe auch Abschnitt 2 des Beschlusses des Präsidiums des OG in der NJ-Beilage 6/70, Heft 22.

161 Bemerkungen zum 2. Abschnitt, Schuld (ohne Datum), § 9 (ohne Seitenzahl), BArch DP 1/23052; Lekschas/Mürbe, in: Lehrkommentar zum StGB, § 9, S. 98.

162 Bemerkungen zum 2. Abschnitt, Schuld (ohne Datum), § 9 (ohne Seitenzahl), BArch DP 1/23052; vgl. auch Lekschas/Mürbe, in: Lehrkommentar zum StGB, § 9, S. 98.

163 OG, Urteil v. 21. Aug. 1970 (2 Zst 7/70) NJ 1970, 711 (S. 711). Zusammenfassung des Falls, entnommen aus Bemerkungen zum 2. Abschnitt, Schuld (ohne Datum), § 9 (ohne Seitenzahl), BArch DP 1/23052.

164 Bemerkungen zum 2. Abschnitt, Schuld (ohne Datum), § 9 (ohne Seitenzahl), BArch DP 1/23052.

165 Bemerkungen zum 2. Abschnitt, Schuld (ohne Datum), § 9 (ohne Seitenzahl), BArch DP 1/23052.

166 Bemerkungen zum 2. Abschnitt, Schuld (ohne Datum), § 9 (ohne Seitenzahl), BArch DP 1/23052.

> Charakter, Tiefe und Qualität der Pflichtverletzung ist die erste wichtige Bestimmungsgröße für fahrlässiges Verschulden. Es ist deshalb erforderlich, die Gründe der Verletzung festzustellen.[167]

Was an dieser Stelle etwas unklar abstrakt formuliert worden war, bedeutete nichts weiter, als dass das Gericht sorgfältig den Inhalt der verletzten Pflicht bestimmen sollte. Entscheidend wird diese Frage häufig bei Unterlassungsdelikten, bei denen der Täter eine Garantenstellung innehaben musste. Die Feststellung einer solchen bestimmte maßgeblich, nach welchem Straftatbestand bestraft werden sollte:

> So macht sich ein Fremder, der vorsätzlich einem ertrinkenden Kind keine Hilfe leistet, obwohl er dazu in der Lage ist, der Verletzung der Pflicht zur Hilfeleistung schuldig. Der Vater des Kindes, der unter den gleichen Bedingungen handelt, ist dagegen eines vorsätzlichen Tötungsverbrechens schuldig.[168]

ff) Fazit

Letztendlich kann der Pflichtenbegriff inhaltlich nicht mehr von den noch heute geläufigen Sorgfaltspflichten unterschieden werden. Was mit einem guten Grundsatzgedanken begonnen hatte – die Fahrlässigkeitsstrafbarkeit enger und klarer zu umreißen, um eine Ausweitung zu verhindern – war schon früh im Entwurfsstadium gescheitert.[169] Die Idee, die Fahrlässigkeitsstrafbarkeit an konkrete, gesetzlich normierte Rechtspflichten zu knüpfen, hatte sich schon früh als utopisch und nicht umsetzbar entpuppt.[170] Einzig und allein die Normierung der Pflichten stellte eine Klarstellung bzw. Neuerung im Vergleich zu den Regelungen des RStGB dar.

3. Schuldausschluss

Das StGB-DDR enthielt eine Reihe von Schuldausschlussgründen. Ein Schuldausschluss sollte in folgenden Fällen gegeben sein: Wenn dem Täter die Erfüllung seiner Pflichten objektiv oder subjektiv nicht möglich war (§ 10), er die Tatumstände, die

---

167 Bemerkungen zum 2. Abschnitt, Schuld (ohne Datum), § 9 (ohne Seitenzahl), BArch DP 1/23052. Anm.: Dieses Zitat befand sich in einem Abschnitt des Dokuments, das handschriftlich durchgestrichen worden war.

168 Bemerkungen zum 2. Abschnitt, Schuld (ohne Datum), § 9 (ohne Seitenzahl), BArch DP 1/23052.

169 Schon der zweite Entwurf des Allgemeinen Teils hatte eine allgemeine Sorgfalts- bzw. Handlungspflicht enthalten, die ihrer Konzeption nach normierte Rechtspflichten obsolet machte. Siehe Kapitel 5.III.3.a).

170 Siehe Kapitel 4.II.2.b)bb)(3)(c).

zum gesetzlichen Tatbestand gehörten, nicht kannte (§ 13) oder er unzurechnungsfähig war mit Ausnahme eines verschuldeten Rauschzustands (§ 16).[171]

a) Unmöglichkeit der Pflichterfüllung (§ 10)

Nicht bestraft werden sollten Situationen, in denen Fehlhandlungen durch Überforderungen entstanden waren.[172] § 10 lautete unter der Überschrift „Schuldausschluss“:

> *Schuldhaft (vorsätzlich oder fahrlässig) handelt nicht, wem die Erfüllung seiner Pflichten objektiv nicht möglich ist oder wer dazu nicht imstande ist, weil er wegen eines von ihm nicht zu verantwortenden persönlichen Versagens oder Unvermögens die Umstände oder Folgen seines Handelns nicht erfassen oder die ihm unter den gegebenen Umständen obliegenden Pflichten nicht erkennen kann.*[173]

Die in dieser Vorschrift genannten Umstände führten alle dazu, dass dem Täter pflichtgemäßes Verhalten nicht möglich gewesen ist oder eine pflichtgerechte Entscheidung des Täters verhindert worden war.[174] Dabei konnten verschiedene Konstellationen unterschieden werden: *1. objektive Unmöglichkeit zur Erfüllung von Pflichten, 2. persönliches Versagen* und *3. persönliches Unvermögen.*

aa) Objektive Unmöglichkeit zur Erfüllung von Pflichten

Unter objektiver Unmöglichkeit zur Erfüllung von Pflichten waren anforderungs- oder situationsbedingte Überforderungen zu verstehen.[175] In diesen Bereich fielen z. B. plötzlich auftretende Zwischenfälle im Handlungsablauf, fehlende Erkennbarkeit wesentlicher Handlungsbedingungen, kurzzeitig zu bewältigende Aufgabenfülle, objektiv bedingte Beeinträchtigungen einer zuverlässigen Beurteilung der Situation und technisch oder ökonomisch bedingte Unmöglichkeit der Ausführung von Handlungen.[176] Eine solche Situation hatte z. B. in folgendem Fall vorgelegen:

> Hat beispielsweise ein Kraftfahrer bei der Überprüfung der Bremsanlagen seines Kraftfahrzeuges unter Berücksichtigung seiner persönlichen Fähigkeiten keine äußeren Anzeichen feststellen können, aus denen sich Bedenken gegen ein ordnungsgemäßes Funktionieren

---

171 Schulungsmaterial zum Strafgesetzbuch vom März 1968, BArch DP 1/1552.

172 Bemerkungen zum 2. Abschnitt, Schuld (ohne Datum), § 10 (ohne Seitenzahl), BArch DP 1/23052.

173 § 10 StGB-DDR.

174 Bemerkungen zum 2. Abschnitt, Schuld (ohne Datum), § 10 (ohne Seitenzahl), BArch DP 1/23052.

175 Bemerkungen zum 2. Abschnitt, Schuld (ohne Datum), § 10 (ohne Seitenzahl), BArch DP 1/23052.

176 Bemerkungen zum 2. Abschnitt, Schuld (ohne Datum), § 10 (ohne Seitenzahl), BArch DP 1/23052.

der Bremsen ergeben, so hat er später plötzlich auftretende technische Mängel an den Bremsen nicht zu vertreten.[177]

bb) *Persönliches Versagen*

Auch persönliches Versagen konnte zum Schuldausschluss führen.[178] Ein solches zeichnete sich durch die individuelle Unfähigkeit zur Bewältigung einer bestimmten Pflichtenlage aufgrund einer zeitweiligen, subjektiv nicht erkennbaren oder vermeidbaren Beeinträchtigung der Leistungsfähigkeit aus.[179] Ursache dafür konnten gesundheitliche Störungen, unerwartete heftige Erregungen (z. B. Schreck), längere starke psychische und physische Belastung oder unverschuldeter Qualifikationsmangel darstellen.[180] Bejaht wurde ein persönliches Versagen z. B. bei einem Führer eines Spezialfahrzeuges, der beim Durchfahren einer scharfen Linkskurve unterließ, die Betriebsbremse zu betätigen, nachdem ihm die Verminderung der Geschwindigkeit durch Herunterschalten nicht gelang. Er hatte erst 150 km Fahrpraxis mit dem Fahrzeug, dessen Schub- und Fliehkraft ihm noch nicht ausreichend bekannt war, besessen. Er habe sich in einer Überforderungssituation befunden, sodass ihm die notwendigen Mehrfachhandlungen nicht gelungen seien.[181] Auch ein nicht „[...] planmäßig abgelöster Stellwerker der Eisenbahn, der sich trotz wiederholter Meldung übermäßig lange Zeit im Dienst [befand] und infolge Übermüdung einen Fehler beim Bedienen der Weichen [beging], so daß es zu einem Betriebsunfall [kam], [...]" habe diese überlastungsbedingte Fehlhandlung nicht zu verantworten.[182]

cc) *Persönliches Unvermögen*

Unter „persönlichem Unvermögen" wurde die „individuelle Unfähigkeit zu anforderungsgerechtem Handeln auf Grund andauernder subjektiv nicht real erkennbarer persönlicher Leistungsmängel" verstanden.[183] Gemeint waren damit subjektive Leistungsbeeinträchtigungen (Einschränkungen der Sinnesleistungen, des gesundheitlichen Zustandes, der Intelligenz usw.) oder altersabhängige Minderungen der

---

177 OG, Urteil v. 23. Okt. 1968 (3 Zst 9/68) NJ 1969, 25. Zusammenfassung des Falls entnommen aus Bemerkungen zum 2. Abschnitt, Schuld (ohne Datum), § 10 (ohne Seitenzahl), BArch DP 1/23052.

178 § 10 Var. 2 StGB-DDR.

179 Bemerkungen zum 2. Abschnitt, Schuld (ohne Datum), § 10 (ohne Seitenzahl), BArch DP 1/23052.

180 Bemerkungen zum 2. Abschnitt, Schuld (ohne Datum), § 10 (ohne Seitenzahl), BArch DP 1/23052.

181 Bemerkungen zum 2. Abschnitt, Schuld (ohne Datum), § 10 (ohne Seitenzahl), BArch DP 1/23052.

182 Bemerkungen zum 2. Abschnitt, Schuld (ohne Datum), § 10 (ohne Seitenzahl), BArch DP 1/23052. Gleicher Fall auch angeführt im Lehrkommentar von 1969: LEKSCHAS/MÜRBE, in: Lehrkommentar zum StGB, § 10, S. 99.

183 Bemerkungen zum 2. Abschnitt, Schuld (ohne Datum), § 10 (ohne Seitenzahl), BArch DP 1/23052.

Handlungsvoraussetzungen (insb. altersbedingte Abbauerscheinungen).[184] Persönliches Unvermögen wurde z. B. für einen Kraftfahrer bejaht, der „zu früher Morgenstunde bei Nebel mit seinem PKW auf einen abgestellten Hänger prallte, wodurch mehrere Mitfahrende teils schwer verletzt worden waren. Es wurde festgestellt, daß der Angeklagte an einer hochgradigen Lichtsinnstörung [litt], die ihm bis zum Zeitpunkt der Untersuchung durch den ärztlichen Sachverständigen nicht bekannt war."[185]

b) Irrtum (§ 13)

§ 13 enthielt eine Irrtumsregelung, die die Schuld ausschließen konnte:

> (1) *Wer bei seinem Handeln das Vorhandensein von Tatumständen nicht kannte, welche zum gesetzlichen Tatbestand gehören oder die Strafbarkeit erhöhen, dem sind diese Umstände nicht zuzurechnen. Die strafrechtliche Verantwortlichkeit wegen fahrlässiger Schuld wird dadurch nicht berührt.*
> (2) *Für fahrlässige Handlungen gilt Absatz 1 nur, wenn die Unkenntnis der Tatumstände nicht auf Fahrlässigkeit beruht.*[186]

Die Regelung umfasste den sog. Tatumstandsirrtum und den Irrtum über den Kausalverlauf (Abs. 1).[187] Der Kommentar stellte klar, was sich nicht unmittelbar aus der Norm ergab: Ein Irrtum über Tatbestände sollte den Vorsatz ausschließen.[188] Der Rechtsirrtum und der Erlaubnistatbestandsirrtum waren nicht normiert worden und auch nicht als Irrtumskategorie im Kommentar erklärt worden. Unklar bleibt deshalb, wie Fälle dieser Kategorien gelöst werden sollten. Beim Erlaubnistatbestandsirrtum irrt der Täter über das Erlaubtsein, d. h. die Rechtswidrigkeit seiner Handlung, weil er von Umständen ausgeht, nach welchen sein Handeln gerechtfertigt wäre,[189] während beim Rechtsirrtum schon über das rechtliche Verbot geirrt wurde. Möglicherweise sollte das Problem über die Annahme, dass das Bewusstsein der Rechtswidrigkeit Voraussetzung für den Vorsatz sei, gelöst werden. In diesem Fall müsste sich der Vorsatz auch auf die Rechtswidrigkeit beziehen. Kannte der Täter die Rechtswidrigkeit nicht (weil er entweder davon ausging, dass sein Handeln erlaubt war oder weil er von Umständen ausging, nach denen sein Handeln erlaubt

---

184 Bemerkungen zum 2. Abschnitt, Schuld (ohne Datum), § 10 (ohne Seitenzahl), BArch DP 1/23052; Bericht zu Problemen der strafrechtlichen Schuld vom 6.2.1973, BArch DA 5/10313.

185 Bemerkungen zum 2. Abschnitt, Schuld (ohne Datum), § 10 (ohne Seitenzahl), BArch DP 1/23052.

186 § 13 StGB-DDR.

187 LEKSCHAS/MÜRBE, in: Lehrkommentar zum StGB, § 13, S. 102.

188 LEKSCHAS/MÜRBE, in: Lehrkommentar zum StGB, § 13, S. 102.

189 Vgl. KINDHÄUSER/ZIMMERMANN, Strafrecht Allgemeiner Teil, § 29 Rn. 11.

gewesen wäre), hätte schon kein Vorsatz vorgelegen. Eine eigenständige Regelung des Rechtsirrtums und des Erlaubnistatbestandsirrtums wäre daher überflüssig gewesen.

c) Zurechnungsunfähigkeit (§ 15)

Die Zurechnungsfähigkeit stellte eine notwendige Voraussetzung für die individuelle strafrechtliche Verantwortlichkeit dar,[190] denn der Täter sollte nur dann strafrechtlich verantwortlich sein, wenn er seine Fähigkeit zu gesellschaftsgemäßem Verhalten nicht genutzt und die gesellschaftlichen Belange missachtet habe.[191] Sie setzte die Grundüberlegung voraus, dass der Täter die psychischen Fähigkeiten besitzen musste, sich zu dem gesellschaftlich erwarteten Verhalten entscheiden zu können.[192] Konkret musste er dazu in der Lage sein, sich die gesellschaftlichen Verhaltensregeln bewusst zu machen, den konkreten sozialen Anforderungen nachzukommen und sein Verhalten nach dieser Einsicht zu steuern.[193] Besaß der Täter diese Fähigkeit nicht, konnte auch keine Schuld vorliegen.[194] Die Zurechnungsfähigkeit war gesetzlich nicht legaldefiniert.

§ 15 enthielt jedoch die Ausschlussgründe, warum es ausnahmsweise an der Zurechnungsfähigkeit fehlen konnte, denn grundsätzlich ging man davon aus, dass erwachsene Menschen die geistigen Fähigkeiten zu gesellschaftsgemäßem Verhalten besäßen.[195] Die Regelung sollte den neusten Erkenntnissen der Psychologie Rechnung tragen, wonach der Mensch im Lebensprozess die sozialen Normen und Verhaltensregeln nach einer persönlichkeitsspezifischen Verarbeitung (eigenes Werte- und Bezugssystem) verinnerliche und sich eigene Steuerungsmechanismen aneigne, um diesen Werten nachzukommen.[196] Zurechnungsunfähig sei ein Mensch, wenn er aufgrund subjektiver, vom Gesetz genannter Mängel nicht in der Lage sei, sich für gesellschaftsgemäßes Verhalten zu entscheiden.[197] Dies drückte sich auch in der Regelung des § 15 zur Unzurechnungsfähigkeit aus, welcher festlegte, wann solche Mängel gegeben sein sollten:

> (1) *Strafrechtliche Verantwortlichkeit ist ausgeschlossen, wenn der Täter zur Zeit der Tat wegen zeitweiliger oder dauernder krankhafter Störung der Geistestätigkeit oder wegen*

---

190 Bemerkungen zum 2. Abschnitt, Schuld (ohne Datum), § 15 (ohne Seitenzahl), BArch DP 1/23052.

191 Wittenbeck/Amboss/Roehl, in: NJ 1968, 581 (S. 581 f.).

192 Bemerkungen zum 2. Abschnitt, Schuld (ohne Datum), §15 (ohne Seitenzahl), BArch DP 1/23052.

193 Wittenbeck/Amboss/Roehl, in: NJ 1968, 581 (S. 582).

194 Bemerkungen zum 2. Abschnitt, Schuld (ohne Datum), § 15 (ohne Seitenzahl), BArch DP 1/23052.

195 Wittenbeck/Amboss/Roehl, in: NJ 1968, 581 (S. 582).

196 Wittenbeck/Amboss/Roehl, in: NJ 1968, 581 (S. 582).

197 Wittenbeck/Amboss/Roehl, in: NJ 1968, 581 (S. 582).

Bewußtseinsstörung unfähig ist, sich nach den durch die Tat berührten Regeln des gesellschaftlichen Zusammenlebens zu entscheiden.

(2) *Das Gericht kann die Einweisung in psychiatrische Einrichtungen nach den dafür geltenden gesetzlichen Bestimmungen anordnen.*

(3) *Wer sich schuldhaft in einen die Zurechnungsfähigkeit ausschließenden Rauschzustand versetzt und in diesem Zustand eine mit Strafe bedrohte Handlung begeht, wird nach dem verletzten Gesetz bestraft.*[198]

Die Zurechnungsfähigkeit konnte somit wegen „zeitweiliger oder dauernder krankhafter Störungen der Geistestätigkeit" oder aufgrund von „Bewusstseinsstörungen" ausgeschlossen sein. Die Feststellung einer solchen Störung allein genügte jedoch nicht. Vielmehr musste geklärt werden, inwiefern sich die Störung auf das Tatverhalten ausgewirkt hatte.[199] Nur wenn die Entscheidungsfähigkeit durch die Störungen eingeschränkt worden war, konnte dies zu einer Schuldmilderung oder zum Schuldausschluss führen.[200]

aa) Zeitweilige oder dauernde krankhafte Störung der Geistestätigkeit

Zeitweilige oder dauernde krankhafte Störungen der Geistestätigkeit konnten sowohl vorübergehend als auch akut oder chronisch sein.[201] Typisch waren z. B. pathologische Abbauerscheinungen, Hirnverletzungen oder psychische Krankheiten. Konkret konnten z. B. Schizophrenie, Epilepsie, „hochgradiger Schwachsinn", Alkoholkrankheit oder ein pathologischer Rausch zur Unzurechnungsfähigkeit führen.[202]

bb) Bewusstseinsstörungen

Eine Bewusstseinsstörung konnte auch durch psychische Störungen hervorgerufen werden.[203] Am häufigsten traten sie als Fälle der Trunkenheit, anderer Rauschzustände oder Affekt auf.[204] Ein Affekt sollte die Zurechnungsfähigkeit regelmäßig allerdings nur bei Hirnschädigungen oder abnormen Erlebnisverarbeitungen ausschließen.[205] Eine Bewusstseinsstörung und eine krankhafte Störung der Geistestätigkeit konnten gleichzeitig vorliegen.[206]

---

198 § 15 StGB-DDR.

199 Wittenbeck/Amboss/Roehl, in: NJ 1968, 581 (S. 582).

200 Wittenbeck/Amboss/Roehl, in: NJ 1968, 581 (S. 582).

201 Bemerkungen zum 2. Abschnitt, Schuld (ohne Datum), § 15 (ohne Seitenzahl), BArch DP 1/23052.

202 Bemerkungen zum 2. Abschnitt, Schuld (ohne Datum), § 15 (ohne Seitenzahl), BArch DP 1/23052.

203 Bemerkungen zum 2. Abschnitt, Schuld (ohne Datum), § 15 (ohne Seitenzahl), BArch DP 1/23052.

204 Bemerkungen zum 2. Abschnitt, Schuld (ohne Datum), § 15 (ohne Seitenzahl), BArch DP 1/23052.

205 Bemerkungen zum 2. Abschnitt, Schuld (ohne Datum), § 15 (ohne Seitenzahl), BArch DP 1/23052.

206 Bemerkungen zum 2. Abschnitt, Schuld (ohne Datum), § 15 (ohne Seitenzahl), BArch DP 1/23052.

cc) *Feststellung der Unzurechnungsfähigkeit*

Die Unzurechnungsfähigkeit sollte jedenfalls nur mit Hilfe eines psychiatrischen Sachverständigen festgestellt werden können.[207] Grundsätzlich sollte von der Zurechnungsfähigkeit eines Menschen ausgegangen werden.[208] Nur bei Zweifeln an der Zurechnungsfähigkeit sollte diese im Einzelfall untersucht werden.[209] Hinweise, die solche Zweifel begründen konnten, waren z. B. die Annahme einer schweren Kopfverletzung, der Verletzung des Zentralnervensystems, einer psychischen Krankheit, Schwachsinns oder einer schweren Bewusstseinsstörung, wenn sie im Zusammenhang mit dem psychisch-körperlichen Zustand des Täters, seinem sozialen Verhalten oder mit Auffälligkeiten bei der Tatbegehung standen.[210]

Auch das Verhalten des Täters bei der Tat konnte Hinweise auf eine Bewusstseinsstörung oder krankhafte Störung der Geistestätigkeit geben. Dies war dann der Fall, wenn der Täter die Umstände des Geschehens nur eingeschränkt wahrnahm, ein sinnloses Tun zutage trat, ein dem

Ziel untaugliches Handeln vorlag oder sinnlose Ergebnisse angestrebt wurden, wenn Situationen wirklichkeitsfremd eingeschätzt wurden, erhebliche Erinnerungslücken bestanden, der Angeklagte nach der Tat in völliger Verwirrung vorgefunden wurde, schwere Affekthandlungen im Geschehen sichtbar waren oder die Tat von solchen Erscheinungen wie tierischen Schreien, wilder Gestik, unaufhaltsamem Bewegungsdrang, verängstigter Mimik oder totaler Erschöpfung begleitet war.[211] Häufig ergänzten sich die Auffälligkeiten aus dem Tatgeschehen mit jenen aus dem Persönlichkeitsbereich.[212]

dd) *Aufhebung der Entscheidungsfähigkeit*

Die Entscheidungsfähigkeit des Täters musste auf Grund einer solchen Bewusstseinsstörung oder krankhaften Störung der Geistestätigkeit aufgehoben sein. Teil des Wesens der Entscheidungsfähigkeit war die Täterpersönlichkeit, da es um die Fähigkeit des Täters ging, die gesellschaftlichen Normen zu erkennen, zu bewerten und nach diesen zu handeln, was sich u. a. in der Täterpersönlichkeit ausdrücke.[213] Die Entscheidungsfähigkeit bezog sich auf eine bestimmte Handlung, sodass es

---

207 Bemerkungen zum 2. Abschnitt, Schuld (ohne Datum), § 15 (ohne Seitenzahl), BArch DP 1/23052.

208 Bemerkungen zum 2. Abschnitt, Schuld (ohne Datum), § 15 (ohne Seitenzahl), BArch DP 1/23052.

209 Bemerkungen zum 2. Abschnitt, Schuld (ohne Datum), § 15 (ohne Seitenzahl), BArch DP 1/23052.

210 Bemerkungen zum 2. Abschnitt, Schuld (ohne Datum), § 15 (ohne Seitenzahl), BArch DP 1/23052. Vgl. auch Beschluss des Präsidiums des OG v. 30.10.1972, in: NJ Beilage 4/72, Heft 22, Abschn. 1, 2.

211 Bemerkungen zum 2. Abschnitt, Schuld (ohne Datum), § 15 (ohne Seitenzahl), BArch DP 1/23052.

212 Bemerkungen zum 2. Abschnitt, Schuld (ohne Datum), § 15 (ohne Seitenzahl), BArch DP 1/23052.

213 Vgl. Bemerkungen zum 2. Abschnitt, Schuld (ohne Datum), § 15 (ohne Seitenzahl), BArch DP 1/23052.

möglich sei, dass für eine bestimmte Handlung Zurechnungsunfähigkeit gegeben sei, während dies auf eine andere Handlung jedoch nicht zutreffe.[214] Auch bei der Zurechnungsfähigkeit wurde mit der Voraussetzung der Entscheidungsfähigkeit noch immer vom Entscheidungsbegriff ausgegangen. Dies zeigt, dass von dem Konzept um den Entscheidungsbegriff als Charakterisierung der Schuld noch nicht vollumfänglich Abstand genommen worden war, obwohl er aus der Definition zum Wesen der Schuld gestrichen worden war. Bei der Frage der Zurechnungsfähigkeit von der Entscheidungsfähigkeit auszugehen, wenn in der allgemeinen Schulddefinition das verantwortungslose Verhalten bzw. die „Verantwortungslosigkeit" zum Zentralbegriff der Schuld erhoben worden ist, stellte eine Inkonsequenz dar, die auf das grundsätzliche Festhalten am Entscheidungsbegriff zurückzuführen ist. So war der Entscheidungsbegriff auch in den Normen zu Vorsatz und Fahrlässigkeit verwendet worden.

d) Nötigungsnotstand (§ 19)

Der Nötigungsnotstand stellte auch einen Schuldausschließungsgrund dar.[215] Dieser umfasste die Fälle, in denen der Täter gezwungen bzw. genötigt worden war, eine Handlung vorzunehmen, die Rechte oder Interessen Dritter oder der sozialistischen Gesellschaft verletzte.[216] Der vom Täter zugefügte Schaden durfte nicht außer Verhältnis, zu dem durch die Nötigung bewirkten oder drohenden Schaden stehen.[217] An diesen Grundsatz wurden hohe Standards angesetzt. So durfte z. B. das Leben einer anderen Person nicht angetastet werden.[218] Weiterhin war nach Abs. 2 eine Milderungsmöglichkeit vorgesehen für Fälle, in denen der Nötigungsnotstand aufgrund einer schweren psychischen Zwangslage überschritten worden war.[219]

214 Bemerkungen zum 2. Abschnitt, Schuld (ohne Datum), § 15 (ohne Seitenzahl), BArch DP 1/23052.

215 Bemerkungen zum 3. Abschnitt, Notwehr und Notstand (ohne Datum), § 19, S. 15, BArch DP 1/23052.

216 Vgl. Bemerkungen zum 3. Abschnitt, Notwehr und Notstand (ohne Datum), § 19, S. 15, BArch DP 1/23052.

217 Bemerkungen zum 3. Abschnitt, Notwehr und Notstand (ohne Datum), § 19, S. 16, BArch DP 1/23052.

218 Bemerkungen zum 3. Abschnitt, Notwehr und Notstand (ohne Datum), § 19, S. 16, BArch DP 1/23052.

219 Abs. 2 würde prinzipiell zum Abschnitt über die Strafmilderungsgründe gehören. Da es sich an dieser Stelle nur um einen kurzen Hinweis handelt, scheint es gerechtfertigt, ihn an dieser Stelle zu behandeln.

e) Widerstreit der Pflichten (§ 20)

Der Widerstreit der Pflichten wurde anders als von *Lekschas/Loose/Renneberg* vorgeschlagen nicht als Entschuldigungsgrund eingeführt, sondern eindeutig als Rechtfertigungsgrund gekennzeichnet.[220] Er wurde somit nicht Inhalt der Schuldregelungen.

4. Schuldmilderung

In § 14 (Schuldminderung durch außergewöhnliche Umstände) und § 16 (verminderte Zurechnungsfähigkeit) waren die Schuldmilderungsgründe geregelt.[221] Die Schuld sollte gemindert sein, wenn die Fähigkeiten des Täters durch krankhafte bzw. krankheitswertige Störungen erheblich eingeschränkt waren.[222]

a) Milderungsmöglichkeiten aufgrund von Rauschtaten (§ 15 Abs. 3)

§ 15 Abs. 3 regelte den Fall, dass sich der Täter schuldhaft in einen Rauschzustand versetzte und in diesem Zustand eine Straftat beging. Er befand sich als Annex zu der Regelung der Zurechnungsunfähigkeit. Versetzte sich der Täter schuldhaft in einen Rauschzustand, sollte er nicht schuldlos bezogen auf die verwirklichte Tat sein, sondern nach dem ursprünglichen Delikt bestraft werden.[223] Diese rechtspolitische Entscheidung wurde mit dem Interesse der Kriminalitätsvorbeugung und dem „Schutz der Gesellschaft vor Angriffen Volltrunkener" begründet.[224] Voraussetzung war jedoch, dass der Rauschzustand schuldhaft herbeigeführt worden sein musste.[225] Das sollte nur dann nicht der Fall sein, wenn dem Betreffenden das Rauschmittel unbemerkt oder gewaltsam verabreicht worden war, ihm die Wirkung völlig unbekannt war oder erstmalig ein pathologischer Rausch oder eine krankhafte Reaktion vorlag.[226] Zudem war eine Milderung aufgrund des Sich-in-

220 Bemerkungen zum 3. Abschnitt, Notwehr und Notstand (ohne Datum), § 20, BArch DP 1/23052.

221 Die Schuldmilderungsregelungen waren nicht Schwerpunkt der Analyse. Sie sollen jedoch an dieser Stelle kurz dargestellt werden, da einige Institute, die zuvor als Teil der Strafbegründungsschuld verstanden worden sind, nun als Schuldmilderungsgrund betrachtet wurden. Zur Dogmatik der Strafzumessung siehe Friebel, Die Bedeutung von Tat und Täter für die Differenzierung der strafrechtlichen Verantwortlichkeit.

222 Wittenbeck/Amboss/Roehl, in: NJ 1968, 581 (S. 582).

223 Bemerkungen zum 2. Abschnitt, Schuld (ohne Datum), § 15 (ohne Seitenzahl), BArch DP 1/23052.

224 Bemerkungen zum 2. Abschnitt, Schuld (ohne Datum), § 15 (ohne Seitenzahl), BArch DP 1/23052.

225 § 15 Abs. 3 StGB-DDR.

226 Bemerkungen zum 2. Abschnitt, Schuld (ohne Datum), § 15 (ohne Seitenzahl), BArch DP 1/23052.

den-Rausch-Versetzens nicht möglich. Andere Milderungsgründe sollten nicht berührt sein.[227]

b) Schuldmilderung durch außergewöhnliche Umstände (§ 14)

Diese Norm sollte Fälle erfassen, in denen die Fähigkeit des Täters zu besonnenem, gesellschaftsgemäßem Verhalten so stark beeinträchtigt war, dass die Schuld für seine Handlung nur gering war.[228] Im Lehrkommentar von 1969 wurde wie bei der Zurechnungsunfähigkeit in § 15 auf die Entscheidungsfähigkeit abgestellt.[229] § 14 sollte den Schuldausschluss durch außergewöhnliche Umstände für alle Straftaten mit Ausnahme der vorsätzlichen Tötungsverbrechen regeln.[230] Für Tötungsverbrechen war § 113 Abs. 1 Nr. 1, 3 als Spezialbestimmung vorgesehen worden.[231] Das OG hatte in einem Urteil klargestellt, dass diese beiden Normen in einem Ausschlussverhältnis zueinander standen.[232]

aa) Affekt

Einen außergewöhnlichen Umstand stellte der Affekt dar.[233] In diesem wurde eine das Bewusstsein beeinträchtigende Gefühlswallung gesehen.[234] In der Spezialnorm des § 113 Abs. 1 Nr. 1 StGB-DDR wurde er als „hochgradige Erregung" definiert.[235] Der Affekt erfasse das gesamte Persönlichkeitsgefüge, auch das Denken, die Empfindungen, die Urteils- und Kritikfähigkeit.[236] Sämtliche Funktionen seien beeinträchtigt, was es dem Menschen erschwere, sein Verhalten zu kontrollieren und zu steuern.[237] Der Erregungszustand müsse zudem in beträchtlichem Maße über die bei einer Tatbegehung allgemein vorhandene Erregung hinausgehen.[238] Gleichzeitig führe dieser aber nicht zur vollständigen Aufhebung der Steuerungsfähigkeit, sodass nur von einer Minderung und nicht der erheblichen Beeinträchtigung der Zurechnungsfähigkeit (§ 16) ausgegangen werden könne.[239]

---

227 BG Rostock, Urteil v. 16. Juni 1969 (2 BSB 87/69) NJ 1970, 218 (S. 218).

228 Bemerkungen zum 2. Abschnitt, Schuld (ohne Datum), § 14 (ohne Seitenzahl), BArch DP 1/23052.

229 Lekschas/Mürbe, in: Lehrkommentar zum StGB, § 14, S. 103.

230 Bemerkungen zum 2. Abschnitt, Schuld (ohne Datum), § 14 (ohne Seitenzah), BArch DP 1/23052; Wittenbeck/Amboss/Roehl, in: NJ 1968, 581 (S. 584).

231 Bemerkungen zum 2. Abschnitt, Schuld (ohne Datum), § 14 (ohne Seitenzahl), BArch DP 1/23052.

232 OG, Urteil v. 14. Feb. 1969 (5 Ust 69/68) NJ 1969, 310 (S. 310).

233 Bemerkungen zum 2. Abschnitt, Schuld (ohne Datum), § 14 (ohne Seitenzahl), BArch DP 1/23052.

234 Bemerkungen zum 2. Abschnitt, Schuld (ohne Datum), § 14 (ohne Seitenzahl), BArch DP 1/23052.

235 Bemerkungen zum 2. Abschnitt, Schuld (ohne Datum), § 14 (ohne Seitenzahl), BArch DP 1/23052.

236 Bemerkungen zum 2. Abschnitt, Schuld (ohne Datum), § 14 (ohne Seitenzahl), BArch DP 1/23052.

237 Bemerkungen zum 2. Abschnitt, Schuld (ohne Datum), § 14 (ohne Seitenzahl), BArch DP 1/23052.

238 BG Dresden, Urteil v. 20. Aug. 1975 (4 BSB 414/75) NJ 1976, 112 (S. 112).

239 Bemerkungen zum 2. Abschnitt, Schuld (ohne Datum), § 14 (ohne Seitenzahl), BArch DP 1/23052.

Strafrechtlich relevant i.S. der Norm sollten nur *hochgradige Erregungszustände* sein.[240] In besonderen Fällen sollte die Schwere der Gemütsregung auch zu einer gleichzeitigen Anwendung von § 14 und § 16 führen können.[241] In Ausnahmefällen könne die Bewusstseinsstörung eine solche Intensität erreichen, dass sie die Schwelle zur Unzurechnungsfähigkeit überschreite und die Anwendung von § 15 notwendig mache.[242] In diesen Fällen sei die Schuld des Täters ausgeschlossen.[243]

Strafrechtlich berücksichtigt werden sollte der Affekt jedoch nur, wenn der Täter *unverschuldet* in diesen geraten war.[244]

> Unverschuldet ist z. B. der Affekt, wenn der Täter aus längerer schwerer, von ihm nicht zu vertretender Belastung bereits in seiner Fähigkeit zur Selbstbeherrschung beeinträchtigt und er nunmehr gereizt wurde. Oder wenn der Täter einem Streit aus dem Wege gehen wollte oder auch ging, dennoch immer wieder neu gereizt, dabei ungerechtfertigt beleidigt oder mißhandelt wird.[245]

Nicht ausreichen sollte, wenn sich der Täter trotz der ihm gegebenen Möglichkeit zur Selbstbeherrschung in die Erregung hineinsteigerte und sich in den Affekt hineingleiten ließ, obwohl er die Entstehung des Affekts hätte verhindern können.[246] So sollten verschuldete Affekte, wie sie u. a. bei Sexualdelikten mit anschließender Tötung des Opfers und bei „Rowdybanden" zu finden seien, ausdrücklich nicht zu einer Schuldmilderung führen können.[247] Indizien für die Feststellung des Verschuldens waren die Möglichkeiten, die der Täter in der konkreten Situation genutzt oder nicht genutzt hatte (z. B. rechtzeitiges Verlassen des Streitortes, um dem Streit auszuweichen; bei Erkennen der eigenen Erregung Ablenkung zu suchen; Beruhigungsbemühungen Dritter Folge leisten etc).[248]

---

240 Bemerkungen zum 2. Abschnitt, Schuld (ohne Datum), § 14 (ohne Seitenzahl), BArch DP 1/23052.

241 OG, Urteil v. 21. Apr. 1969 (5 Ust 11/69) NJ 1969, 405 (S. 405); Bemerkungen zum 2. Abschnitt, Schuld (ohne Datum), § 14 (ohne Seitenzahl), BArch DP 1/23052.

242 Bemerkungen zum 2. Abschnitt, Schuld (ohne Datum), § 14 (ohne Seitenzahl), BArch DP 1/23052.

243 Bemerkungen zum 2. Abschnitt, Schuld (ohne Datum), § 14 (ohne Seitenzahl), BArch DP 1/23052.

244 Bemerkungen zum 2. Abschnitt, Schuld (ohne Datum), § 14 (ohne Seitenzahl), BArch DP 1/23052.

245 Bemerkungen zum 2. Abschnitt, Schuld (ohne Datum), § 14 (ohne Seitenzahl), BArch DP 1/23052.

246 Bemerkungen zum 2. Abschnitt, Schuld (ohne Datum), § 14 (ohne Seitenzahl), BArch DP 1/23052.

247 LEKSCHAS/MÜRBE, in: Lehrkommentar zum StGB, § 14, S. 103.

248 Bemerkungen zum 2. Abschnitt, Schuld (ohne Datum), § 14 (ohne Seitenzahl), BArch DP 1/23052; vgl. auch OG, Urteil v. 21. Apr. 1969 (5 Ust 11/69) NJ 1969, 405 (S. 406).

bb) Außergewöhnliche objektive und subjektive Umstände

Eine Schuldmilderung konnte auch bei außergewöhnlichen objektiven und subjektiven Umständen gegeben sein.[249] Diese mussten die Entscheidungsfähigkeit außergewöhnlich negativ beeinträchtigt haben.[250] Unter der Entscheidungsfähigkeit wurde die Fähigkeit verstanden, sich „besonnen und sachgerecht gesellschaftsgemäß zu verhalten".[251] Außergewöhnliche Umstände sollten insbesondere vorliegen, wenn der Täter in eine besonders schwierige psychische Konfliktsituation geraten ist und sich innerhalb dieser Konfliktsituation zum Handeln entschlossen hat.[252] Auch in diesen Fällen kam es darauf an, dass der Täter die außergewöhnlichen Umstände nicht selbst verschuldet hatte.[253] Tatumstände, die in der Persönlichkeit des Täters lagen (z. B. jugendliches Alter, negativer Einfluss, sexuelle Neugier, gesellschaftliches Verhalten vor und nach der Tat) sollten mit § 14 nicht erfasst werden.[254] So sollte eine psychische Verstimmung, die in der Folge schuldhaften übermäßigen Alkoholgenusses begründet liege, nicht § 14 begründen können.[255]

c) Verminderte Zurechnungsfähigkeit (§ 16)

Die verminderte Zurechnungsfähigkeit war in § 16 geregelt. Sie bestand darin, „daß die Fähigkeit eines Menschen, sich bei einem Entschluß zum Handeln von den gesellschaftlichen Verhaltensnormen leiten zu lassen, unter bestimmten, im Strafgesetz genannten Bedingungen erheblich beeinträchtigt [war]."[256] Diese Beeinträchtigungen konnten zu einer geringeren Schuld führen.[257] Grund dafür war, dass die krankhaften oder krankheitswertigen Bedingungen dem Täter die richtige Entscheidung erschwerte.[258] Darin sah man eine Graduierung der Zurechnungs-

249 Bemerkungen zum 2. Abschnitt, Schuld (ohne Datum), § 14 (ohne Seitenzahl), BArch DP 1/23052.

250 Stadtgericht Groß-Berlin, Urteil v. 1. Dez. 1969 (102 c BSB 130/69) NJ 1970, 247 (S. 248). Bemerkungen zum 2. Abschnitt, Schuld (ohne Datum), § 14 (ohne Seitenzahl), BArch DP 1/23052.

251 Bemerkungen zum 2. Abschnitt, Schuld (ohne Datum), § 14 (ohne Seitenzahl), BArch DP 1/23052.

252 Bemerkungen zum 2. Abschnitt, Schuld (ohne Datum), § 14 (ohne Seitenzahl), BArch DP 1/23052.

253 Bemerkungen zum 2. Abschnitt, Schuld (ohne Datum), § 14 (ohne Seitenzahl), BArch DP 1/23052.

254 BG Schwerin, Urteil v. 28. Okt. 1968 (Kass. S. 2/68) NJ 1968, 733 (S. 733). Siehe auch Bemerkungen zum 2. Abschnitt, Schuld (ohne Datum), § 14 (ohne Seitenzahl), BArch DP 1/23052.

255 OG, Urteil v. 13. März 1969 (5 Ust 7/69) NJ 1969, 282 (S. 282). Siehe auch Bemerkungen zum 2. Abschnitt, Schuld (ohne Datum), § 14 (ohne Seitenzahl), BArch DP 1/23052.

256 Bemerkungen zum 2. Abschnitt, Schuld (ohne Datum), § 16 (ohne Seitenzahl), BArch DP 1/23052. Anm.: In dem Originaldokument finden sich handschriftliche Korrekturen. Diese wurden in das Zitat mit aufgenommen. Vgl. auch LEKSCHAS/MÜRBE, in: Lehrkommentar zum StGB, § 16, S. 107.

257 Bemerkungen zum 2. Abschnitt, Schuld (ohne Datum), § 16 (ohne Seitenzahl), BArch DP 1/23052.

258 Bemerkungen zum 2. Abschnitt, Schuld (ohne Datum), § 16 (ohne Seitenzahl), BArch DP 1/23052.

fähigkeit.[259] *Roehl* betonte, dass sich sowohl die Zurechnungsfähigkeit als auch die verminderte Zurechnungsfähigkeit nicht abstrakt herauslösen lassen würden, sondern immer konkret an den gesellschaftlichen Anforderungen der Gesellschaft gemessen werden müssten und somit eine soziale Natur hätten.[260]

aa) Krankhafte Störungen der Geistestätigkeit bzw. Bewusstseinsstörungen

Krankhafte Störungen der Geistestätigkeit sowie Bewusstseinsstörungen sollten, sofern sie nicht bereits zum Ausschluss der Zurechnungsfähigkeit führten, auch eine Verminderung der Zurechnungsfähigkeit darstellen können[261] – so z. B. der pathologisch gefärbte Rausch[262] oder eine Hirnschädigung[263].

bb) Schwerwiegende abnorme Entwicklung der Persönlichkeit mit Krankheitswert

Bei der schwerwiegenden abnormen Entwicklung der Persönlichkeit mit Krankheitswert handelte es sich um ein neu geschaffenes Tatbestandsmerkmal.[264] Dieses Kriterium konnte nur zur verminderten Zurechnungsfähigkeit, nicht aber zur Unzurechnungsfähigkeit führen.[265] Die krankheitswertige Fehlentwicklung des Täters musste dafür das Ausmaß einer krankhaften Störung erreicht haben.[266] Voraussetzung war auch hier, dass sich die Fehlentwicklung auf die Entscheidungs- bzw. Steuerungsfähigkeit zum Zeitpunkt der Tat ausgewirkt hatte.[267]

Die Formulierung „Krankheitswert" sollte als Abgrenzungskriterium von anderen Beeinträchtigungen wie „sittlich-soziale Verwahrlosung", „Asozialität" oder „ideologische Fehlhaltung" dienen.[268] Diese sollten nicht unter den Anwendungsbereich der Norm fallen.[269] Erfasst waren vielmehr Fehlentwicklungen, welche häufig durch eine frühkindliche oder spätere Hirnschädigung oder andere schwere Entwicklungsbedingungen entstünden.[270] Sie wurde als schwerwiegend erachtet, wenn die Persönlichkeit allgemein oder in bestimmten Bereichen erheblich von der

---

259 Bemerkungen zum 2. Abschnitt, Schuld (ohne Datum), § 16 (ohne Seitenzahl), BArch DP 1/23052; Lekschas/Mürbe, in: Lehrkommentar zum StGB, § 16, S. 106 f.

260 Roehl, in: SuR 1970, 1957 (S. 1960).

261 Bemerkungen zum 2. Abschnitt, Schuld (ohne Datum), § 16 (ohne Seitenzahl), BArch DP 1/23052.

262 Bemerkungen zum 2. Abschnitt, Schuld (ohne Datum), § 16 (ohne Seitenzahl), BArch DP 1/23052.

263 OG, Urteil v. 21. Apr. 1969 (5 Ust 11/69) NJ 1969, 405 (S. 405). Siehe auch Bemerkungen zum 2. Abschnitt, Schuld (ohne Datum), § 16 (ohne Seitenzahl), BArch DP 1/23052.

264 Dies hob auch *Roehl* in seinem Aufsatz hervor: Roehl, in: SuR 1970, 1957 (S. 1957).

265 Bemerkungen zum 2. Abschnitt, Schuld (ohne Datum), § 16 (ohne Seitenzahl), BArch DP 1/23052.

266 Bemerkungen zum 2. Abschnitt, Schuld (ohne Datum), § 16 (ohne Seitenzahl), BArch DP 1/23052.

267 Wittenbeck/Amboss/Roehl, in: NJ 1968, 581 (S. 583).

268 Wittenbeck/Amboss/Roehl, in: NJ 1968, 581 (S. 583).

269 Hintergrund dessen war, dass das StGB-DDR eigene Straftatbestände zur Ahndung „asozialen" Verhaltens vorsah. Vgl. §§ 145, 249 StGB-DDR.

270 Bemerkungen zum 2. Abschnitt, Schuld (ohne Datum), § 16 (ohne Seitenzahl), BArch DP 1/23052.

Norm abwich.[271] Sie musste zudem so stark ausgeprägt sein, dass sie der Befähigung zur Einsichtsbildung und Willensbeherrschung einer krankhaften Störung der Geistestätigkeit oder Bewusstseinsstörung gem. § 16 Abs. 1 gleichkam.[272] So konnten z. B. altersbedingte Abbauprozesse zu einer solchen schwerwiegenden abnormen Entwicklung der Persönlichkeit von Krankheitswert führen.[273] *Roehl* war der Meinung, dass Triebstörungen wie z. B. Exhibitionismus eine Fehlentwicklung gem. § 16 Abs. 1 StGB-DDR darstelle.[274] Er sah das Hauptproblem darin, festzustellen, welche psychopathischen Persönlichkeitsentwicklungen unter das Merkmal der schwerwiegenden abnormen Entwicklung der Persönlichkeit mit Krankheitswert fielen.[275] Das zeige sich schon darin, dass der Begriff der Psychopathie in der Psychiatrie umstritten sei.[276] Hatte der Täter die verminderte Zurechnungsfähigkeit selbst verschuldet (z. B. beim Aufschaukeln eines Affekts, „asozialem" Lebenswandel oder infolge schuldhaft herbeigeführten Rauschzustandes) sollte keine außergewöhnliche Strafmilderung möglich sein.[277] Eine Alkoholbeeinträchtigung konnte sich unter Umständen sogar schulderschwerend auswirken.[278]

Die Täterpersönlichkeit sollte immer in ihrer Entwicklung und ihren Beziehungen zur Umwelt betrachtet werden.[279] Dies musste durch ein psychiatrisches Gutachten festgestellt werden,[280] durch welches tief in diese Zusammenhänge eingedrungen werden sollte.[281] Auch das „soziale Milieu" sollte bei der Feststellung der Täterpersönlichkeit berücksichtigt werden.[282] Gem. § 16 Abs. 3 StGB-DDR konnte das Gericht auch anstelle oder neben einer Maßnahme der strafrechtlichen Verantwortlichkeit die Einweisung des Täters in eine psychiatrische Einrichtung anordnen.[283] Unklar war jedoch zunächst, in welchen Fällen eine Einweisung ohne

---

271 Bemerkungen zum 2. Abschnitt, Schuld (ohne Datum), § 16 (ohne Seitenzahl), BArch DP 1/23052.

272 Bemerkungen zum 2. Abschnitt, Schuld (ohne Datum), § 16 (ohne Seitenzahl), BArch DP 1/23052.

273 Poppe, in: Medizinisch-juristische Grenzfragen, 79–86 (S. 83).

274 Roehl, in: SuR 1970, 1957 (S. 1967).

275 Roehl, in: SuR 1970, 1957 (S. 1968).

276 Roehl, in: SuR 1970, 1957 (S. 1968).

277 Bemerkungen zum 2. Abschnitt, Schuld (ohne Datum), § 16 (ohne Seitenzahl), BArch DP 1/23052. Dies war auch schon unter Anwendung des RStGB gängige Rechtspraxis. Vgl. dazu OG, Urteil v. 26. Mai 1962 (5 Ust 24/67) NJ 1967, 449; OG, Urteil v. 2. Juni 1967 (5 Zst 10/67) NJ 1967, 543; Dähn/R. Schröder, in: NJ 1967, 704 (S. 706).

278 Bemerkungen zum 2. Abschnitt, Schuld (ohne Datum), § 16 (ohne Seitenzahl), BArch DP 1/23052.

279 Roehl, in: SuR 1970, 1957 (S. 1961).

280 Bemerkungen zum 2. Abschnitt, Schuld (ohne Datum), § 16 (ohne Seitenzahl), BArch DP 1/23052. Vgl. auch OG, Urteil v. 5. Juli 1968 (5 Ust 33/68) NJ 1968, 567.

281 Roehl, in: SuR 1970, 1957 (S. 1961).

282 Roehl, in: SuR 1970, 1957 (S. 1961).

283 Wittenbeck/Amboss/Roehl, in: NJ 1968, 581 (S. 584).

eine gleichzeitige Maßnahme der strafrechtlichen Verantwortlichkeit gerechtfertigt sein sollte.[284] Weiterhin sollten diese Entscheidungen nur nach Anhörung medizinischer Sachverständiger ergehen.[285] Später heißt es in dem Entwurf des Kommentars, dass statt einer Maßnahme der strafrechtlichen Verantwortlichkeit auch eine Einweisung angeordnet werden könne, wenn die Gründe, die zur verminderten Schuldfähigkeit geführt hatten, überwiegend psychopathologischer Natur gewesen waren und dadurch ärztlich auf die Täterpersönlichkeit eingewirkt werden müsse.[286] Der Verzicht auf eine Strafe musste jedoch im Hinblick auf den Charakter, die Schwere und die Auswirkungen der Tat gesellschaftlich vertretbar gewesen sein.[287]

II. Stellungnahme zu den Regelungen der Schuld

In diesem Abschnitt wird zu den im StGB-DDR in Kraft getretenen Regelungen zur Schuld Stellung genommen. Dazu werden Erkenntnisse aus den vorherigen Abschnitten aufgegriffen und zusammengeführt. Es werden die folgenden Punkte herausgearbeitet:

1. Die Regelungen zur Schuld beinhalteten überwiegend keine rechtlichen Neukonzeptionen, 2. das Konzept der Entscheidung wurde trotz Entfernung aus der allgemeinen Schulddefinition vorausgesetzt und 3. der Legaldefinition des Vorsatzes fehlte jeglicher Mehrwert.

Punkt 1 und 2 scheinen sich zunächst zu widersprechen. Allerdings wird sich zeigen, dass dies keinen Widerspruch darstellt, da die Konzeption der Entscheidung auf alten Annahmen aufbaute. Zunächst sollen Punkt 2 und 3 behandelt werden, da diese spezifischer und selbst auch Teil des Gesamteindrucks sind, welcher unter Punkt 1 behandelt werden soll.

1. Anwendung des Konzepts der Entscheidung

Nach der umfassenden Kritik von *Friebel* war, auch wenn *Lekschas* sich dagegen gewehrt hatte, festgestellt worden, dass sich der Entscheidungsbegriff nicht für jede Schuldform eignete, da nicht jedes Handeln aufgrund einer Entscheidung getroffen werde.[288] Als Konsequenz war die „Entscheidung" als Zentralbegriff der Schuld entfernt worden und mit dem Prinzip der „Verantwortungslosigkeit" ersetzt

284 WITTENBECK/AMBOSS/ROEHL, in: NJ 1968, 581 (S. 584).

285 WITTENBECK/AMBOSS/ROEHL, in: NJ 1968, 581 (S. 584).

286 Bemerkungen zum 2. Abschnitt, Schuld (ohne Datum), § 16 (ohne Seitenzahl), BArch DP 1/23052.

287 Bemerkungen zum 2. Abschnitt, Schuld (ohne Datum), § 16 (ohne Seitenzahl), BArch DP 1/23052.

288 Siehe Kapitel 7.IV.

worden.[289] Damit fand sich der Entscheidungsbegriff formal konsequenterweise nur noch beim Vorsatz (§ 6) und bei den Fahrlässigkeitsformen, die eine bewusste Pflichtverletzung forderten (§§ 7, 8 Abs. 1), wieder.

Problematisch erscheint jedoch das Abstellen auf die Entscheidungsfähigkeit bei Schuldausschluss- bzw. Schuldmilderungsgründen.[290] Zwar war das Wesen der Schuld in einer allgemeinen Schulddefinition positiv definiert worden, die Definition war jedoch so vage gehalten worden, dass es unmöglich gewesen sein dürfte, echte Schuldvoraussetzungen daraus abzuleiten; die allgemeine Schulddefinition hatte deklaratorischen Charakter. Umso wichtiger erscheinen deshalb die Normen der Zurechnungsunfähigkeit. Sie definierten die Schuld negativ und enthielten konkrete Prüfungsvoraussetzungen, von denen das Vorliegen der Schuld oder Nichtschuld abgeleitet werden konnte. Dass in der Norm zur Unzurechnungsfähigkeit nun auf die Entscheidungsfähigkeit abgestellt wurde, zeigt, dass noch immer vom weiten Entscheidungsbegriff *Lekschas*‘ ausgegangen worden ist und die Entfernung des Begriffs aus dem allgemeinen Schuldbegriff nur ästhetische Gründe hatte. Durch die Entfernung des Entscheidungsbegriffs aus der allgemeinen Schulddefinition sollte die Problematik umgangen werden, dass bestimmte Fälle der Fahrlässigkeit nicht mehr von der Schulddefinition erfasst würden. Dadurch, dass in der Negativdefinition (der Zurechnungsunfähigkeit) jedoch weiterhin auf die Entscheidungsfähigkeit abgestellt wurde, war das Problem nicht beseitigt worden. In der Konsequenz hätte dies bedeutet, dass nach der engen Auslegung des Entscheidungsbegriffs nach *Friebel* jemand, der nach § 8 Abs. 2 eine Pflichtverletzung aufgrund von „verantwortungsloser Gleichgültigkeit“ oder wegen der „Gewöhnung aufgrund disziplinloser Einstellung“ begangen hatte, nicht von einem Schuldausschluss nach § 15 oder einer Schuldmilderung gem. § 16 hätte profitieren können, da es an einer Entscheidung gemangelt hätte. Dieses Ergebnis dürfte wohl kaum gewollt gewesen sein. Für die Annahme, dass der weite Entscheidungsbegriff weiterhin der Schuld zugrunde lag, spricht darüber hinaus auch, dass der Entscheidungsbegriff zwar durch das Prinzip der Verantwortlichkeit ersetzt worden ist, dieses aber keine eigene Funktion entfaltete und daher ein Schattendasein führte.[291]

---

289 Siehe Kapitel 7.V.5.

290 Dies betraf insbesondere die Formulierungen in den Normen zur Zurechnungsunfähigkeit und der verminderten Zurechnungsfähigkeit.

291 So ergab sich aus dem Lehrkommentar, dass der Begriff der Verantwortlichkeit lediglich alle Schuldformen zusammenfassen solle. Vgl. Lekschas/Mürbe, in: Lehrkommentar zum StGB, § 5, S. 84 f.

2. Alte Vorsatzdefinition in neuem Gewand

Während die Legaldefinitionen der Fahrlässigkeit und der Pflichten eine Prüfungsanleitung durch die Normierung der einzelnen Prüfungsvoraussetzungen enthielten, muss dies für den Vorsatz verneint werden. Die Vorsatzdefinition knüpfte sowohl für den bedingten als auch für den unbedingten Vorsatz an eine „bewusste Entscheidung" an.[292] Was eine Entscheidung sein sollte, wurde jedoch nicht gesetzlich definiert. Eine Entscheidung sollte sich jedoch dadurch auszeichnen, dass der Täter sich nicht für ein anderes Verhalten entschieden habe,[293] woraus durchaus auf ein „Wollen" des Täters, zumindest i. S. eines billigenden Inkaufnehmens geschlossen werden kann. Das Merkmal „bewußt" verlangte hingegen das „Wissen" des Täters um die Folgen seiner Handlung. Die Vorsatzdefinition enthielt somit ein voluntatives und ein intellektuelles Moment und es handelte sich im Ergebnis, wie zu Recht von *Friebel* gerügt, um die alte Vorsatzformel in einem neuen Gewand. Durch die Verwendung der alten Vorsatzformel konnten somit auch keine neuen Ergebnisse bzgl. alter Rechtsprobleme, wie z. B. der Abgrenzung von Vorsatz und Fahrlässigkeit, erzielt werden. Faktisch gesehen hatte die Neuformulierung der Vorsatzdefinition deshalb keinerlei Mehrwert.

3. Fehlen neuer rechtlicher Konzeptionen

Die Analyse der Entwicklung der Schuldregelungen ergibt, dass kaum neue rechtliche Konzeptionen erdacht und eingeführt worden sind. So scheint zwar zunächst die Konzeption der Entscheidung eine derartige Neuerung darzustellen, es stellte sich jedoch heraus, dass diese zur Charakterisierung der Schuld nicht geeignet war, weil sie nicht alle gewünschten Schuldformen erfassen konnte und zum anderen keine konkreten Kriterien lieferte, die z. B. für die Abgrenzung der verschiedenen Vorsatzarten bzw. für die Abgrenzung von Vorsatz und Fahrlässigkeit benötigt wurden. Daher bedurfte es eines Rückgriffs auf ältere Lehren, sodass die „Entscheidung" nicht als neues Rechtskonzept qualifiziert werden kann.

Die Einschränkung der Fahrlässigkeitsstrafbarkeit auf bewusste Pflichtverletzungen war zwar an die Ideen *Feuerbachs* angelehnt, stellte in ihrer Umsetzung zunächst eine eigene Konzeption dar, da anders als bei *Feuerbach* unbewusste Pflichtverletzungen zunächst straflos bleiben sollten. Diese wurde jedoch bald ausgehöhlt, indem Ausnahmen vom Grundprinzip zugelassen wurden, die so weitreichend waren, dass nicht mehr vom Grundsatz der Straflosigkeit unbewusster Pflichtverletzungen gesprochen werden konnte. Wie weitreichend diese Ausnahmen waren,

292 Siehe Kapitel 8 I.2.a)bb).

293 Siehe Kapitel 8.I.2.a)aa).

zeigt sich z. B. anhand der „verantwortungslosen Gleichgültigkeit", bei welcher von einer Pflicht, sich „vorsichtig und umsichtig zu verhalten" ausgegangen wird.[294] Damit hatte eine allgemeine Sorgfalts- bzw. Handlungspflicht i.S. *Feuerbachs* dennoch ihre Wirkung entfaltet, sodass von einem eigenen Rechtskonzept nicht die Rede sein kann.

Die Normierung der Pflichten in § 9 kann als begrüßenswerte Entwicklung eingeordnet werden, wenngleich ihre Definition inhaltlich vergleichbar mit den „bürgerlichen" Sorgfaltspflichten blieb.[295] Auch die Schuldausschließungs- sowie Schuldmilderungsgründe wiesen nur bedingt Neuerungen auf. So blieben die Voraussetzungen der Zurechnungsfähigkeit und der verminderten Zurechnungsfähigkeit fast wortgleich zu den Voraussetzungen des RStGB. Lediglich die Einführung der Tatbestandsvoraussetzung der „schwerwiegenden abnormen Entwicklung der Persönlichkeit mit Krankheitswert" bei der verminderten Zurechnungsfähigkeit stellte eine Neuerung dar, begegnete den Bürgern jedoch mit einer echten gesetzlichen Härte, da die „schwerwiegende abnorme Entwicklung der Persönlichkeit mit Krankheitswert" keinen Schuldausschluss, sondern nur eine Schuldmilderung zuließ.

Insgesamt muss deshalb festgestellt werden, dass zwar die begrüßenswerte Tendenz bestand, Legaldefinitionen zu schaffen, diese jedoch nicht immer einen Mehrwert boten und darüber hinaus keine eigenen rechtlichen Konzeptionen zur Schuld erdacht wurden. Die Regelungen wurden zwar in ein neues Gewand gekleidet, an einigen Stellen waren die DDR-Strafrechtswissenschaftler jedoch dazu gezwungen, auf ältere Lehren und Konzepte zurückzugreifen.

---

294 Siehe Kapitel 8.I.2.b)cc)(1).

295 Siehe Kapitel 8.I.2.c)ff).

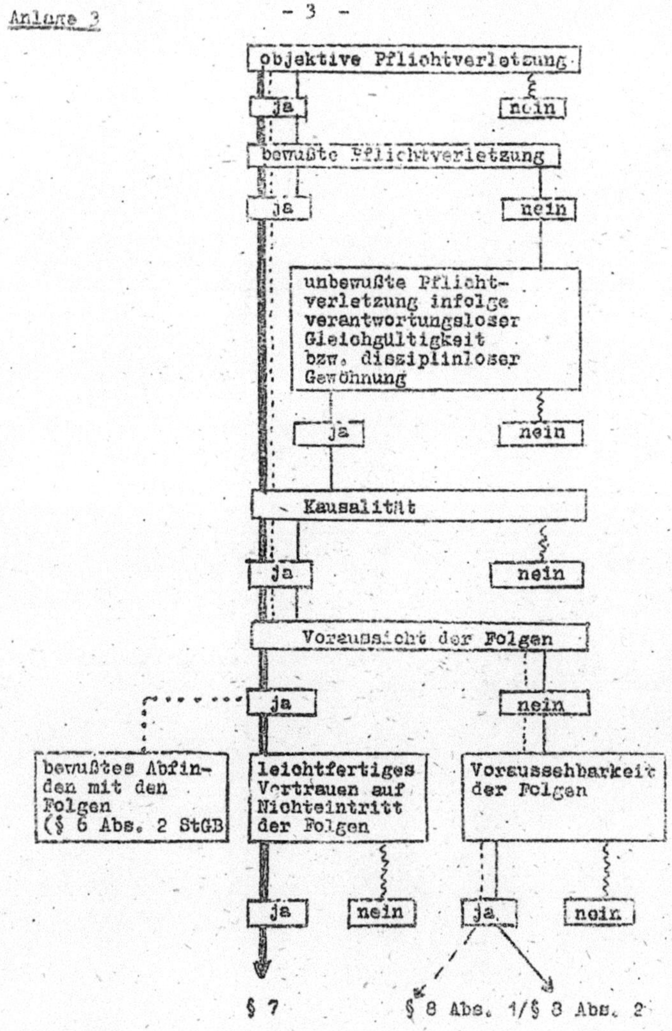

Abb. 3: Flussdiagramm zur Einordnung der Fahrlässigkeit
Abbildung aus dem Bundesarchiv, die mit einer Schreibmaschine angefertigt wurde (entnommen aus dem Bericht zu Problemen der strafrechtlichen Schuld vom 6.2.1973, BArch DA 5/10313). Auch veröffentlicht als dritte Beilage in der Zeitschrift NJ im Jahr 1973, in: NJ Beilage 3/73, Heft 9, 1 (S. 16).

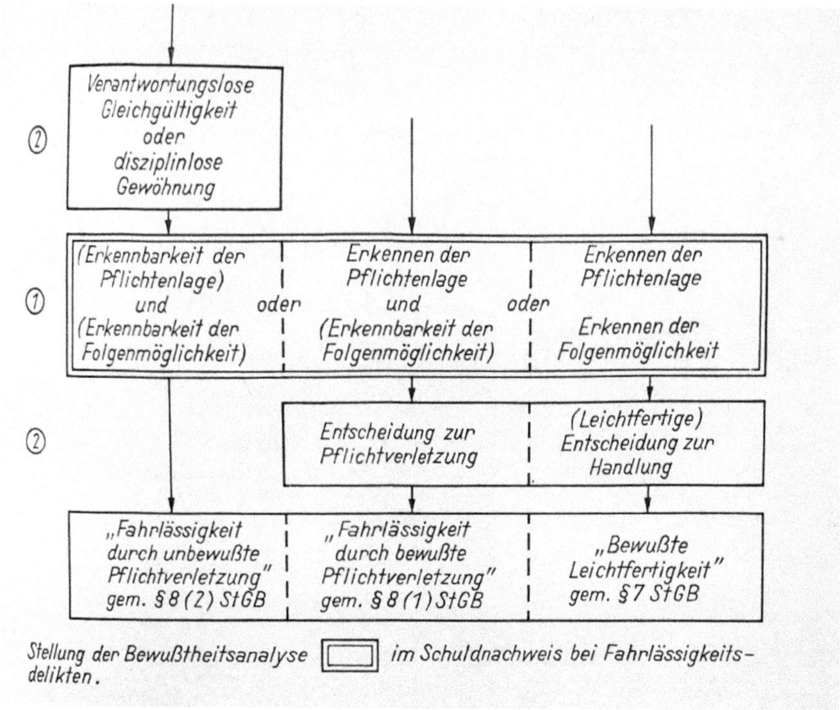

Abb. 4: Darstellung verschiedener Fahrlässigkeitsarten und die Anknüpfungspunkte der Vorwerfbarkeit Entnommen bei Gäbler, in: Studien zur Schuld, 75–93 (S. 81).

9. Schlussbetrachtungen

Zum Schluss werden die wichtigsten Erkenntnisse der einzelnen Kapitel sowie die Entwicklung der Schuldregelungen nochmals dargestellt und mit einem abschließenden Fazit versehen.

I. Überprüfung des RStGB und Regierungskommission

Zu Beginn des Untersuchungszeitraums ab 1949 gab es so gut wie keine Auseinandersetzung mit den Regelungen der Schuld.[1] Dies änderte sich ab 1952 mit Gründung der „Kommission zur Überprüfung strafrechtlicher Gesetze". Die „Kommission zur Überprüfung der strafrechtlichen Gesetze" stand in engem Austausch mit der sowjetischen Kontrollkommission und sollte die bisherigen Strafgesetze auf die Vereinbarkeit mit sozialistischen Grundsätzen überprüfen. Dazu reiste sogar eine Delegation nach Moskau und empfahl als Ergebnis dieses Aufenthalts die Übernahme des sowjetischen Strafrechtssystems.[2] Mit der Überprüfung der Schuldregelungen des RStGB war der noch junge Strafrechtswissenschaftler *John Lekschas* betraut worden, welcher als nicht ständiges Mitglied der Kommission agierte.[3] *Lekschas* kam zu dem Ergebnis, dass es bei alleiniger Betrachtung der Schuldregelungen des RStGB keiner Neukodifikation des Strafrechts bedürfe, da diese eine Umdeutung der Schuld zu einem sozialistischen Schuldverständnis ermöglichten.[4] Zeitgleich zu den Arbeiten der Kommission konnte ein erster Ansatz einer Fachdiskussion in einer der Fachzeitschriften beobachtet werden.[5]

Die Kommission zur Überarbeitung der Strafgesetze kam nach Betrachtung des RStGB in ihrem Gesamtbericht zu dem Ergebnis, dass eine Anpassung der bestehenden Regelungen des RStGB nicht genügen würde und empfahl aus diesem Grund die Neukodifikation des StGB.[6] Daraufhin wurde eine Regierungskommission eingesetzt, welche ein solches StGB erarbeiten sollte. Der Entwurf dieser Kommission wurde 1952/53 fertiggestellt[7] und ist als „Allgemeines Strafgesetzbuch" (AStGB) bekannt. Der Entwurf scheiterte jedoch im Jahr 1953 nach einer

1 Siehe Kapitel 3.
2 Siehe Kapitel 3.II.
3 Siehe Kapitel 3.II.1.
4 Siehe Kapitel 3.II.2.
5 Siehe Kapitel 3.III.
6 Siehe Kapitel 3.II.
7 Siehe Kapitel 3.IV.

Kritik der sowjetischen Kontrollkommission.[8] Gründe dafür waren der Kurswechsel in der Sowjetunion, ausgelöst durch den Tod *Stalins* (5. März 1953) und die Massenproteste vom 17. Juni 1953 in der DDR.[9]

II. Diskussion des AStGB-Entwurfs

1955 gab eine Monografie von *Lekschas* neue Impulse für eine Schulddiskussion. Diese hatte große Ähnlichkeiten mit dem Entwurf von 1952/53, sodass vermutet werden kann, dass *Lekschas* die Ausarbeitungen des Entwurfs der Fachöffentlichkeit zugänglich machen wollte. Der Entwurf des AStGB war zuvor nie veröffentlicht worden.[10] Themenschwerpunkt der Diskussion, welche sich jedoch maßgeblich auf Formulierungsfragen beschränkte, war der Schuldbegriff.[11]

Der Entwurf bzw. die Ausführungen *Lekschas* gingen anders als die Kodifikationen vieler sozialistischer Länder vom Schuldprinzip aus.[12] Der entworfene Schuldbegriff wies Parallelen zum sog. materiellen Verbrechensbegriff der Sowjetunion auf. Darüber hinaus sollte ein wesentliches Merkmal der Schuld die Einstellung des Täters darstellen. Die Einführung des Merkmals der „Einstellung" hätte wahrscheinlich eine Subjektivierung des Strafrechts bedeutet.[13] Weiterhin konnte in Übereinstimmung mit Autoren der 60er und 70er Jahren aus der Bundesrepublik gezeigt werden, dass es sich bei dem ab diesem Zeitpunkt vertretenen Schuldbegriff um einen normativen Schuldbegriff handelte, obwohl dieser von den DDR-Rechtswissenschaftlern strikt abgelehnt wurde.[14] Vorsatz und Fahrlässigkeit wurden aus der Sowjetunion rezipiert, waren jedoch mit dem Verständnis der Lehren in der Bundesrepublik vergleichbar, da sich die Sowjetunion auf eine Rechtstradition stützte, welche westeuropäische Lehren im 19. Jahrhundert importiert hatten.[15] Schuldausschlussgründe und Schuldmilderungsgründe waren nicht vereinbar mit der Annahme von erschöpfenden Schuldarten und bildeten zunächst keinen Themenschwerpunkt.[16]

---

8 Siehe Kapitel 3.IV.1.
9 Siehe Kapitel 3.IV.1.
10 Siehe Kapitel 3.IV.2.
11 Siehe Kapitel 3.IV.2.f).
12 Siehe Kapitel 3.IV.2.a).
13 Siehe Kapitel 3. IV.2.b)bb).
14 Siehe Kapitel 3.III. und Kapitel 2.III.
15 Siehe Kapitel 3.IV.2.c) und Kapitel 3.IV.2.d).
16 Siehe Kapitel 3.IV.2.e).

III. StGB-Kommission (1957–1963)

Die Gründung der „Kommission zur Ausarbeitung eines Strafgesetzbuches“ (StGB-Kommission) im Jahr 1957 versprach, Schwung in das Gesetzesvorhaben zu bringen. Die StGB-Kommission wirkte bis 1963 und erarbeitete sieben Gesetzesentwürfe zum Allgemeinen Teil eines StGB.[17] Die StGB-Kommission wurde von *H. Benjamin* geleitet und bestand aus einer Grundkommission und verschiedenen Unterkommissionen. Die Grundkommission war für die Erarbeitung des Allgemeinen Teils zuständig und koordinierte bzw. leitete die Unterkommissionen.[18] Auch *Lekschas* wirkte als Grundkommissionsmitglied an der Erarbeitung des StGB mit.[19] Die Erarbeitung des ersten Entwurfs kann in verschiedene Etappen eingeteilt werden.

Die **erste Etappe** (Oktober 1957–Juli 1958) diente den Vorarbeiten des ersten Entwurfs. In dieser Zeit war das Projekt langfristig geplant worden und die Arbeit beschränkte sich noch auf die der Grundkommission. Dabei sollte ein ganz neues Konzept für ein StGB erarbeitet werden.[20] In dieser Zeit sah *Lekschas* die (antisozialistische) Einstellung als Hauptcharakteristikum der Schuld an.[21] Dies äußerte er in seiner Schrift „Über die Strafwürdigkeit von Fahrlässigkeitsverbrechen“, bei welcher es sich wahrscheinlich um einen Arbeitsauftrag der Abteilung Strafrecht des DIR gehandelt hatte.[22] Er kritisierte darin die bisherigen Auffassungen zur Fahrlässigkeit und entwarf eine eigene Theorie zur Fahrlässigkeitsstrafbarkeit, welche an die Gedanken *Feuerbachs* zur *culpa dolo determinata* angelehnt war.[23] *Lekschas* Konzeption nach sollten nur bewusste Pflichtverletzungen strafbar sein.[24]

Schon 1958 musste die Kommission ihre Arbeitsweise und ihren Zeitplan anpassen. Mit der Neuausrichtung der StGB-Kommission begann die **zweite Etappe** (Juli 1958–Sommer 1959).[25] Eine Fertigstellung des Entwurfs, wie vorgesehen bis zum Juli 1959, war nicht einhaltbar gewesen. Mit der Anpassung der Arbeitsweise wurde auch festgelegt, dass nach außen hin „massenpolitisch“ gearbeitet werden sollte. Arbeitsergebnisse sollten öffentlich gemacht werden, was die Grundkommission in vierteljährlichen Popularisierungs- und Diskussionsplänen planen sollte.[26] Die

17 Siehe Kapitel 4.

18 Siehe Kapitel 4.I. Die Gründung der Unterkommissionen erfolgte jedoch erst durch die Anpassung des Arbeits- und Zeitplans in der zweiten Etappe der Entwurfserarbeitung des ersten Entwurfs (siehe Kapitel 4.II.2.a)).

19 Siehe Kapitel 4.I.

20 Siehe Kapitel 4.II.1.

21 Siehe Kapitel 4.II.1.a).

22 Siehe Kapitel 4.II.1.b).

23 Siehe Kapitel 4.II.1.b)aa) und Kapitel 4.II.1.b)bb)(3).

24 Siehe Kapitel 4.II.1.b)bb)(3).

25 Siehe Kapitel 4.II.2.

26 Siehe Kapitel 4.II.2.a).

zweite Etappe endete mit der Fertigstellung des ersten Entwurfs.[27] Für die Schuld wurden zwei Entwurfsvorschläge zur Diskussion gestellt.[28]

Der erste Vorschlag orientierte sich an *Lekschas* Werk „Über die Strafwürdigkeit von Fahrlässigkeitsverbrechen"[29] und enthielt wesentliche Grundgedanken des Werks in abgeschwächter Form (die Eingrenzung der Strafbarkeit nur auf bewusste Pflichtverletzungen war relativiert worden),[30] während der zweite Vorschlag am Entwurf des AStGB von 1952/53 ausgerichtet war.[31] Mit dem Vorschlag von *Lekschas* war auch die Auffassung, dass für eine Strafbarkeit ein Bewusstsein der Rechtswidrigkeit vorliegen müsse, aufgegeben worden.[32] Beide Vorschläge enthielten zudem keine Übereinstimmungen zu den 1958 veröffentlichten *Grundsätzen* der Sowjetunion.[33] Einige Autoren kritisierten *Lekschas* Entwurf stark und argumentierten vornehmlich für die Formulierung des AStGB-Entwurfs, was zeigt, dass die DDR-Rechtswissenschaftler mit erheblichen Schwierigkeiten kämpften, sich von alten Rechtstraditionen zu lösen.[34]

Mit der Fertigstellung des Entwurfs 1959 folgte eine vernichtende Kritik der Kommission für Staats- und Rechtsfragen beim Zentralkomitee der SED. Diese machte die Überarbeitung des Entwurfs notwendig und kann zeitlich als **dritte Etappe** eingeordnet werden.[35] Die Überarbeitung erfolgte bzgl. der Schuldregelungen umfassend. Eine eigens dafür gegründete Unterkommission war mit der Überarbeitung betraut worden.[36] Die UK erhielt die Anweisung, die „Ideologie" mit den Schuldregelungen zu verknüpfen und von den „bürgerlichen" Lehren abzugrenzen.[37] Die Fahrlässigkeitsstrafbarkeit sollte auf den Arbeiten von *Lekschas* aufbauen, was schon an dieser Stelle den Einfluss von *Lekschas* verdeutlicht.[38] Gleichzeitig bedeutete dies, dass auch nicht weiter auf den Entwurf von 1952/53 zurückgegriffen werden sollte. Der Rückgriff war vom Zentralkomitee der SED als Hemmnis für die Weiterentwicklung des Strafrechts kritisiert worden.[39] Die daraufhin erarbeiteten Schuldregelungen gingen auf einen Vorschlag von *Lekschas* Arbeitsgruppe zur

27 Siehe Kapitel 4.II.2.b).
28 Siehe Kapitel 4.II.2.b)bb).
29 Siehe Kapitel 4.II.2.b)bb)(1).
30 Siehe Kapitel 4.II.2.b)bb)(1)(b).
31 Siehe Kapitel 4.II.2.b)bb)(2).
32 Siehe Kapitel 4.II.2.b)bb)(1)(a).
33 Siehe Kapitel 4.III.
34 Siehe Kapitel 4.II.2.b)bb)(4).
35 Siehe Kapitel 5.I.
36 Siehe Kapitel 5.II.1.
37 Siehe Kapitel 5.II.
38 Siehe Kapitel 5.II.2.
39 Siehe Kapitel 5.II.

Schuld zurück.[40] Die Beschränkung der allgemeinen Schulddefinition auf die Nennung des Schuldprinzips und der Schuldformen im überarbeiteten Entwurf stellte eine 180-Grad-Wende dar, welche sowohl die in der StGB-Kommission als auch die in der Fachdiskussion vertretenen Ansichten betraf. Dass sich diese Änderung in der Fachdiskussion widerspiegelte, zeigt, dass von den Fachzeitschriften überwiegend keine eigene Diskussion ausging, sondern diese als Medium der StGB-Kommission genutzt wurden, um ihre internen Arbeitsergebnisse zu veröffentlichen.[41]

Die „Einstellung" als charakterisierendes Merkmal der Schuld verschwand jedoch nicht, sondern wurde in die Regelungen der Schuldarten integriert.[42] Diese enthielten nun verschiedene Graduierungen der Einstellung, welche der Tat des Täters zugrunde liegen musste.[43] Mit diesen war eine deutliche Subjektivierung der Schuldregelungen erkennbar. Bei der Fahrlässigkeitsstrafbarkeit wurde zudem ein neuer Weg eingeschlagen, der eine Handlungspflicht gegenüber dem Bürger statuierte.[44] Diese Vorgehensweise erinnert an die Konzeption von *Feuerbach* zur Fahrlässigkeitsstrafbarkeit,[45] konnte sich aber nur bis zum vierten Entwurf durchsetzen,[46] da sie als zu weitreichend erachtet worden ist.[47]

Ein nennenswerter Vorgang spielte sich um den sechsten Entwurf ab. *Lekschas* und *Renneberg* hatten im Zuge einer Tagung vermeintlich falsche Positionen vertreten, was überraschend zu einer massiven Kritik durch die Staatsführung geführt hatte,[48] sodass überprüft werden musste, inwiefern die Thesen der Strafrechtswissenschaftler in den sechsten Entwurf Eingang gefunden hatten. Für die Regelungen der Schuld wurde ein solcher Einfluss jedoch verneint.[49] Die Überprüfung des sechsten Entwurfs machte eine nochmalige Anpassung der Arbeitsmethoden notwendig, was auch den Zeitplan weiter nach hinten verzögerte. Die Fertigstellung war nun für November 1962 vorgesehen.[50] Dem sechsten Entwurf folgte noch ein letzter, siebter Entwurf.[51] Dieser wurde Gegenstand kritischer Äußerungen von *Friebel/Orschekowski*, welche insb. das Fehlen der Vorhersehbarkeit als Strafbarkeitsvoraussetzung bei der Fahrlässigkeit sowie die Annahme, dass das Bewusstsein der

40 Siehe Kapitel 5.III.
41 Siehe Kapitel 5.III.1.
42 Siehe Kapitel 5.III.2.b)bb) und Kapitel 5.III.3.b).
43 Siehe Kapitel 5.III.2.b) und Kapitel 5.III.3.b).
44 Siehe Kapitel 5.III.3.a).
45 Siehe Kapitel 5.III.3.a)aa).
46 Siehe Kapitel 5.V.5.
47 Siehe Kapitel 5.III.3.bb).
48 Siehe Kapitel 5.IV.
49 Siehe Kapitel 5.IV.3.
50 Siehe Kapitel 5.IV.3.
51 Siehe Kapitel 5.V.

Rechtswidrigkeit keine Voraussetzung des Vorsatzes mehr sein sollte, kritisierten.[52] Mit dem siebten Entwurf endete die Arbeit der StGB-Kommission.

IV. Staatsratskommission (1963–1968)

Im Anschluss an den VI. Parteitag der SED beschloss der Staatsrat am 4. April 1963, dass die Gesetzgebungsarbeiten bis zum Mai 1964 fertiggestellt sein sollten. Zur Umsetzung dieses Beschlusses wurde die „Kommission zur Ausarbeitung eines Strafgesetzbuches" (Staatsratskommission) gegründet. Die Grundkommission der Staatsratskommission war mit ihren 65 Mitgliedern wesentlich größer als die der StGB-Kommission mit ihren 13 Mitgliedern, bestand aber überwiegend aus den Mitgliedern, die schon zuvor an den Entwürfen des StGB mitgearbeitet hatten. Der Grund für die Neugründung der Gesetzgebungskommission unter gleichem Namen konnte nicht abschließend geklärt werden. Möglicherweise diente die Neugründung dem Zweck, den von der StGB-Kommission erarbeiteten Gesamtentwurf auf eine breitere Basis innerhalb der eigenen Partei zu stellen oder propagandistischen Zwecken im Hinblick auf die Konkurrenz zur Bundesrepublik.[53]

Themenschwerpunkt der Staatsratskommission sollte die Überarbeitung der Schuldregelungen sein.[54] Dabei sollte insbesondere der „bürgerliche" Charakter des RStGB überwunden werden.[55] Die Staatsratskommission strukturierte sich in verschiedene Unterkommissionen (UK). Die UK I war zuständig für die Er- bzw. Überarbeitung des Allgemeinen Teils[56] und organisierte sich selbst in Arbeitsgruppen. Die Arbeitsgruppe zur strafrechtlichen Verantwortlichkeit wurde von *Lekschas* geleitet, was seine Schlüsselfunktion bei der Erarbeitung der Schuldregelungen unterstreicht. Für die Mitarbeit an den Regelungen zur Schuld wurden Psychologen gewonnen.[57] Diese prägten auch Teile der Schuldregelungen im ersten Staatsratskommissionsentwurf. So wurde das Wesen der Schuld im Gegensatz zum Entwurf der StGB-Kommission in einer eigenen Regelung festgehalten und als „verantwortungslose Entscheidung" charakterisiert.[58] Die Entscheidung wurde dadurch zum Zentralbegriff der Schuld. Der Begriff war von dem Psychologen *H.-D. Schmidt* eingebracht worden, welcher sich mit Entscheidungsmodellen im Rahmen der Spieltheorie beschäftigt hatte, und diese versuchte, für andere Bereiche fruchtbar

52 Siehe Kapitel 5.V.2.
53 Siehe Kapitel 6.
54 Siehe Kapitel 6.
55 Siehe Kapitel 6.
56 Siehe Kapitel 6.
57 Siehe Kapitel 6.
58 Siehe Kapitel 6.II.1.

zu machen.[59] Die Entscheidung zur Tat sollte dabei den inneren Widerspruch des Täters zur Gesellschaft ausdrücken[60] und entsprang einer deterministisch-kompatibilistischen Position, nach welcher davon ausgegangen wurde, dass der Täter in der DDR anders als in der Bundesrepublik verantwortlich (frei von Zwang) handeln könne.[61]

Im Vergleich zum Entwurf der StGB-Kommission waren die Legaldefinitionen für Vorsatz und Fahrlässigkeit im Staatsratsentwurf maßgeblich geändert worden.[62] Das Bewusstsein der Rechtswidrigkeit war nun eine Voraussetzung des Vorsatzes.[63] Dies zeigte sich auch anhand der Schaffung von Schuldausschluss-, Schuldaufhebungs- und Schuldmilderungsgründen.[64] Der Einfluss der Psychologen zeigte sich weiterhin bei der Fahrlässigkeitsregelung, welche an die verschiedenen Schritte des Entscheidungsprozesses angelehnt worden war.[65] Unterschieden wurden drei Formen der strafbaren Fahrlässigkeit: die bewusste Fahrlässigkeit, die bewusste Pflichtverletzung und die unbewusste Pflichtverletzung aufgrund der Gewöhnung an pflichtwidriges Verhalten.[66] Mit der Aufnahme der unbewussten Pflichtverletzung aufgrund der Gewöhnung an pflichtwidriges Verhalten wurde der Grundsatz, dass nur bewusste Pflichtverletzungen bestraft werden sollten, aufgegeben, obwohl nach außen hin weiterhin an diesem Grundsatz festgehalten wurde.[67]

Der Entwurf wurde später modifiziert,[68] indem z. B. der Erlaubnistatbestandsirrtum normiert wurde[69] und anschließend redaktionell überarbeitet.[70] Er wurde wortgleich in der Monographie von *Lekschas/Loose/Renneberg* dargestellt, was die These unterstützt, dass auch die Staatsratskommission Publikationen als Medium nutzte.[71] Der Entwurf wurde Mitte Juni an das Politbüro weitergeleitet, die Abteilung Staats- und Rechtsfragen des Zentralkomitees der SED reagierte jedoch schon vor der angedachten Sitzung des Politbüros mit Verbesserungsvorschlägen. Auch der im Oktober folgende 15. Jahrestag der DDR machte eine Überarbeitung dringlicher.[72] So kam es, dass ein endgültiger Entwurf erst auf den 2.4.1965 datiert

---

59 Siehe Kapitel 6.II.1.a)bb).
60 Siehe Kapitel 6.II.1.a)aa).
61 Siehe Kapitel 6.II.1.a)cc)(2).
62 Siehe Kapitel 6.II.2.a) und vgl. Kapitel 6.II.3.
63 Siehe Kapitel 6.II.2.a).
64 Vgl. Kapitel 6.II.5.
65 Siehe Kapitel 6.II.3.a).
66 Siehe Kapitel 6.II.3.b), Kapitel 6.II.3.c), Kapitel 6.II.3.d).
67 Siehe Kapitel 6.II.3.d).
68 Siehe Kapitel 6.III.
69 Siehe Kapitel 6.III.1.
70 Siehe Kapitel 6.IV.
71 Siehe Kapitel 6.VI.
72 Siehe Kapitel 7.I.

werden konnte.[73] Dieser enthielt eine allgemeine Sorgfalts- bzw. Handlungspflicht in der Fahrlässigkeitsregelung, welche jedoch auf Folgen für das Leben oder die Gesundheit beschränkt worden war. Nach der Fertigstellung des Entwurfs ruhte die Arbeit der Gesetzgebungskommission für fast ein Jahr. Grund dafür war, dass die Entwürfe so lange beim Staatsrat gelegen hatten.[74] Während dieser Zeit gab es auch keine Beiträge zur Schuldregelung in den Fachzeitschriften.

Anfang 1966 wurden die Arbeiten am Strafgesetzbuch wieder aufgenommen. Zunächst wurden die einzelnen UK damit betraut, zu überprüfen, ob es einer Überarbeitung des Entwurfs bedürfe.[75] Diese Arbeit ging einher mit einer Grundsatzkritik an den Regelungen zur Schuld, welche von *Friebel* verfasst worden ist und 1966 in der NJ veröffentlicht wurde.[76] *Friebel* kritisierte diesbezüglich hauptsächlich die Verwendung des Entscheidungsbegriffs. Er ging von einem engen Begriffsverständnis der Entscheidung aus und kam zu der Auffassung, dass sowohl beim Affekt als auch bei unbewussten Pflichtverletzungen keine Entscheidung vorliegen würde.[77] Für den Vorsatz hielt *Friebel* den Entscheidungsbegriff für überflüssig, da dieser auf die Anwendung der alten Wissens- und Wollensformel hinauslaufe[78] und befürwortete deshalb den alten („bürgerlichen") Vorsatzbegriff.[79] Dem gegenüber standen die Auffassungen von *Lekschas* bzw. *Hartmann/Dettenborn/Fröhlich*, welche eine weite Interpretation des Entscheidungsbegriffs vertraten, bei dem eine Entscheidung allein schon durch die Elimination einer anderen Handlungsalternative (z. B. des Absehens vom Handeln) gegeben sein konnte, sodass zumindest auch beim Affekt eine Entscheidung vorgenommen werde.[80]

Die Kritik *Friebels* löste grundsätzliche Zweifel an der Verwendung des Entscheidungsbegriffes aus.[81] In der Strafrechtswissenschaft bildeten sich zwei Lager: Die eine Seite hielt den Entscheidungsbegriff für ungeeignet und folgte somit *Friebels* Argumentation und die andere Seite hielt den Entscheidungsbegriff für zutreffend und folgte somit *Lekschas* Argumentation.[82] Einige Vertreter der Psychologie und Psychiatrie befürworteten einen weiten Entscheidungsbegriff,[83] während andere Kommissionsmitglieder wie z. B. *Riemann* Partei für *Friebel* ergriffen. *Riemann*

73 Siehe Kapitel 7.III.
74 Siehe Kapitel 7.III.
75 Siehe Kapitel 7.IV.
76 Siehe Kapitel 7.IV.2.
77 Siehe Kapitel 7.IV.2.a).
78 Siehe Kapitel 7.IV.2.c).
79 Siehe Kapitel 7.IV.2.d).
80 Siehe Kapitel 7.IV.4.
81 Siehe Kapitel 7.IV.3.
82 Siehe Kapitel 7.IV.3.
83 Siehe Kapitel 7.IV.3.

entwickelte als Konsequenz eigene Regelungsvorschläge zur Schuld, von denen aber zunächst keiner in den Entwurf aufgenommen wurde.[84] Die Überprüfung des Entwurfs führte letztlich zu dem Ergebnis, dass die Grundlinie der Entwürfe richtig sei,[85] weshalb am 27.1.1967 die Durchführung einer „öffentlichen Diskussion" beschlossen wurde.[86] Dem darf jedoch nicht das heutige Begriffsverständnis von „Öffentlichkeit" zugrunde gelegt werden, denn der Zugang zur Teilnahme war streng reglementiert worden und richtete sich nicht an den Durchschnittsbürger.[87] Neben der Durchführung von Veranstaltungen wurden Beiträge in Fachzeitschriften veröffentlicht,[88] Fachtagungen durchgeführt[89] und Stellungnahmen verschiedener Institutionen eingeholt. Eine Diskussion in Rundfunk und Presse war ausdrücklich nicht erwünscht gewesen. Die strenge Planung und Organisation verfolgten ein wesentliches Ziel: Der Entwurf sollte den verschiedenen Institutionen zugänglich gemacht werden und sie mit den neuen Ideen des sozialistischen Rechts vertraut machen. Evtl. sollte der Entwurf dadurch auf eine breitere Basis innerhalb der Partei gestellt werden. Es kann deshalb auch von einer gelenkten Diskussion gesprochen werden.[90]

Inhaltlich wurden kaum neue Argumente zur Schuld thematisiert.[91] Die alten Streitfragen wurden erneut abgehandelt, jedoch ohne zu einem Ergebnis zu kommen.[92] Die Diskussion führte letztlich zu zwei Erkenntnissen: Zum einen erkannte man, dass die Rechtsanwender unter eklatanten Wissenslücken litten,[93] was man später versuchte, durch Schulungen zu beheben[94] und zum anderen wies der Entwurf noch Schwächen auf, sodass eine weitere Überarbeitung angesetzt wurde.[95] Im Zuge dieser Überarbeitung, an welcher insbesondere *H. Benjamin* und die Leiter der Rechtspflegeorgane beteiligt waren, wurde die bisherige Schulddefinition durch den Regelungsvorschlag von *Riemann* ersetzt.[96] Damit war *Friebels* Kritik nicht ohne Auswirkung geblieben und der Entscheidungsbegriff war aus der Regelung zum Wesen der Schuld gestrichen worden, wenn auch die Streichung nur ästhetischen Gesichtspunkten diente. Auch die umstrittene Regelung des § 9 Abs. 2, welcher

---

84 Siehe Kapitel 7.IV.3.
85 Siehe Kapitel 7.V.
86 Siehe Kapitel 7.V.
87 Siehe Kapitel 7.V.2.
88 Siehe Kapitel 7.V.1.
89 Siehe Kapitel 7.V.4.b) und Kapitel 7.V.4.c).
90 Siehe Kapitel 7.V.2.
91 Siehe Kapitel 7.V.4.f).
92 Siehe Kapitel 7.V.4.f).
93 Siehe Kapitel 7.V.6.
94 Siehe Kapitel 7.V.6.
95 Siehe Kapitel 7.V.5.
96 Siehe Kapitel 7.V.5.

eine allgemeine Handlungspflicht enthielt, war übereinstimmend mit *Lekschas'* Ansicht aus dem Entwurf entfernt worden. Am 7.12.1967 beschloss der Staatsrat in seiner 6. Sitzung letztlich die Überweisung der Entwürfe an die Volkskammer.[97] Die Gesetzgebungsarbeiten am StGB-DDR waren damit zum Abschluss gekommen.

V. Strafgesetzbuch der DDR

Das StGB-DDR trat am 12. Januar 1968 in Kraft.[98] Es bestand aus einem Allgemeinen und einem Besonderen Teil. Die Regelungen zur Schuld fanden sich im zweiten Abschnitt des zweiten Kapitels in den §§ 5 ff. wieder. Dabei folgte man der Logik vom Allgemeinen zum Besonderen, indem man zunächst die Grundsätze der Schuld (Allgemeine Schulddefinition) regelte.[99] Der Entscheidungsbegriff war aus dieser Regelung gestrichen worden und orientierte sich nun am Prinzip der Verantwortlichkeit.[100] Die Streichung war als Konsequenz auf *Friebels* Kritik vorgenommen worden.[101] Sie diente jedoch ästhetischen Gründen, denn insgesamt bauten die Schuldregelungen noch immer auf dem Konzept der Entscheidung auf. Dies zeigte sich insbesondere an den Regelungen zur Zurechnungsunfähigkeit, welche beide auf dem Merkmal der „Entscheidungsfähigkeit" aufbauten.[102] Das durch *Riemanns* Definition eingeführte Prinzip der Verantwortlichkeit führte dadurch ein Schattendasein.[103] Für Vorsatz und Fahrlässigkeit waren Legaldefinitionen geschaffen worden.[104] Die Vorsatzdefinition unterschied bedingten und unbedingten Vorsatz, knüpfte aber bzgl. beider Arten an die Voraussetzung der „Entscheidung" an. Dieses Vorgehen bot jedoch keinen Mehrwert, da für die Bestimmung, ob eine Entscheidung vorgelegen hatte, auf das Wissens- und Wollensmoment zurückgegriffen wurde. Die Vorsatzdefinition stellte somit eine leere Hülle dar, welche mit alten Lehren gefüllt wurde.[105] Bei der Fahrlässigkeit wurden drei Formen der Fahrlässigkeit unterschieden: die bewusste Leichtfertigkeit, die bewusste Pflichtverletzung und die unbewusste Pflichtverletzung.[106] In diesem Sinne waren auch die Regelungen strukturiert. Die bewusste Leichtfertigkeit entsprach dabei dem, was vormals unter der

97 Siehe Kapitel 7.V.5.
98 Siehe Kapitel 8.
99 Siehe Kapitel 8.I.
100 Siehe Kapitel 8.I.1.
101 Siehe Kapitel 7.V.5.
102 Siehe Kapitel 8.II.1.
103 Siehe Kapitel 8.II.1.
104 Siehe Kapitel 8.I.2.
105 Siehe Kapitel 8.II.2.
106 Siehe Kapitel 8.I.2.b).

bewussten Fahrlässigkeit verstanden worden war.[107] Die bewusste Pflichtverletzung umfasste Fälle, bei denen der Täter bewusst eine Rechtspflicht verletzt hatte, die Folgen jedoch nicht vorausgesehen hatte[108] und die unbewusste Pflichtverletzung sollte Fälle ahnden, in denen der Täter seine Pflicht nicht bewusst verletzt hatte, diese aber auf eine verwerfliche Einstellung zurückzuführen war. Sanktioniert wurden diesbezüglich die „verantwortungslose Gleichgültigkeit" und die Gewöhnung an die Pflichtverletzung aufgrund disziplinloser Einstellung.[109] Auch die Pflichten wurden legal definiert. Der Versuch, über die Definition der Pflichten die Fahrlässigkeitsstrafbarkeit einzugrenzen, war jedoch schon früh im Verlauf gescheitert. Die letztlich in das StGB-DDR aufgenommene Definition ließ sich inhaltlich nicht von den noch heute geläufigen Sorgfaltspflichten unterscheiden.[110] Das StGB-DDR enthielt zudem Schuldausschluss- und Schuldmilderungsgründe.[111] Insgesamt muss festgestellt werden, dass das StGB-DDR zwar die begrüßenswerte Tendenz enthielt, Legaldefinitionen zu schaffen, diese jedoch nicht immer einen Mehrwert boten und insgesamt keine neuen Rechtskonzepte zur Schuld erdacht worden sind.[112]

VI. Zur Rolle der Strafrechtswissenschaftler bei der Entwicklung des Strafrechts am Beispiel des Strafrechtlers *Lekschas*

Betrachtet man die Rolle von *Lekschas*, welcher schon in der ersten Kommission zur Überprüfung der Regelungen des RStGB mit den Regelungen zur Schuld betraut war,[113] diese auch in den folgenden Kommissionen in leitender Funktion der einzelnen Arbeitsgruppen entwickelte[114] sowie seine überdurchschnittliche Präsenz in den Fachzeitschriften, welche als Publikationsorgan für die Gesetzeskommissionen genutzt wurden, liegt der Schluss somit nahe, dass einzelne Rechtswissenschaftler im Rahmen des Gesetzgebungsprozesses mit bestimmten Rechtsbereichen betraut worden sind und ihre Arbeitsergebnisse und Zwischenstände in den Zeitschriften veröffentlichten. Das bedeutete andererseits jedoch auch eine **Deutungshoheit** für den eigenen Rechtsbereich. Diese ging sogar so weit, dass *Lekschas* seine eigens erarbeiteten Normen zur Schuld als Bearbeiter des 1969 erschienenen Lehrkommentars

107 Siehe Kapitel 8.I.2.b)aa).
108 Siehe Kapitel 8.I.2.b)bb).
109 Siehe Kapitel 8.I.2.b)cc).
110 Siehe Kapitel 8.I.2.c).
111 Siehe Kapitel 8.I.3 und Kapitel 8.I.4.
112 Siehe Kapitel 8.II.3.
113 Siehe Kapitel 3.II.1.
114 Siehe Kapitel 4.I., Kapitel 4.II.2.b)bb), Kapitel 5.II.2. und Kapitel 6.

kommentierte.[115] Die Deutungshoheit *Lekschas* erklärt, warum *Friebels* fundierte und gut begründete Kritik sich letztlich nicht hatte durchsetzen können. Zwar war der Entscheidungsbegriff aus der allgemeinen Schulddefinition entfernt worden, das Ausgehen von der Entscheidungsfähigkeit bei der Zurechnungsfähigkeit spricht jedoch dafür, dass es sich bei der Entfernung nur um einen ästhetischen Aspekt gehandelt hatte, das grundsätzliche Konzept der Entscheidung jedoch erhalten geblieben war.[116]

VII. Fazit

Betrachtet man den äußeren Rahmen, in dem die Entwicklung der Schuldregelungen stattgefunden hat, kann zunächst festgestellt werden, dass diese in Abhängigkeit von den verschiedenen Gesetzgebungskommissionen geschah. Die Diskussion in den Fachzeitschriften beschränkte sich überwiegend darauf, die Arbeitsergebnisse ebendieser Kommissionen vorzustellen. Eine Ausnahme kann für den Zeitraum zwischen dem Scheitern des AStGB-Entwurfs und der Gründung der StGB-Kommission 1957 beobachtet werden. In diesem Zeitraum existierten keine konkreten Gesetzesbestrebungen. Dies scheint sich auch auf die Diskussion in den Fachzeitschriften ausgewirkt zu haben. Die Diskussion ist in dieser Zeit intensiver und beschränkte sich zudem nicht auf einen ausgewählten Personenkreis. Dies änderte sich mit Gründung der StGB-Kommission 1957 und blieb überwiegend so bis zum Inkrafttreten des StGB-DDR, da auch die Staatsratskommission nahtlos an die StGB-Kommission angeknüpft hatte. Eine Ausnahme stellte die Kritik *Friebels* zum Ende der Gesetzesbestrebungen dar. Sie hatte innerhalb der Staatsratskommission zu Zweifeln bzgl. der Schuldregelungen geführt. Damit bestätigen sich die erste und die zweite These überwiegend, dass die Fachzeitschriften kein Medium der Entscheidungsfindung waren und die für die Entscheidungsfindung relevanten Diskussionen an anderer Stelle (innerhalb der Gesetzgebungskommissionen) geführt wurden.[117]

Weiterhin lässt sich feststellen, dass einzelne Personen für die Erarbeitung einzelner Regelungskomplexe zuständig gewesen sind. So ist *Lekschas* für die Regelungen der Schuld zuständig gewesen. Seine Zuständigkeit änderte sich über die Jahre hinweg auch nicht innerhalb der verschiedenen Kommissionen. *Lekschas* war schon in der ersten Kommission, welche 1952 prüfen sollte, ob es eines neuen Strafgesetzbuches bedürfe, für die Überprüfung der Regelungen der Schuld zuständig gewesen

115 Rückseite der Titelseite. Staatsverlag der DDR, Lehrkommentar zum StGB.

116 Siehe Kapitel 8.II.1.

117 Für einen graphischen Überblick wird auf Abb. 1 in der Einleitung verwiesen.

und bis zuletzt in der Staatsratskommission mit der Erarbeitung der Schuldregelungen betraut gewesen. Die Erarbeitung der Schuldregelungen gestaltete sich dabei zunächst relativ frei. So konnte *Lekschas* neue Ideen, wie die Begrenzung der Fahrlässigkeit durch das Erfordernis einer bewussten Pflichtverletzung, das Erfordernis normierter Rechtspflichten oder die Einführung der „Einstellung" als Zentralbegriff der Schuld, anbringen und ausarbeiten (lassen).

Bemerkenswert ist, dass sich mit fortschreitender Zeit nicht mehr an der Sowjetunion orientiert worden ist. So liefen die 1958 erlassenen Grundsätze für die Fragen der Schuld ins Leere, womit die vierte These der Arbeit widerlegt wird. Dass die Schuldregelungen sich nicht an den *Grundsätzen* von 1958 orientierten, zeigt, dass einzelne Rechtswissenschaftler wie *Lekschas* durchaus einen eigenen Wirkbereich hatten, in dem sie eine Deutungshoheit ausüben konnten. Diese wurde durch ihre alleinige Zuständigkeit, d. h. dadurch, dass es innerhalb der Kommissionen keine Rechtswissenschaftler gab, die konkurrierend zum gleichen Thema tätig wurden, ermöglicht.[118] Grenzen wurden jedoch von politischer Seite aus gesetzt. So kam es während der Arbeiten der StGB-Kommission und während der Arbeiten der Staatsratskommission mehrmals dazu, dass die Entwürfe aufgrund von Kritik aus dem Zentralkomitee der SED angepasst werden mussten. Dies betraf auch die Regelungen zur Schuld. Insgesamt konnte *Lekschas* dadurch weder die Fahrlässigkeitsstrafbarkeit einschränken noch die „Einstellung" als Zentralbegriff der Schuld etablieren, sodass keine neuen Schuldkonzeptionen erarbeitet worden sind und die dritte These der Arbeit bestätigt werden kann. Insgesamt reduziert sich die Entwicklung einer eigenen Schuldlehre auf die Arbeit von *Lekschas*, welche in einem Spannungsfeld zwischen Eigenverantwortung und Fremdbestimmung gesehen werden muss.

118 Als Ausnahme kann hier lediglich die Tätigkeit *Friebels* angeführt werden.

Anhang

I. Schuldregelungen ausgewählter Gesetzesentwürfe

Im Folgenden werden die Schuldregelungen eines Gesetzesentwurfes der StGB-Kommission und der Staatsratskommission dargestellt. Der Leser hat dadurch die Möglichkeit, sich einen systematischen Überblick über den Regelungskomplex der Schuld zu verschaffen und die diskutierten Normen in die Systematik einzuordnen.

1. Letzte Fassung des Gesamtentwurfs des StGB-DDR der StGB-Kommission (21.11.1962)[1]

Im Folgenden wird das vierte Kapitel des Gesamtentwurfs wörtlich dargestellt, da dieses die Regelungen zur Schuld enthielt:

„IV. Kapitel
Die Straftat
Begriff der Straftat

§ 11

(1) Die Straftat (Verbrechen und Vergehen) ist eine durch Gesetz für strafbar erklärte schuldhaft begangene gesellschaftsgefährliche Handlung.
(2) Gesellschaftsgefährlich ist eine Handlung, die gegen die Grundlage der Arbeiter-und-Bauern-Macht gerichtet ist oder

eine schwere Mißachtung der sozialistischen Staats- und Gesellschaftsordnung und der Rechte der Bürger darstellt, der[2] die aus mangelndem Verantwortungsbewußtsein, aus Undiszipliniertheit oder aus einer sonstigen rückständigen Einstellung begangen wird und die Entwicklung sozialistischer Beziehungen zwischen den Menschen behindern und dadurch die[3] sozialistischen Gesellschaftsverhältnisse schädigt.
(3) Verbrechen sind Straftaten gegen den Frieden, die Menschlichkeit und die

---

1 Es handelt sich um einen Entwurf, der handschriftlich den Vermerk: „Letzte Fassung des Gesamtentwurfs" und das entsprechende Datum (21.11.1962) enthielt, BArch DP 1/20411. Zu beachten ist, dass es sich vorliegend um den Gesamtentwurf handelt. Es bestehen somit leichte Abweichungen zum in der Arbeit diskutierten siebten Entwurf des Allgemeinen Teils.

2 Das Wort „der" war im Originaldokument handschriftlich unterstrichen. Hinter dem Wort war ein Zeichen versehen, mit dem man in der Korrektur einen Absatz anzeigt.

3 Das Wort „die" war im Originaldokument handschriftlich umkreist worden.

Deutsche Demokratische Republik sowie vorsätzliche Straftaten gegen das Leben und solche Straftaten, für die wegen ihrer hohen Gesellschaftsgefährlichkeit eine schwerere Strafe als eine Freiheitsstrafe von mehr als[4] zwei Jahren ausgesprochen wird.

§ 12

(1) Der Grad der Gesellschaftsgefährlichkeit einer Straftat wird bestimmt durch die Art und Weise und die Umstände ihrer Begehung, ihre Ursachen, ihre Auswirkungen unter Berücksichtigung des Standes der gesellschaftlichen Entwicklung sowie durch die Persönlichkeit des Täters, seine Beweggründe, das Ausmaß seiner Schuld, seine Entwicklung, seinen Bewußtseinsstand[5] und sein bisheriges Verhalten.
(2) Eine Handlung ist keine Straftat, wenn sie zwar dem Wortlaut eines gesetzlichen Tatbestandes entspricht, aber unter Berücksichtigung ihrer objektiven und subjektiven Umstände geringfügig ist und daher keine schädlichen Auswirkungen auf die sozialistischen Gesellschaftsverhältnisse und die Rechte der Bürger hat.

§ 13
Schuldgrundsatz

(1) Die strafrechtliche Verantwortlichkeit setzt die Schuld des Täters voraus.
(2) Schuldhaft handelt, wer eine Straftat vorsätzlich oder fahrlässig begeht. Fahrlässig begangene Handlungen sind nur dann strafbar, wenn dies im Gesetz ausdrücklich bestimmt ist.[6]

§ 14
Vorsatz

(1) Vorsätzlich handelt: wer durch das in einer Strafrechtsnorm gekennzeichnete Verhalten bewußt und gewollt das durch diese Bestimmung geschützte gesellschaftliche Verhältnis verletzt oder gefährdet oder wer erkennt, daß er durch sein Verhalten eine solche Verletzung oder Gefährdung herbeiführen kann und das Eintreten solcher Wirkungen bewußt zuläßt.[7]
(2) Bei der Bestrafung vorsätzlicher Straftaten ist zu unterscheiden zwischen Tätern, die aus feindlicher Einstellung zur Arbeiter-und-Bauern-Macht handeln, solchen, die aus bewußter Mißachtung der sozialistischen Gesetzlichkeit und der Regeln des sozialistischen Gemeinschaftslebens eine Straftat begehen, und Tätern, die aus Pflichtvergessenheit, ungefestigtem Verantwortungsbewußtsein, aus Undisziplinirtheit oder aus einer sonstigen rückständigen Einstellung handeln.

---

4 Die Worte „mehr als“ sind im Originaldokument handschriftlich umkreist worden.
5 Hier hätte es wahrscheinlich „Bewußtseinszustand“ heißen müssen.
6 Neben Abs. 2 befand sich im Originaldokument eine handschriftlich eingefügte Schlangenlinie.
7 Neben Abs. 1 befand sich im Originaldokument ein großes handschriftlich eingefügtes „X“.

(3) Sieht ein Gesetz für eine vorsätzliche Straftat wegen des Eintritts besonders bezeichneter schwerer Folgen eine höhere Strafe vor, so wird es nur dann angewendet, wenn dem Täter die Umstände bekannt waren, aus denen die schweren Folgen entstanden, oder wenn diese Folgen für ihn aus anderen Gründen voraussehbar waren.

§ 15
Fahrlässigkeit

(1) Fahrlässig handelt, wer einer Pflicht, die ihm auf Grund Gesetzes oder den objektiven Umständen und[8] seiner beruflichen oder gesellschaftlichen Stellung nach obliegt, bewußt zuwiderhandelt oder diese Pflichten vernachlässigt und dadurch eine Straftat begeht, ohne die gesellschaftsgefährlichen Wirkungen zu wollen.[9]
(2) Bei der Bestrafung fahrlässiger Straftaten ist zu unterscheiden zwischen Tätern, welche die Tat aus rücksichtsloser Einstellung, aus ungefestigtem Verantwortungsbewußtsein oder aus Gleichgültigkeit gegenüber den ihnen obliegenden Pflichten begehen, und Tätern, die aus gelegentlicher Oberflächlichkeit oder Unachtsamkeit handeln.
(3) Fahrlässig handelt nicht, wer infolge eines von ihm nicht zu verantwortenden persönlichen Versagens oder Unvermögens, die Umstände und Folgen seines Handelns zu erfassen, außerstande war, seine Pflichten zu erfüllen.
(4) Von einer gerichtlichen Bestrafung kann abgesehen werden, wenn trotz erheblicher Folgen das fahrlässige Verschulden des Täters auf Grund der außergewöhnlichen Umstände des Falles gering ist.

Strafrechtliche Verantwortlichkeit von Jugendlichen
§ 16

(1) Kinder bis zu 14 Jahren sind strafrechtlich nicht verantwortlich.
(2) Jugendlicher im Sinne des Gesetzes ist, wer über 14 aber noch nicht 18 Jahre alt ist.
(3) Ein Jugendlicher, der zur Zeit der Tat das sechzehnte aber noch nicht das achtzehnte Lebensjahr vollendet hat, ist strafrechtlich verantwortlich.
(4) Ein Jugendlicher, der das vierzehnte Lebensjahr vollendet hat, ist strafrechtlich verantwortlich, wenn er ein Verbrechen gegen den Frieden, gegen die Menschlichkeit, gegen die Deutsche Demokratische Republik oder ein vorsätzliches Tötungsverbrechen begangen hat. Bei anderen Verletzungen der Strafgesetze durch

8 Das Wort „und" ist im Originaldokument handschriftlich unterstrichen worden.
9 Neben Abs. 1 befand sich im Originaldokument eine handschriftlich eingefügte Schlangenlinie, neben der sich ein „?" befand.

Jugendliche bis zum vollendeten sechzehnten Lebensjahr haben ausschließlich die Organe der Jugendhilfe Erziehungsmaßnahmen zu ergreifen oder zu veranlassen.

§ 17

Ein Jugendlicher ist strafrechtlich nur verantwortlich, wenn er auf Grund seiner Entwicklung fähig ist, die gesellschaftliche Bedeutung seiner Tat zu erkennen und entsprechend dieser Erkenntnis sein Handeln zu bestimmen.

§ 18

Unzurechnungsfähigkeit

(1) Eine Straftat begeht nicht, wer infolge zeitweiliger oder dauernder Störung der Geistestätigkeit zur Zeit der Tat unfähig ist, ihre gesellschaftliche Bedeutung zu erkennen oder sein Handeln entsprechend dieser Erkenntnis zu bestimmen.
(2) Hat sich der Täter durch den Genuß von Alkohol oder anderen berauschenden Mitteln schuldhaft in den Zustand der Unzurechnungsfähigkeit versetzt, so bestimmt sich seine strafrechtliche Verantwortlichkeit für die in diesem Zustand begangenen Handlungen nach § 160.
(3) War die Zurechnungsfähigkeit des Täters infolge zeitweiliger oder dauernder Störung der Geistestätigkeit zur Zeit der Tat erheblich beeinträchtigt, so kann eine Freiheitsstrafe bis auf die Hälfte der vom verletzten Gesetz vorgesehenen Mindeststrafe herabgesetzt werden.

§ 19

Vorbereitung und Versuch

(1) Vorbereitung und Versuch einer Straftat sind nur strafbar, wenn das Gesetz dies zum Zwecke der Abwehr besonders gesellschaftsgefährlicher Handlungen ausdrücklich bestimmt.
(2) Vorbereitung liegt vor, wenn der Täter Voraussetzungen oder günstige Bedingungen für die spätere Ausführung der geplanten Straftat schafft, ohne mit der Ausführung zu beginnen.
(3) Versuch liegt vor, wenn der Täter mit der/vorsätzlichen Ausführung der Straftat beginnt, ohne sie zu vollenden.
(4) Vorbereitung und Versuch sind nach demselben Gesetz wie die vollendete Straftat zu bestrafen. Bei der Strafzumessung sind besonders der Grad der Verwirklichung des verbrecherischen Vorhabens und die Gründe, aus denen die Straftat nicht vollendet worden ist, zu berücksichtigen.
(5) Eine Freiheitsstrafe kann bis auf die Hälfte der vom verletzten Gesetz vorgesehenen Mindeststrafe herabgesetzt werden, wenn Umstände vorliegen, welche die Gesellschaftsgefährlichkeit der vorbereiteten oder versuchten Straftat erheblich vermindern.

(6) Eine Straftat liegt nicht vor, wenn der Täter/von ihrer Vollendung freiwillig abgesehen hat oder den Eintritt des Erfolges freiwillig aufgegeben hat.

§ 20
Beteiligung

(1) Beteiligen sich mehrere Personen vorsätzlich an der Begehung einer Straftat, so ist unter Berücksichtigung der Gesellschaftsgefährlichkeit der gesamten Tat und des Zusammenwirkens der Beteiligten jeder Beteiligte nach dem Umfang und den Auswirkungen seines Tatbeitrages sowie danach verantwortlich, in welchem Maße er andere Personen in die Begehung der Tat einbezogen hat.
(2) Beteiligter ist,
a) wer die vorsätzliche Straftat gemeinschaftlich mit anderen ausgeführt hat (Mittäterschaft),
b) wer vorsätzlich einen anderen zu der begangenen Straftat bestimmt hat (Anstiftung),
c) wer vorsätzlich einem anderen zu der begangenen Straftat Hilfe geleistet hat (Beihilfe);
Beihilfe begeht auch, wer dem Täter nach der Tatausführung vorher zugesagten Beistand leistet.
(3) Die Strafe für jeden Beteiligten ist dem durch die Straftat verletzten Gesetz zu entnehmen. Bei Beihilfe kann die Strafe bis auf die Hälfte der vom verletzten Gesetz vorgesehenen Mindeststrafe herabgesetzt werden.
(4) Bestimmt das Gesetz, daß besonders persönliche Umstände die Strafe erhöhen, vermindern oder ausschließen, so gilt das nur für den Beteiligten, bei dem diese Umstände vorliegen.

§ 21
Notwehr und Notstand

(1) Wer einen unmittelbar drohenden oder gegenwärtigen Angriff gegen die sozialistische Staats- und Gesellschaftsordnung, die Rechte und Interessen der Bürger, sich selbst oder einen anderen Menschen in einer der Gefährlichkeit des Angriffs angemessenen Weise abwehrt, handelt im Interesse der sozialistischen Gesellschaft und ihrer Gesetzlichkeit und begeht keine Straftat (Notwehr).
(2) Eine Straftat begeht auch nicht, wer zur Abwendung einer der sozialistischen Staats- und Gesellschaftsordnung, den Rechten und Interessen der Bürger, ihm selbst oder einem anderen Menschen drohenden oder gegenwärtigen Gefahr Rechte oder Interessen Dritter beeinträchtigt, wenn dies zur Art und zum Ausmaß der Gefahr im angemessenen Verhältnis steht (Notstand).
(3) Bei einer Überschreitung der Notwehr oder des Notstandes ist von Strafe abzu-

sehen, wenn der Handelnde aus begründeter Erregung die Grenzen der Notwehr oder des Notstandes hinausgegangen ist."[10]

2. Gesamtentwurf des StGB-DDR der Staatsratskommission (2.4.1965)[11]

An dieser Stelle werden neben dem zweiten Abschnitt zur Schuld auch die Regelungen des dritten Abschnitts wiedergegeben. Dieser enthält zwar überwiegend keine Regelungen zur Schuld mehr, soll aber mit den Vorentwürfen verglichen werden können.

„2. Abschnitt

Schuld
Grundsätze
§ 3

„(1) Eine Tat ist schuldhaft (vorsätzlich und fahrlässig) begangen, wenn der Täter durch sein Handeln den gesetzlichen Tatbestand eines Vergehens oder Verbrechens verwirklicht und sich zu diesem Handeln entgegen der ihm gegebenen Möglichkeiten zu gesellschaftsgemäßem Verhalten in verantwortungsloser Weise entschieden hat.
(2) Strafrechtliche Verantwortlichkeit für fahrlässiges Handeln tritt nur ein, wenn dies im Gesetz ausdrücklich bestimmt ist.
(3) Bei der Feststellung der Art und Schwere des Verschuldens sind die Ursachen und Bedingungen der Tat sowie alle sonstigen objektiven und subjektiven Umstände zu berücksichtigen, unter denen sich der Täter zum Handeln entschieden hat.

§ 4

Ist das Verschulden des Täters infolge unverschuldeten Affekts oder anderer außergewöhnlicher objektiver und subjektiver Umstände, die seine Entscheidungsfähigkeit beeinflußt haben, nur gering, kann die strafrechtliche Verantwortlichkeit nach den Grundsätzen der Strafmilderung gemildert und bei Vergehen von strafrechtlicher Verantwortlichkeit abgesehen werden.

---

10 Es handelt sich um einen Entwurf, der handschriftlich den Vermerk: „Letzte Fassung des Gesamtentwurfs" enthielt (BArch DP 1/20411).

11 „Entwurf des Strafgesetzbuches der Deutschen Demokratischen Republik" (2.4.1965), BArch DP 1/22931 und BArch DP 1/23019.

§ 5
Vorsatz

(1) Vorsätzlich handelt, wer sich zu der im gesetzlichen Tatbestand bezeichneten Tat bewußt entscheidet.
(2) Vorsätzlich handelt auch, wer zwar die Verwirklichung der im gesetzlichen Tatbestand bezeichneten Tat nicht anstrebt, sich jedoch bei seiner Entscheidung zum Handeln bewußt damit abfindet, daß er damit diese Tat verwirklichen könnte.

§ 6
Verantwortlichkeit für straferschwerende Umstände

(1) Wird ein schwerer Fall einer vorsätzlichen Tat durch das Vorliegen besonderer objektiver Umstände begründet, sind sie dem Täter zur vorsätzlichen Schuld nur zuzurechnen, wenn sie ihm bekannt waren.
(2) Sieht ein Gesetz für die Begehung einer vorsätzlichen Tat mit der fahrlässigen Herbeiführung schwerer Folgen strengere Formen der Verantwortlichkeit vor, sind diese Folgen dem Täter nur zuzurechnen, wenn ihm die Umstände bekannt waren, aus denen sie entstanden sind oder wenn er sie auf andere Weise hätte voraussehen können.

§ 7
Irrtum

(1) Strafrechtliche Verantwortlichkeit wegen vorsätzlicher Schuld ist ausgeschlossen, wenn sich der Täter eines Umstandes nicht bewußt ist, der die strafrechtliche Verantwortlichkeit für die Tat begründet. Die strafrechtliche Verantwortlichkeit wegen fahrlässiger Schuld wird dadurch nicht berührt.
(2) Strafrechtliche Verantwortlichkeit wegen vorsätzlicher Schuld ist ausgeschlossen, wenn sie die Verletzung besonderer Pflichten voraussetzt, die dem Täter unter den gegebenen Umständen, kraft Gesetzes, Berufs oder gesellschaftlicher Stellung obliegen und der Täter sich der Verletzung dieser besonderen Pflichten nicht bewußt ist.
(3) Strafrechtliche Verantwortlichkeit liegt dagegen vor, wenn der Täter in Mißachtung der Grund- und Menschenrechte, der völkerrechtlichen Pflichten oder der staatlichen Souveränität der Deutschen Demokratischen Republik handelt.[12]
(4) Strafrechtliche Verantwortlichkeit liegt dagegen vor, wenn sich der Täter in verantwortungsloser Weise der Gesellschaftswidrigkeit seines Handelns nicht bewußt ist.[13]

12 Dieser Absatz ist im Originaldokument handschriftlich mit einer eckigen Klammer eingeklammert worden.

13 Das Zeichen des Abs. 4 ist im Originaldokument mit einer „3“ korrigiert worden.

§ 8

Fahrlässigkeit

Fahrlässig handelt, wer voraussieht, daß er die im gesetzlichen Tatbestand bezeichneten Folgen verursachen könnte und diese ungewollt herbeiführt, weil er bei seiner Entscheidung zum Handeln leichtfertig auf Umstände vertraut, die diese Folgen verhindern sollen und sich deshalb zum Handeln entscheidet.

§ 9

(1) Fahrlässig handelt auch, wer sich in bewußter Verletzung seiner Pflichten zum Handeln entscheidet und die im gesetzlichen Tatbestand bezeichneten Folgen herbeiführt, ohne diese vorauszusehen, obwohl er sie bei verantwortungsbewußter Prüfung der Sachlage hätte voraussehen und bei pflichtgemäßem Verhalten vermeiden können.

(2) Fahrlässig handelt auch, wer in einer Situation, die erhöhte Vorsicht und Aufmerksamkeit erfordert, ihm im Interesse des Schutzes von Leben und Gesundheit obliegende besondere Pflichten verletzt und sich zur Zeit der Tat dieser Pflichtverletzung nicht bewußt war, weil der die notwendige erhöhte Vorsicht und Aufmerksamkeit außer acht ließ und dadurch die im gesetzlichen Tatbestand bezeichneten, bei pflichtgemäßem Verhalten voraussehbaren und vermeidbaren schädlichen Folgen für Leben oder Gesundheit herbeiführt.

(3) Fahrlässig handelt auch, wer sich zur Zeit der Tat der Pflichtverletzung nicht bewußt ist, weil er sich auf Grund einer disziplinlosen Einstellung an das pflichtwidrige Verhalten gewöhnt hat und dadurch die im gesetzlichen Tatbestand bezeichneten, bei pflichtgemäßem Verhalten voraussehbaren und vermeidbaren schädlichen Folgen herbeiführt.

§ 10

Fahrlässig handelt nicht, wer zur Erfüllung seiner Pflichten außerstande ist, weil er infolge eines von ihm nicht zu verantwortenden persönlichen Versagens oder Unvermögens die Umstände oder Folgen seines Handelns nicht erfassen oder die ihm unter den gegebenen Umständen obliegenden Pflichten nicht erkennen kann.

§ 11

Verantwortlichkeit für straferschwerende Umstände

Sieht ein Gesetz für die Begehung einer fahrlässigen Tat, die mit der Herbeiführung besonders bezeichneter schwerer Folgen verbunden ist, eine strengere Verantwortlichkeit vor, sind diese Folgen dem Täter nur zuzurechnen, wenn sich sein fahrlässiges Verschulden auch auf diese Folgen erstreckt.

§ 12
Begriff der Pflichten

(1) Pflichten im Sinne dieses Gesetzes sind solche Pflichten, die dem Verantwortlichen zum Zeitpunkt der Tat kraft Gesetzes, Berufs oder gesellschaftlicher Stellung zur Vermeidung schädlicher Folgen oder Gefahren obliegen oder die ihm daraus erwachsen, daß er durch sein Verhalten für andere Personen oder für die Gesellschaft besondere Gefahren heraufbeschwört.
(2) Die Pflichtverletzung ist dem Täter zur Schuld nur zuzurechnen, wenn ihm die Erfüllung seiner Pflichten objektiv möglich war und er dadurch den Eintritt der im gesetzlichen Tatbestand bezeichneten Folgen verhindert hätte.

§ 13
Zurechnungsunfähigkeit

(1) Strafrechtliche Verantwortlichkeit ist ausgeschlossen, wenn der Täter zur Zeit der Tat wegen zeitweiliger oder dauernder krankhafter Störung der Geistestätigkeit oder wegen Bewußtseinsstörung unfähig ist, sich nach den durch die Tat berührten Regeln des gesellschaftlichen Zusammenlebens zu entscheiden.
(2) Die Organe des Gesundheitswesens können mit dem Ziel der Rehabilitation und Pflege die Einweisung in dafür vorgesehene stationäre psychiatrische Einrichtungen gemäß den gesetzlichen Bestimmungen anordnen.[14]
(3) Das Gericht kann unter den Voraussetzungen und nach den gesetzlichen Bestimmungen über die Einweisung und Aufnahme in psychiatrische Krankenhäuser eine Einweisung anordnen.
(4) Hat sich der Täter schuldhaft in einen die Zurechnungsfähigkeit ausschließenden Rauschzustand versetzt, ist er nach § 229 verantwortlich.

§ 14
Verminderte Zurechnungsfähigkeit

(1) Strafrechtliche Verantwortlichkeit ist gemindert, wenn der Täter zur Zeit der Tat infolge der im § 13 Abs. 1 genannten Gründe oder wegen einer schwerwiegenden abnormen Entwicklung seiner Persönlichkeit in der Fähigkeit, sich bei der Entscheidung zur Tat von den hierfür geltenden Regeln des gesellschaftlichen Lebens leiten zu lassen, erheblich beeinträchtigt war.
(2) Art und Höhe der strafrechtlichen Verantwortlichkeit bestimmen sich nach den Grundsätzen über die Strafmilderung. Dabei sind die Gründe zu berücksichtigen, die zur verminderten Zurechnungsfähigkeit geführt haben. Das gilt nicht, wenn sich der Täter schuldhaft in einen die Zurechnungsfähigkeit vermindernden Rauschzustand versetzt hat.

14 Dieser Absatz war im Originaldokument handschriftlich mit eckigen Klammern umklammert.

(3) Das Gericht kann von strafrechtlicher Verantwortlichkeit absehen, wenn sich der Täter einer Heilbehandlung unterzieht.
(4) Das Gericht kann unter den Voraussetzungen und nach den gesetzlichen Bestimmungen über die Einweisung und Aufnahme in psychiatrische Krankenhäuser eine Einweisung anordnen.

3. Abschnitt

Notwehr und Notstand

§ 15

Notwehr

Wer einen gegenwärtigen rechtswidrigen Angriff gegen sich oder einen anderen oder gegen die sozialistische Staats- und Gesellschaftsordnung in einer der Gefährlichkeit des Angriffs angemessenen Weise abwehrt, handelt im Interesse der sozialistischen Gesellschaft und ihrer Gesetzlichkeit und begeht keine Straftat. Bei Überschreitung der Notwehr ist von strafrechtlicher Verantwortlichkeit abzusehen, wenn der Handelnde in begründete hochgradige Erregung versetzt wurde und deshalb über die Grenzen der Notwehr hinausging.

Notstand und Nötigungsstand

§ 16

(1) Strafrechtliche Verantwortlichkeit ist ausgeschlossen, wenn der Täter Rechte oder Interessen Dritter beeinträchtigt, um eine ihm oder einem anderen oder der sozialistischen Staats- und Gesellschaftsordnung gegenwärtig drohenden, anders nicht zu beseitigende Gefahr abzuwenden und seine Handlung zur Art und zum Ausmaß der Gefahr abzuwenden und seine Handlung zur Art und zum Ausmaß der Gefahr im angemessenen Verhältnis steht.
(2) Die Schuld des Täters ist gemildert, wenn er unverschuldet durch eine ihm oder einem anderen gegenwärtig drohende, anders nicht zu beseitigende Gefahr für Leben und Gesundheit in heftige Erregung oder große Verzweiflung versetzt wird und diese Gefahr durch einen Angriff auf Leben und Gesundheit anderer Menschen abzuwenden versucht. Die Strafe kann entsprechend der Größe der Gefahrenlage, der psychischen Zwangslage des Täters und der Schwere der begangenen Tat nach den Grundsätzen über die Strafmilderung herabgesetzt werden. In außergewöhnlichen Fällen einer solchen Notlage kann auch von Strafe abgesehen werden.

§ 17

(1) Strafrechtliche Verantwortlichkeit ist ausgeschlossen, wenn der Täter von einem anderen durch unwiderstehliche Gewalt oder durch Drohung mit einer gegenwärtigen, anders nicht zu beseitigenden Gefahr für Leben oder Gesundheit des Täters oder eines anderen zur Begehung der Tat gezwungen wird. Dabei darf der sich für

die Gesellschaft oder andere Personen ergebende Schaden nicht außer Verhältnis zu der drohenden Gefahr stehen. Das Leben anderer Menschen darf nicht angegriffen werden.
(2) Hat der Täter die Grenzen des Nötigungsstandes überschritten, kann die Strafe nach den Grundsätzen über die Strafmilderung herabgesetzt werden, wenn er durch die Nötigung in eine schwere psychische Zwangslage versetzt wurde.

§ 18

Wer verpflichtet ist, kraft Berufs, Gesetzes oder dienstlicher Stellung besondere Gefahren zu tragen, kann sich nicht auf Notstand oder Nötigungsstand berufen.

§ 19

Widerstreit der Pflichten

(1) Wer in Ausübung ihm obliegender Pflichten sich nach verantwortungsbewusster Prüfung der Sachlage zur Begehung einer Pflichtverletzung entscheidet, um durch die Erfüllung anderer Pflichten den Eintritt eines größeren, anders nicht abwendbaren Schadens für die Gesellschaft oder andere Personen zu verhindern, handelt gerechtfertigt und begeht keine Straftat.
(2) Hat der Täter die Gefahren, zu deren Abwendung er tätig wird, selbst schuldhaft herbeigeführt, findet diese Bestimmung keine Anwendung."[15]

II. Biografien

Damit der geschichtliche Ablauf auch in Verbindung mit den personellen Verflechtungen verstanden werden kann, werden in diesem Anhang Kurzbiografien der Akteure zur Verfügung gestellt. Diese wurden weitestgehend dem Anhang der Dissertation von *Christian Mahlmann*[16] und dem Aufsatz von *Christoph Lorke* entnommen.[17]

1. Hilde Benjamin (1902–1989)

„Dr. sc. Dr. h.c. (Berlin); ord. Prof. (Potsdam). Geboren am 05.02.1902 in Königsberg. Benjamin studierte von 1921–1924 in Berlin, Heidelberg und Hamburg Rechtswissenschaft. Sie war Leiterin der Abteilung Personalwesen der Deutschen

---

15 „Entwurf des Strafgesetzbuches der Deutschen Demokratischen Republik" (2.4.1965), BArch DP 1/22931 und BArch DP 1/23019.

16 Siehe Mahlmann, Strafrechtswissenschaft der DDR. Klassenkampftheorie und Verbrechenslehre, S. 170 ff.

17 Lorke, in: ZfG 2020, 437.

Justizverwaltung (1947–1949), Mitglied des Deutschen Volksrates (1948), Vizepräsidentin des Obersten Gerichts (1949–1953). Als Vorsitzende des Strafsenats machte sie sich wegen ihrer harten Urteile als ‚Rote Hilde' oder ‚Rote Guillotine' einen Namen. Für viele war sie Symbolfigur für die kommunistische Zerschlagung einer unabhängigen Justiz in der DDR. Von 1953–1967 war sie Ministerin der Justiz und seit April 1954 auch Mitglied im ZK der SED. Sie war als Leiterin der Kommission zur Ausarbeitung eines neuen StGB maßgeblich an dessen Zustandekommen 1968 beteiligt. Nach ihrer Absetzung als Justizministerin 1967 übernahm sie den Lehrstuhl für Geschichte der Rechtspflege an der DASR. Hilde Benjamin starb 1989 in Berlin."[18]

2. Michael Benjamin (1932–2000)

„Dr. sc. jur.; ord. Prof. (Potsdam). Geboren 27.12.1932 in Berlin. Michael Benjamin studierte von 1948 bis 1956 Mathematik und Rechtswissenschaft an der Humboldt-Universität in Berlin. Bis 1957 war er als Staatsanwalt in Merseburg tätig. 1960 promovierte er an der DASR, wo er 1961 wissenschaftlicher Oberassistent im Prorektorat für Forschung und 1961 Dozent in der Abteilung Strafrecht wurde. Seit 1965 leitete er den Lehrstuhl für Strafrecht. Nach seiner Habilitation im Jahre 1966 wurde er ein Jahr später zum Professor für Rechtstheorie und Kybernetische Probleme der Staats- und Rechtsentwicklung an der DASR ernannt. Von 1967 bis 1981 bekleidete er das Amt des Direktors der Sektion Staatsrecht und staatliche Leitung. Seit 1985 war Benjamin Prorektor für Forschung an der ASR. Daneben war er Mitglied des Rates für staats- und rechtwissenschaftliche Forschung an der Akademie der Wissenschaften der DDR. Michael Benjamin starb im Jahre 2000."[19]

In dieser Kurzbiografie fehlt jedoch das pikante Detail, dass es sich bei *Michael Benjamin* um den Sohn von *Hilde Benjamin* handelte.[20]

3. Erich Buchholz (1927–2020)

„Dr. sc. jur.; ord. Prof. (Berlin). Geboren am 08.02.1927 in Berlin. Buchholz studierte von 1948 bis 1952 Rechtswissenschaft an der Humboldt-Universität in Berlin, wo er zu den Mitbegründern der FDJ-Hochschulgruppe gehörte. Nachdem er in Berlin im Jahre 1956 promoviert hatte, übernahm er 1958 eine Dozentenstelle für Strafrecht an der Humboldt-Universität. Ein Jahr nach seiner Habilitation im Jahre 1963

18 Mahlmann, Strafrechtswissenschaft der DDR. Klassenkampftheorie und Verbrechenslehre, S. 170.

19 Mahlmann, Strafrechtswissenschaft der DDR. Klassenkampftheorie und Verbrechenslehre, S. 170.

20 Dies ergibt sich u. a. aus der populärwissenschaftlichen Biografie *Hilde Benjamins*, Heye, Die Benjamins und dem Nachruf zu *Michael Benjamin*, Schütrumpf, in: Utopie kreativ 2000, 925 (S. 925).

wurde er dort Dozent. 1965 berief man ihn zum Professor für Strafrecht und Pönologie. Er wurde zunächst Direktor des Instituts für Strafrecht der Humboldt-Universität, später dann Prodekan und Dekan für Gesellschaftswissenschaften. Von 1976 bis 1980 war Buchholz Direktor der Sektion Rechtswissenschaft. Daneben war er Prorektor für Gesellschaftswissenschaften und Leiter des Bereichs Strafrecht und Kriminologie. Seit 1973 war er Mitglied weiterer wissenschaftlicher Gremien, darunter Mitglied der Leitung des Rates für staats- und rechtswissenschaftliche Forschung an der Akademie der Wissenschaften der DDR. Seit 1983 gehörte er dem Obersten Gericht als wissenschaftlicher Berater an. Darüber hinaus machte sich Buchholz als Mitverfasser des Lehrbuches ‚Sozialistische Kriminologie' einen Namen."[21] Erich Buchholz starb am 11. Dezember 2020.[22]

4. Wilfried Friebel

Dr., habil.; Geboren am 5.5.1928 in Niederelsdorf als Sohn eines Arbeiterehepaares. Von 1934–1942 besuchte er die Volksschule in Göritzhain. Anschließend begann er eine Kaufmannsgehilfenlehre und schloss diese im Jahr 1945 ab. Von 1946–1947 nahm *Friebel* am zweiten Vorbereitungskurs für das Arbeiterstudium in Karl-Marx-Stadt teil. Dieses befähigte ihn zu einem Studium an der Juristenfakultät der Karl-Marx-Universität Leipzig, welches er 1951 mit dem ersten Staatsexamen abschloss. Anschließend verbrachte *Friebel* neun Monate als Referendar am Amts- und Landgericht Chemnitz. Ab dem Jahr 1952 wurde *Friebel* zunächst als Assistent und später als Oberassistent am Institut für Strafrecht der Karl-Marx-Universität Leipzig beschäftigt. Zeitgleich ging er vier Jahre lang einer Tätigkeit als Vorsitzender einer Strafkammer am Kreisgericht Leipzig-Südwest nach. Im Jahr 1961 promovierte *Friebel* an der Karl-Marx-Universität Leipzig mit einer Arbeit zur Geldstrafe[23] und wurde im selben Jahr mit der Wahrnehmung einer Dozentur für Strafrecht beauftragt. Die Habilitation folgte im Jahr 1967 zur strafrechtlichen Verantwortlichkeit, ebenfalls an der Karl-Marx-Universität Leipzig.[24]

---

21 Mahlmann, Strafrechtswissenschaft der DDR. Klassenkampftheorie und Verbrechenslehre, S. 171 f.

22 Nachruf des Freidenker Verbands.

23 Friebel, Die Geldstrafe.

24 Die Informationen zum Lebenslauf *Friebels* sind einem beigefügten Lebenslauf in seiner Habilitationsschrift entnommen. Siehe Friebel, Die Bedeutung von Tat und Täter für die Differenzierung der strafrechtlichen Verantwortlichkeit.

5. Johannes (Hans) Hubert Gerats

„Dr. sc. jur.; ord. Prof. (Berlin). Geboren am 01.02.1915 in Goch, Krs. Kleve. Gerats absolvierte 1947 einen Ausbildungslehrgang für Richter und Staatsanwälte, den er 1948 mit dem Examen abschloß. Danach studierte er Rechtswissenschaft und Gesellschaftswissenschaft an der Martin-Luther-Universität Halle-Wittenberg. Dort wurde er 1949 Aspirant für den wissenschaftlichen Nachwuchs. 1950 übernahm er die Lehrgangsleitung der Zentralen Richterschule. Seit Anfang

1951 las er Vorlesungen an der Humboldt-Universität in Berlin im Bereich Strafrecht. 1952 ernannte ihn der Ministerrat der DDR zum Direktor des DIR. Im selben Jahr promovierte er an der Humboldt-Universität. Später wurde Gerats dort Professor für Strafrecht und Direktor des Instituts für Strafrecht. Gerats machte sich Anfang der 50er Jahre vor allem durch Einführung der sowjetischen Strafrechtslehre einen Namen. Daneben war er neben Lekschas und Renneberg für Gesamtbearbeitung und Redaktion des ersten Lehrbuchs für Strafrecht aus dem Jahre 1957 zuständig.“[25]

6. Hans Hinderer

„Dr. sc. jur.; Prof. (Potsdam und Halle). Geboren am 19.01.1923 in Köln. Hinderer besuchte von 1947 bis 1948 den Ausbildungslehrgang für Richter und Staatsanwälte in Bad Schandau. Danach arbeitete er als juristischer Referent im Büro des Ministerpräsidenten des Landes Sachsen. 1949 versetzte man ihn als Seminarleiter für Strafrecht an den Richterlehrgang nach Bad Schandau, dort später auch kommissarischer Lehrgangsleiter. Im Anschluß an diese Tätigkeit versetzte man ihn als Dozent für Strafrecht nach Babelsberg. Dort betraute man ihn mit der Leitung der Fachrichtung Strafrecht.

An der Deutschen Hochschule für Justiz war er stellv. Direktor für die rechtswissenschaftliche Ausbildung. Seit 1953 war er kommissarischer Institutsdirektor des Instituts für Strafrecht an der DASR. Dort promovierte er im Jahre 1955. Seit 1962 war er als Dozent für Strafrecht an der Martin-Luther-Universität Halle-Wittenberg tätig. Kommissarisch wurde er dort mit der Leitung des Instituts für Strafrecht beauftragt. Nach seiner Habilitation im Jahre 1966 wurde er in Halle zum ord. Professor für Strafrecht und Kriminologie berufen und leitete das Institut für Strafrecht. 1988 wurde er emeritiert.

---

25 Mahlmann, Strafrechtswissenschaft der DDR. Klassenkampftheorie und Verbrechenslehre, S. 171.

Hinderer gehörte zudem seit 1957 Gesetzgebungskommissionen für das StGB und der vom Staatsrat dafür berufenen Kommission an."[26]

7. John Lekschas (1925–1999)

„Helmut John Lekschas wurde am 10. Oktober 1925 in Memel als Sohn des Kapitäns Friedrich Lekschas geboren. Nach Kindheit in Nidden und Königsberg und dem Besuch der Mittelschule trat Lekschas 1942 in den Arbeitsdienst ein. Nachdem er sich während seiner Zeit in der Hitler-Jugend dazu verpflichtet hatte, seinen Kriegsdienst bei der Marine abzuleisten, erfolgte seine Einberufung im April 1943. Anfang Mai 1945 geriet er in amerikanische Kriegsgefangenschaft und blieb bis Juni 1945 in Südtirol und Österreich inhaftiert. Nach seiner Freilassung lebte er zunächst in Hamburg bei seinem Onkel und nahm danach ab 1946 eine Lehre als Maurer im sächsischen Waldheim auf. Im Januar 1947 trat er, überzeugt von Kollegen im Betrieb und Arbeitern im Dorf, in die SED ein. Die Hochschulreife holte er von März bis August 1947 an einer Arbeiter- und Bauernfakultät nach und schrieb sich im Studienjahr 1947/48 an der Universität Leipzig für Rechtswissenschaft ein. 1949 wechselte er an die Humboldt-Universität zu Berlin. Ab 1951 nahm er an einem Dozentenlehrgang an der Deutschen Verwaltungsakademie ‚Walter Ulbricht' in Forst Zinna teil und wurde dort u. a. von Hilde Benjamin (1902–1989) betreut, der späteren Ministerin für Justiz (1953–1957). Der Lehrgang diente dazu, eine ausreichende Anzahl an Dozenten für die von Schließung bedrohten Rechtsfakultäten in Jena und Halle auszubilden. Lekschas fiel aufgrund ‚seiner methodologischen Klarheit und der wissenschaftlichen Durchdringung' der Inhalte auf und wurde mit der Empfehlung des seit 1952 amtierenden Professors für Strafrecht, Hans Gerats, nach Halle vermittelt. Dort promovierte er im November 1952 an der Martin-Luther-Universität und wirkte als Dozent für das Fach Strafrecht sowie als Prodekan der juristischen Fakultät. 1956 wurde er aufgrund seiner Verdienste vom Staatssekretariat für Hochschulwesen zum Professor mit Lehrauftrag für das Fach Strafrecht berufen und ein Jahr später zum Dekan ernannt.

Bei seinem raschen Aufstieg kam Lekschas offenbar nicht nur die formale SED-Mitgliedschaft zugute, sondern wohl vor allem das aktive parteipolitische Engagement auf verschiedenen Ebenen: 1951/52 war er Mitglied der Fakultätsparteileitung, 1954/55 Sekretär der Parteileitung der Fakultät, seit 1956 Mitglied der SED-Stadtleitung Halle. Lekschas verkörperte also schon früh den Prototypen eines aufstrebenden Akademikers, dessen Weg von höchster Stelle gebahnt wurde – nicht

---

26 Mahlmann, Strafrechtswissenschaft der DDR. Klassenkampftheorie und Verbrechenslehre, S. 171 f.

ohne über die nötige wissenschaftliche Profilierung zu verfügen. Seit 1953 Redaktionsmitglied der von der Deutschen Akademie für Staats- und Rechtswissenschaft herausgegebenen juristischen Fachzeitschrift *Staat und Recht*, erhielt er zwischen 1954 und 1958 vier Mal die ‚Medaille für ausgezeichnete Leistungen', etwa für seine rege Publikationstätigkeit oder sein Engagement als Hochschullehrer, wohl vor allem aber aufgrund seiner Bemühungen, die DDR-Strafrechtswissenschaft in der Sowjetunion und anderen Ländern des ‚Ostblocks' bekannt zu machen.

Seine Kontakte in die Ministerien konnte Lekschas in den folgenden Jahren zusätzlich vertiefen. 1957 in die Strafgesetzbuchkommission berufen, war er ständiges Mitglied in der von Hilde Benjamin geleiteten Grundkommission sowie in der Unterkommission für Jugendstrafrecht und Jugendschutz. Weiterhin war er Vorsitzender des wissenschaftlichen Beirates beim Staatssekretariat und trug seit 1958 die Verantwortung für die Entwicklung der Staats- und Rechtswissenschaft an den juristischen Fakultäten der DDR, die auch die Erarbeitung neuer Ausbildungsprogramme und die Gestaltung von Lehrmethoden umfassten. Im Februar 1958 wurde Lekschas vom Ministerrat der DDR zum Richter für das Oberste Gericht der DDR bestellt. Vor diesem Hintergrund ist auch sein weiterer wissenschaftlicher Werdegang zu verstehen: 1961 Habilitation und Lehrstuhlinhaber für Strafrecht an der Humboldt-Universität zu Berlin, von 1962 bis 1964 Dekan der Juristischen Fakultät, 1963 Berufung zum Mitglied des Kollegiums der Generalstaatsanwaltschaft, 1966–1968 Prorektor für Gesellschaftswissenschaften, 1969 Leitung der Sektion Rechtswissenschaft der Humboldt-Universität, ab 1973 korrespondierendes Mitglied der Akademie der Wissenschaften, 1974–1976 Dekan der Gesellschaftswissenschaftlichen Fakultät. Sein Engagement spiegeln darüber hinaus zahlreiche Prämien und Auszeichnungen wider. Wegen anhaltender gesundheitlicher Probleme bat Lekschas im November 1979 den Rektor der Universität Helmut Klein um die Entbindung als Dekan. 1990 ersuchte er um seine vorzeitige Emeritierung. Er starb 1999 in Berlin."[27]

8. Walter Orschekowski (1926–1992)

„Dr. sc. jur.; ord. Prof. (Leipzig). Geboren am 15.02.1926 in Tartarren, Krs. Angerapp/Ostpreußen. Orschekowski studierte von 1947 bis 1950 Rechtswissenschaften an der Karl-Marx-Universität Leipzig. Seit Februar 1952 war er dort als Assistent am Institut für Strafrecht und seit Oktober 1952 als Oberassistent beschäftigt. Seit November 1953 nahm er auch eine Dozentur wahr. Am 1.10.1956 wurde er Dozent für Strafrecht. Seit Herbst 1954 leitete er das Institut für Strafrecht an der Karl-Marx-Universität Leipzig und promovierte 1956. Neben seiner Tätigkeit an der

27 Lorke, in: ZfG 2020, 437 (S. 441 ff.).

Universität war er noch drei Jahre lang Richter am Kreisgericht Leipzig-Land. 1960 wählte man ihm zum Prodekan und im Herbst 1962 zum Dekan der Juristenfakultät der Universität Leipzig. Nach seiner Habilitation 1963 wurde er im selben Jahr zum Professor ernannt. Von 1964 bis 1968 war er 1. Stellvertreter des Rektors der Karl-Marx-Universität. Walter Orschekowski starb Anfang 1992."[28]

9. Joachim Renneberg (1926–1977)

„Dr. jur.; Prof. (Potsdam und Leipzig). Geboren am 02.06.1926 in Leipzig. Renneberg studierte von 1946 bis 1950 in Leipzig Jura. Anschließend wurde er Aspirant und am 1.09.1953 Dozent für Strafrecht an der Universität Leipzig. 1954 promovierte er Renneberg. Im selben Jahr berief man ihn zum Dozenten für Strafrecht an die DASR. 1956 wurde er Professor mit Lehrauftrag und 1969 ordentlicher Professor für Strafrecht an der DASR. Darüber hinaus war er Direktor des Instituts für Strafrecht an der DASR, Leiter der Abteilung Strafrecht des DIR, stellv. Vorsitzender des Wissenschaftlichen Rates und Forschungsbereichsleiter im Institut für Staats- und Rechtswissenschaftliche Forschung. Er leitete zudem einen Lehrstuhl für Strafrechtspflege und Kriminalitätsbekämpfung und war bis 1977 stellv. Sektionsdirektor der Sektion Straf-, Zivil-, Arbeits-, und Agrarrecht. Zwischen 1958 und 1960 war er nebenamtlich am Obersten Gericht tätig.

Neben John Lekschas war Joachim Renneberg der bedeutendste Strafrechtler der Ära Ulbricht. Sie galten bis 1962 als beinahe unangreifbare Autoritäten. Renneberg verstarb am 2.01.1977."[29]

10. Hans Szewczyk (1923–1994)

Dr. Dr.; „Der ‚Forensiker-Papst', der heute aufgrund seiner Ermittlungserfolge im sogenannten Eberswalder Knabenmord bisweilen als ‚erster moderner Profiler' charakterisiert wird, wurde am 12. November 1923 in Magdeburg geboren und stammte aus einer bürgerlichen Familie. Vater Ewalt, gelernter Schriftsetzer, arbeitete bis 1933 als Journalist und musste nach der Machtübernahme der Nationalsozialisten als Kaufmann in die Selbstständigkeit gehen. Hans Szewczyk legte nach dem Besuch der Volksschule und des Wilhelm-Raabe-Gymnasiums Magdeburg 1942 das Notabitur ab. Zwischenzeitlich in die Luftwaffe eingezogen und dort als Unterarzt im Range eines Oberfeldwebels 1943–1945 im Einsatz, bestand er

28 Mahlmann, Strafrechtswissenschaft der DDR. Klassenkampftheorie und Verbrechenslehre, S. 173.

29 Mahlmann, Strafrechtswissenschaft der DDR. Klassenkampftheorie und Verbrechenslehre, S. 173 f.

noch während des Krieges in mehrmaligem Studienurlaub beide medizinische Vorexamina. Im Mai 1945 geriet er in Kitzbühel in amerikanische Kriegsgefangenschaft; bis August war er in Rosenheim inhaftiert.

Nach seiner Freilassung begann er ein Medizinstudium, das er 1949 abschloss. Im März 1950 wurde er mit einer Arbeit über ‚Die Remissionen Schizophrener und ihre Abhängigkeit von Belastung, Konstitution und praepsychotischem Charakter' zum Dr. med. promoviert. In den letzten Semestern begann er gleichzeitig ein Psychologiestudium, das er bei Kurt Gottschaldt mit einer Doktorarbeit zum Dr. rer. nat. mit der Qualifikationsschrift ‚Die Abwandlungen im Aufbau der Persönlichkeiten der Ermüdung' beendete. Der Koreferent seiner psychologischen Dissertation beschrieb seinen Schützling in einem Empfehlungsschreiben an den Rektor der Humboldt-Universität zu Berlin als ‚sehr interessierte[n], gut unterrichtete[n], sorgfältige[n] und kritische[n] Bearbeiter wissenschaftlicher Aufgaben', auch menschlich habe er einen ‚durchaus günstigen Eindruck' hinterlassen.

Szewczyks weiterer Werdegang liest sich eindrucksvoll: Assistent am Institut für Psychologie der Humboldt-Universität von 1953–1957, ab 1957 Oberassistent. Im selben Jahr arbeitete er bereits als Assistenzarzt in der Nervenklinik Charité, wo er nach bestandener Facharztprüfung für Psychologie und Neurologie (1959) im Jahr 1961 zum Oberarzt befördert wurde. Seit 1959 bot er für Mediziner, Juristen und Psychologen Lehrveranstaltungen mit den Schwerpunkten Psychopathologie, klinische und forensische Psychologie an. Nach der Habilitation für das Fach Psychiatrie bei Karl Leonhard mit einer Arbeit über ‚Psychologie und Magen-Darm-Uluos' wirkte Szewczyk ab Juli 1964 als Dozent für das Fachgebiet Neurologie und Psychiatrie an der Medizinischen Fakultät der Humboldt-Universität. Es sollte jedoch noch einige Jahre dauern, bis er auf einen Lehrstuhl berufen wurde. 1969 rückte er bereits in die engere Auswahl für die Besetzung des Lehrstuhls für Psychiatrie. Im September 1973 äußerte er in einem Gespräch mit dem Rektor der Humboldt-Universität seinen Unmut, dass er bis dato noch nicht mit einer Professur bedacht wurde. Erst mit 50 Jahren erhielt er im Februar 1974 vom Minister für Hoch- und Fachschulwesen die lang ersehnte Berufung als Ordentlicher Professor für das Fachgebiet ‚Psychiatrie unter besonderer Berücksichtigung der Gerichtspsychiatrie'.

Warum dieser Karriereschritt so lange auf sich warten ließ, ist nur zu vermuten. Ein Grund dafür dürfte die fehlende SED-Mitgliedschaft gewesen sein. Anders als John Lekschas trat Szewczyk niemals der Einheitspartei bei, was auf Funktionärsebene für Misstrauen gesorgt haben mochte. Ein Aufnahmeantrag wurde aus unbekannten Gründen abgelehnt. In den Fünfzigerjahren hielt eine Stellungnahme der Kaderabteilung noch fest, dass er trotz mangelnder gesellschaftlicher Organisation dem Staat positiv gegenüberstehe. In einem Gutachten des Jahres 1974 wurde Szewczyk als parteiloser Wissenschaftler beschrieben, der sich ‚mehr und mehr' in Richtung ‚Partei der Arbeiterklasse' orientiere. Behindert haben ihn möglicherweise seine ‚überschießenden Verhaltensweisen', die hier mit ‚schöpferischer Unruhe' begründet wurden. Auch das Ministerium für Staatssicherheit pflegte offenbar eine kritische Distanz zum Parteilosen, obwohl durchaus offizielle Arbeitskontakte bestanden. So konsultierte die HA IX Szewczyk als Fachexperten, wofür er 1983 den ‚Kampforden für Verdienste um Volk und Vaterland' in Gold für 20-jährige Zusammenarbeit erhielt. Vermutlich versprach sich der Geheimdienst von dem langjährigen Reisekader eine würdige wissenschaftliche Vertretung der DDR im Ausland und damit einen nicht unerheblichen Prestigezuwachs. So überrascht es kaum, dass Szewczyk regelmäßig zu internationalen Symposien reisen durfte und dort Thesen über ‚dissoziale Familien' vorstellen konnte. Für sein Fortkommen entscheidend war aber letztlich wohl die Rolle John Lekschas', der erheblich dazu beitragen sollte, dass Szewczyks Lehrstuhl eingerichtet wurde, nachdem der Jurist seinen Einfluss als Dekan und Prorektor geltend gemacht hatte. Fortan konnten so – was Lekschas zweifellos entgegenkam – auch Juristen in forensischer Psychologie und Psychiatrie ausgebildet werden.

Hans Szewczyk war Mitglied in verschiedenen nationalen Gesellschaften. Bereits im Jahr 1974 umfasste sein wissenschaftliches Œuvre zehn Monografien, über 130 wissenschaftliche Arbeiten und über 180 kleinere Beiträge. Er erhielt diverse Prämien und Auszeichnungen. Hervorzuheben als Zeichen der Anerkennung für ‚hervorragende Dienste' im Ministerium für Staatssicherheit ist die Verdienstmedaille der Nationalen Volksarmee in Silber 1966.

Auf einer Reise nach Zagreb 1981 erlitt Szewczyk einen schweren Herzinfarkt, der zu einer erheblich verminderten Belastungsfähigkeit führte. Trotz längerer Phasen der Arbeitsunfähigkeit nach einer Herzoperation trieb er die weitere Profilierung des Faches forensische Psychiatrie voran. Im September 1987 wurde er auf eigenen Wunsch vorzeitig aufgrund seiner Invalidisierung emeritiert, 1994 verstarb er im Alter von 71 Jahren."[30]

11. Hans Weber

„Dr. sc. jur.; ord. Prof. (Potsdam). Geboren am 17.04.1930 in Berlin. Weber studierte von 1949 bis 1954 an der Juristischen Fakultät der Martin-Luther-Universität Halle-Wittenberg. Seine wissenschaftliche Laufbahn begann als wissenschaftlicher Hilfsassistent bei John Lekschas am Institut für Strafrecht in Halle. Im Anschluß an sein Studium wurde er 1954 an der DASR Aspirant für das Fach Strafrecht bei Joachim Renneberg, bei dem er auch 1957 promovierte. Im Jahre 1961 wurde er Dozent für Strafrecht und als Direktor des Instituts für Strafrecht eingesetzt. Nach seiner Habilitation 1965 wurde er 1967 dann Professor für Strafrecht und

30 Lorke, in: ZfG 2020, 437 (S. 449 ff.).

Strafverfahrensrecht. Von 1973 bis 1987 leitete er den Lehrstuhl Strafrecht und Strafprozeßrecht.

Publikatorisch war Weber neben vielen Artikeln für die ‚Neue Justiz' und ‚Staat und Recht' an allen drei Lehrbüchern zum Allgemeinen Teil, am Lehrbuch zum Besonderen Teil des Strafrechts und am Kommentar zum Strafrecht maßgeblich beteiligt. Daneben wirkte er lange Zeit in der Gesetzgebungskommission im Bereich des Strafrechts mit.

Hans Weber wurde 1990 als Professor in Potsdam entlassen, 1995 dann noch emeritiert."[31]

---

31 Mahlmann, Strafrechtswissenschaft der DDR. Klassenkampftheorie und Verbrechenslehre, S. 175.

Quellenverzeichnis

Aktenbestand aus dem Bundesarchiv Berlin

Bestand: Staatsrat der DDR

BArch DA 5/10313.
BArch DA 5/574.

Bestand: Ministerrat, zentrale Kommissionen und Ämter sowie Organisationsunterlagen

BArch DC 4/813.

Bestand: Ministerium der Justiz

BArch DP 1/1552.
BArch DP 1/20411.
BArch DP 1/20413.
BArch DP 1/21011.
BArch DP 1/21491.
BArch DP 1/22148.
BArch DP 1/22149.
BArch DP 1/22925.
BArch DP 1/22927.
BArch DP 1/22931.
BArch DP 1/22937.
BArch DP 1/22939.
BArch DP 1/22952.
BArch DP 1/22953.
BArch DP 1/22955.
BArch DP 1/22967.
BArch DP 1/22968.
BArch DP 1/22969.
BArch DP 1/22971.
BArch DP 1/23015.
BArch DP 1/23016.
BArch DP 1/23017.

BArch DP 1/23018.
BArch DP 1/23019.
BArch DP 1/23020.
BArch DP 1/23052.
BArch DP 1/2376.
BArch DP 1/23794.
BArch DP 1/23795.
BArch DP 1/2380.
BArch DP 1/7020.
BArch DP 1/7785.
BArch DP 1/7907.
BArch DP 1/7908.
BArch DP 1/7909.
BArch DP 1/7916.
BArch DP 1/7920.
BArch DP 1/8153.
BArch DP 1/8160.

Aktenbestand Landesarchiv Thüringen, Hauptstaatsarchiv Weimar (Zit. LATh – HStA Weimar)

LATh – HStA Weimar, Bezirksgericht Erfurt, 6-51-4414, Nr. 228.
LATh – HStA Weimar, Bezirksstaatsanwaltschaft Erfurt, 6–51–4104.3, Nr. 538.

Andere Dokumente und Quellen

Mitteilung der Staatsratskommission, Beratung über neues Strafgesetzbuch, ND v. 12. Feb. 1967, S. 2.
Polak, Karl, Grundlage für das Strafmaß die Schuld des Täters?, ND v. 7. Juni 1963, S. 5.
https://www.freidenker.org/?p=9083 (zuletzt abgerufen am 2.5.2025), *zitiert als*: Nachruf des Freidenker Verbands.

Literatur

ACHENBACH, Hans, Historische und dogmatische Grundlagen der strafrechtssystematischen Schuldlehre, Berlin 1974.

AUST, Martin, Die Russische Revolution. Vom Zarenreich zum Sowjetimperium, München 2017.

BACIGALUPO, Enrique, Die Diskussion über die finale Handlungslehre im Strafrecht, in: Arnold, Jörg u. a. (Hrsg.), Menschengerechtes Strafrecht. Festschrift für Albin Eser zum 70. Geburtstag, München 2005, S. 61–75, *zitiert als*: BACIGALUPO, Menschengerechtes Strafrecht.

BAUER, Rolf-W./SVENSSON, Roswitha, Symposion zu methodologischen Problemen und neueren empirischen Ergebnissen der Erforschung des Rechtsbewußtseins der Persönlichkeit, NJ 1976, S. 204–207.

BAUMANN, Martin, Verantwortung und Schuld im Strafrecht der DDR, Der Schöffe 1965, S. 361–366.

BENJAMIN, Hilde, Grundlagen und Charakter des StGB-Entwurfs, NJ 1967, S. 97–104.

DIES., Zur Mitwirkung von John Lekschas bei der Entwicklung des sozialistischen Strafrechts der DDR, in: John Lekschas zum 60. Geburtstag gewidmet. Beiträge zur Rechtswissenschaft und -praxis der DDR, Berlin 1985, S. 1, *zitiert als*: H. BENJAMIN, Beiträge zur Rechtswissenschaft und -praxis der DDR.

BENJAMIN, Hilde/BECKER, Max/GÖRNER, Kurt/SCHRIEWER, Wolfgang, Zur Herausbildung des sozialistischen Strafrechts in der Deutschen Demokratischen Republik (2). Die Periode von 1956 bis 1961/62, SuR 1969, S. 1278–1287, *zitiert als*: H. BENJAMIN U. A., SuR 1969, S. 1278–1287.

DIES., Zur Herausbildung des sozialistischen Strafrechts in der Deutschen Demokratischen Republik (3). Die Periode von 1963 bis 1968, SuR 1969, S. 1835–1854.

BENJAMIN, Michael, Der Ausschluß der strafrechtlichen Verantwortlichkeit bei geringfügigen Handlungen, Berlin 1962.

DERS., Die Schuld als subjektive Seite der verbrecherischen Handlung. Bemerkungen zu der Schrift von Dr. John Lekschas. II, NJ 1955, S. 488–489.

DERS., Zu einigen Fragen der Schuld. Erwiderung auf den Beitrag von Lekschas in NJ 1955 S. 687, NJ 1956, S. 16.

BENJAMIN, Michael/LEKSCHAS, John/RENNEBERG, Joachim/WEBER, Hans, Die weitere Entwicklung der sozialistischen Strafrechtspflege erfordert die Ausmerzung des Dogmatismus in der Strafrechtswissenschaft, SuR 1962, S. 1198–1220, *zitiert als*: M. BENJAMIN U. A., SuR 1962, S. 1198–1220.

BERG, Otto, Der gegenwärtige Stand der Schuldlehre im Strafrecht, Breslau 1927.

BERNHARDT, Ulrich, Die Deutsche Akademie für Staats- und Rechtswissenschaft „Walter Ulbricht“ 1948–1971, Frankfurt a. M. 1997.

BEYER, Karl-Heinz, Ein wichtiger Schritt zur Vervollkommnung des sozialistischen Rechtssystems, Der Schöffe 1968, S. 38–42.

DERS., Zur Ausgestaltung eines neuen, sozialistischen Strafgesetzbuchs, Der Schöffe 1960, S. 317–324.

BINDING, Karl, Die Normen und ihre Übertretung. Eine Untersuchung über die rechtmässige Handlung und Arten des Delikts. Zweiter Band, Leipzig 1914, 2. Auflage.

BLECHSCHMID, Barbara-Ute, Schuld und Verantwortung im neuen Strafrecht der DDR, Frankfurt a. M. 1970.

BORCHERS, Rolf, Die Schuld im sowjetischen Strafrecht, Hamburg 1959.

BÖRCHERS, Katrin, Schuldprinzip und Fahrlässigkeit, Saarbrücken 2010.

BRÖCKERS, Boris, Strafrechtliche Verantwortung ohne Willensfreiheit, Baden-Baden 2015.

BUCHHOLZ, Erich, Strafrecht, in: Heuer, Jens-Uwe (Hrsg.), Die Rechtsordnung der DDR. Anspruch und Wirklichkeit, Baden-Baden 1995, S. 273–339, *zitiert als*: BUCHHOLZ, Die Rechtsordnung der DDR.

BUCHHOLZ, Erich/DRESSLER, Udo/FRIEBEL, Wilfried/FRITZSCHE, Hans/GERATS, Hans/ HINDERER, Hans/KRUTZSCH, Walter/KÜHLIG, Gerhard/LEKSCHAS, John/PCHALEK, Gerhard/RENNEBERG, Joachim, Lehrbuch des Strafrechts der Deutschen Demokratischen Republik. Allgemeiner Teil, Berlin 1957, *zitiert als*: BUCHHOLZ U. A., Lehrbuch des Strafrechts der DDR.

BÜTTNER, Horst, Worauf kommt es in der weiteren Auswertung der Babelsberger Konferenz an?, SuR 1958, S. 706–719.

CREUZBURG, Harry, Zur Prüfung der strafrechtlichen Verantwortlichkeit im Strafverfahren, Der Schöffe 1966, S. 214–218.

DÄHN, Ulrich/SCHRÖDER, Rolf, Probleme der Strafzumessung *(Schluß*)*, NJ 1967, S. 704–709.

DETTENBORN, Harry/MOLLNAU, Karl A., Rechtsbewußtsein und Rechtserziehung, Berlin 1976.

DETTENBORN, Harry/SCHRÖDER, Rolf, Die Anwendung des Entscheidungsbegriffes bei der Schuldprüfung im Strafrecht, in: Lekschas, John/Seidel, Dietmar/Dettenborn, Harry (Hrsg.), Studien zur Schuld, Berlin 1975, S. 35–55, *zitiert als*: DETTENBORN/R. SCHRÖDER, Studien zur Schuld.

DIEDRICH, Torsten, Waffen gegen das Volk. Der 17. Juni in der DDR, München 2003.

DÖLLE, Renate/FRENZEL, Lucie, Grundsätzliche Probleme der Ausarbeitung des neuen Strafgesetzbuches der DDR in der Periode des umfassenden Aufbaus des Sozialismus, SuR 1964, S. 164–179.

DÖRSCHEL, Max, Fahrlässiges Verbrechen oder Unglücksfall, Der Schöffe 1958, S. 384–385.

DREIER, Ralf/ECKERT, Jörn/MOLLNAU, Karl A./ROTTLEUTHNER, Hubert, Rechtswissenschaft in der DDR 1949–1971, Baden-Baden 1996, *zitiert als*: DREIER U. A., Rechtswissenschaft in der DDR 1949–1971.

ECKARDT, Karl, Unglücksfälle klar von Fahrlässigkeitsdelikten trennen, Der Schöffe 1959, S. 83–84.

ECKERT, Jörn, Die Babelsberger Konferenz vom 2. und 3. April 1958 – Legende und Wirklichkeit, Der Staat 1994, S. 59–75.

EISENFELD, Bernd/KOWALCZUK, Ilko-Sascha/NEUBERT, Ehrhart, Die verdrängte Revolution. Der Platz des 17. Juni 1953 in der deutschen Geschichte, Bremen 2004, 1. Auflage.

ENGISCH, Karl, Untersuchungen über Vorsatz und Fahrlässigkeit im Strafrecht, Berlin 1930.

ERKKILÄ, Ville/GRIES, Luisa, "The Problem Can Be Solved Only by Those Imbued with a Socialist Sense of Justice!": Social Conflict and the Lower Courts in the German Democratic Republic," Law and History Review 2025, S. 1–23.

EXNER, Franz, Das Wesen der Fahrlässigkeit, Leipzig und Wien 1910.

FEUERBACH, Paul Johann Anselm von, Betrachtungen über dolus und culpa überhaupt den dolus indirectus insbesondere, in: Almendingen, Ludwig Harscher von/Feuerbach, Paul Johann Anselm von/Grolman, Karl (Hrsg.), Bibliothek für die peinliche Rechtswissenschaft und Gesetzkunde. Theil 2, Gießen 1804, S. 193–243, *zitiert als*: FEUERBACH, Bibliothek für die peinliche Rechtswissenschaft und Gesetzkunde. Theil 2.

DERS., Kritik des kleinschrodischen Entwurfs zu einem peinlichen Gesetzbuche für die Chur-Pfalz-Bayrischen Staaten. Theil 1, Giesen 1804, *zitiert als*: FEUERBACH, Kritik des kleinschrodischen Entwurfs zu einem peinlichen Gesetzbuche.

DERS., Lehrbuch des gemeinen in Deutschland geltenden Peinlichen Rechts, Gießen 1801, *zitiert als*: FEUERBACH, Lehrbuch des Peinlichen Rechts.

DERS., Lehrbuch des gemeinen in Deutschland gültigen peinlichen Rechts, Gießen 1823, 8. Auflage, *zitiert als*: FEUERBACH, Lehrbuch des gemeinen in Deutschland gültigen peinlichen Rechts.

DERS., Revision der Grundsätze und Grundbegriffe des positiven peinlichen Rechts. Teil 2, Chemnitz 1800, *zitiert als*: FEUERBACH, Revision der Grundsätze und Grundbegriffe des positiven peinlichen Rechts.

FLINDER, Marcus, Die Entstehungsgeschichte des Zivilgesetzbuches der DDR, Frankfurt a. M. 1999.

FRANK, Reinhard, Das Strafgesetzbuch für das Deutsche Reich nebst dem Einführungsgesetz, Leipzig 1931, 18. Auflage.

DERS., Über den Aufbau des Schuldbegriffs, in: Ders. (Hrsg.), Festschrift für die Juristische Fakultät Gießen zum Universitätsjubiläum, Gießen 1907, S. 519–547, *zitiert als*: FRANK, Festschrift für die Juristische Fakultät Gießen.

FRICKE, Karl Wilhelm, Der Arbeiteraufstand. Vorgeschichte, Verlauf, Folgen, in: Spittmann, Ilse/Fricke, Karl Wilhelm (Hrsg.), 17. Juni 1953. Arbeiteraufstand in der DDR, Köln 1988, S. 5–22, *zitiert als*: FRICKE, 17. Juni 1953. Arbeiteraufstand in der DDR.

FRIEBEL, Wilfried, Bemerkungen zur gesetzlichen Definition der Schuld und des direkten Vorsatzes, NJ 1967, S. 340–344.

DERS., Die Bedeutung von Tat und Täter für die Differenzierung der strafrechtlichen Verantwortlichkeit und der Einfluss subjektiver Umstände auf den Charakter und die Schwere der Straftat, Leipzig 1967, *zitiert als*: FRIEBEL, Die Bedeutung von Tat und Täter für die Differenzierung der strafrechtlichen Verantwortlichkeit.

DERS., Die Geldstrafe als Form der Anwendung des Prinzips der materiellen Interessiertheit und ihrer Rolle bei der Entwicklung des sozialistischen Bewußtseins, Leipzig 1960, *zitiert als*: FRIEBEL, Die Geldstrafe.

DERS., Zum Begriff der Schuld als gesellschaftlich verantwortungslose Entscheidung zur Tat, NJ 1966, S. 682–688.

FRIEBEL, Wilfried/ORSCHEKOWSKI, Walter, Probleme der Schuld im sozialistischen Strafrecht, SuR 1963, S. 1645–1653.

FRIES, Werner, Konstruktionen zur maßlosen Ausweitung der strafrechtlichen Gesinnungsverfolgung, NJ 1963, S. 22–26.

GÄBLER, Herbert, Probleme der bewußten und unbewußten Pflichtverletzung, in: Lekschas, John/Seidel, Dietmar/Dettenborn, Harry (Hrsg.), Studien zur Schuld, Berlin 1975, S. 75–93, *zitiert als*: GÄBLER, Studien zur Schuld.

GÄBLER, Herbert/SCHRÖDER, Rolf, Die subjektiven Beziehungen des Täters zu den Folgen bei fahrlässig herbeigeführten schweren Straßenverkehrsunfällen, NJ 1970, S. 104–109.

GERATS, Hans, Der Typus des Strafrechts und der Straftat, NJ 1951, S. 58–61.

DERS., Die strafrechtliche Verantwortlichkeit in der Deutschen Demokratischen Republik, Berlin 1952.

GRIEBE, Walter/OEHMKE, Erika, Zur Frage der Schuld im Gutachtenfall X, SuR 1965, S. 2001–2007.

GROTEWOHL, Otto, Für einen starken Staat der Werktätigen unserer Republik. Diskussionsbeitrag auf der II. Parteikonferenz der SED, Berlin, 9. bis 12. Juli 1952, Berlin 1952.

GRÜNHUT, Max, Anselm v. Feuerbach und das Problem der strafrechtlichen Zurechnung, Hamburg 1922.

GURSKY, André, Rechtspositivismus und konspirative Justiz als politische Strafjustiz der DDR, Frankfurt a. M. 2011.

GÜRTLER, Lena, Vergangenheit im Spiegel der Justiz. Eine exemplarische Dokumentation der strafrechtlichen Aufarbeitung von DDR-Unrecht in Mecklenburg-Vorpommern, Bremen 2010.

HAGEN, Manfred, DDR – Juni '53. Die erste Volkserhebung im Stalinismus, Stuttgart 1992.

HARTMANN, Richard, Bericht über die Tagung der Abteilung Strafrecht im Deutschen Institut für Rechtswissenschaft am 27. Juni 1958, SuR 1958, S. 945–952.

HARTMANN, Richard/DETTENBORN, Harry/FRÖHLICH, Hans, Nochmals: Zum Begriff der Schuld als gesellschaftlich verantwortungslose Entscheidung zur Tat, NJ 1967, S. 217–222.

HENNIG, Walter, Zur Definition der Schuld, NJ 1956, S. 178–179.

HEUER, Uwe-Jens, Im Streit. Ein Jurist in zwei deutschen Staaten, Baden-Baden 2002. Heye, Uwe-Karsten, Die Benjamins. Eine deutsche Familie, Berlin 2015, 1. Auflage.

HILDERMEIER, Manfred, Die Russische Revolution 1905–1921, Frankfurt a. M. 1989.

HINDERER, Hans, Die zukünftige Regelung der Zurechnungsfähigkeit im StGB, SuR 1958, S. 1286– 1293.

HINDERER, Hans/SCHWARZ, Gert, Bericht über die Tagung der Sektion Strafrecht am 24. Oktober 1959, SuR 1960, S. 108–116.

HOENIGER, Walter, Buntmetallprozesse im Lande Brandenburg. Ein Beispiel für die Demokratisierung der Justiz, NJ 1950, S. 204–206.

HOLL, Thomas, Entwicklungen der Fahrlässigkeitsdogmatik im Strafrecht von Feuerbach bis Welzel – unter besonderer Berücksichtigung der Hegel-Schule –, Düsseldorf 1992.

ISSAJEW, Igor Andrejewich, Istorija gossudarstwa i prawa Rossii, Moskau 2022.

JESCHEK, Hans-Heinrich/WEIGEND, Thomas, Lehrbuch des Strafrechts. Allgemeiner Teil, Berlin 1996, 5. Auflage.

JIANG, Sue, Strafrecht und Empirie, Tübingen 2021.

KAISER, Tobias/MESTRUP, Heinz, Politische Verfolgung an der Friedrich-Schiller-Universität Jena von 1945 bis 1989. Wissenschaftliche Studien und persönliche Reflexionen zur Vergangenheitsklärung, Berlin 2012.

KASIELKE, Edith/LANDER, Hans-Jürgen/SCHMIDT, Hans-Dieter/STRAUß, Ewald, Psychologische Aspekte zum Problem der Fahrlässigkeit und des Vorsatzes, SuR 1964, S. 668–677, *zitiert als*: KASIELKE U. A., SuR 1964, S. 668–677.

KAUFMANN, Arthur, Das Unrechtsbewusstsein in der Schuldlehre des Strafrechts, Mainz 1950.

KAYSER, Alfred, Zum Schuldproblem, NJ 1952, S. 446–448.

KEIL, Geert, Willensfreiheit, Berlin, Boston 2017, 3. Auflage, *zitiert als*: KEIL, Willensfreiheit.

DERS., Willensfreiheit und Determinismus, Ditzingen 2018, *zitiert als*: KEIL, Willensfreiheit und Determinismus.

KELLER, Iris, Die strafrechtliche Aufarbeitung von DDR-Justizunrecht, Frankfurt a. M. 2013.

KINDHÄUSER, Urs/ZIMMERMANN, Till, Strafrecht Allgemeiner Teil, Baden-Baden 2024, 11. Auflage.

KIRCHHEIMER, Otto, Die Rechtspflege und der Begriff der Gesetzlichkeit in der DDR, Archiv des Öffentlichen Rechts 1960, S. 1–65.

KLEßMANN, Christoph/STÖVER, Bernd, Einleitung: Das Krisenjahr 1953 und der 17. Juni in der DDR, in: Ders. (Hrsg.), 1953 – Krisenjahr des Kalten Krieges in Europa, Köln, Weimar, Wien 1999, S. 9–28, *zitiert als*: KLEßMANN/STÖVER, 1953 – Krisenjahr des Kalten Krieges in Europa.

KOHLRAUSCH, Eduard, Die Schuld (Vorsatz, Fahrlässigkeit, Rechtsirrtum, Erfolgshaftung), in: Aschrott, Paul Felix/Liszt, Franz von (Hrsg.), Die Reform des Reichsstrafgesetzbuchs. Kritische Besprechung des Vorentwurfs zu einem Strafgesetzbuch für das Deutsche Reich unter vergleichender Berücksichtigung des österreichischen und schweizerischen Vorentwurfs, Berlin 1910, S. 179–224, *zitiert als*: KOHLRAUSCH, Die Reform des Reichsstrafgesetzbuchs.

KUHN, Reinhard, Schuld als Entscheidung und als Verantwortungslosigkeit im Strafrecht der DDR, Freiburg i. Br. 1978.

KUNZ, Karl-Ludwig/SINGELNSTEIN, Tobias, Kriminologie. Eine Grundlegung, Haupt, Bern 2016, 7. Auflage.

Lehmann, Manfred/Stephan, Herbert, Mildernde Umstände bei Sexualdelikten, NJ 1967, S. 626–629.

Lekschas, John, Bemerkungen zur Behandlung fahrlässig begangener Verbrechen, NJ 1952, S. 351–356.

Ders., Die Lehre von der Handlung unter besonderer Berücksichtigung strafrechtlicher Probleme, Berlin 1953, *zitiert als*: Lekschas, Lehre von der Handlung.

Ders., Die Regelung des Schuldprinzips im StGB-Entwurf, NJ 1967, S. 137–144.

Ders., Die Schuld als subjektive Seite der verbrecherischen Handlung, Berlin 1955, *zitiert als*: Lekschas, Die Schuld als subjektive Seite.

Ders., Ein Schritt zur Vernichtung des Schuldprinzips im westdeutschen Strafrecht, SuR 1957, S. 1280–1291.

Ders., Faschistische Willkür in der „Recht"sprechung des Bonner Bundesgerichtshofs zum sog. Verbotsirrtum, SuR 1954, S. 747–751.

Ders., Grundfragen der Strafgesetzgebung, SuR 1960, S. 44–60.

Ders., Neue Wege in der Strafrechtsreform? Bemerkungen zum Alternativ-Entwurf eines Strafgesetzbuchs, Allgemeiner Teil *(Schluß)**, NJ 1967, S. 283–287.

Ders., Über die Strafwürdigkeit von Fahrlässigkeitsverbrechen, Berlin 1958, *zitiert als*: Lekschas, Fahrlässigkeitsverbrechen.

Ders., Zu einigen Fragen der Neuregelung der Schuld, NJ 1960, S. 498–506.

Ders., Zu einigen Fragen der „Schuld", NJ 1955, S. 687–692.

Ders., Zum Aufbau der Verbrechenslehre unserer demokratischen Strafrechtswissenschaft, Berlin 1952, *zitiert als*: Lekschas, Zum Aufbau der Verbrechenslehre.

Ders., Zur materiellen Eigenschaft der Straftaten, NJ 1963, S. 779–786.

Ders., Zur Neuregelung der Schuld im Allgemeinen Teil eines zukünftigen sozialistischen Strafgesetzbuches der Deutschen Demokratischen Republik, Berlin 1959, *zitiert als*: Lekschas, Zur Neuregelung der Schuld.

Lekschas, John/Loose, Wolfgang/Renneberg, Joachim, Verantwortung und Schuld im neuen Strafgesetzbuch, Berlin 1964.

Lekschas, John/Renneberg, Joachim, Die strafrechtliche Verantwortlichkeit in der Deutschen Demokratischen Republik. Kritische Bemerkungen zu der Schrift von Prof. Dr. Hans Gerats, NJ 1953, S. 129–132.

Dies., Probleme der sozialistischen Strafgesetzgebung in der Deutschen Demokratischen Republik, SuR 1958, S. 795–817.

Lindenheim, Thomas von, Verdeckte Ermittler. Die Hauptabteilung IX des Ministeriums für Staatssicherheit der DDR, München 2014.

Lingelsheim-Seibicke, Wolfgang-Eckhardt von, Der „materielle Verbrechensbegriff" und die Schuldfrage im Strafrecht der sowjetischen Besatzungszone Deutschlands. Eine kritische Untersuchung zur Frage der Rezeption sowjetischer Rechtsgrundsätze in Mitteldeutschland, Göttingen 1963.

Lischke, Hans/Schröder, Rolf, Zur Rechtsprechung in Verkehrsstrafsachen, NJ 1965, S. 349– 352.

Liszt, Franz von, Das deutsche Reichsstrafrecht, Berlin und Leipzig 1881, *zitiert als*: Liszt, Das deutsche Reichsstrafrecht.

Ders., Der Zweckgedanke im Strafrecht, in: Vormbaum, Thomas (Hrsg.), Moderne deutsche Rechtsdenker, Berlin/Heidelberg 2011, S. 211, *zitiert als*: Liszt, Moderne deutsche Rechtsdenker.

Ders., Lehrbuch des Deutschen Strafrechts, Berlin 1905, 14./15. Auflage, *zitiert als*: Liszt, Lehrbuch des Deutschen Strafrechts.

Ders., Lehrbuch des deutschen Strafrechts, Berlin/Leipzig 1888, 3. Auflage, *zitiert als*: Liszt, Lehrbuch des deutschen Strafrechts, 3. Auflage.

Lorke, Christoph, Von der Biografie- und Wissenschaftsgeschichte zur Analyse sozialer Ungleichheiten: John Lekschas, Hans Szewczyk und die Pathologisierung des Sozialen in der DDR, ZfG 2020, S. 437–457.

Lyon, Thea, Der Verbrechensbegriff in der Strafrechtswissenschaft der DDR, Bonn 1960.

Mahlmann, Christian, Strafrechtswissenschaft der DDR. Klassenkampftheorie und Verbrechenslehre, Frankfurt a. M. 2002.

Marckwald, Heinz, Der Verbrechensbegriff im russischen Strafrecht, Hamburg 1934.

Maurach, Reinhart, Die neuen „Strafrechtsgrundlagen" der Sowjetunion, Osteuropa 1959, S. 1– 13.

Mettin, Harry/Möller, Kurt, Diskussion zum neuen Straf- und Strafverfahrensrecht – Teil der Aussprache zum VII. Parteitag der SED, NJ 1967, S. 189–194.

Mezger, Edmund, Schuld und Persönlichkeit. Vortrag vor der Juristischen Fachgemeinschaft der Universität Bonn am 13. Februar 1932, Marburg 1932, *zitiert als*: Mezger, Schuld und Persönlichkeit.

Ders., Strafrecht. I. Allgemeiner Teil, Berlin 1955, 6. Auflage, *zitiert als*: Mezger, Strafrecht.

Möhle, Hannes, Freiheit und Verantwortung. Zum Verhältnis kompatibilistischer und inkompatibilistischer Willenstheorien, Jahrbuch für Wissenschaft und Ethik 2008, S. 35–53.

Mollnau, Karl A., Deutsche Demokratische Republik (1958–1989), in: Mohnhaupt, Heinz (Hrsg.), Normdurchsetzung in osteuropäischen Nachkriegsgesellschaften (1944–1989). Einführung in die Rechtsentwicklung mit Quellendokumentation, Bd. 5.2, Frankfurt a. M. 2004, *zitiert als*: Mollnau, Normdurchsetzung in osteuropäischen Nachkriegsgesellschaften (1944–1989).

Ders., Die Babelsberger Konferenz oder: Vom Beginn der Niedergangsjurisprudenz in der DDR, in: Alexy, Robert/Dreier, Ralf/Neumann, Ulfried (Hrsg.), Rechts- und Sozialphilosophie in Deutschland heute, Stuttgart 1991, S. 236–247, *zitiert als*: Mollnau, Rechts- und Sozialphilosophie.

Müller-Enbergs, Helmut/Wielgohs, Jan/Hoffmann, Dieter, Wer war wer in der DDR? Ein biographisches Lexikon, Berlin 2000.

Mürbe, Harry/Schmidt, Helmut, Einige Fragen der strafrechtlichen Verantwortlichkeit, Der Schöffe 1968, S. 84–87.

Ders., Einige Probleme der Schuld im Strafrecht, NJ 1965, S. 606–610.

DERS., Über einige Voraussetzungen der strafrechtlichen Verantwortlichkeit, Der Schöffe 1967, S. 87–92.

NEEF, Helmut, Die Nationale Front des demokratischen Deutschland. Zeittafel, Berlin 1962.

ORSCHEKOWSKI, Walter, Das Verbrechensobjekt im Strafrecht der Deutschen Demokratischen Republik, Leipzig 1963, *zitiert als*: ORSCHEKOWSKI, Das Verbrechensobjekt im Strafrecht der DDR.

DERS., Die Rechtfertigungsgründe im Strafrecht der Deutschen Demokratischen Republik, Berlin 1956, *zitiert als*: ORSCHEKOWSKI, Die Rechtfertigungsgründe im Strafrecht.

OTTO, Harro, Grundkurs Strafrecht – Allgemeine Strafrechtslehre, Berlin, New York 2000.

PCHALEK, Gerhard, Die Schuld als subjektive Seite der verbrecherischen Handlung. Bemerkungen zu der Schrift von Dr. John Lekschas. I, NJ 1955, S. 487–488.

PENTER, Tanja, Revolutionstribunale: Gewalt und Justiz unter der frühen Sowjetmacht, in: Fischer von Weikersthal, Felicitas/Penter, Tanja/Redepenning, Dorothea (Hrsg.), Oktoberrevolution 1917. Ereignis, Rezeption, künstlerische Deutung, Heidelberg 2020, S. 85–103, *zitiert als*: PENTER, Oktoberrevolution 1917.

POPPE, Wilhelm, Organische Hirnbefunde im höheren Alter und strafrechtliche Verantwortlichkeit, in: Schwarz, Hanns (Hrsg.), Medizinisch-juristische Grenzfragen unter besonderer Berücksichtigung der Psychiatrie und Neurologie, Bd. 5, Jena 1971, S. 79–86, *zitiert als*: POPPE, Medizinisch-juristische Grenzfragen.

PRÄSIDIUM DES OG, Probleme der strafrechtlichen Schuld. Bericht des Präsidiums des Obersten Gerichts an die 6. Plenartagung am 28. März 1973, Beilage zu NJ 1973, S. 1–16.

PRZYBYLSKI, Peter, Bemerkungen zur Schaffung eines sozialistischen Strafrechts, NJ 1958, S. 777.

RADBRUCH, Gustav, Über den Schuldbegriff, ZStW 1904, S. 333–348.

RENNEBERG, Joachim, Bemerkungen zum Schuldproblem. Fortsetzung, NJ 1952, S. 537–540.

DERS., Die gesellschaftlichen Grundlagen der schrittweisen Zurückdrängung der Kriminalität und die Aufgaben des sozialistischen Strafgesetzbuches der Deutschen Demokratischen Republik, SuR 1963, S. 1595–1615.

RENZIKOWSKI, Joachim, Rechtfertigung und Entschuldigung im Strafrecht der ehemaligen DDR, ZStW 1994, S. 93–139.

RESS, Georg, Die Rechtslage Deutschlands nach dem Grundlagenvertrag vom 21. Dezember 1972, Berlin, Heidelberg, New York 1978.

ROEHL, Ulrich, Zu Voraussetzungen verminderter Zurechnungsfähigkeit von Straftätern, SuR 1970, S. 1957–1969.

ROXIN, Claus/GRECO, Luís, Strafrecht Allgemeiner Teil, München 2020, 5. Auflage.

RUBINSTEIN, Sergej L., Grundlagen der allgemeinen Psychologie, Berlin 1961, *zitiert als*: RUBINSTEIN, Grundlagen der allgemeinen Psychologie.

DERS., Sein und Bewusstsein. Die Stellung des Psychischen im allgemeinen Zusammenhang der Erscheinungen in der materiellen Welt, Berlin 1966, *zitiert als*: RUBINSTEIN, Sein und Bewusstsein.

Sahre, Hans/Koch, Rolf/Linaschk, Heinz, Probleme der fahrlässigen Schuld im Zusammenhang mit der gesetzlichen Neuregelung der Verbrechen gegen das Leben, NJ 1959, S. 490–492.

Schmid, Christian, Das Verhältnis von Tatbestand und Rechtswidrigkeit aus rechtstheoretischer Sicht, Berlin 2002.

Schmidt, Hans-Dieter, Die subjektive Wahrscheinlichkeit als Hilfsmittel der metrischen Skalierung, Probleme und Ergebnisse der Psychologie 1962, S. 137–143.

Ders., Leistungschance, Erfolgserwartung und Entscheidung: experimentelle Studien über das Verhalten in unsicheren Risikosituationen, Berlin 1966, 1. Auflage.

Schmidt, Helmut, Schaffung eines sozialistischen Strafrechts, NJ 1958, S. 630–634.

Schmidt, Helmut/Beyer, Karl-Heinz, Der Stand der Arbeiten am sozialistischen Strafgesetzbuch, NJ 1960, S. 310–316.

Schmidt, Helmut/Görner, Kurt, Diskussion zu Problemen des sozialistischen Strafrechts (II), Der Schöffe 1958, S. 379–384.

Schröder, Jan, Recht als Wissenschaft, München 2021, Bd. 2.

Ders., Rechtswissenschaft in Diktaturen – Die deutsche Rechtswissenschaft im Nationalsozialismus und in der DDR, JZ 2017, S. 731–732.

Schröder, Rolf/Seidel, Dietmar, Die Abgrenzung des bedingten Vorsatzes von der Fahrlässigkeit in Form der bewußten Leichtfertigkeit, in: Lekschas, John/Seidel, Dietmar/Dettenborn, Harry (Hrsg.), Studien zur Schuld, Berlin 1975, S. 57–74, *zitiert als*: R. Schröder/Seidel, Studien zur Schuld.

Schroeder, Friedrich-Christian, Das Strafrecht der DDR und der Sowjetunion – Ein Beitrag zur Meso-Rechtsvergleichung –, ZStW 1979, S. 1065–1095.

Ders., Das Strafrecht des realen Sozialismus. Eine Einführung am Beispiel der DDR, Opladen 1983.

Ders., Schuld als Entscheidung, Jahrbuch für Ostrecht 1973, S. 9–35.

Ders., Thea Lyon: Der Verbrechensbegriff in der Strafrechtswissenschaft der DDR, ROW 1961, S. 261–262.

Schroeder, Friedrich-Christian/Maurach, Reinhart, Die Grundsätze der Strafgesetzgebung der UdSSR und der Unionsrepubliken, Herrenalb 1960.

Schroeder, Klaus, Der SED-Staat. Geschichte und Strukturen der DDR 1949–1990, Köln, Weimar, Wien 2013.

Schütrumpf, Jörn, Michael Benjamin (1932–2000), Utopie kreativ 2000, S. 925.

SED, Protokoll der Verhandlungen des VI. Parteitages der Sozialistischen Einheitspartei Deutschlands. 15. bis 21. Januar 1963 in der Werner-Seelenbinder-Halle zu Berlin. *Beschlüsse und Dokumente*, Berlin 1963, 1. Auflage, Bd. 4.

Seidel, Dietmar/Schröder, Rolf, Probleme fahrlässiger Schuld, NJ 1973, S. 290–293.

Seiffert, Wolfgang, Gegen Legenden und Mythen um die Babelsberger Konferenz, in: Eckert, Jörn (Hrsg.), Die Babelsberger Konferenz vom 2./3. April 1958. Rechtshistorisches Kolloquium 13.–16. Februar 1992 Christian-Albrechts-Universität zu Kiel, Baden-Baden 1993, S. 187–190, *zitiert als*: Seiffert, Die Babelsberger Konferenz vom 2./3. April 1958.

Sootak, Jaan/Pikamäe, Priit, Einheit der Verfassungsmäßigen Rechtsordnung: Entscheidungen und Lösungen im Strafrecht, Juridica International 2002, S. 127–137.

Staatsrat, Der Weg zur Vollendung des sozialistischen Aufbaus in der DDR. Festausgabe anläßlich des 15. Jahrestages der Gründung der Deutschen Demokratischen Republik, Magdeburg 1964.

Stalin, Josef, Der Marxismus und die Fragen der Sprachwissenschaft, Berlin 1951.

Stopp, Heike, Hans Welzel und der Nationalsozialismus, Tübingen 2018.

Stübinger, Stephan, Schuld, Strafrecht und Geschichte. Die Entstehung der Schuldzurechnung in der deutschen Strafrechtshistorie, Köln/Weimar/Wien 2000.

Süss, Sonja, Politisch mißbraucht? Psychiatrie und Staatssicherheit in der DDR, Berlin 1999.

Szewczyk, Hans, Die Problematik der individuellen strafrechtlichen Verantwortlichkeit – aus der Sicht des Naturwissenschaftlers, SuR 1963, S. 1653–1658.

Tsekhanovich, Dzianis, Von der Willenstheorie zum Eventualvorsatz. Der Einfluss deutscher Strafrechtslehre auf die russische Gesetzgebung des 19. Jahrhunderts, Berlin 2018.

Ulbricht, Walter, Aus dem Referat. Die sozialistische Umwälzung der Ideologie und der Kultur, in: Für den Sieg der sozialistischen Revolution auf dem Gebiet der Ideologie und der Kultur. Aus dem Referat und dem Schlußwort des Genossen Walter Ulbricht, aus den Diskussionsreden und dem Beschluß des V. Parteitages der Sozialistischen Einheitspartei Deutschlands. Berlin, 10. bis 16. Juli 1958, Berlin 1958, S. 3–42, *zitiert als*: Ulbricht, Für den Sieg der sozialistischen Revolution auf dem Gebiet der Ideologie und der Kultur.

Ders., Die gegenwärtige Lage und die neuen Aufgaben der Sozialistischen Einheitspartei Deutschlands. Referat und Schlußwort auf der II. Parteikonferenz der SED, Berlin, 9. bis 12. Juli 1952, Berlin 1952, *zitiert als*: Ulbricht, Die gegenwärtige Lage und die neuen Aufgaben der SED.

Ders., Die Staatslehre des Marxismus-Leninismus und ihre Anwendung in Deutschland, Berlin 1958, *zitiert als*: Ulbricht, Die Staatslehre des Marxismus-Leninismus.

Voigt, Matthias, Staats- und rechtswissenschaftliche Forschungsplanung zwischen II. und III. Sozialistischer Hochschulreform, Hamburg 2013.

Vormbaum, Moritz, Das Strafrecht der Deutschen Demokratischen Republik, Tübingen 2015.

Vormbaum, Thomas, Einführung in die moderne Strafrechtsgeschichte, Berlin/Heidelberg 2009.

Weber, Hans, Die richtige Bestimmung des Begriffs der Fahrlässigkeit – eine entscheidende Voraussetzung für die erzieherische Wirkung der Strafe, SchrVP 1959, S. 1181–1195.

Welzel, Hans, Das neue Bild des Strafrechtssystems. Eine Einführung in die finale Handlungslehre, Göttingen 1961, 4. Auflage, *zitiert als*: Welzel, Das neue Bild des Strafrechtssystems.

Ders., Kausalität und Handlung, ZStW 1931, S. 703–720.

Ders., Studien zum System des Strafrechts, ZStW 1939, S. 491–566.

Ders., Um die finale Handlungslehre, Tübingen 1949, *zitiert als*: Welzel, Finale Handlungslehre.

WENDTKER, Hermann, Justiz in der SBZ/DDR 1945–1953, München/Oldenburg 2009.

WESSELS, Johannes/BEULKE, Werner/SATZGER, Helmut, Strafrecht Allgemeiner Teil. Die Straftat und ihr Aufbau, Heidelberg 2022, 52. Auflage.

WIDMER, Maria/SCHMIDT-RECLA, Adrian/STEINBERG, Holger, Sexuelle Deviationen und Sexualdelinquenz in der wissenschaftlichen Literatur der forensischen Psychiatrie der DDR, Recht und Psychiatrie 2022, S. 63–71.

WITTENBECK, Siegfried/AMBOSS, Margot/ROEHL, Ulrich, Die Prüfung der Zurechnungsfähigkeit, NJ 1968, S. 581–585.

WRAGE, Nikolaus, Grenzen der Strafgewalt. Überlegungen zur Renaissance des materiellen Verbrechensbegriffs, Frankfurt (Oder) 2009.

STAATSVERLAG DER DDR (HRSG.), Lehrkommentar zum Strafgesetzbuch. Band I, Berlin 1969.

ZEITLER, Joseph, Strafe ohne Schuld im deutschen Reichsstrafgesetzbuch, Fürth 1899.

Zur Diskussion über das künftige Strafgesetzbuch der Deutschen Demokratischen Republik, SuR 1963, S. 1591–1592.